인생을 바꾸는 관계의 힘

인생을 바꾸는 관계의 힘

예일대 비즈니스 스쿨
15년 연속 최고의 명강의

마리사 킹 지음 · 정미나 옮김

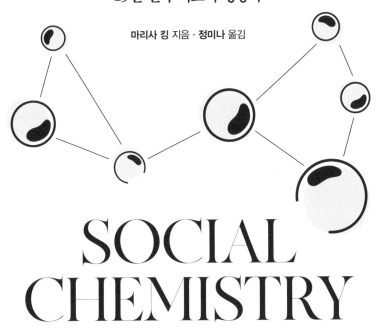

SOCIAL
CHEMISTRY

비즈니스북스

옮긴이 **정미나**

출판사 편집부에서 오랫동안 근무했으며, 이 경험을 토대로 현재 번역 에이전시 엔터스코리아에서 출판기획 및 전문 번역가로 활동하고 있다.
주요 역서로는 《비터스위트》, 《브라이언 트레이시 성공의 지도》, 《믿음의 마법》, 《평균의 종말》, 《다크호스》, 《하버드 부모들은 어떻게 키웠을까》, 《스피치 세계사》 등 다수가 있다.

인생을 바꾸는 관계의 힘

1판 1쇄 인쇄 2022년 12월 2일
1판 1쇄 발행 2022년 12월 9일

지은이 | 마리사 킹
옮긴이 | 정미나
발행인 | 홍영태
편집인 | 김미란
발행처 | (주)비즈니스북스
등 록 | 제2000-000225호(2000년 2월 28일)
주 소 | 03991 서울시 마포구 월드컵북로6길 3 이노베이스빌딩 7층
전 화 | (02)338-9449
팩 스 | (02)338-6543
대표메일 | bb@businessbooks.co.kr
홈페이지 | http://www.businessbooks.co.kr
블로그 | http://blog.naver.com/biz_books
페이스북 | thebizbooks
ISBN 979-11-6254-316-0 03190

* 잘못된 책은 구입하신 서점에서 바꾸어 드립니다.
* 책값은 뒤표지에 있습니다.

비즈니스북스는 독자 여러분의 소중한 아이디어와 원고 투고를 기다리고 있습니다.
원고가 있으신 분은 ms1@businessbooks.co.kr로 간단한 개요와 취지, 연락처 등을 보내 주세요.

시드니, 그레이스, 줄리안, 닉에게 이 책을 바친다.
결국 가장 중요한 건 사랑이다.

차례

이 책을 읽기 전에 인생을 결정하는 관계의 힘   010

· 제1장 ·
우리 모두는 관계를 맺고 산다

인맥 문제이지, 인맥 맺기 문제가 아니다   025
이 꺼림칙한 기분은 대체 뭘까?   028
관계는 원래 어렵다   033
베풀 수 있는 것을 먼저 생각하라   041
당신의 관계 유형은? : 셀프 테스트   044

· 제2장 ·
반드시 알아야 할 관계의 기본 속성

한 명이 교류하기에 적당한 사람의 수는 몇 명일까?   058
친구와 지인을 구별하는 법   064
강한 유대 vs. 약한 유대   066
애착 유형이 유대감에 미치는 영향   070
가까우면 친해지기 쉽다   076
호감과 사회적 교류를 결정하는 것   079

어느 자리로 갈 것인가?							081

인간관계의 관성을 끊어라							084

새로운 사람을 만나는 게 두렵다면					087

관계를 지속적으로 유지하기 힘든 이유				091

관계에도 타협이 필요하다							094

인맥은 사회적 시그니처다							096

· 제3장 ·

소집자형: 소수의 사람과 맺는 좁고 깊은 관계를 편안해한다

신뢰할 수 있는 사람들							105

사람들이 남의 말을 하는 이유						113

최고의 정보력과 든든한 지원군						116

심술쟁이 여학생들과 마피아의 공통점				119

유유상종, 결국은 비슷한 사람들끼리 모인다			124

어떤 사람이 소집자가 되는가?						129

아무나 들어올 수 없는 모임이 있다					137

· 제4장 ·

중개자형 : 다양한 배경의 사람들과 연결되기를 선호한다

섬 사이에 다리를 놓는 사람들						144

다양함이 곧 창의성이다							147

어떤 사람이 중개자가 되는가?						150

중개자는 자기점검성이 높다						154

힘을 가질수록 중개자가 되기 힘든 이유				157

변화를 일으키는 힘								161

조율적 중개자 vs. 협력적 중개자					168

고통 받는 중개자								172

연결과 협력의 놀라운 성과						176

· 제5장 ·
마당발형: 다수의 사람들과 친분 쌓기를 즐긴다

평범한 사람들과 슈퍼 커넥터들의 차이   185
좋은 운, 좋은 외모, 좋은 유전자   187
뇌도 다르다   194
타인의 마음을 사로잡는 그들의 탁월한 능력   197
자신만만한 태도가 중요하다   201
잘 베풀어야 인기를 얻는다   203
뛰어난 마당발의 남모르는 노력   208
일을 너무 벌이지 말자   210

· 제6장 ·
관계의 세 가지 유형을 적절히 조합하라

시련을 극복하는 관계 전략   221
커리어 경로에 맞게 관계를 수정하는 법   227
관계는 계속 변한다   232
새로운 친구를 사귀되, 옛 관계도 챙겨라   234
좋은 평판을 위한 키맨 찾기   237
성공을 위한 인맥의 여섯 가지 역할   244

· 제7장 ·
타인과 지금 당장 친밀해지는 법

관계의 적, 조급한 마음과 주의산만함   253
상대의 눈을 바라보라   259
마음을 얻는 질문   262
첫 번째 의무는 경청이다   265

놀라운 터치의 힘   273
더 의미 있는 관계를 맺는 법   281

· 제8장 ·
직장에서의 건강한 관계를 위한 조언

완벽한 팀을 위한 한 가지 조건   289
비난전을 끝내라   293
무례한 말과 행동 다루기   298
나쁜 것이 좋은 것을 이기는 이유   306
태도의 변화만으론 부족하다   308

· 제9장 ·
관계의 힘으로 일과 삶의 균형을 잡는 법

일과 삶, 분리파 vs. 통합파   322
직장에서 친구를 사귀기 어려운 이유   328
관계에서 배제되는 느낌이 든다면   332
경계선을 찾아라   336
바꿀 수 있는 것을 바꿀 용기   340
회사에서 안전하게 친밀감을 형성하는 법   342
완벽한 멘토   346
어떤 관계를 선택하든 당신이 옳다   351

나가며 우리의 관계는 모두 특별함 힘을 가지고 있다   354
참고문헌   363

인생을 결정하는
관계의 힘

앨라배마 주 몽고메리에서 로자 파크스Rosa Parks(1955년 흑백분리법에 반
대하며 침묵하는 다수의 흑인들을 움직이게 만든 미국의 민권운동가—옮긴이)
가 버스에서 백인 승객에게 자리 양보를 거부하는 사건이 일어나기 얼
마 전, 젊은 버넌 조던Vernon Jordan은 콘티넨털 보험사에서 영업 인턴직
면접을 봤다. 당시 드포대Depauw University 2학년이었던 조던은 그 자리에
최종 합격하면서 채용 담당자로부터 그해 초여름에 애틀랜타 지부의
새로 생긴 자리에 출근하라는 통보를 받았다. 그런데 조던이 자신이 가
진 가장 좋은 정장을 골라 입고 출근해 안내 데스크 직원에게 여름 인
턴십 근무를 위해 왔다고 밝혔을 때 문제가 생겼다. 안내 데스크 직원
은 조던의 말을 듣자마자 당황한 듯 인턴사원 담당자에게 급히 전화를
걸어 도움을 요청했다.

 그 뒷이야기는 조던의 말로 직접 들어보자.

관리자가 안내 데스크로 나왔습니다. 키가 큰 30대 중반쯤으로 보이는 남자였죠. 나는 그에게 내 소개 인사를 건넸습니다. "제 이름은 버넌 조던입니다. 이 지부의 여름 인턴으로 채용된 사람입니다."

그런데 관리자의 반응도 안내 데스크 직원과 별반 다르지 않았습니다. 하지만 그는 곧 침착함을 되찾더니 나를 자신의 사무실로 데려갔습니다. 한동안 어색한 침묵이 흐른 후, 드디어 관리자는 입을 열었습니다. "본사에서 당신 얘길 못 들었어요."

"못 들었다니… 그게 무슨 말씀이신지?" 나는 그가 무슨 말을 하려는지 이미 눈치를 챘지만 굳이 물어보았습니다.

"당신이 유색인이란 얘기는 못 들었어요." 관리자가 내 말에 대답해주었습니다. 그때는 아직 우리가 '흑인'으로 불리기 전이었죠. 그리고 그는 다음과 같이 뒷말을 이었습니다. "당신은 여기에서 일할 수 없어요. 안 될 일이에요. 절대 안 될 일이죠."

_ '아메리칸 오디세이', 《뉴스위크》(2001.10.29)

결국 조던은 그곳에서 일하지 못하게 되었다. 일자리를 구하지 못한 조던은 방학이 하루하루 지나가며 구직 가망성이 빠르게 줄어들고 있었다. 하지만 포기하지 않고 열심히 일자리를 구한 끝에 결국 당시 80대이던 전 애틀랜타 시장 로버트 매덕스Robert Maddox의 운전기사로 들어갔다.

그 후 시간이 흘러 조던은 자신의 80세 생일을 오래전부터 상류층 인사들의 사랑을 받아온 휴양지인 마서즈빈야드 섬에서 보냈다. 동화에 나올 법한 아름다운 별장들이 있는 곳이다. 생일 파티에는 빌 클린

턴과 힐러리 클린턴 부부가 와서 솔 뮤직에 맞춰 춤을 추었는가 하면, 버락 오바마 대통령과 배우 모건 프리먼, 하버드대 헨리 게이츠 주니어Henry Gates Jr. 교수, 아메리칸 익스프레스의 CEO 켄 셔놀트Ken Chenault도 참석해 이 유명한 민권운동 지도자이자 정계 실력자의 생일을 축하해주었다.

버넌 조던은 운전사로 취직한 이후 수십 년 동안 여러 대통령의 절친한 친구가 되면서 〈뉴욕타임스〉로부터 '퍼스트 프렌드'First Friend('퍼스트레이디'에 빗대어 만든 별명—옮긴이)라는 별명을 얻었다. 재계에서 부러움을 살 만한 연줄을 쌓으며 다우존스, 제록스, 캘러웨이 골프 등 아홉 개 기업의 이사로 재임하기도 했다. 유명 식품업체 사라 리Sara Lee의 CEO 존 브라이언John Bryan의 말마따나 "미국에서 버넌만큼 많은 기업 임원과 친분을 맺고 있는 사람도 없을 것이다." 물론 조던이 월스트리트와 백악관의 유착 관계가 낳은 여러 문제의 상징적 존재인 것처럼 끊임없이 비방해대는 이들도 있다. 여기에 대해 조던은 이렇게 반박한다. "월스트리트 사람들과 가까운 것은 범죄가 아니다. (중략) 당신이 정치인이라면 온갖 분야의 사람들과 관계를 맺어야 한다."

조던은 펜실베이니아대 와튼 스쿨 교수 마이클 유심Michael Useem이 재계 엘리트들이 세운 기업들 간의 관계를 가리켜 이름 붙인 '이너서클'inner circle의 중심에 자리를 잡고 있다. S&P 500 기업 중 아무 회사나 두 곳을 골라도 둘 사이를 잇는 최단 경로는 조던이었다고 한다. 시카고대 부스 경영대학원의 요한 추Johan Chu에 따르면, "이 이너서클 인맥은 20세기 내내 강한 연계를 이어가면서 정보를 급속히 확산시키고 엘리트 집단의 결집을 다지는 데 하나의 기제로 작용했다."

조던은 인맥의 힘과 인맥의 통상적 문제라는 양면을 두루두루 상징하는 존재다. 소작인의 손자로 태어난 조던은 독보적인 인맥 능력에 힘입어 '미국에서 가장 발이 넓은 인물'로 손꼽히게 되었다. 조던은 여러 이사회에서 민권운동의 대사로 활약하기도 해서 저명한 흑인학 연구자인 헨리 게이츠 주니어가 "훗날의 역사가들은 버넌 조던을 월스트리트의 로자 파크스로 기억할 것이다."라고 평하기도 했다. 하지만 조던이 밀실에서의 악수를 기반으로 커리어를 쌓은 부분을 들어 도덕적 측면에서 회의적인 시선을 던지는 이들도 많다.

그렇다면 버넌 조던은 어떻게 재계와 정계를 아우르는 엘리트 집단의 핵심 인사로 자리매김하게 되었을까? 조던이 2012년의 한 졸업식 축사에서 인용한 19세기 영국의 성직자 헨리 멜빌Henry Melvill의 다음 글에 그 답의 힌트가 담겨 있다.

> 우리는 혼자의 힘만으론 살 수 없다.
> 우리의 삶은 천 개의 보이지 않는 실로 연결되어 있어서
> 우리의 행동은 이 공명하는 실을 따라
> 원인이 되어 나가기도 하고 결과가 되어 돌아오기도 한다.
>
> _ '젊은 졸업생들에게 보내는 보스의 조언', 《포춘》(2012.6.7)

버넌 조던의 변신을 이해하려면 조던이 사람들과 자아낸 보이지 않는 실 수천 개를 잘 추적해봐야 한다.

우리의 삶은 보이지 않는 실로 연결되어 있다

앞서 인용된 멜빌의 글은 단순히 영감을 자극하는 차원을 넘어서 인맥의 개념을 새롭게 들여다볼 수 있는 렌즈가 되어준다. 누군가의 인맥 구조는 그 시점까지 그 사람이 어떤 삶을 살아왔고, 앞으로 어떻게 살지를 보여주는 지도다. 나는 지난 15년간 사회학자로서 예일대 경영대학원의 조직행동 부문 담당 교수로 몸담으면서 꾸준히 인맥을 분석해왔다. 사람들의 사회적 인맥이 어떻게 형성되고, 어떤 양상을 띠는지 살펴보는 한편, 직장에서의 성공 능력, 행복과 건강, 개인적 충족감 찾기와 관련해서 어떤 의미를 갖는지도 살펴보았다. 버넌 조던은 보기 드물게 남다른 인맥을 자랑한다. 조던의 이런 특별한 인맥에 어떤 특징이 있는지 이해하려면 우선 인맥의 보편적인 요소부터 짚어봐야 한다.

사회적 관계에서의 최소공통분모는 다이애드dyad(인간의 사회관계 중에서 가장 작은 단위로, 자신과 타인과의 양자 관계를 말한다.), 즉 단 한 사람과의 일대일 관계다. 이런 일대일 관계들이 시간이 지나는 사이에 자연스럽게 인맥을 이루게 된다. 인맥은 누구에게나 익숙한 말이다. 그런데 이 인맥이라는 건 과연 뭘까? '인맥'은 서로 연결된 사람들의 집단이며, 경우에 따라 인맥의 일원들이 서로서로 중복적으로 연결되어 있는가 하면 서로 연결이 겹치는 일원이 단 한 명도 없기도 하다. 하나의 다이애드만을 동원하는 것보다 인맥을 활용하면 인맥망의 관계들을 지렛대 삼아 훨씬 더 인상적인 결과를 실현할 수도 있다. 말하자면 '1+1'이 정말로 3이 되는 결과를 얻을 수 있다. 저명한 사회학자 제임스 콜먼James Coleman이 설파했듯이 '사회적 자본'social capital은 "그것이 없다면 이루지 못할지도 모를 특정한 목적을 성취할 수 있게 해준다."

불확실한 일의 실현 가능성을 높여준다는 얘기다. 대다수 사람의 인맥 지도는 그 특성에 따라 단순한 지형도로 표시하면 다음 세 가지 유형으로 나뉜다.

관계의 세 가지 유형

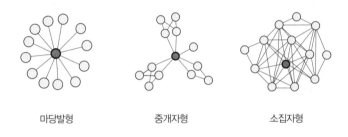

마당발형   중개자형   소집자형

마당발형expansionists('확산형'이라고도 한다.—편집자), 중개자형brokers, 소집자형conveners('결집형'이라고도 불린다.—편집자)이라는 이 인맥 지도에서 각각의 원은 한 사람을 나타낸다. 각각의 인맥망은 가운데의 짙은 색 원으로 표시된 사람의 것이며, 선들은 그 인맥 주인과 친구들 사이뿐만 아니라 그 친구들 사이의 연결 관계를 보여준다. 얼핏 봐선 잘 모르겠지만, 사실 이 세 개의 인맥망에 표시된 사람들의 수는 12명으로 모두 같다. 그리고 앞으로 차차 알게 될 테지만 이런 유대의 형성과 유시에 투입되는 에너지와 노력의 양은 각 인맥망에 따라 다르다. 중개자형은 직접적으로 연결된 사람이 일곱 명뿐이지만 간접적 연결을 통해 12개의 다양한 관점, 경험, 정보원에 접근할 수 있다. 소집자형의 친구들은 중개자형의 친구들에 비해 서로서로 친구일 가능성이 더 높기 때

문에 소집자형은 아홉 명과의 관계를 유지하면서 중개자형과 똑같은 수준의 정보를 얻게 된다.

이쯤에서 인맥의 구조에 따른 특성 차이를 확실히 이해하기 위해 내 동료 니컬러스 크리스태키스Nicholas Christakis가 즐겨 드는 비유를 살펴보자. 흑연과 다이아몬드의 차이다. 흑연과 다이아몬드 둘 다 탄소로 구성되어 있다. 시커멓고 무른 흑연은 흔하디흔한 원료라 여섯 살배기가 메고 다니는 책가방 안에서도 쉽게 찾을 수 있다. 반면에 단단하고 투명한 다이아몬드는 워낙 진귀해서 지위 시그널status signal(소유자의 사회적 지위, 재산, 명성 등을 증명하는 것으로 간주되는 소유물)을 통틀어 가장 비싼 편에 든다.

흑연과 다이아몬드의 차이는 탄소 원자의 배열 방식에서 비롯된다. 흑연에서는 탄소 원자들이 얇은 판 모양을 이루는 반면 다이아몬드에서는 사면체로 배열되어 있다. 이런 배열 구조의 차이에 따라 서로 다른 속성을 띠게 되는 것이다.

사회적 관계의 조합 역시 이와 흡사해서 똑같은 사람들로 구성되어 있으나 배열 구조가 다르면 사뭇 다른 결과를 낳는다. 똑같은 구성원들이 두 유형의 팀을 이루는 경우를 가정해보자. 한 경우엔 모든 사람이 함께 노력하며 다른 구성원 모두와 협력하는 팀을 이루고, 또 다른 경우엔 구성원은 여전히 그대로인 채로 업무별로 특화된 부속팀으로 나뉘어 서로 소통을 주고받으며 일하는 팀을 이룬다고 쳐보자. 이렇게 되면 구성원이 동일해도 팀 유형별로 완전히 다른 강점을 발휘하게 된다. 개인의 인맥도 이와 다르지 않다.

인맥의 맥락에서 볼 때, 마당발형, 중개자형, 소집자형은 사회적·직업적으로 저마다 장단점이 있다.

- **마당발형**: 친숙한 관계로 맺어진 마당발 인맥을 이루면서 뛰어난 사교력을 발휘한다. 하지만 사회적 유대를 유지하면서 그 유대를 활용해 자신이나 남들을 위해 가치를 창출해내야 하므로 대체로 힘이 드는 편이다.
- **중개자형**: 사회적 활동 분야가 달라 서로 단절되어 있기 마련인 여러 집단을 한데 아우르는 식으로 가치를 창출한다. 중개자형 인맥에서는 새로운 아이디어가 주로 재조합을 통해 나오기 때문에 정보의 측면에서 상당히 유리할 뿐만 아니라 아주 혁신적이기도 하다.
- **소집자형**: 인맥 주인의 친구들끼리도 서로서로 친구인 촘촘한 인맥망을 이룬다. 이런 유형의 인맥은 신뢰와 평판 형성에서 누리는 이점이 매우 크다.

그렇다면 버넌 조던은 어떤 유형에 속할까(이 책 전반에 걸쳐 나는 여러 인맥 구조의 예로써 여러 사람의 사례들을 자주 소개하려고 한다. 바람 같아선 이런 사람들의 실질적 인맥을 분석하면 좋겠지만 유감스럽게도 나로선 이 자료를 활용해 딱딱한 학문적 분석을 벌일 수밖에 없다. 이런 분석 방식을 취하지 않으면 이런 사례들이 중개자형, 소집자형, 마당발형의 여러 특징을 보여주는 사례로만 다루어질 터이기 때문이다)? 사실 조던은 귀감이 될 만큼 잘 균형 잡힌 깊은 신뢰를 바탕으로 사람들을 결집하고 중개를 통해 자신의 인맥 안에 있는 모두가 정보의 혜택을 누리게 해주면서 어마어마하게 많은 이들과의 친분을 유지하고 있다.

하지만 국립 초상화 미술관National Portrait Gallery에서 주관한 인터뷰 중에 전 관장 마크 팩터Marc Pachter는 조던의 말 중 얼핏 모순적으로 들리는 부분을 지적한 바 있다. "당신은 때때로 스스로를 고독한 사람이라고 말하면서 글을 통해서도 그런 생각을 내비쳤는데요. (중략) 그 누구보다 바쁜 활동을 벌이며 많은 친구를 두고 인맥이 넓어 친교에 능통한데다 그동안 그런 친교를 삶의 근간으로 삼아온 분이 고독한 사람이라니, 잘 이해가 되지 않네요."

조던은 여기에 대해 이렇게 답했다. "글쎄요, 살면서 겪는 문제들은 대부분 혼자 힘으로 해결해야 합니다. 그리고 고민을 함께 나눌 만한 친구는 몇 명 안 되죠. 또 고민을 나누려면 신뢰와 확신과 우정이 바탕이 되어야 하고요. 저는 지금껏 누구에게든 흉금을 터놓은 적이 없습니다. 그래서 '고독한 사람'이라는 제 말이 너무 과장된 의미로 받아들여지는 게 아닐까 싶습니다. 저는 그냥 남들의 프라이버시를 존중하고 저 자신의 프라이버시를 보호하는 것뿐이니까요."

조던은 결집과 신뢰를 통해 많은 것을 얻었지만, 그 궤적을 추적해 올라가면 조던의 출세는 재계와 정계 사이뿐만 아니라 인종 사이에서의 중요한 중개 역할로 귀착된다. 조던은 자신의 중개 역할에 대해 이렇게 밝힌 바 있다. "소외계층인데 저처럼 발이 넓으면 통역자 같은 역할을 할 기회가 생기기 마련입니다."

버넌 조던이 그렇듯 우리가 형성하는 인맥의 특징과 구조도 어느 정도는 우리가 살아가는 일상생활의 환경에 따라 결정된다. 직업의 종류, 사무실 위치가 엘리베이터 옆인지의 여부, 거주지 위치가 막다른 골목

인지의 여부, 교회에 다니거나 클럽에 가입했거나 학부모회 활동에 자원했는가의 여부 등 수많은 환경이 인맥을 좌우한다. 아이를 가질지 말지, 업계를 변화시킬지 말지, 금요일 회의에 참석할지 말지 등의 선택역시 인맥에 큰 영향을 미친다.

우리는 매 순간 행동으로 자신의 인맥 유형을 거듭거듭 드러내기도 한다. 내가 잉그리드 넴바드Ingrid Nembhard와 함께 웨어러블 센서wearable sensor를 활용해 개개인들의 사회적 교류를 추적해본 결과, 대화에 귀기울여 들어주는 시간, 남의 말을 끊고 끼어드는 횟수, 대화 중의 어조변화 횟수 모두가 그 사람의 인맥 유형과 강한 연관성을 갖는 것으로 나타났다. 인맥 유형별로 드러나는 행동을 몇 가지만 보자면 소집자형은 말을 아주 잘 들어준다. 마당발형은 대체로 동료들보다 목소리가 크고 더 말을 많이 하고, 다른 사람의 말을 덜 끊는 편이다.

마당발형은 그 드러나는 행동 방식을 고려하면 어쩐지 외향형 성격일 것 같다. 그런데 의외로 외향성은 인맥 형태에 별 영향을 미치지 않는다. 이는 수천 명에 이르는 사람들의 성격과 인맥을 조사한 138건의 연구 결과를 수집하여 통계적으로 재분석해본 바에 따라 실제로 확인된 사실이다.

성격 특징 중에는 심리학계에서 말하는 일명 '자기점검성'self-monitoring이라는 것이 있다. 자기점검성은 카멜레온처럼 상황에 맞게 변신하는 행동 성향을 가리키며 연이은 연구에서 재차 밝혀졌듯 어떤 유형의 인맥을 발전시킬지를 가늠하는 데 가장 확실한 척도다. 자기점검성이 높은 사람은 새로운 사회적 상황에 쉽게 적응한다. 격식 있는 모임의 분위기에 맞춰 얌전히 있어야 할 때와 좀 더 크게 웃어야 할 때를 직관적으로 안다.

사회과학계에서는 지난 40년에 걸쳐 인맥 구조의 여러 선행변수와 후행변수를 연구해왔는데 의식적으로나 무의식적으로 형성되는 인맥 형태는 아주 다양한 개인적·직업적 성과와 밀접히 결부되어 있다. 사회적 유대의 강도와 질, 그리고 사회적 유대의 방식이 세상 경험과 감정, 그리고 개인적·직업적 성공에까지 지대한 영향을 미친다.

이 책의 주된 주제가 인맥인 만큼 지금부터 사회적 구조의 기본 요소들과 이런 기본 요소들에 동반되는 심리적 경향이 우리의 삶을 어떻게 결정짓는지에 대해 살펴보도록 하자.

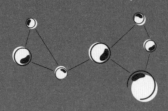

제1장

우리 모두는
관계를 맺고 산다

사람의 가치는
타인과의 관계로서만 측정될 수 있다.

_ 니체

당신은 현재 당신의 직업에 대한 정보를 맨 처음 어떻게 알게 되었는가? 만일 당신이 대다수 사람들과 비슷하다면 친구나 동료, 지인이나 이웃, 아니면 개인적으로 인연이 있는 누군가를 통해서 들었을 것이다.

버넌 조던은 이 경우에 있어서 극단적인 사례에 속한다. 본인의 말처럼 "믿기 힘든 얘기일 테지만 시카고 교통국Chicago Transit Authority의 버스 운전사 채용에 지원서를 넣은 뒤로 구직 지원서를 내본 적이 없다." 그때 이미 조던의 인맥은 시카고 교통국에서 미국도시연맹National Urban League의 회장 자리로 옮겨갔다가 뒤이어 투자은행의 상무이사와 아메리칸 익스프레스의 이사직에 앉게 될 만큼 충분히 넓고 탄탄했다.

40년도 더 전에 사회학자이자 스탠퍼드대 교수였던 마크 그라노베터Mark Granovetter는 매사추세츠 주 뉴턴에서 일하는 전문직 종사자들을 대상으로 일자리를 구하게 된 방식을 조사했다. 이런 주제로는 최초 사례였던 이 조사에서 그라노베터가 최근 이직한 전문직 종사자들 수백 명을 인터뷰해보니 절반이 넘는 56퍼센트의 사람들이 개인적으로 아는 사람을 통해 일자리를 구했다고 밝혔다. 특히 급여 수준도 위상도 가장 높은 축에 들었던 최고 소득군에서는 사회적 인맥을 통해 일자리를 구한 비율이 네 명 중 세 명꼴에 달했다.

하지만 그라노베터는 응답자들에게 의외의 답변도 들었다. 인터뷰 중 "아니, 아니에요. 친구가 아니라 그냥 '지인'이었어요."라고 대답하는 응답자들이 계속 나왔다. 응답자들 사이에서는 자신의 일자리에 대해 들었던 상대가 절친한 친구나 가족인 경우보다 어쩌다 한 번씩 보는 사람인 경우의 비율이 두 배나 높았다. 그라노베터는 조사 결과를 정리한 논문에서 이런 '약한 유대의 힘'strength of weak ties이 밝혀짐에 따라 비로소 사회적 인맥의 작동 방식에 대한 상투적 개념에도 의문을 가져볼 계기가 마련되었다고 지적했다.

게다가 그라노베터의 조사 결과는 세월의 시련을 견뎌내며 아직까지도 유효하다. 그라노베터의 논문이 집필된 이후로 링크드인LinkedIn, 글래스도어Glassdoor를 비롯한 여러 온라인 구직 사이트가 등장하는 등 구인구직 업계 지형에 대대적인 변화가 일어났음에도 불구하고 여전히 구직자의 절반 이상은 인맥을 통해 일자리를 구하고 있다. 이직을 위해 개인적 인연을 활용하는 사람들은 급여 수준과 위상이 더 높은 일자리를 찾아낸 후 취직에까지 성공하는 데 걸리는 시간이 상대적으로 적기도 하다.

지인이나 약한 유대weak ties를 통해 일자리 정보를 얻을 확률이 더 높은 이유와 여전히 온라인상의 구직 대안책보다 사회적 인맥이 더 유용한 이유를 이해하기 위해서는 인맥의 작동 방식을 이해해야 한다. 약한 유대가 힘을 발휘하게 되는 원칙을 알고 나면 어째서 소집자형은 상대적으로 제안이 더 잘 받아들여지고, 중개자형은 더 좋은 아이디어를 갖고 있고, 마당발형은 번아웃에 빠질 가능성이 상대적으로 높은지도 이해하게 된다.

인맥 문제이지, 인맥 맺기 문제가 아니다

대중 언론지에서는 인맥에서 중요한 것은 크기라는 취지의 글을 거듭해서 실으며 알고 있는 사람의 수를 강조한다. 그리고 이런 통념은 대다수 소셜 미디어 플랫폼의 근간으로 작동하기도 한다. 우리는 주변으로부터 사람들과 섞여서 어울리라는 말을 듣고, 링크드인에서 인맥 연결을 늘리라고 부추김당하며, 대체로 같은 부류 사람들과의 인맥 쌓기 모임에 가보라는 독려를 받는다. 실제로 미국에서는 해마다 2억 명 이상의 사람들이 콘퍼런스conference와 대규모 모임에 참가하고 있으며, 이 사람들이 참가 비용으로 지출하는 비용은 무려 2,800억 달러가 넘는다.

이렇게나 많은 사람들이 콘퍼런스에 가는 이유는 뭘까? 새로운 사람들을 만나기 위해서다. 그저 더 많은 사람을 알고 있기만 해도 어떤 식으로든 마법같이 인맥의 가치가 높아지리라고 믿는 것이다. 하지만 아는 사람이 더 많아도, 심지어 그 사람들이 자신과 아주 비슷한 부류라 하더라도 반드시 인맥의 가치가 더 높아지는 것은 아니다. 할 일만 더 늘어날 뿐이다.

수십 년에 걸친 연구를 통해 밝혀졌듯 인맥의 크기에 대한 이런 근시안적 초점은 잘못 호도된 것이다. 한 사람의 인지기능, 업무 유연성, 업무 몰입을 가늠할 확실한 척도는 사회적 관계의 '양'이 아닌 '질'이다. 게다가 마당발형, 중개자형, 소집자형을 막론하고 관계의 '구조'야말로 급여에서부터 아이디어의 질에 이르기까지 그 사람의 모든 면을 이해하는 데 도움이 되는 요소다.

사회적 관계는 직업 세계를 넘어서서 건강과 행복에까지 아주 큰 영향을 미친다. 70건의 연구 결과를 취합해본 바에 따르면, 외로움은 조기 사망의 가능성을 26퍼센트까지 늘린다. 외로움은 비만이나 하루 15개비씩의 흡연만큼이나 치명적이다. 미연방 공중보건국장이 중년 남성의 건강을 위협하는 최대의 적이 심장질환이나 비만이 아닌 '만연된 외로움'이라고 경고하고 나섰을 정도다.

시카고대 교수를 지냈고 사회신경과학계의 권위자인 존 카시오포John Cacioppo에 따르면, 최대 80퍼센트의 청소년층과 40퍼센트의 노년층이 외로움을 겪고 있다. 외로움은 신체 건강을 악화시킬 뿐만 아니라 우울증, 인격장애, 정신병, 심지어 자살로까지 이어질 위험이 있다. 미국인 중 6,000만 명, 즉 전체 인구 다섯 명 중 한 명이 외로움으로 인한 심각한 영향을 받고 있다.

정말 모순적인 상황이다. 이처럼 심각한 고독감 문제에 처해 있는 현시대는 사람들 간의 연결성이 그 어느 때보다 높은 시대이지 않은가. 페이스북Facebook은 월 이용자 수가 20억 명에 달하며 시가총액이 노르웨이의 GDP보다도 높다. 2017년 기준으로 사람들은 하루에 네 시간 가량을 모바일 기기를 붙잡고 보내면서도 정작 실제 전화 통화 시간은 20분 정도에 그쳤다.

어제저녁에 남편과 나는 모처럼 아이들 없이 둘만의 외식 약속을 잡았다. 남편을 기다리며 식당 안을 쓱 둘러보다가 사람들의 어떤 모습이 내 시선을 사로잡았다. 거의 다들 휴대폰을 식탁 위 가까운 위치에 올려두었고, 심지어 휴대폰을 붙잡고 손가락을 바삐 놀리는 중인 사람도 세 명 중 한 명이 넘었다.

휴대폰과 함께 태어나고 자란 10대들 사이에서는 이런 현상이 더 심각하다. 다음은 진 트웬지Jean Twenge가《디애틀랜틱》The Atlantic에 게재한 논평에 소개된 사례로 고등학교 상급생인 여학생 아테나가 들려주었다는 여름 방학 생활기다. "실제 사람들과 어울린 것보다 제 폰을 붙잡고 보낸 시간이 더 많았어요. (중략) 뭐랄까, 침대에 아주 제 몸의 자국이 박혀 있었다고 말해도 될 정도였다니까요." 지난 15년 사이에 매일 친구들을 만나는 10대들의 수가 40퍼센트 이상 감소했다. 친구들과 직접 얼굴을 맞대고 어울리면 단지 소셜 미디어에 투영된 이미지가 아니라 그 친구들의 더 진짜 모습을 알게 된다. 눈을 마주보고 서로의 얘기를 들어주고 상대의 어깨에 손도 올려가며 적극적인 사회적 교류를 나누면 스트레스를 낮추는 신체 반응이 활성화된다. 반면에 소셜 미디어상에 투영된 가식적 이미지는 사회적 비교를 부추긴다. 10대 사이에서 우울증, 불안, 자살의 비율이 가파르게 증가하는 현상도 그저 우연의 일치만은 아니다.

그렇다면 인맥상의 해결책으로는 뭐가 있을까? 일리노이대 시카고 캠퍼스의 심리학자 조셉 스토크스Joseph Stokes는 연이은 연구를 통해 외로움에 빠질 가능성을 가늠하는 척도로 흔히 간주되는 몇몇 요소를 들여다보았다. 인맥의 크기, 가까운 친구의 수, 친척들과의 친밀도, 관계의 유대 정도 등이었는데 이 모든 가늠 척도 가운데 외로움에 빠질 가능성을 예방해줄 가장 확실한 척도는 인맥 형태가 소집자형과 얼마나 유사한가였다. 소집자형은 행복도와 삶의 만족도도 상대적으로 높다. 하지만 이런 소집자형이 직장생활에서의 행복도에서도 유리한 인맥 구조는 아니다. 직장생활에서는 관계가 더 복잡해진다. 중개자형은 직업의 수단적 측면에서 흡족감을 느끼지만, 소집자형은 직업생활의 사회적 측면에서 더 흡족감을 느낀다. 그리고 일과 삶의 균형 잡기 측면에서는 중개자형이 더 유리하다.

오랜 시간을 갖고 서서히 인맥을 변화시키거나 인맥 상대를 고르며 여러 유형의 인맥을 조합시키면 이런 인맥 구조별 이점을 최대화하고 단점은 최소화할 수 있다. 하지만 이렇게 인맥 유형을 조합하는 데도 나름의 난관이 따른다.

사람들은 흔히 인맥 맺기라고 하면 눈에 띄는 엄청난 사교술을 발휘하거나 이 사람 저 사람에게 명함을 받으려 애쓰는 식의 행동을 떠올린다. 사람들과의 관계에 대해 어떤 의도를 갖고 생각하는 일은 이런 식의 인맥 맺기 행동과는 다르다. 그런데도 사람에 따라 이런 의도적인 생각에 반감을 갖는다. 왜일까? 그것은 '인맥'과 '인맥 맺기'를 혼동하기 쉽기 때문이다.

이 꺼림칙한 기분은 대체 뭘까?

코미디언인 애덤 루벤Adam Ruben이 둘째 아들을 얻었을 때, 루벤의 아내도 다들 으레 그러듯 병원에서 씌워준 흰색 모자를 쓰고 평온히 누워 있는 갓난아기의 사진을 SNS에 올렸다. 그런데 축하 댓글 가운데 한 댓

글이 눈에 띄었다. "하하, 스머프 같네요." 순간 아들의 출생으로 한껏 들떠 있던 애덤 루벤은 생판 모르는 사람의 이 댓글을 보자 찬물을 뒤집어쓴 듯한 기분이 됐다. 그리고 속으로 이런 생각이 들었다. '대체 왜 내가 본 적도 없는 사람의 친구 요청을 수락해줘야 하지? 그것도 친한 척 내 아내가 올린 사진에 댓글까지 올리는 이런 소름끼치는 사람을?

짧은 댓글인데도, 이 짧은 글에서 별 감정도 없는 출세주의자의 인상이 느껴진단 말이야. 하긴 주변에서들 이렇게 안 하면 안 되는 것처럼 부추기기도 하지. 인맥 맺기 어쩌고 하면서.

나는 인맥 맺기라는 개념이 싫어. 기분이 정말 불쾌해. 낯선 사람들하고 시시한 얘기나 하며 알게 모르게 자신을 선전하는 거잖아. 자기가 꽤 괜찮은 사람이라고. 따지고 보면 자신이 내세우는 것처럼 그렇게 괜찮은 사람도 아니면서. 인간적 관심도 없는 사람들과 '연을 잇고', 관계를 맺는 것에 관심도 없으면서 '관계를 쌓는' 거라고. 훈련받은 사냥개처럼 반사적으로 악수를 하는 꼴이지.'

사실 루벤만 이런 생각을 하는 것은 아니다. 경영학 교수 벤 벤사오_Ben Bensaou가 동료 연구진과 함께 갓 승진한 서비스 분야 전문직 종사자들 수십 명을 대상으로 설문조사를 실시한 결과, 이 전문직 종사자들의 3분의 2가 사회적 관계에 대한 전략적 사고에 양가감정을 느끼거나 철저히 거부감을 느끼는 것으로 나타났다. 연구진은 이들을 설문조사의 답변에 따라 다시 세 그룹으로 나누었다. 헌신적 동조파(35퍼센트), 선택적 동조파(46퍼센트), 인맥 맺기에 대해 좋게 말해서 회의적인 순수주의파(19퍼센트)였다. 한 순수주의파는 자신의 거부감과 그로 인한 대인관계상의 손실을 밝히면서 이렇게 말하기도 했다. "그분은 제 어소시에이트 파트너associate partner예요. 저로선 중요한 지위에 있는 사람이지만 제가 인맥이란 인위적인 게 아니라 자연스럽게 이뤄져야 한다는 지론이 있다 보니까 그동안 관계 유지를 위한 노력을 제대로 안 하게 되었어요."

수차례의 MBA과정과 임원과정 강의에 들어갈 때 되풀이해서 보게 되는 모습이지만 강의 중에 인맥 얘기를 꺼내는 순간 일부 수강생은 폐쇄적 반응을 나타낸다. 수강생의 3분의 1 정도가 불편해하는 기색을 몸으로 드러낸다. 팔짱을 끼거나, 시선을 외면하거나, 종이를 뒤적거린다. 자신들의 삶 속에 들어와 있는 사람들에 대해 어떤 의도를 가지고 생각하기 싫다는 반응이다.

잠시 다음 질문을 곰곰이 생각해보자. 당신의 대인관계는 당신 자신의 개인적 행복에서 얼마나 중요한가? 당신의 직업적 성공에서는 어떤가? 이번엔 관계를 진전시키고 유지하는 일에 의도적으로 할애하는 시간이 얼마나 되는지 따져보자. 기왕 말이 나왔으니 하는 말이지만 대다수 사람들은 연락을 제대로 못하면서 지내는 경우가 생긴다.

그렇게 되는 한 가지 이유는 연락할 틈이 없다는 생각 때문이다. 대인관계는 대체로 즉각적 보상이 따르지 않는다. 장기적 투자라 단기적으로 소홀히 하기 쉽다. 저녁 식사를 차리며 아이들을 다 모이게 하느라 애먹고 있거나, 중요한 업무 제안서를 작성 중이거나, 몇 달 전에 적은 할 일 목록의 항목에 드디어 체크 표시를 하기 직전이라면 전화기를 집어 들면서 전화 좀 해봐야겠다고 마음먹고 있었던 옛 친구에게 연락하기가 힘들어질 수 있다. 이번 주말에 연락하자고 미루게 된다.

또 하나의 이유는 의도적으로 관계를 진전시키고 유지하는 것을 루벤이 말했던 그런 류의 '인맥 맺기'와 자주 혼동하는 탓이다. 그런가 하면 인맥 맺기를 잘하기엔 자신에게 사교술이나 카리스마가 없다거나 인맥 맺기가 자신의 성미에는 안 맞는다고 여기는 사람들도 있다. 어떤 사람들은 '인맥 맺기'라는 말조차 역겨워한다.

물론 그렇게 생각할 만도 하다. 가족, 친한 친구, 멘토, 동료 들과의 관계는 친밀한 개인적 관계다. 아주 소중한 관계다. 전략화하거나 상품화해서는 안 된다. 따라서 관계를 의도적으로 대한다는 것이 도덕적으로 당혹스러울 수 있다.

하지만 의도적으로 진전시키는 관계라고 해서 무조건 다 우리에게 불쾌감을 일으키는 건 아니다. 가령 낭만적인 애정 구애는 예나 지금이나 사람들이 좋아하는 이야기 소재다. 사람들은 우연히 만나게 되는 관계에도 그다지 불편해하지 않는 것 같다. 그런데 관계와 관련해서 유독 인맥 맺기라는 개념에는 역겨운 감정들을 갖는다.

다음 세 개의 단어를 보면서 빈칸을 채워보자. 'w_sh, sh__er, s__p' 당신이 베풀고 싶은 기분 상태이고 링크드인에서 친구 요청에 시달린 적이 없다면 'wish, sharer(공유자), step'이라는 단어가 떠오를 가능성이 높다. 티치아나 카시아로Tiziana Casciaro, 프란체스카 지노Francesca Gino, 마리암 코우차키Maryam Kouchaki가 공동 진행한 기발한 한 연구에서 밝혀진 바에 따르면, 특정 유형의 교류, 즉 직업상의 수단적 인맥 맺기를 떠올릴 경우엔 다른 단어들이 보일 수도 있다.

실험실에서 실험군(세운 가설을 검증하기 위해 실험 조건을 통제하여 실험을 수행하는 대상 집단—옮긴이)과 대조군(실험 결과가 제대로 도출되었는지를 판단하기 위해 어떤 조작이나 조건도 가하지 않은 집단—옮긴이)으로 나누어 진행한 한 대조실험에서 연구진은 실험 참가자들에게 자연스럽게 직업적 인맥을 맺게 되었던 경우(결혼식에서 우연히 마주친 누군가에게 취업 정보를 얻는 등의 경우)나 수단적으로 직업적 인맥을 맺게 된 경우(직업상의 도움을 얻어 보려는 특별한 의도를 갖고 파티에 가는 등의 경우)를 떠올려 보고 글로 써달라고 했다. 수단적 인맥 맺기 상황을 떠올린 실험 참가자들은 빈칸이 들어간 단어를 보며 'wish, sharer, step' 같은 중립적인 단어를 떠올리는 대신 'wash, shower, soap' 같이 씻는 것과 연관된 단어를 떠올리는 비율이 자연스러운 인맥 맺기 상황을 떠올린 대조군에 비해 약 두 배 정도 높았다.

두 번째 실험에서는 참가자들에게 똑같은 유형의 시나리오(자연스러운 인맥 맺기 vs. 수단적 인맥 맺기)를 생각해보게 한 후에 세척용품들(예: 비누, 치약 등)과 중립적 물건들(예: 포스트잇, 주스 등)에 대한 호감도를 매겨달라고 했다. 이미 짐작했겠지만, 수단적 인맥 맺기 상황을 생각한 참가군이 자연스럽게 맺은 개인적 인연에 대해 떠올린 참가군에 비해 세척용품을 더 유용한 물건으로 평가했다.

우리는 도덕적으로 불결한 기분을 느끼면 말 그대로 그 죄를 씻어내야 할 것 같은 압박을 느낀다. 다른 사람들과의 관계는 신성한 것이다. 그런데 잠재의식에서 관계를 통해 이익을 얻으려는 의도적인 생각을 하게 되면 관계를 금기의 영역인 돈의 영역으로 끌어들이게 된다. 그 결과 혐오감을 느끼는 사람들은 소극적인 태도를 가질 수 있다. 당신 자신은 인맥 맺기에 대해 개인적으로 거리낌을 갖고 있지 않더라도 당신과 얘기를 나누는 이들 중에 그런 거리낌을 느끼는 사람이 많을 수도 있다.

관계는 원래 어렵다

불안감, 비진정성, 강한 자의식은 모르는 사람과 이야기를 나눌 때 흔히 나타나는 반응이다. 하버드대 경영대학원의 교수 프란체스카 지노와 동료 연구진은 불결한 감정을 탐구하는 유사한 연구를 진행하면서 결정적인 변화를 시도해보기로 했다. 실험 참가자들에게 인맥 맺기의 경험을 떠올려달라고 부탁하는 대신에 속마음과 일치하거나 일치하지 않았던 태도나 감정이나 의견을 표출했던 때를 떠올려달라고 했다. 인맥 맺기의 경우와 마찬가지로 '진정성 있는' 경험을 떠올려달라고 부탁받은 실험 참가자들은 진정성 없는 경험을 떠올린 참가자들에 비해 세척 관련 단어를 떠올리는 비율이 낮았고, 세척용품에 대한 호감도도 더 낮게 매겼다. 그렇다면 혹시 진정성이 인맥 맺기에 혐오감이 일지 않게 해줄 해독제는 아닐까?

우리는 진정성이 없다고 느껴지면 새로운 관계를 맺을 기회를 피하면서 적극적으로 나서려 하지 않게 된다. 설령 완전히 피하지 않는 경우라 할지라도, 이미지 관리를 하려다 오히려 불안감과 정서적 고갈을 키우고 자의식이 더 강해져버려서 결국에는 사회적 교류 자체를 더 거북해하며 더 못하게 될 소지가 있다.

나는 이 점을 힘겨운 경험 끝에야 터득했다. 누군가를 가르치는 일은 여러 면에서 강의실에서 수강생들과의 유대가 얼마나 잘 이루어져 있는가의 문제다. 나는 MBA과정 강의실에 처음 들어갔을 때 겁에 잔뜩 질려 있었다. 돌이켜보면 차라리 안 듣는 편이 좋았을 법한 충고를 들었기 때문이다.

다른 사람의 교수 스타일을 따라해보라던 그 충고대로 시도했다가 참담한 결과를 맞았다. 그곳에서는 연말에 수업 평가가 공개적으로 게시되었는데 나는 최악의 평가를 받았다. 바닥에서 두 번째나 세 번째도 아닌 맨 꼴찌였다. 강의실에서의 나는 겉으로 다 드러날 만큼 거북해했고 딱 봐도 진정성이 없었다. 내 수강생들도 바로 그렇게 평가했다. 나는 '삐딱하게 기울어진 프레첼'pretzel(길고 꼬불꼬불한 하트 모양의 밀가루 반죽에 소금을 뿌려 구워낸 빵과자—옮긴이)이라는 비유가 딱 들어맞을 법한 자세를 자주 취했다. 다리를 꼬고 팔은 가슴 앞으로 단단히 팔짱 끼고선 몸을 수강생들에게서 살짝 뒤쪽으로 기울이곤 했다.

그러다 보니 어느새 내리막의 소용돌이에 말려들어 진지한 수학자, 느긋하고 '쿨한' 교수 등의 여러 가지 이미지를 시도하다 갈수록 악화일로를 걸었다. 수업 평가는 고전을 면치 못하고 자신감이 떨어지면서 점점 더 불안해졌다. 커뮤니케이션 수업을 듣고 난 뒤, 더 간단명료한 말로 수업을 시작하고 눈을 더 자주 맞추고 반응 유도를 확실히 하면 좋아질 것으로 확신했지만 아니었다. 수업 진행 기술의 부족보다 더 깊은 차원의 문제였다.

나는 그때 수강생들을 대하기 두려워하는 정도를 넘어서서 자기방어적 적대감에 가까운 감정에 빠져 있었다. 교수 활동 3년차에는 수강생들 앞에 서기 위해 신경안정제의 일종인 베타차단제beta blocker(신경계의 특수한 수용체를 차단하여 아드레날린 작용을 비활성화하는 약물로, 심장박동수를 줄이고 혈압을 낮춘다.)를 복용해야 할 정도였다. 그 무렵의 나는 정말 미칠 지경이었다. 내세울 이미지도 바닥나서 급기야 동료들에게 도움을 요청했고, 그때부터 수강생들에게 들려주면 좋겠다고 생각되는 내용보다는 내 확신에 따라 가르치기 시작했다. 다른 사람들과 이야기를 나누면서 차츰 나 자신의 목소리를 찾아가기도 했다. 그렇게 마음을 열자 두려움이 사라졌다. 나 자신을 들키는 것이 더는 겁나지 않았다.

워싱턴대 브루스 아볼리오Bruce Avolio의 지휘하에 진정성 있는 리더십 부문을 살펴본 한 연구의 요약 보고서에 따르면, 진정성의 핵심은 자기인식, 자아수용, 행동과 신념의 일관성, 타인들과의 관계에 대한 열린 마음과 진실됨이다.

더 진정성을 갖기 위해서는 먼저 자기인식을 높여야 한다. 우선은 자신이 여러 사회적 교류에서 어떤 느낌을 받는지부터 의식해야 한다. 언제, 누구와 있을 때 편안한가? 심장이 뛰면서 불쾌감이 들 때는 언제인가? 억지로 웃거나 할 말을 참아야 한다고 느껴질 때는? 당장 문을 박차고 나가고 싶어질 때는? 이런 자기인식을 해봐야 비로소 인정할 건 인정하면서 도전에 나설 수 있다. 정말로 두려워할 것이 뭔지 알게 된다.

사람들은 진정성이 있는 사람이거나 진정성이 없는 사람이거나 둘 중 하나로 극명하게 구분되지 않는다. 감사하게도 우리는 누구나 이따금씩만 자신을 표출한다. 솔직히 말해서 나는 동료들이 자신의 진정한 자아를 온전히 다 표출하진 않았으면 좋겠다. 사회적 상황에서는 환경에 적응해야 한다. 내 경우엔 보스로서 기분이 안 좋아도 내 기분은 접어두고 도움이 필요한 사람들을 도와줘야 한다. 그 사람들은 내가 기분이 안 좋다는 걸 알거나 이해할 필요가 없다. 그 사람들이 신경 쓸 문제는 자신들의 기분이지 내 기분이 아니다.

진정성을 잘못 이해하면 자칫 자기만족에 빠진다. 런던 경영대학원의 교수 허미니아 아이바라_{Herminia Ibarra}는 "진정성을 흔들림 없는 자아상으로 삼으면 새로운 난관과 더 무거운 역할을 맡는 데 어려움을 겪는다."며 "사실 사람들은 경험을 통해 자아상을 깨닫고, 또 변화시킨다."고 했다. 물론 자아상을 변화시키는 것은 그렇게 쉬운 일만은 아니다.

새로운 사람과의 만남에서는 의도성이나 진정성의 의식으로 도덕적 혐오감이 일어나지 않는 경우라 해도 불안감이 유발될 수 있다. 당신이 사회생활에서의 어색한 순간에 놓여 있다고 상상해보자. 아는 사람이 아무도 안 보이는 모임 장소에서 음료수 잔이나 병을 잡고 있거나, 칵테일 테이블 가까이에 붙어 있거나, 열 번쯤 휴대폰을 확인하는 척하는 중이라고 쳐보자. 그러던 중 주의를 돌리기 위해 건너편에 있는 파란색 원피스 차림의 여성이 모르는 사람에게 말을 걸지 말지를 추측해보려 한다.

이때는 단지 그 여성이 수줍음이 많은 사람인지 아닌지만 파악해도 그녀가 모르는 사람에게 적극적으로 다가갈 가능성을 웬만큼은 추측할 수 있다. 하지만 수줍음이 많은지 아닌지를 알 뿐만 아니라 한 발 더 나아가 그 여성이 자신의 수줍음을 고착된 성격특성(개인의 행위를 파악할 수 있는 일관된 특징. 어떤 특성이 다양한 상황에서 일관되고 빈번하게 발생할수록 그 특성이 개인을 더 확실하게 설명할 수 있다.)으로 인식하는지 유연한 성격특성으로 인식하는지까지 안다면 그 가능성을 정확히 맞히게 될 것이다.

고착된 사고방식을 가진 사람은 "나에겐 어떠어떠한 성격이 있는데 그 성격은 나도 어떻게 해볼 수가 없다."는 식으로 말하는 경향이 있다.

예를 들어 그들은 우리 인간은 남들과 어울리기 좋아하거나 좋아하지 않거나 둘 중 하나라고, 사교성이 있거나 없거나 둘 중 하나라고 믿는다. 이런 관점은 스탠퍼드대 심리학 교수 개럴 드웩Carol Dweck이 규정한 고착형 사고방식fixed mindset에 해당된다. 이와 반대로 보다 유연한 자아상을 가진 사람은 자신의 성격을 시간이 지남에 따라, 또 주어진 상황에 따라서도 바뀌는 것으로 생각한다. 즉, 자신의 수줍음을 극복 가능한 성격으로 믿는다.

당연한 얘기일 테지만, 수줍음이 많은 사람은 어떤 경우에든 사회적 교류를 피할 가능성이 외향적인 사람보다 높다. 하지만 텍사스대의 심리학 교수 제니퍼 비어Jennifer Beer가 진행한 연구 결과에서 밝혀졌다시피, 수줍음이 많지만 유연한 사고방식flexible mindset을 가진 사람은 모르는 낯선 사람과 이야기를 나눌 가능성이 고착된 사고방식을 가진 사람보다 훨씬 더 높다.

이 연구에서는 관찰에 노련한 사람들이 관찰자로 참여해 실험 참가자들에 대한 사전 정보 없이 실험 참가자들의 사회적 교류 영상을 관찰하는 실험도 진행되었다. 관찰자들은 실험 참가자들이 자신의 수줍음을 얼마나 인식하는지는 물론이고 고착된 사고방식을 가졌는지 유연한 사고방식을 가졌는지에 대해서도 모르는 상태에서 그 영상을 보며 실험 참가자들의 사교술과 호감도뿐만 아니라 연이은 5분 친교 시간을 얼마나 즐기는 것으로 보이는지까지 평가했다. 평가 결과 고착된 사고방식을 가진 데다 수줍음도 많은 사람들은 호감도와 사교성이 낮게 나왔다. 하지만 시간이 지나면서 수줍음이 많지만 유연한 사고방식을 가진 사람들의 행동은 수줍음을 안 타는 사람들의 행동과 구분이 안 될 만큼 비슷해졌다.

사회지능social intelligence도 이와 다르지 않다. 넓게 정의해서 '사회지능'이란 다른 사람들과 어울리며 사회적 교류를 잘 헤쳐 나가는 능력에 영향을 미치는 대인관계 역량이다. 세계적인 심리학자이자 경영사상가인 대니얼 골먼Daniel Goleman은 사회지능을 제목으로 내세운 책에서 다음과 같이 썼다. "내가 여기에서 제기하는 사회지능의 요소들은 크게 두 범주로 구분할 수 있다. 사회적 인식(남들에 대해 갖는 느낌)과 사회적 재간(그런 인식에 따른 행동)이다." 사회지능은 수줍음과 인지지능과 마찬가지로 보는 사람의 관점에 따라 고착된 것으로 여길 수도 있고, 유연한 것으로 여길 수도 있다.

사회지능에 대해 고착된 사고방식을 가지면 사회생활에 적극적으로 나설 가능성이 낮아진다. 해봐야 별로 좋은 결과가 나지도 못할 것 같고, 괜히 비범한 사교 재능을 가진 사람들만 돋보이게 해줘서 억울할 것도 같다는 생각이 들기 때문이다. 하지만 수줍음 같은 사회지능은 고착되어 있는 게 아니다.

이번엔 파란색 원피스를 입은 여성이 당신에게 다가온다고 쳐보자. 당신은 2분 정도 날씨 얘기를 하다가 당신이 몇 달 전부터 만나보려 애썼던 어떤 사람과 그 여성이 아는 사이라는 사실을 우연히 알게 되고 여성은 기꺼이 소개시켜주겠다고 말한다. 그런데 이런 대화를 가진 후에는 그 일을 돌아보며 자책하는 경우가 많다. '내가 왜 그런 얘기까지 꺼냈을까?', '에이, 내가 괜한 말을 했어.', '에휴, 어찌나 어색하던지. 서로 할 말도 없고.'

자신감을 가져도 된다. 그때의 대화는 당신이 생각했던 것보다 훨씬 좋았을지도 모른다. 예일대 학생들에서부터 '처음 보는 사람에게 말 거는 방법'이라는 워크숍에 참석한 영국인들에 이르기까지 여러 그룹을 아우르는 다섯 건의 연구 결과에 따라 연구진이 밝혔듯 "남들은 우리가 생각하는 것보다 더 우리를 좋아한다." 에리카 부스비Erica Boothby와 거스 쿠니Gus Cooney가 이끈 이 연구에서는 앞의 연구와 마찬가지로 처음 보는 사람들끼리 두 사람씩 짝을 지어주며 친교 대화를 나누게 했다. 연구진은 모든 참가자에게 자신의 대화 상대를 평가해달라고 했다. 자신과 잡담을 나누었던 상대가 자신을 어떻게 평가했을지 예측해보게도 했다.

그 결과 참가자들은 자신의 대화 상대가 대화에서 느낀 즐거움을 실제 평가보다 낮게 보았다. 연구진이 이름 붙인 대로 '호감 격차'liking gap 현상이 발생했던 것이다.

대화 시간이 2분이었든 44분이었든 이런 호감 격차는 여전했다. 대화 시간이 더 길었던 참가자들은 다른 참가자들에 비해 서로에게 더 호감을 느꼈는데도 여전히 이런 오해를 했다. 게다가 이런 왜곡된 인식은 관계를 맺고 난 이후로도 오랜 기간 지속되었다. 연구진이 조사해보니 참가자들이 상대의 실제 호감도 평가와 다르게 생각했던 호감 격차는 5개월이 지나도록 그대로였다.

연구진이 결론지었듯 "대화는 사람들이 자신의 실력에 대해 유달리 비관적 견해를 보이는 영역인 것 같다." 사람들은 삶의 대다수 영역에서 자신을 긍정적 관점으로 바라본다. 자신이 남들보다 더 똑똑하고, 더 창의적이고, 더 신뢰성 있고, 더 행복하고, 더 건강하다고 생각하는 경향이 있다. 하지만 심리학자들이 '평균이상효과'better-than-average effect

라고 부르는 이런 경향은 처음 보는 사람들과의 대화로까지는 연장되지 않는다.

연구진은 이런 현상을 설명할 만한 가설을 하나 세웠다. 우리가 대화 상대에게 비쳐질 자신의 인상을 걱정하는데 급급해서 상대가 대화를 즐기고 있다는 신호인 미소, 웃음, 앞으로 기울어진 몸을 못 알아보고 놓칠 때가 많다는 것이다.

하지만 사람들이 자신의 사회생활에 대해 자주 자기비하적이고 패배주의적인 태도를 갖게 되는 경우는 첫 대화에서만이 아니다. 사람들은 자신의 사회생활이 남들에 비해 빈약하다는 생각도 많이 한다. 세바스찬 데리Sebastian Deri, 샤이 다비다이Shai Davidai, 토머스 길로비치Thomas Gilovich가 11차례에 걸쳐 연구를 벌이며, 쇼핑몰의 쇼핑객들에서부터 학생들, 미국의 소득 표본집단에 이르는 3,293명의 다양한 참가자들에게 자신의 사회생활을 남들의 사회생활과 견주어 어느 정도로 여기는지 물어보았다. 응답자들은 남들이 자신보다 파티에 더 많이 다니고, 친구도 더 많고, 외식도 더 자주 하고, 사교 모임도 더 많이 갖고, 본가 가족도 더 자주 보는 것 같다고 생각했다. 다양한 나이, 학력, 소득, 정치관을 망라하여 이런 식의 응답이 나왔다.

이 세 명의 연구진에 따르면, 사람들이 가장 사교성 좋은 친구, 즉 마당발형 친구를 비교의 대상으로 삼았기 때문이다. 연구논문에서도 밝혔듯 "외향적이거나 사교적인 사람들이 내향적이거나 은둔적인 사람들보다 더 금방 떠오르는 탓에 자신을 그런 만만치 않은 기준에 견주어 비교하게 되고 그러다 자신의 사회생활을 표준 이하로 결론짓는 듯하다." 이런 식의 비교 기준을 세우면 사회적으로 처진다는 느낌이 일어나는 정도로 그치지 않는다. 전반적인 삶에 대한 만족도까지 낮아진다. 그런데 그 사람의 사회생활 집단 내에서 상대적으로 사교성이 낮은 편인 사람들과 비교해볼 수 있게 유도해주면 이런 영향은 사라진다.

자신을 사회생활 집단 내의 버넌 조던 같은 사람과 비교하면 인맥 맺기가 하나마나 소용없는 일처럼 느껴진다. 고착된 사고방식을 가져도 마찬가지다. 그런 식의 비교와 고착된 사고방식 모두 자기효능감efficacy(자신이 어떤 일을 성공적으로 수행할 수 있는 능력이 있다고 믿는 기대와 신념—옮긴이)과 자립성에 악영향을 미칠 소지가 있다. 소용없다고 느끼게 되면 인맥을 의도적으로 대하지 못하게 된다. 프랑스 소재 경영대학원 인시아드INSEAD의 코 쿠와바라Ko Kuwabara 교수가 주도한 연구에서 시사해주고 있듯, 결국 이런 감정은 더 작고 폭넓지 못한 인맥으로 이어진다.

사실 사람들은 우리가 생각하는 것보다 더 우리를 좋아한다. 하지만 처음 보는 사람과의 교류에서는 어색한 기분이 들 수 있고, 그렇게 어색해지면 진정성을 띠기 어려워질 수 있다. 진정성이 없다는 것 역시 인맥 맺기처럼 도덕적으로 불결한 기분을 들게 해서 소극성을 갖게 한다.

베풀 수 있는 것을 먼저 생각하라

인맥 맺기가 우리에게 꺼림칙한 기분을 일으키는 이유를 살펴보는 연구에서 인맥 맺기에 대한 역겨운 느낌에 시달리지 않았던 그룹이 하나 있었다. 힘을 가진 사람들이었다. 물론 그 이유는 간단히 설명된다. 힘 있는 사람들은 인맥 맺기를 더 잘하는 편이며, 바로 그런 재능이 힘 있는 사람이 되었던 이유이기 때문이다. 비교적 높은 자신감 덕분에 해봐야 소용없다거나 진정성이 없다는 느낌으로 크게 괴로워할 일이 없었던 것이다.

하지만 연구진이 밝혀낸 바에 따르면, 조직 서열상의 위상에만 의존하는 경우보다 실험상의 조작을 통해 사람들에게 자신을 더 힘 있는 사람으로 느껴지게 한 경우가 역겨운 느낌이 들지 않는 효과의 지속성이 좋았다. "당연한 결과다. 현명한 조언, 멘토링, 기회, 자원같이 자신이 남들에게 베풀 것을 많이 갖고 있다고 믿으면 인맥 맺기가 훨씬 더 편안히 받아들여지고 자신을 덜 이기적으로 느끼게도 된다." 이것이 실험 결과를 바탕으로 연구논문이 내린 결론이었다.

사회적 관계를 쌓는 기본 토대는 호혜성reciprocity이다. 호혜성은 사회적 교환에서의 화폐와 같다. 이를 바탕으로 저명한 사회학자 하워드 베커Howard Becker는 우리 인간을 호모 레시프로쿠스homo reciprocus(호혜적 인간, 상호 의존하는 인간—옮긴이)로 새롭게 명명해야 한다고 주장했다. 자신이 베풀 수 있는 것보다 얻을 수 있는 것을 생각하며 사회적 교환에 들어선다면 이 호혜성의 등식을 퇴보시키는 셈이 된다.

와튼 스쿨 교수 애덤 그랜트Adam Grant가 호혜성을 중요한 핵심으로 삼은 저서 《기브 앤 테이크》에서 인맥에 대해 말하며 썼듯이 "베푸는 사람은 아주 풍요로운 인맥을 쌓아 아주 잘 활용할 수 있다. 자신의 인맥 내의 사람들과의 특유의 상호교류interact 방식에 힘입어 가치를 요구하거나 거래하기보다 가치를 늘리길 선호하는 기준을 세우면서 모든 관련

자에게 두루 돌아갈 만한 파이를 키운다." 베풀기는 장기적으로 좋은 전략이다. 더 큰 가치와 호혜성이 깃든 인맥을 쌓게 해주기 때문이다.

딘기적으로 보더라도 베풀기는 도딕직으로 긍징직 감정을 일으키기 때문에 인맥 쌓기에 대한 저항심을 극복하기에 효과적인 방법이 될 수 있다. 베풀고 나면 마음 훈훈해지는 희열감이나 타인을 돕고 난 후 느끼는 행복감인 헬퍼스 하이helper's high가 일어난다. 이때 기능적 자기 공명영상functional MRI으로 촬영해보면 아이스크림을 먹거나 돈을 받을 때 뇌에서 활성화되는 바로 그 보상처리 영역이 밝아진다. 베풀기는 이렇게 긍정적 감정을 일으켜서 인맥 맺기를 꺼림칙하게 느끼는 부정적 감정을 막아줄 수 있다. 게다가 사실상 더 좋은 상호교류 방식이기도 하다.

그렇다면 베풀 수 있는 것으로는 뭐가 있을까? 벤처 투자가이자 실리콘밸리에서 발이 가장 넓은 여성으로 꼽히는 하이디 로이젠Heidi Roizen도 이런 질문을 자주 받는데 한 인터뷰에서 이렇게 대답했다.

"당신에겐 언제든 베풀 뭔가가 있어요. 누구나 베풀 만한 것을 가지고 있어요. 당신이 저와 얘기하려고 찾아왔다가, 얘기를 나누면서 제 아이들을 봐줄 수도 있는 거잖아요. 예전에 저와 거래를 했던 한 남자가 있었어요. 그 사람의 사업 문제로 자주 얘기를 나누었는데 직업이 헬스 PT였죠. 그래서 함께 사업 이야기를 하는 동안 그 사람이 저에게 PT를 해주었어요."

어떤 일을 막 시작했거나, 이직을 했거나, 새로운 공동체에 들어간 상태일 때는 대개 뭘 베풀 수 있을지 파악하기가 힘들다. 앨런 코언Allan Cohen과 데이비드 브래드포드David Bradford 공저의《탈권위 리더십》에서는 베풀 수 있는 것에 대한 시각을 넓혀줄 만한 여러 유형의 자원을 제안해주었다. 그중 한 유형은 정보, 기술 지원, 돈처럼 일과 관련된 것들이다. 대체로 사람들이 자신이 내어줄 만한 게 뭐가 있는지 생각할 때 흔히 떠올리는 것들이다. 또 한 유형의 자원은 인지도나 평판이나 소개와 관련된 것들이다. 그 외에 감사하는 마음, 주인의식, 위로 등의 표현도 베풀기로서 좋은 방법이지만 그런 잠재성이 간과되기 쉽다. 다른 사람들이 자신을 의미 있는 존재로 느끼거나 도덕적인 사람이나 실력 있는 사람으로 느낄 수 있게 해주는 능력 역시 마찬가지다. 도움의 요청은 여러 면에서 선물과 같다. 그 상대방에게 누군가를 도와줄 기회를 허용하는 셈이기 때문이다. 게다가 버넌 조던이 인용하며 부각시킨 멜빌의 글처럼 "우리는 혼자의 힘만으론 살 수 없다."

당신의 관계 유형은?: 셀프 테스트

자기 자신에 집중하는 태도는 더 유익한 관계를 다지는 데 걸림돌이 되기 쉽다. 대화 중에 자신이 어떤 인상으로 비칠지 걱정하다 보면 만남의 가치를 경시하게 된다. 또 관계에서 뭘 얻을 수 있을지에 집중하면 자신이 부도덕하게 느껴지기도 한다. 이런 상황에서 탈출하기 위해서는 관심의 초점을 남들에게 맞추면 된다.

심리적 편견을 가지면 사회적 현실을 제대로 파악하지 못하게 된다. 당신이 혼자 어떤 사교 행사에 들어가는 상황을 상상해보자. 행사장으로 들어가 보니 발 디딜 틈이 없을 만큼 사람들로 빽빽하다. 당신이 마당발형이라면 편안한 기분을 느낄 것이다. 하지만 사회생활 초반의 나였다면 그냥 나가버렸을 것이다. 과거의 나 같은 사람 중에 그래도 좀 더 용기 있는 사람이라면 피난처 삼아 바bar로 향할 만도 하다. 당신은 이런 상황에서 어떤 편인가? 심장이 좀 두근두근대는가? 어디로 가야 할지 막막한가?

이럴 때는 특정한 인식의 틀을 택하면 상황을 조금은 다르게 접할 수 도 있다. 사람들은 거의 언제나 다이애드로 상호교류를 갖는다. 다시 말해, 기본적 관계인 두 사람끼리의 교류를 나눈다. 우리는 생물학적으로나 사회적으로나 그렇게 행동하도록 프로그램되어 있다. 우리의 두 눈은 단 하나의 방향으로만 향한다. 청각 처리 체계 역시 단 하나의 목소리에 관심을 쏟게 되어 있으며, 이런 현상을 가리키는 '칵테일파티효과'cocktail party effect(칵테일파티처럼 여러 사람의 목소리와 잡음이 많은 상황에서도 본인이 흥미를 갖는 이야기는 선택적으로 들을 수 있는 현상—옮긴이)라는 말까지 있다.

다음번에 또 그런 행사장에 가게 된다면 벽을 이루듯 빽빽이 모인 사람들을 보지 말고 작은 무리의 사람들, 그러니까 섬처럼 떨어져 있는 사람들을 찾아보자. 언제나 이런 사람들은 있기 마련이며 대체로 가구류 근처에 있다. 이제부터는 한 명, 세 명, 다섯 명의 홀수 인원을 이루어 떨어져 있는 무리가 없나 둘러보자. 바로 그 사람들이 당신에게 딱 맞는 대화 상대다. 당신이 끼어들면 수적으로 균형을 이루게 된다. 파란색 원피스를 입은 여성은 말을 걸 사람을 찾고 있었을지 모른다. 이런 식의 대화 상대 찾기 방법은 상호교류의 가장 기본적인 원칙의 한 가지인 다이애드에 근거한 아주 간단한 지침인데, 내가 사람들에게 알려주며 지켜본 바로는 이 지침을 따르면, 불안감을 더는 데도 유용하고, 불안감이 줄어든 덕분에 사회지능도 더 좋아지는 듯하다.

관계와 유대의 이런 속성을 찬찬히 잘 이해하면 우리 자신의 관계와 유대를 변화시킬 힘을 얻게 된다. 그것도 우리나 우리와 유대가 있는 사람들뿐만 아니라, 그 사람들과 유대가 있는 사람들에게까지도 이익이 될 만한 잠재력을 지닌 그런 방식의 변화를 이룰 수 있다.

지금부터는 당신이 마당발형이나 중개자형이나 소집자형의 특징을 어느 정도 갖고 있는지 알아보는 데 유용한 세 가지 간단한 테스트를 해보겠다. 당신의 인맥 유형을 더 속속들이 잘 이해하고 싶다면 www.assessyournetwork.com을 방문하기를 권한다.

마당발형

당신이 마당발형일 가능성이 어느 정도인지 알아보기 위해 당신의 능동적 인맥의 크기부터 평가해보자. 다음에 나오는 이름 네 개를 쭉 살펴보자(한국식으로 치면 '철수', '영희'와 같은 흔한 이름들의 예시다. ─편집자).

앨런

애덤

레이철

에밀리

각각의 이름을 가진 사람들을 몇 명이나 알고 있는가? 여기에서 '아는' 사람으로 분류되는 기준은 첫 번째 얼굴이나 이름을 알고 있고, 두 번째 이메일 주소를 검색하거나 SNS로 연결하지 않고도 연락을 할 수 있으며, 세 번째 지난 2년 동안 전화나 일반 우편이나 직접 대면을 통해 연락한 적이 있는 사이여야 한다. 답하려고 너무 열심히 생각하지는 마라. 그러면 이번 연습의 취지에 어긋난다. 몇 명의 앨런, 애덤, 레이철, 에밀리를 알고 있는지를 각각의 이름 옆에 적어보자.

적어둔 것을 쭉 훑어보자. 한 명의 애덤, 한 명의 앨런, 한 명의 레이철, 그리고 한 명의 에밀리를 알고 있다면 당신의 인맥 폭은 900명 언저리가 된다. 컬럼비아대와 프린스턴대 교수들인 티엔 정Tian Zheng, 앤드루 겔먼Andrew Gelman, 매튜 살가닉Matthew Salganik이 더 많은 이름으로 바로 이런 방식을 활용해서 밝혀낸 바에 따르면, 평균적인 사람은 610명의 사람들과 인맥을 이루고 있었다. 참고로 전체 인구의 90퍼센트 정도는 250~1,700명 사이의 지인을 갖고 있다. 네 개의 이름 중 여러 이름에 한 명 이상을 써넣었다면 당신은 마당발형에 해당되어 인맥 스펙트럼의 상단에 있을 가능성이 높다. 우리 중 대다수는 적어도 한두 개 이름에 0을 써넣게 되면서 그 하단에 들기 마련이다.

소집자형

우리는 인맥의 크기 외에 인맥 구조에도 관심을 갖는다. 자신의 인맥 구조를 그려보면 당신이 중개자형에 가까운지 소집자형에 가까운지 평가해볼 수 있다.

지난 6개월을 돌아볼 때 당신은 누구와 중요한 문제를 상의했는가? 중요한 문제를 가장 자주 상의했거나 정서적 지지를 받았던 사람 다섯 명을 다음 장의 원에 써넣어보라. 예로 표시한 왼쪽 원들의 경우 닉은 중요한 문제를 데이브, 가이, 숀, 그레이스, 시드니와 상의했다.

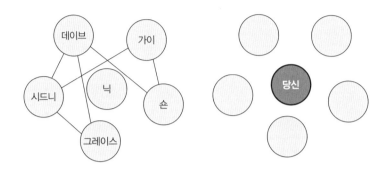

내 친구들의 관계도

데이브

가이

시드니

닉

숀

그레이스

당신

그럼 지금부터 절친한 친구들 사이의 관계를 파악해보자. 당신의 인맥 안에 있는 사람들 중에 가까운 사람들끼리 줄을 그어보자. 이 예시에서 가이와 시드니는 함께 일하는 사이이다. 숀과 가이는 고등학생 때부터 친했던 오랜 친구 사이로 자주 만나 맥주를 마신다. 당신이 각자와 따로 만날 뿐 둘 다 당신과 친구 사이인 것 외에는 별다른 관계가 없다면 그 두 사람 사이에는 줄을 긋지 마라. 일이 너무 복잡해지지 않도록 당신 자신과 인맥 안의 모든 사람 사이에도 선을 긋지 마라.

당신의 인맥에는 몇 개의 줄이 그어져 있는가? 평균적인 사람은 5개 정도다. 인맥 안의 사람들이 서로 가까운 사이라면 총 10개의 선이 생긴다. 선이 10개에 가까울수록 소집자형일 가능성이 더 높다.

중개자형

마당발형과 소집자형은 짚어봤으니, 이제 데이비드 옵스펠드David Obstfeld가 개발한 척도의 일부를 활용해 중개자형도 살펴보자.

위의 각 지문을 읽으면서 다음의 제시 기준에 따라 답해보자(1 = 절대

	절대 아니다						매우 그렇다
1. 나는 업무 전략적 측면에서 공통의 관심사를 가지고 있을 만한 사람들 을 서로 소개시켜준다.	1	2	3	4	5	6	7
2. 나는 어떤 문제를 설명할 때 다양한 관심사를 가진 사람들이 두루두루 호응할 수 있을 만한 방식으로 얘기 하려 한다.	1	2	3	4	5	6	7
3. 나는 사람들 사이의 협력 기회를 살 펴본다.	1	2	3	4	5	6	7
4. 나는 어떤 문제에서 서로 다른 관점 을 가진 사람들 사이에서의 공통된 입장에 주목한다.	1	2	3	4	5	6	7

데이비드 옵스펠드, 〈소셜 네트워크, '참가하는 제3자'Tertius Iungens(연결돼 있지 않은 개인들을 이어주거나 이미 연결된 개인들에게 새로운 연결을 촉진시킴으로써 사람들을 누군가의 인맥으로 연결시키는 장기적인 마인드—옮긴이) 지향, 그리고 혁신의 참여〉, 《계간 행정학》 제50호(2005년 3월호), 100~130.

아니다, 2 = 아니다, 3 = 그렇지 않은 경향이 약간 있다, 4 = 그렇다고도 그렇지 않다고도 할 수 없다, 5 = 그런 경향이 약간 있다, 6 = 그렇다, 7 = 매우 그렇다).

총 여섯 개의 질문으로 구성된 이 설문조사에서 사람들은 평균적으로 4.5점 정도의 결과가 나온다. 질문 항목 중에 6점과 7점이 있다면 당신은 중개자형일 가능성이 있다. 하지만 여기에서 중개자형으로 확인되었다고 해서 인맥 구조상으로 반드시 중개자형인 것은 아니다. 전반적으로 사람들은 자신의 인맥 유형을 잘 판단하지 못하며 곧 확인해볼 테지만 중개자형에도 여러 유형이 있다.

아직 당신의 인맥 유형이 확실하지 않더라도 걱정할 필요 없다. 어떤 경우든 우리 인간은 어느 하나의 유형에 깔끔하게 맞아떨어지지 않는다. 사람에 따라 중개자형의 경향이 있으면서도 삶의 몇몇 영역에서는 소집자형처럼 행동하기도 한다.

인맥은 상황에 따라 끊임없이 변하기도 한다. 초기 투자자들을 찾는 사람에게 든든할 만한 인맥이 최근에 아이들이 출가하여 부부끼리만 살게 된 사람에게도 도움이 되는 것은 아니다. 직업생활에서 진전을 이뤄가게 되거나, 가정을 이루고 교우 관계가 바뀌면 그에 따라서도 인맥이 바뀐다.

모든 인맥 스타일은 시기에 따라 강점이 달라진다. 진전을 이루는 중일 때는 대개 현재의 인맥 유형에 집중하고 싶어하는 경향이 있다. 하지만 확실히 현재의 인맥을 파악하는 것보다 더 중요한 일은 따로 있다. 다른 인맥 유형의 잠재적 이점만이 아니라 주변 사람들의 정신모형mental model까지도 더 깊이 있게 이해하는 일이다.

이 책을 쓰게 된 목적은 버넌 조던에게 아주 큰 힘이 되어주었던 유대의 '보이지 않는 실'invisible threads을 보게 해주려는 것이다. 이런 실들은 사회적 구조의 기본 요소를 이루어 선망 받는 직장의 취업, 행복도, 자녀들이 느끼는 든든함 등을 좌우하는 데 큰 역할을 한다.

버넌 조던이 그 전형적인 사례이듯 '인맥 맺기'라는 말은 도덕적 감정을 환기시키기도 하지만, 인맥 자체는 그저 하나의 구조에 불과하다. 그동안 살아온 사회생활의 자취이며 앞으로 일어날 만한 일들을 가늠해볼 유용한 예측 척도이다. 하지만 인맥이 돌아가는 작동 방식과 우리가 인맥을 바라보는 관점은 확실히 중립적이지 않다. 헨리 멜빌의 글처럼 "우리의 행동은 원인이 되어 나가기도 하고 결과가 되어 돌아오기도 한다."

사실 인맥은 당신의 행동 방식만 봐서는 설명이 안 되는 방식으로 삶에 영향을 미친다. 예를 들어, 당신의 친구들이 서로서로 친구들인지 아닌지는 당신이 신뢰할 만한 사람으로 비쳐질지 아닐지에 굉장한 영향을 미친다. 이런 인맥 구조는 당신 자신의 삶을 넘어서서 어느 팀이 성공할지, 조직이 포용적이고 다양한지, 민권운동 같은 사회운동이 착수될 가능성이 있는지 등을 알려주기도 한다.

　루마니아 태생의 심리치료사 제이콥 모레노Jacob Moreno가 80년도 더 전에 고안한 소시오메트리sociometry(인간관계나 집단의 구조 및 동태를 경험적으로 기술·측정하는 이론과 방법의 총칭—옮긴이)는 현재까지도 여전히 사회적 인맥의 그림을 그려보는 방법으로 활용되고 있다. 사회구조와 심리적 안녕감 사이의 관계를 이해하고 싶어했던 모레노는 당시에 〈뉴욕타임스〉와의 인터뷰에서 이렇게 말했다.

　"우리가 전체 도시나 전체 국가의 인간관계를 도표화하는 수준에 이르게 된다면 (중략) 거대한 태양계와도 같은 불가해한 집단 구조의 그림을 갖게 되어 중력이 우주에서 인체에 영향을 미치듯이 행동에 강력한 영향을 미치게 될 것입니다. 이런 보이지 않는 집단 구조는 사회의 근간을 이루고 있어서 그 사회의 전반적 행동을 좌우하는 데 자체적인 영향력을 발휘합니다."

　최근에 이루어진 네트워크 분석학, 물리학, 공학, 사회학, 컴퓨터공학에서의 발전 덕분에 이제는 이런 도표화가 가능해졌다. 당시에 모레노도 미처 알지 못했지만 모레노 자신이 뉴욕 북부 소재 소년원에 재소 중이던 비행 소녀들 사이의 관계 패턴에 근거하여 도출해낸 기본적 구조들에는 이미 사교 세계의 작동 원리를 이해할 열쇠가 쥐어져 있었다.

다시 말해 이 기본적 구조들(중개자형, 소집자형, 마당발형)을 통해 일터와
가정과 휴가지에서의 모든 일상에서 펼쳐지는 눈에 보이지 않는 힘들
을 볼 수 있다는 얘기다. 이 책에서 보여주려는 핵심도 바로 그 눈에 보
이지 않는 힘들이다.

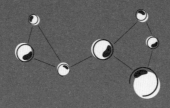

제2장

반드시 알아야 할
관계의 기본 속성

상대를 대할 때
나에게 대하는 것과 같이 소중하게 대하라.

_공자

데이비드 록펠러David Rockefeller의 롤로덱스Rolodex(미국 제퍼아메리칸의 회전 인출식 인덱스 파일의 상품명으로, 링에 철해진 카드가 회전해서 해당 부분을 자동적으로 검색할 수 있는 회전식 명함 정리기―옮긴이)에 꽂혔던 명함들을 끝에서 끝까지 쭉 쌓으면 높이가 26킬로미터에 이르렀을 것으로 추산될 만큼 명함이 어마어마하게 많았다. 무려 10만 개의 연락처가 담겼던 록펠러의 롤로덱스는 그 폭도 폭이지만, 넬슨 만델라, 파블로 피카소, 지그문트 프로이트, 빌 게이츠를 위시해 그 연락처에 포함된 인물들의 면면 역시 전설로 남을 만한 수준이었다.

 록펠러는 국가수반, 지식인, 유명인, 회장, 명문가 기업 자손 들을 아우르는 이런 거대한 연락망을 관리하면서도 '1940년대 이후부터 만난 사람들 대부분'과의 교류를 기록해두었다. 하지만 잠깐 우연히 마주친 상대까지도 그 이름과 날짜만 간단히 메모하고 넘어가진 않았다. 생판 모르는 남이나 다름없는 사람에서부터 아주 친한 친구에 이르기까지, 심지어 예전에 데이트했던 상대까지도 예외를 두지 않고 모든 상대에 대해 세세히 메모를 해두었다.

  록펠러와 가장 오래되고도 가장 가까운 친구 중에는 리처드 닉슨 정권의 국무장관을 지냈고 베트남 전쟁의 주역이지만 베트남 평화협정을 성사시킨 공로로 1973년 노벨평화상을 받으며 뜨거운 논란의 중심 인물이 되었던 헨리 키신저Henry Kissinger도 있었다. 유대인이던 키신저의 가족은 1938년에 나치의 박해를 피해 미국으로 피신했는데 이민자로서 미국 사회에 동화되기 위해 애썼던 사연까지 록펠러의 명함 속에 고스란히 담겨져 있다. 총 35장의 명함에 1955년까지 거슬러 올라가는 키신저와 데이비드 록펠러 사이의 수백 차례에 걸친 만남에 대해 그 정도로 세세히 기록되어 있었다는 얘기다. 사망하기 불과 몇 년 전, 허드슨 밸리의 드넓은 저택에서 점심을 먹던 중에 록펠러는 키신저에게 그 명함들의 사본을 건네주었다. "우리가 이렇게 오래 알고 지냈다니 이거 참 놀랍구먼." 키신저가 그 사본을 건네받으며 록펠러에게 했던 말이라고 한다.

  록펠러의 롤로덱스 인맥망 중 비교적 덜 유명한 한 인물은 이런 사교 도구의 활용과 관련해서 다음과 같이 말했다. "정말 운이 좋아서 록펠러가 가졌던 무수한 만남과 교류의 한 순간을 '몰래 엿보는' 기회를 누렸다면 보게 되었을 테지만, 록펠러는 찾아온 손님에게 어릴 때의 발레 발표회부터 부모님의 근래 건강 상태에 이르기까지 이런저런 시시콜콜한 인생사를 물어봤다. 그런 물음은 그저 보여주기 위한 것도 인상적으로 보이려는 것도 아니었지만, 언제나 상대방을 기분 좋게 해주거나 경계심을 해제시켰다. 록펠러와 함께 있으면 정말 좋은 경청자를 두는 것과 같았지만 절대 거래적 교류는 없었다. 언제나 변화를 일으키는 교류였다."

어떤 사람들은 이런 식의 기록을 계산적으로 여기며 록펠러의 방식에 거부감을 갖기도 했다. 록펠러는 이런 거부감을 인식하며 자신의 방식을 다음과 같은 말로 변호했다. "이런 방식을 놓고 사람들을 조종하려는 의심스러운 술책으로 여기는 이들도 있다. 그러나 내 생각은 다르다. 그 방식 덕분에 나는 내 인생의 여러 가지 목표를 이루는 데 도움이 되는 사람들을 만날 수 있었을 뿐만 아니라 오래가는 우정을 쌓을 기회도 얻었다."

롤로덱스에 대해 어떤 감정이 들든 그 문제를 별개로 놓고 보자면, 록펠러는 사교적 측면에서 예리한 통찰력을 발휘했다. 록펠러의 롤로덱스 명함은 인간의 한계를 고스란히 반영해주는 상징이었다. 말하자면 폭넓은 인맥을 쌓는 동시에 그 유대를 오래도록 탄탄히 이어간다는 것은 불가능함을 간파한 것이었다.

록펠러는 인맥의 크기를 제한시키는 인식적 제약을 간파하여 그 제약을 극복하려 애쓰면서 그 불가능한 일이 가능할 수도 있음을 보여준 셈이 아닐까?

데이비드 록펠러는 세계에서 가장 발이 넓은 사람으로 꼽힐 만한 인물이었지만 어린 시절에는 수줍음이 많고 소심했다. 심지어 하버드대에 입학했을 때도 "처음엔 사교술이 별로 없어서 스스로를 부적응자처럼 느꼈다." 형인 넬슨이 붙임성 있고 활달한 데다 주목받길 좋아했던 것과는 아주 대조적이었다. 데이비드는 친교 활동보다는 딱정벌레를 채집하며 보내는 시간을 더 좋아했다. 딱정벌레 채집을 세상을 떠나기 전까지도 계속 취미 생활로 삼았을 정도였고, 15만 개에 이르는 표본

채집물은 유산으로 하버드대에 기증했다.

　록펠러가 인간관계의 중요성을 알게 된 계기는 제2차 세계대전 때 정보 장교로 복무하던 중의 경험을 통해서였다. 본인이 글을 통해 밝혔듯 록펠러는 수줍음 많은 성향을 타고났음에도 당시의 경험을 계기로 '믿을 만한 정보와 영향력을 가진 사람들과 인맥 쌓기'의 필요성을 깨닫게 되었다.

　록펠러는 이런 어마어마한 대인관계를 쌓느라 체이스맨해튼은행 CEO로서의 의무를 소홀히 한 채 한눈을 팔고 있다는 비난에 직면했을 때조차 꿋꿋이 국제적인 인맥을 넓혀갔다. 아마도 록펠러가 CEO로 재임하는 동안 체이스맨해튼은행이 국내적으로 경쟁사들의 실적에 미치지 못할 경우, 그의 인맥이 경영에 도움이 되리라는 주장은 누구도 부정하기 힘들었을 것이다. 은행이 국제적인 수익과 명성을 얻는 데 록펠러가 쌓아온 인맥이 크게 도움이 되리라는 것이었다. 실제로 그의 이런 인맥 쌓기 노력은 체이스맨해튼은행의 계획적 투자 수행과 서구 은행업을 이집트, 소련, 중국으로 진출시키는 데 한몫했다.

한 명이 교류하기에 적당한 사람의 수는 몇 명일까?

수십만 명과 인맥을 맺고 있는 비범한 사람들이 소수 있긴 하지만 우리 대다수는 보다 인간적인 규모의 인맥을 맺고 있다. 사실 친한 친구들의 수에서부터 연말 카드 발송 목록의 길이에 이르기까지 우리의 인맥 크기는 비교적 뻔한 패턴을 따른다.

　이런 인맥 크기를 논하는 수치 중 가장 유명한 수치는 일명 '던바의 수'dunbar's number인 150명이다. 이 매직넘버 150은 우리가 유지해나갈 수 있는 안정적 친분의 수이다. 던바의 표현을 빌려와 말하자면 "바에서 우연히 마주칠 경우 생각지 못하게 불쑥 술자리를 같이 하게 되어도 거북함을 느끼지 않을 만한 친분을 가진 사람들의 수이다."

인류학자 로빈 던바Robin Dunbar가 자신의 이름을 딴 이 수를 발견하게 된 것은 다소 우연한 계기를 통해서였다. 1980년대에 영장류 학자들 사이에서는 사회적 뇌social brain 가설에 대한 관심이 확산되어 있었다. 이 가설을 뒷받침하는 개념은 영장류의 뇌가 영토 확대 같은 환경적 요구보다는 사회적 필요성에 부응하기 위해 진화했을 가능성이었다. 영장류의 사회 집단 크기와 뇌의 크기(더 구체적으로 말하면, 뇌 전체에서 나머지 뇌 부위 대비 신피질의 비율) 사이의 강한 연관성이 이 가설을 뒷받침해주는 근거였다.

긴팔원숭이의 이런 신피질(대뇌 겉질에서 가장 최근에 진화하여 형성된 부분. 여섯 층의 구조를 이루며 사람 뇌의 거의 대부분을 이룬다.) 비율은 약 2 대 1이고, 긴팔원숭이 사회 집단 크기의 대략적 추산치는 15마리다. 침팬지의 경우엔 이 비율이 3 대 1로 훨씬 크다. 던바는 침팬지의 사회 집단 크기를 64마리로 산정했다. 연구자들은 이런 계열의 연구를 통해 영장류의 뇌가 사회적 복잡성을 더 잘 다루기 위해 진화했을 가능성이 있다는 결론에 이르렀다.

던바는 영장류의 그루밍grooming(서로의 털을 골라주는 행위)을 연구하던 중 자신의 연구진이 인간에 대한 관련 자료를 갖고 있다는 사실을 알게 되었다. 그래서 이 자료를 바탕으로 신피질 비율을 알면 인간의 평균적 사회 집단 크기도 가늠해볼 수 있겠다는 생각을 하게 되었다. 인간의 경우 신피질의 비율은 4 대 1이었고, 던바가 계산을 해보니 우리 인간의 평균적 사회 집단 크기의 추산값은 150명으로 나왔다.

던바는 자신의 커리어의 상당 부분을 이 수치의 범위대를 탐구하는 데 할애하며, 이 수치의 실질적 측면과 소셜 미디어에 따른 수치의 변화 여부를 연구하는 데 주력했다. 던바의 '수'는 실질적으로는 100~200명의 범위대이며 이 수치대는 예나 지금이나 여전히 유의미하다. 예를 들어, 보츠와나의 쿵 산족Kung San에서부터 인도네시아의 루후아 누알루족Ruhua Nualu에 이르는 현대 수렵·채집 사회의 마을들은 평균적인 집단 규모가 148.4명이다.

메소포타미아의 신석기 시대 마을들도 대략 비슷해서 150~200명 규모였다. 한편 16세기의 스페인에서부터 20세기의 미국에 이르기까지의 군 중대 병사 수도 약 150명 수준이었다.

뜻밖에도 이런 기본 수치는 기술과 소셜 미디어에 따라 별 변화가 일어나지 않았다. 페이스북 이용자들의 평균적인 친구 수는 수백 명이지만, 대대적인 규모의 페이스북 연구 결과 페이스북을 통해 100명 이상의 사람들과 연락을 나누는 이용자는 5퍼센트에도 못 미친다. 트위터Twitter의 경우에도 170만 명의 트위터 이용자들을 대상으로 진행된 조사에서 비슷한 결과가 나타나 이용자들이 안정적인 관계를 유지하고 있는 상대의 수가 100~200명인 것으로 나타났다.

소셜 미디어에서 보내는 시간이 더 많은 사람들은 소셜 미디어 인맥이 더 크지만 그렇다고 해서 오프라인 인맥까지 더 큰 것은 아니다. 자신의 소셜 미디어 인맥에 들어 있는 사람들에게 감정적으로 더 가깝게 느끼는 것도 아니다. 소셜 미디어는 우리에게 더 많은 친분을 맺게 해주지도, 더 가깝게 느끼게 해주지도 않는다. 단지 감정 강도의 거리상 가장 바깥쪽에 드는 예전 지인들이 어떻게 지내는지를 그때그때 살필 수 있는 능력에 변화를 주었을 뿐이다. 간단히 말하자면 록펠러의 롤로 덱스에 상응하는 역할을 해주고 있을 뿐이다.

사회적 인맥은 바깥쪽으로 갈수록 감정의 강도가 줄어드는 동심원으로 개념화해볼 수 있다. 던바와 동료 연구진의 수십 년에 걸친 연구에서 드러난 패턴에 따르면, 사교 집단의 크기는 동심원의 바깥쪽으로 갈수록 대략 세 배수로 늘어난다.

맨 안쪽 원은 감정적으로나 재정적으로 심한 곤궁에 처해 있을 때 의지하는 사람들로 대체로 2~5명 정도 된다. 그다음 원은 던바가 공감그룹sympathy group이라고 지칭한 지인들로 정서적 친밀감을 느끼는 15명 정도의 사람들이다. 이 사람들과는 매달 연락을 하는 것이 보통이다. 이보다 더 바깥쪽 원에는 친구들이 자리 잡는다. 바비큐 파티에 편하게

인맥의 크기와 감정 강도

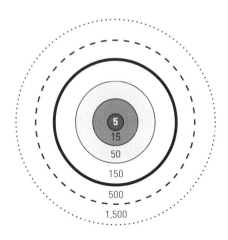

초대할 만한 친분이 있지만 딱히 가슴 깊숙이 간직한 비밀을 털어놓을 만큼 가깝지는 않은 50명 정도의 사람들이다. 그다음의 바깥쪽 원이 바로 던바의 가장 유명한 수인 150명의 그룹으로, 가벼운 친구나 안정적 친분 관계인 사람들이 해당된다. 바로 여기까지가 호혜성과 의무가 의미를 가지는 경계다.

이 세 배수로 통상적으로 450~600명쯤 되는 그 바깥쪽은 지인들의 영역이다. 지난 2년 사이에 만난 적은 있지만 꾸준히 연락을 하지 않는 사이인 사람들이 여기에 속한다. 맨 바깥쪽 원은 안면만 있는 약 1,500명의 사람들이 해당된다.

소셜 미디어가 활약을 펼치는 영역이 바로 이 맨 끝의 인맥층이다. 이제는 소셜 미디어 덕분에 대학 룸메이트의 고등학교 절친이 주말에 뭘 했는지까지 알 수 있다. 파티에서 만난 말 많은 약사에게 연락할 방법도 생긴다. 하지만 룸메이트의 절친이나 말 많은 약사에게 실제로 연락을 할 가능성은 지극히 낮다.

사람들은 누구나 다른 사람들과 관계를 맺고 유지하는 능력이 대략 비슷하다. 하지만 사회적 관계의 여러 층에 에너지를 배분하는 방식에서는 저마다 차이가 있는 편이다. 관계별 에너지 배분의 문제에서는 사회적 관계를 일종의 자본, 즉 사회적 자본으로 생각해보면 유용하다. 그러면 관계에서도 투자와 타협이 필요하다는 점이 더 쉽게 와닿기 때문이다. 로빈 던바의 말마따나 "사회적 자본의 양은 상당히 고정되어 있다. (중략) 관계에서는 시간을 투자해야 한다. 그런데 더 많은 사람들과 관계를 맺으려다 보면 이 고정된 양의 사회적 자본을 더 작게 나누어 배분하게 된다."

인맥의 크기가 한정되는 한 가지 이유는 우리의 인지적·감정적 능력 때문이지만 시간 역시 또 하나의 이유다. 관계에 쏟을 수 있는 시간은 제한되어 있다. 맨 안쪽의 인맥층에 시간을 철저히 투자한다면 가벼운 친구들에게 쓸 시간은 줄어든다. 지인들의 소식을 놓치지 않으며 이 사람 저 사람 만나러 다니느라 상당한 시간을 쓰게 되면 강한 공감그룹을 키우기가 힘들어질 수 있다.

요즘 시대는 많은 사람들이 늘 시간 부족에 쫓기는 기분을 느낀다. 대다수 성인이 사교활동에 보내는 시간이 하루에 40분도 안 되어, 지난 10년 사이에 10퍼센트나 줄어들었다. 평균적으로 자원봉사활동, 종교활동, 시민활동에 쏟는 시간이 이동 시간을 포함해서 하루에 18분 정도 더 늘어났지만 그렇다고 해서 소통 시간의 측면에서 큰 증가가 이루어진 건 아니다. 오히려 요즘 사람들은 관계에 할애하는 시간이 부모 세대에 비해 더 줄었다.

물론 더 많은 시간과 노력을 투자해 던바의 수의 상한선이나 그 이상까지도 인맥의 크기를 키울 수도 있다. 록펠러가 실제로 그런 인맥을 키워낸 좋은 사례다. 하지만 과연 누구나 다 시간을 그런 식으로 쓰고 싶어할까?

자신에게 맞는 인맥 유형이 중개자형, 소집자형, 마당발형 중 하나인지, 아니면 여러 유형이 섞인 혼합형인지 더 잘 이해해보기 위한 유용한 방법은 시간 및 인지적 제약에 따른 타협에서 나타나는 주된 특징들을 살펴보는 것이다.

마당발형, 중개자형, 소집자형은 시간에 따른 제약과 타고난 인간적·감정적 한계에 따른 제약을 처리하는 방식이 서로 차이나게 다르다. 이러한 처리 방식은 경우에 따라 의식적으로 선택할 수도 있고, 선택과 전혀 상관없이 무의식적으로 이루어지는 것처럼 여겨질 수도 있다. 아무튼 이런 타협과 그 타협에 따른 결과를 자세히 살펴보면 어떤 사람이 현재 중개자형이나 소집자형이나 마당발형이나 혼합형 중 어디에 해당되는지는 물론이고 앞으로 어떤 유형으로 변화할지 그 가능성까지도 파악할 수 있다.

친구와 지인을 구별하는 법

친구와 지인은 어떻게 다를까? 이 둘의 핵심적 차이는 바로 유대의 강도다. 절친한 친구들을 강한 유대가 있는 사이로, 지인들은 약한 유대가 있는 사이로 생각하면 된다. 당신은 던바의 동심원 중에서 어느 층에 가장 많은 시간과 관심을 쏟는가? 사람에 따라 마당발형처럼 많은 이들과 약한 유대를 맺을 수도 있고, 소집자형처럼 더 적은 수의 사람들과 강한 유대를 맺을 수도 있다. 하지만 강한 유대에 투입되는 시간과 감정 에너지의 양을 감안하면 대다수 사람들로선 많은 이들과 깊은 관계를 유지하는 일이 불가능하다.

유대의 강도는 전적으로까지는 아니어도 어느 정도는 관계에 투자한 시간의 양에 따라 결정된다. 캔자스대의 제프리 홀Jeffrey Hall이 진행한 최근의 한 연구 결과에 따르면, 지인에서 가벼운 친구로 발전하기까지는 대략 50시간이 걸린다. 거기서 한 발 더 나아가 '진짜' 친구가 되려면 40시간이 더 필요하다. 가까운 친구 사이가 되려면 보통 200시간 이상이 걸린다.

하지만 그저 어떤 관계에 시간을 더 투자한다고 해서 반드시 지인에서 친구나 지지자나 우군으로 발전하는 건 아니다. 유난히 신경질적인 상사를 생각해보자. 그 상사와 200시간이 넘는 시간을 보낸다고 해서 반드시 친한 친구 사이가 되지는 않을 것이다. 어떤 사람과 알고 지낸 시간의 양과 만나는 빈도는 유대의 강도를 가늠하는 데 그렇게 중요한 요소가 아니다. 약한 유대를 통한 취직 가능성이 더 높다는 사실을 처음 밝혀낸 스탠퍼드대 사회학자 마크 그라노베터의 직관적 주장에 따르면, 유대의 강도는 관계에 투자된 시간의 양, 감정 강도, 친밀감, 호혜성이 한데 어우러진 결과일 가능성이 높다.

시인 마야 안젤루Maya Angelou도 이런 주장을 마음에 와닿는 말로 짚어낸 바 있다. "지인과 친구는 확연히 다르다. 대다수 사람은 진짜 친구가 되지 않는다. 깊이 있고 진지한 사이의 지인이 될 뿐이다." 마야 안젤루가 직관적으로 간파하고 수십 년간의 연구를 통해 확증되었듯, 유대의 강도를 결정짓는 근간은 친밀감이다.

배신으로 인한 상실감은 가까운 사이일수록 더 커지기 때문에 친밀감에 선뜻 접근하기엔 겁이 날만도 하다. 하지만 우리에게는 깊은 유대가 필요하다. 심지어 직장같이 친밀감이 웬 말인가 싶은 곳에서조자 예외가 아니다.

이는 은행의 어떤 여직원과 여상사 사이에서 상사의 아버지가 암 진단을 받는 상황을 계기로 관계가 진전된 사례에서도 잘 드러난다. 그 상황을 그 직원의 말로 직접 들어보자. "상사가 가장 힘들어하던 그때 나도 울고 상사도 울었어요. 상사는 나에게 마음을 열었고 나도 마음을 열었죠. (중략) 우리는 집에서 가족들과 보내는 시간보다 직장 사람들과 보내는 시간이 더 많고, 그러다 보니 직장 사람들에게 마음이 움직이게 됩니다."

당신이 지난 2년 동안 매일 봐온 동료들이 대체로 친구보다는 지인에 더 가까운 이유는 친밀감의 부족 때문이다. 동료들에 대해 그다지 아는 것도 없고, 동료들에게 당신의 속마음을 그다지 털어놓지도 않았던 탓일 것이다. 친밀감 부족은 당신의 페이스북 '친구들' 대부분이 진짜 친구가 아닌 이유이기도 하다. 소셜 미디어에 올려지는 피상적 이미지와 관계의 빈약성으로 인해 지속적인 교류를 가져도 유대가 더 강해지는 것이 거의 불가능하다.

강한 유대 vs. 약한 유대

강한 유대strong ties는 친밀감과 애정이 깃든 관계인 만큼 정서적 지지가 되어주고 우울감이 잘 생기지 않게 해주며 행복감도 높여준다. 우정을 느끼고 소소한 호의를 얻게 해주기도 한다. 하지만 아무리 둘도 없이 가까운 친구라 해도 재정적 지원까지 받게 되는 경우는 드물다. 그런 지원은 가족에게서만 받게 된다.

강한 유대의 관계는 우리가 위기의 순간에 의지하는 사람들이고, 실직이나 이혼의 시련을 버텨내기 위해 기대는 친구들이다. 화학요법 치료를 받는 동안 옆에 있어주고 세상 밖으로 나올 아기를 같이 맞이하기 위해 병원에 찾아와주는 사이이다.

하지만 강한 유대는 오히려 구속력으로 작용될 수도 있다. 강한 유대의 힘은 어느 정도 호혜성이라는 규범에서 나온다. '내가 당신을 위해 뭔가를 해주면 이번엔 당신이 나를 위해 뭔가를 해줄 차례'라는 주의가 작용한다. 호혜성은 관계를 굳건하게 해주는 중요한 원천이지만 언제가 될지 모를 미래에 그 상대가 부르면 달려가 기꺼이 도와줄 것이라는 기대가 지워지는 것은 감정적으로나 재정적으로 부담이 클 수도 있다. 가까운 친구들의 경우엔 긴 세월을 함께해온 정 때문에 때때로 도움이나 지원 요구를 거절하기 힘들거나 도저히 거절하지 못할 수 있다. 심지어 그 요구가 너무 과하거나 너무 빈번해서 거절하고 싶은 마음이 간절하더라도 그렇게 된다.

가장 가까운 절친들에게는 싫다고 말하기가 난처하다는 점 때문에 안 좋은 행동이나 좋은 행동이 더욱 부추겨질 수도 있다. 담배를 끊고 싶은데 절친이 담배를 피운다면 금연이 더 힘들어지기 마련이다. 그 친구가 담배를 권하지 않더라도 담배를 피우기 위해 혼자 밖으로 나가는 순간 당신은 뻘쭘해질 테고, 친구가 나간 뒤에 그 자리에 혼자 앉아 있게 될 테니 그럴 만하다. 이는 음주나 식생활의 변화, 심지어 쇼핑의 경우에도 마찬가지다. 반면에 강한 유대로 인해 좋은 쪽으로 행동이 변화되고 이후로도 쭉 그런 변화된 행동을 이어나가기가 더 쉬워지는 경우도 있다.

가볍게 알고 지내는 지인들은 중요한 행동 변화에 도움을 주는 측면에서 핵심적 역할을 해줄 가능성은 희박하지만, 약한 유대는 중요한 아이디어나 사업 기회를 제시해주거나 커뮤니티가 새로운 시도에 동참하도록 유도해줄 수 있다.

우리는 삶의 중요한 문제를 의논하기 위해 의외로 자주 지인들에게 의지하기도 한다. 하버드대 사회학 교수 마리오 스몰Mario Small이 진행한 한 조사에서는 2,000명의 성인에게 진로, 금전, 건강, 행복 같은 중요한 문제로 고민할 때 어떤 사람들과 자주 상의하는지 물어보았다. 그 결과 45퍼센트 이상이 응답자와 가벼운 관계를 맺고 있는 사람들이었다. 이는 우리가 대체로 정서적으로 가깝게 느끼는 사람보다 경험이나 전문지식이 있는 사람들에게 조언을 구하기 때문에 나타난 결과다. 사실 나라도 혈압이 높다는 사실을 알게 된다면 몇 년 전부터 고혈압 문제에 잘 대처해온 동료나 의사인 지인을 찾아서 조언을 부탁할 것 같다.

그리고 그저 그 사람이 마침 '그 자리에 있어서' 조언을 구하는 경우도 많다. 한 예로 스몰 교수가 살펴봤던 어느 놀이방에서는 어머니들이 자주 다른 부모에게 아이 문제로 조언을 구했는데 그 부모를 가깝게 느껴서가 아니라 단순히 아이를 데리러 오거나 데려다 주다가 마주쳐서였다. 대학생들을 대상으로 한 조사에서도 시험 때문에 도움이 필요하거나 룸메이트와의 문제로 조언이 필요한 경우의 약 5분의 1은 그 상대가 그럴 여유가 되는 상태여서 조언을 구했던 것으로 나타났다.

약한 유대가 언제 진가를 발휘해줄지는 다소 예측 불가능하다. 지인의 입장에서는 자신이 당신에게 중요할 만한 정보를 가지고 있는지 알기 어렵고, 당신의 입장에서도 누가 당신에게 도움이 될 만한 정보를 가지고 있을지 알기 어렵다. 이런 무작위성은 약한 유대가 지닌 특징이지만 바로 이 무작위성 때문에 약한 유대를 의도적으로 동원하기 힘들기도 하다.

지금부터 강한 유대와 약한 유대가 우리의 삶에서 작동하는 방식의 차이를 이해해보기 위해 댄의 세계로 들어가보자. 댄은 요트 놀이를 아주 좋아하는 중년의 보험설계사이고 최근에 삶에 이정표를 찍을 만한 시기의 생일을 맞았다. 건강이 꽤 괜찮은 편이지만 이 생일이 계기가 되기도 했고 아내까지 넌지시 권유하기도 해서 헬스장에 다녀보기로 했다.

헬스장에 간 첫날에 그는 혹독한 신고식을 치렀다. 막상 해보니 자신이 생각보다 훨씬 저질 체력이었다. 더군다나 헬스장에 다닐 짬을 내려면 아내가 가사 부담을 더 많이 짊어질 수밖에 없었는데 다행히 아내는 선뜻 도와주겠다고 나섰다. 댄이 운동을 더 했으면 하는 바람 때문이기도 했고, 같이 있으면 가끔씩 사람을 미치게 해서 댄을 집 밖으로 내보내는 것도 괜찮을 것 같다는 생각 때문이기도 했다.

한편 댄은 사무실에서 가까운 친구로 지내던 운동광 팀에게 어떤 일로 동정을 표하게 되었고, 그러다 그를 든든한 헬스장 친구로 두게 되었다. 댄은 퇴근 후 웨이트를 들어올릴 생각만 해도 끔찍한 날조차 팀을 헬스장에서 바람맞히지 않으려 애썼다. 그래서 댄은 헬스장에 빠지지 않고 꾸준히 다니게 되었다.

그렇게 몇 주가 흐르면서부터 꾸준히 운동을 한 보람이 나타났다. 체중이 3킬로그램 줄었고, 이제는 5층의 사무실까지 쉬지 않고 거뜬히 걸어 올라갈 수 있었다. 심지어 일립티컬elliptical 머신(발은 페달에 올리고 손잡이는 앞뒤로 움직이는 운동기구로 자세에 따라 러닝머신, 사이클, 크로스컨트리, 스텝퍼, 뒤로 걷기 등을 할 수 있다.)을 타면서 영업 기회를 만들어내기까지 했다. 알고 보니 헬스장은 생명보험을 팔기에 좋은 곳이었다.

댄의 경우는 아주 일반적인 사례다. 댄의 강한 유대는 정서적 지지를 보내주고 긍정적인 방향으로 행동의 변화를 부추기고 있다. 하지만 일상생활에 변화를 준 결과로 정보와 자원을 갖춘 약한 유대를 새롭게 얻기도 했다.

맨 안쪽 층의 원에 속하는 사람들의 수는 그 사람의 인맥이 강한 애착 쪽으로 얼마나 많이 기울어져 있는지 알려주는 확실한 지표다. 평균적인 미국인은 절친이 두 명 있다. 전화 통화의 40퍼센트 이상은 똑같은 세 명의 친구들과 주고받는 통화다. 그리고 증거도 제시되고 있듯, 우리는 친한 친구들이 다섯 명 정도로 한정되어 있다. 다섯 명 이상인 사람은 극소수다. 당신이 그 극소수에 든다면 그것은 당신에 대해 알려주는 중요한 특징일 수 있다.

애착 유형이 유대감에 미치는 영향

왜 어떤 사람들은 친밀감 강한 관계를 선호하고 또 어떤 사람들은 비교적 잠깐잠깐의 만남에서 만족을 얻는 걸까? 지금까지 이 의문을 풀어내기 위해 프로이트 학설에서부터 진화론에 이르는 여러 가지 모델이 제시되었지만 그중 애착 이론attachment theory이 가장 광범위하게 연구되고 입증된 이론이라고 할 수 있다.

영국의 심리학자 존 볼비John Bowlby는 주로 유모와 보모 들의 손에서 자란 인물로 50년도 더 이전에 애착 이론을 개념화한 바 있다. 볼비는 아이가 주 양육자와 갖는 관계의 특성이 이후 아이의 사회적·정서적·인지적 발달에 어떤 영향을 미치는지 설명하기 위해 이 이론의 모델을 세웠다.

이 이론에 따르면, 영아는 호응적이고 일관된 보살핌을 받으면 앞으로도 쭉 남들이 자신에게 그런 식으로 대해줄 것이라고 기대한다. 이런 기대는 가까운 관계에 있는 다른 사람들을 대하는 태도를 결정짓기도 한다. 연구자들은 이르면 1세 때부터 평가될 수 있는 이런 애착 유형이 개인의 발달적 측면에서 IQ, 사회 계층, 기질, 양육보다 더 중요하다고 믿는다.

대다수 사람들은 세 가지 애착 유형 중 하나로 특징지어질 수 있다. 다시 말해, 안정 애착, 불안정 애착, 회피 애착 중 하나에 속한다.

안정적으로 애착이 형성된 사람들은 친밀감과 상호의존을 편안해하며 남들이 자신의 욕구에 호응해줄 것으로 믿고 자신의 자존감에 자신이 있다. '나에겐 의지할 사람이 있는 것 같다', '다른 사람들이 나에게 관심을 가져주는 것 같다', '나와 가까운 사람들을 믿을 수 있을 것 같다'는 문항에 대체로 그렇다고 답하는 편이다.

불안정 애착을 가진 사람들은 자신의 자존감을 의심하며 사람들과의 친근감을 절실해하고 버림받거나 거절당할까 봐 자주 마음을 졸인다. '누군가와 감정을 나누고 싶다', '가까운 누군가가 지금 나를 봐주면 좋겠다', '사랑받고 있다는 느낌을 지금 당장 느끼고 싶다' 류의 문항에 그렇다고 답한다. 엘리자베스는 이런 불안정 애착의 전형적인 사례다. 언젠가 엘리자베스의 친구가 두 사람이 다 알고 지내는 지인에게 엘리자베스에 대해 '사랑에 목매는' 데다 '대책 없는 낭만주의자'라고 말한 적이 있었다. 엘리자베스는 그 말을 전해 들었던 때를 떠올리며 이렇게 말했다.

"얼굴이 화끈거렸고 상처 받아 감정이 북받쳤지만 꾹 참고 아무렇지 않은 척했어요. 걔가 못된 마음을 먹고 그런 말을 한 게 아닌 줄은 저도 알았어요. 자기 딴에는 그냥 다들 알고 있는 뻔한 얘길 한다고 생각했겠죠. 하지만 알면서도 상처 받았어요. (중략) 생각해보면 저도 전부터 저한테 '미친 전 여친'의 성향이 좀 있는 게 아닐까 싶어서 걱정했던 것 같아요. 저를 아는 사람들은 다들 이럴 거예요. 제가 친구들한테나 연인한테나 절대적 충성을 요구하면서 쉽게 질투하고 앙심을 품는다고요." 사실 전 연인에게 집착하는 사람은 불안정 애착을 가진 사람의 전형적인 예다.

마지막으로, 회피 애착을 가진 사람들은 아무도 자신에게 너무 가까이 다가오지 못하게 하기 위해 지나칠 만큼 경계한다. 너무 친밀한 것 같은 신호가 감지되면 바로 쌀쌀한 태도를 취하거나 행방을 감춘다. 잘 믿으려 하지 않고, 자기 자신에게 의지하는 편이며, 친밀감을 못 견뎌하고, 자신의 감정을 틀어막는다. 좀더 좋게 말하면 "지나치게 자립적이다." 하지만 사실을 들여다보면 불안정 애착을 가진 사람들만큼이나 애정 결핍 상태에 있다.

당연한 얘기겠지만 회피 애착은 강한 유대가 더 적은 것과 연관성이 있다. 하지만 그것은 불안정 애착도 마찬가지다. 최근에 옴리 길라스Omri Gillath와 동료 연구진이 연구를 통해 애착 유형과 개인의 인맥 성향 사이의 관계를 짚어보았다. 이 세 차례의 연구에서 연구진이 일관되게 밝혀낸 바에 따르면, 불안정 애착과 회피 애착이 더 약한 유대와 연관성을 갖는 것으로 나타났다.

불안정 애착을 가진 사람들이 점점 더 기존의 유대를 '끊게 되는' 이유는 인맥 내에 강한 유대가 부족하기 때문이었다. 회피 애착을 가진 사람들의 경우엔 친밀한 관계가 될 만한 사람들과 관계를 시작하지 않기 때문이 아니라 다른 사람들과 너무 가까워지기 전에 그 관계에서 뒷걸음치기 때문이었다. 회피 애착을 가진 사람들은 상대의 단점에 집중하는 경향이 있다. "그 여자는 나와 어울리지 않는 상대였어."나 "그 남자는 정신파탄자야." 같은 말로 거리를 벌리려 한다.

불안정 애착을 가진 사람들에게는 친근함에 대한 욕망과 절실함이 오히려 약한 유대투성이인 인맥으로 이어지는 역설적 결과를 낳는다. 혹시 잃으면 어쩌나 하는 불안감 때문에 선제적으로 관계를 끝내거나 친구들이 피하려 할 만큼 친구들을 감정적으로 질려버리게 만들기 쉽다.

한 예로 브리타니 라이트_{Brittany Wright}의 경우를 살펴보자. 사우스캐롤라이나 주에 거주하는 귀엽고 재미있고 활달한 성격인 라이트는 다음과 같이 하소연했다.

제 인스타그램이나 페이스북이나 트위터를 보면 제가 친한 친구들이 꽤나 많은 사람 같겠지만 사실을 말하자면 제가 아는 한 저처럼 외로운 사람도 별로 없을 걸요.

전 애인도 없고 친구들도 없어서 주말이면 혼자 넷플릭스를 몰아보거나 할머니와 수다를 떨며 보내는 것이 보통이에요.

그렇다고 해서 제가 사람들을 싫어하거나 끔찍한 사람인 건 아니에요. 적어도 그렇길 바라죠. 제 문제는 깊고 오래가는 우정을 맺기 힘들어한다는 것뿐이에요.

_ '진짜 친구가 없다는 느낌', 《코스모폴리탄》(2016.2.23)

라이트는 어머니에게 자립성과 독립성의 중요성을 배우며 자랐다고 하는데 본인도 인정하듯 그런 가르침을 도가 지나치게 받아들인 것이 탈이었다. "저는 누군가 곁에서 힘이 되어주려 해도 거부해요. 그래놓고는 나중엔 사실상 제 잘못인데도 상대에게 화를 내게 돼요." 라이트는 약한 모습 보이길 용납하지 못하는 데다 신뢰가 부족해서 결국 가장 친한 친구들과의 우정이 끊어지고 말았다. 어느 순간부터 관계가 피상적이라는 생각이 들기 시작하면 회신 전화도 안 하고 문자에도 답하지 않았고, 그러다 우정이 깨져버리면 나중에야 그것이 자신의 잘못이라는 것을 깨달았다.

> 따지고 보면 약한 모습을 보일 줄도 알아야 할 것 같아요. 이제는 안 좋은 상황에 놓이면 누군가가 옆에서 지지해주도록 믿고 의지해야 해요. 있는 그대로의 제 모습을 보여줘야 할 것 같아요. 우유부단하고 말이 너무 많고 때때로 조금 이기적이기도 한 그런 제 모습을요. 부디 그런 모습을 보고도 사람들이 저를 좋아해주며 멀어지지 않으면 좋겠어요.
>
> _ '진짜 친구가 없다는 느낌', 《코스모폴리탄》(2016.2.23)

이것은 브리타니 라이트만의 얘기가 아니다. 정신과 전문의이자 신경과학자 아미르 레빈Amir Levine과 심리학자인 레이첼 헬러Rachel Heller의 공저《그들이 그렇게 연애하는 까닭》에 따르면, 많은 사람들이 불안정한 애착을 형성하고 있으며 이중 "약 20퍼센트가 불안정형이고 25퍼센트는 회피형이며 (중략) 3~5퍼센트는 불안정형과 회피형의 성향을 모두 갖고 있다."고 한다.

남성과 여성 모두 안정형과 불안정형의 비율이 똑같다. 아직 그 증거가 한정적이라 논란이 분분하지만 안정적으로 애착이 형성되어 있지 않은 경우에는 남성은 대체로 회피형 성향을 띠고, 여성은 두 유형이 병존할 확률이 더 높다고 한다. 그리고 이런 성별에 따른 차이와 달리 유년기의 빈곤은 불안정 애착의 형성 위험성을 크게 높이는 요소에 들어간다.

전통적으로 애착 유형은 비교적 고정된 것으로 여겨졌으나, 최근의 연구에 따르면 의도적 개입, 자기파괴 성향의 인식, 관계에서의 긍정적 경험, 안정감을 느꼈던 순간의 상기 등을 통해 변화시킬 수 있는 것으로 밝혀졌다. 불안정 애착형은 '가까운 개인적 관계로부터 (중략) 애정, 안도감, 지지를 얻었던' 때를 떠올린 이후 유대가 깨질 가능성이 실험 대조군의 불안정 애착형에 비해 크게 낮아졌다. 회피 애착형 사이에서도 똑같은 효과가 나타났다. 본질적으로 따지자면 이런 식의 상기는 어릴 적의 부정적 경험을 보다 최근의 긍정적 경험으로 덮어쓰려는 시도다. 이런 시도를 하다 보면 강한 유대를 쌓으려는 성향이 늘어나게 될 수 있다.

중개자형, 마당발형, 소집자형 인맥 사이의 한 가지 결정적인 특징은 강한 유대와 약한 유대의 배치에서 가장 뚜렷하게 나타난다. 소집자형은 강한 유대를 선호하는 편이지만, 마당발형은 강한 유대 대신 폭넓은 약한 유대를 택한다. 강한 유대를 유지하는 데 필요한 감정적·인지적 투자를 감안하면 강한 유대로 가득한 폭넓은 인맥을 쌓기란 불가능한 일이다.

하지만 모든 관계가 친밀한 관계가 되는 것은 가능하지도 않을뿐더러 바람직하지도 않다. 지인과 가벼운 친구들은 대다수 사람의 사교 세계에서 중요한 역할을 해준다. 이런 점에서 우리가 애초에 지인들을 만나게 된 게 어떻게 생각하면 우연 같기도 하고 또 어떻게 생각하면 운명이 아닌가 싶기도 하다.

가까우면 친해지기 쉽다

인간은 거의 식물만큼이나 예측이 가능하다. 만약에 내가 지난 2주 동안 당신이 어떤 일을 하며 지냈는지 안다면 내일 오후 4시에는 뭘 하고 있을지 90퍼센트 이상의 예측 가능성으로 확실하게 예측해낼 수 있다.

물리학 교수 앨버트 라슬로 바라바시Albert-László Barabás는 5만 명의 휴대폰 사용자들을 대상으로 이동성 패턴을 조사한 결과를 설명하며 다음과 같이 썼다. "조사군에서 즉흥적인 사람은 별로 없었다. 이동 패턴이 저마다 크게 다르긴 했지만 대다수 사람이 예측 가능했다." 모든 사람이 예측 가능하다면 당신이 교류할 수 있을 만한 사람들도 아주 제한적이 된다. 즉, 누가 인맥의 바깥쪽에 속하게 될 가능성이 높은지까지 예측할 수 있다. 의도적으로 즉흥성을 만들어내지 않는다면 인맥은 윤작을 해본 적 없는 정원과 똑같은 운명을 맞기 쉽다. 즉, 생산성이 떨어지게 된다는 얘기다.

공간이 우리의 교류 패턴에 워낙 강한 영향을 미치다 보니 '근접의 법칙'law of propinquity이라는 쓸데없이 복잡한 용어까지 생겨났다. 근접의 법칙이란 두 사람이 서로 소통을 나눌 가능성이 두 사람 사이의 물리적 거리와 반비례한다는 법칙이다. 제임스 보사드James Bossard가 처음 세운

법칙으로, 1930년대에 필라델피아에서 발행된 5,000장의 혼인허가서를 검토한 결과를 그 바탕으로 삼았다. 세 쌍 중 한 쌍 이상이 결혼하기 전에 다섯 블록 거리 내에 살고 있었다는 결과를 본 보사드는 "큐피드가 날개는 있는데 멀리까지 날아가지는 못하는 모양이다."라는 우스갯소리를 했다.

미국의 사회심리학자 레온 페스팅거Leon Festinger는 자신의 동료들과 함께 보스턴 소재 매사추세츠공대MIT 교내 웨스트게이트 주거단지에서의 우정 형성 패턴을 연구하던 중 이 개념을 더욱 뒷받침해줄 만한 증거를 추가로 제시했다. 이 주거단지에서 아파트에 무작위로 배정되어 살고 있는 가족들을 살펴보았더니, 서로 옆집에 살게 된 사람들이 친구가 된 비율이 가장 높게 나왔던 것이다. 실제로 옆집 사람끼리 친구가 된 비율이 무려 41퍼센트나 되었고, 한 집 건너 옆집에 사는 사람끼리 친구가 된 경우는 22퍼센트, 통로 맞은편 이웃끼리 친구가 된 비율은 10퍼센트였다.

좌석 배정도 비슷한 영향을 미친다. 매디 시걸Mady Segal 교수는 메릴랜드 주립 경찰대 생도들 사이의 우정 형성을 연구하다가 성이 같은 글자로 시작하는 생도들 사이에서 우정이 싹트는 비율이 상당히 더 높다는 사실을 알게 되었다. 이것은 이 경찰대의 좌석이 전적으로 알파벳 순서에 따라 배치되었던 이유로 인해 나타난 결과였다. 놀랍게도 좌석의 근접성이 종교, 나이, 취미, 결혼 여부보다 더 확실한 우정의 예측 요소였던 것이다.

보사드와 페스팅거 시대 이후 기술의 진보에 힘입어 커뮤니케이션 비용이 급격히 낮아졌음에도 불구하고 여전히 지리는 사회적 인맥의 윤곽을 결정짓는 주요한 요소다. 한 연구에서 착용 가능한 센서를 활용해 두 기업의 직원들을 대상으로 동료 간의 교류 패턴을 조사해봤더니 근접성이 여전히 강한 영향력을 미치는 것으로 나타났다. 동료 간의 전체 교류 중 절반 가까이가 옆자리 직원들 사이에서 일어났다. 또 30퍼센트는 같은 열의 자리에서 근무하는 동료들 사이에서의 교류였고, 그 나머지의 대다수는 같은 층 동료들 간의 교류였다. 대면 교류뿐만 아니라 이메일 소통에서도 마찬가지 결과가 나타났다. 세계가 점점 더 글로벌화되고 있지만 우리의 사회생활은 아직도 매우 국지적이다.

가정에서나 일터에서나 공간은 관계에 강한 영향을 미친다. 되는대로 무심코 배치된 사무실, 책상, 팀, 태스크포스가 우리의 우정, 생산성, 행복에 아주 불리한 요소로 작용할 수도 있다.

이런 영향은 어느 정도는 단지 확률상의 문제다. 말하자면 우리의 위치에 따라 친해질 기회를 가질 상대가 결정된다. 하지만 또 한편으론 '단순노출효과'mere exposure effect라는 심리적 현상의 작용 때문이기도 하다. 즉, 단순히 어떤 사람, 사물, 개념에 노출되는 것만으로 그 대상을 더 호의적으로 평가하게 되기 때문이다. 이런 효과는 1960년대에 심리학자 로버트 자이언스Robert Zajonc가 어떤 얼굴이나 말, 가짜로 꾸며낸 '중국인' 성격 등을 더 많이 접한 사람들일수록 그런 얼굴이나 말이나 성격에 더 호감을 가지게 된다는 점을 증명하면서 정립되었다.

자이언스의 연구에서는 피실험자들에게 졸업앨범에서 고른 여러 명의 백인 남성 사진을 보여주었다. 이때 어떤 사진들은 한 번만 보여주고 또 어떤 사진들은 최대 25번까지 보여주었다. 그런 다음 각 피실험자에게 사진 속 사람을 실제로 만나면 얼마나 좋아하게 될 것 같은지에 대한 호감도를 물었다. 그 결과 어떤 사진을 10번 보았을 경우엔 호감도가 딱 한 번 본 사람의 경우에 비해 대략 30퍼센트 높았다. 자이언스의 원조격 연구 이후 수십 년 동안 이루어진 200건 이상의 연구에서도 거듭거듭 똑같은 결과가 이어졌다.

호감과 사회적 교류를 결정하는 것

잠시 당신 자신의 인맥을 짚어보는 시간을 가져보자. 당신에게 가장 중요한 5~6명의 관계를 다시 한번 떠올려보라. 이번에는 그 사람들을 어디에서 만났는지 생각해보자. 대다수 사람은 대부분의 관계가 직장과 대학 등의 두세 개 조직에 몰려 있다. 하지만 우리는 직업, 살 곳, 앉을 책상을 고려할 때 그 행로에 따라 인맥이 얼마나 영향을 받을지에 대해서는 좀처럼 생각하지 않는다.

서로 독자적 공로로 노벨상을 수상한 로버트 솔로Robert Solow(1987년 경제성장이론에 대한 연구로 노벨 경제학상을 받은 미국의 경제학자. 새뮤얼슨과 공동으로 '턴파이크의 정리'를 개발했다.)와 폴 새뮤얼슨Paul Samuelson(1970년 노벨 경제학상을 받은 미국의 이론경제학자)의 사례를 생각해보자. 솔로 교수는 회고담에서 서로 같은 위치에 있었던 우연성에 대해 이렇게 얘기한 바 있다. "폴과 나는 둘 중 누가 큰 소리로 부르면 상대방에게 그 소리가 들릴 정도로 가까운 곳에 있었다. (중략) 우리는 하루 종일 서로의 사무실을 들락거렸다. 그리곤 가서는 '문제가 생겼어'라는 말로 운을 떼며 그 문제를 논의하곤 했다." 솔로 교수는 뒤이어 다음과 같이 말하기도 했다. "사실 어떤 점에서 보면 그것이 내 삶을 완전히 바꾸어놓았는지도 모른다. (중략) 어느 정도는 사무실 위치와 서로에 대한 높은 호감이 내 커리어의 방향에 큰 영향을 미쳤다."

　지금까지 많은 기업이 사회적 교류가 많을수록 더 많은 혁신이 일어날 것이라는 신념에 따라 사옥을 지어왔다. 그래서 사무실의 70퍼센트 가까이가 개방형으로 배치되었다. 특히 2,800명의 직원이 근무하는 메타 본사는 세계 최대의 개방형 사무 공간으로 꼽힌다. 미국 최대의 신발 인터넷 쇼핑몰 자포스Zappos의 CEO 토니 셰이Tony Hsieh는 라스베이거스의 다운타운을 시간당 에이커별 잠재적 교류 수를 늘리는 개념에 따라 새롭게 설계하려 시도하기도 했다. 하지만 여러 면에서 이 시도는 아직까지 공학자와 설계자들이 희망했을 법한 효과에 미치지 못한 상태다(토니 셰이는 직원 수가 늘어감에 따라 새로운 사옥으로의 이전 계획을 세우던 중 맨해튼 거리의 카페와 부티크, 갤러리가 함께 줄지어 있는 뉴욕대 캠퍼스에 관심이 생겼다. 그래서 뉴욕대 캠퍼스처럼 도시와 함께 공존하는 일터를 만들고 싶어하다가 도시 전체를 문화예술과 공존하는 거대한 일터로 만들면 좋겠다는 아이디어로까지 발전시키게 된다. 그렇게 해서 자신이 나고 자란 도시 라스베이거스의 다운타운에서 '다운타운 프로젝트'를 기획하여 구도심 개발 사업을 시작하게 되었다.─옮긴이).

　세계 곳곳의 개방형 사무실에 들어가 보면 보통 직원들이 헤드폰을 쓰고 있거나 옛 시대의 공중전화 박스가 연상되는 구조의 틈바구니 안에 들어가 있다. 개방형 사무실은 일체감과 공통의 목적의식을 불러일으킬 수 있지만 조직심리학자 매튜 데이비스Matthew Davis가 동료들과 공저로 발표한 사무실 설계에 대한 비평논문에서 밝힌 바에 따르면, 개방형 사무실의 직원들이 전통적으로 배치된 사무실의 직원들보다 생산성, 창의성, 의욕 면에서 더 떨어진다고 한다. 개방형 사무실에서의 근무는 더 높은 스트레스와 불만족도와 연관이 있었다.

단순히 공간 근접성을 통해 교류의 양을 늘린다고 해서 혁신이 이루어지거나 직무만족도가 높아지진 않는다. 직무만족도와 창의성을 끌어올리려면 반복적 교류, 신뢰, 다양성이 고루 갖추어져야 한다.

어느 자리로 갈 것인가?

직장에서 관계를 쌓으려고 애쓰는 중이라면 최상의 근무 장소는 화장실이나 휴게실 맞은편의 사무실이다. 화장실이나 휴게실은 모든 사람이 대체로 하루에 적어도 한 번은 가는 곳이다. 그래서 개방형 사무실 공간과는 달리 이곳 주변 구역에는 사람들이 몰리고 자주 왕래하게 된다. 또 필요에 따라 때때로 사무실 문을 닫을 수도 있다.

막다른 통로의 위치는 사무실에서는 사교의 무덤이지만 이웃집 사람들과의 교류에서는 막다른 골목이 사교의 금맥이다. 실제로 토머스 혹실드 주니어Thomas Hochschild Jr.가 코네티컷 주의 비교적 같은 지역에 속하는 곳에서 굽이진 길의 양쪽 막다른 골목, 막다른 길, 여러 길을 관통하는 직선로에 거주하는 주민들의 사회적 결집력을 비교하는 연구를 진행해봤더니 굽이진 길의 막다른 골목에 사는 가족들이 막다른 길이나 관통로의 거주자들보다 이웃들을 친구로 여기며 자주 교류하는 경향이 더 높았다. '빙 굽어진 길'에 사는 것 자체도 의외의 영향력이 있었다.

한 거주민인 캐런은 굽은 길의 막다른 골목에서 사는 삶의 아기자기한 재미를 이렇게 얘기해주었다. "이 길가에 사는 여자들은 해마다 다 함께 모여 길거리 파티를 열어요. 남자들에게 피크닉 테이블을 길 한가운데에 가져다 놓아달라고 해서요. (중략) 음식을 다 먹고 나면 피크닉 테이블을 치우고 공차기 놀이나 배구를 즐기기도 하죠. 그렇게 지낸 지가 어느새 20년이 다 되어가네요. 세상에나, 벌써 그렇게 오래되었다니 정말 믿기지 않아요." 막다른 길에 사는 주민들은 빙 굽은 길의 주민들만큼 사교적이진 않았지만, 아이들은 어른들에 비해 서로 어울려 노는 경향이 더 높은 것으로 나타났고, 관통로 거주 가족들에 비해 서로 간에 소속감도 더 강한 편이었다.

이쯤에서 비틀스Beatles가 〈일리노어 릭비〉Eleanor Rigby의 가사 속에 담았던 그 유명한 의문을 우리도 한 번 가져볼 만하지 않을까? '정말 외로운 사람들은 어디에 속하면 좋을까?' 어찌 보면 도시 거주자들에게 공차기 놀이, 이웃 사람들끼리의 바비큐 파티, 하얀색 목책 울타리 얘기 같은 잡담을 주고받을 사람들도 없다면 사회생활이 위축되지 않을까 하는 생각이 들 만하다.

실제로 도시에서의 소외감을 마음에 확 와닿게 묘사한 글들이 차고도 넘친다. 《톰 소여의 모험》의 작가 마크 트웨인Mark Twain도 뉴욕 시에 대해 이렇게 묘사했다. "몇 개월을 겪어보니 뉴욕이 휘황찬란한 사막이라는 생각이 굳어졌다. 돔형과 첨탑 지붕의 빌딩 사이에서 고독을 느끼는 곳, 이방인은 100만 명의 같은 인간 속에서도 외로움을 느끼는 그런 곳이 뉴욕이다."

38세에 자신이 거주하던 영국 런던의 한 아파트에서 사망했으나 2년이 넘도록 아무도 그녀의 죽음을 몰랐던 조이스 빈센트Joyce Vincent

(다큐멘터리 영화 〈Dreams of a Life〉의 모티브가 되었던 영국 여성으로, 죽기 전에 자신을 알던 모든 사람들과의 연락을 완전히 끊고 고립되었다.―편집자)의 사례도 있다.

이처럼 도시생활의 암울한 초상화가 아무리 자주 부각된다 해도 사실 도시 거주자들이 농촌 거주자들에 비해 이웃들과의 사회적 교류를 더 많이 갖는다. 도시 내에서도 큰 아파트 건물 안에서 사는 사람들이 이웃들과 친하게 지낼 확률이 가장 높다. 따라서 도시의 고독 어쩌니저쩌니하는 기존의 통념은 사실이 아니다.

어떤 사람과 친해지고 싶다면 물리적으로 가까워져야 한다. 우리가 하루하루를 보내는 공간은 우리의 인맥 형태에 막대한 영향을 미친다. 하지만 공간상에서 즉흥성을 띠는 인맥의 소유자(마당발형)는 드문 편이다. 소집자형의 경우엔 대체로 인맥이 같은 직업을 계속 유지하고, 같은 집에서 오래 살고, 같은 사교클럽에 평생회원으로 가입해 있는 방식을 통해 맺어진다.

사람들은 인맥을 키울 방법을 고민할 때 상대에 초점을 맞추기 일쑤다. 대중문화에서도 중요한 인물과 연줄을 이어보라든가, 출셋길을 열어주거나 평생의 사업 파트너가 되어줄 만한 마력의 인물과 친해져 보라는 식의 조언을 던진다. 이것은 잘못된 관점이다. 훨씬 더 생산적인 관점을 취하려면 어디로 향할지를 심사숙고하는 것이 좋다. '긴 탁자가 놓인 자리에 앉을 것인가, 아니면 두 사람만 앉을 수 있는 구석자리에 가서 앉을 것인가? 막다른 골목의 집과 고층 아파트 중 어디를 선택할 것인가?' 등을 따져가며 사교적 공간에서 시간을 어떻게 배분할지에 신중을 기하는 것이 가장 강력한 인맥을 닦아나갈 토대다. 중요한 것은 상대가 아니라 방향이다.

우리는 그곳이 물리적 공간이든 조직이든 간에 우리가 들고 나는 공간에 대해 상당한 통제력을 갖고 있다. 그에 비해 그 공간에서 어떤 상대와 관계를 형성하게 될지는 아주 불확실하다. 사회학계의 전설인 조지 호먼스George Homans는 바로 이런 개념을 근거로, 사회적 행동을 '익숙한 혼돈'familiar chaos으로 칭했다. 호먼스의 말마따나 "사람들에게 매일의 일상적인 사회적 행동보다 더 익숙한 것도 없다." 하지만 우리의 사회생활이 아무리 일상적이고 예측 가능하며 익숙하다 해도 사회적 관계에서는 여전히 예측 불가능한 혼돈이 존재한다. 이런 혼돈 때문에 어떤 특정한 사람과 관계를 맺으려 할 경우엔 불확실한 시도를 하는 셈이 된다. 그러는 대신에 적절한 공간에 자리를 잡아야 도움이 될 만한 누군가를 만나게 될 가능성이 있다.

인간관계의 관성을 끊어라

우리 대다수는 25세 때 인맥이 최대치에 이른다. 고등학교와 대학교에 다니는 동안엔 쉽게 친구를 사귈 수 있다. 학교에 동아리가 결성되고 파티가 열려서 그냥 그 자리에 나가기만 하면 되고, 보통은 서로 간에 공통의 정체성이 싹트기도 한다. 한마디로 말해 이 시기엔 친한 친구를 사귀기 위해 필요한 요소를 전부 누리게 된다. 사회적 근접성, 반복적 교류, 자연스럽게 소속감이 느껴지는 환경이 두루두루 갖추어져 있다. 그런데다 25세 때는 가족과 일이 부과하는 의무가 대체로 정점으로 치닫지 않는 시기인 만큼 자유 시간도 많다.

25세 무렵의 이 사교적 절정기에는 한 달에 20명 가까이의 사람들과 정기적으로 연락을 한다. 사교성의 절정기 이후부터는 대체로 핵심 인맥이 점점 줄어든다. 40세에 접어들 무렵엔 15명 미만으로 줄고, 65세쯤 되면 10명에 가까워진다. 갈수록 가족에게 더 관심을 쏟게 되면서 인맥의 구조도 서서히 변한다.

인맥은 단순히 그 크기가 줄어들기만 하는 게 아니라 내용상의 변동도 일어나기 마련이다. 중요한 업무로 자주 협력하는 동료들을 잠시 떠올려보자. 그 동료들 가운데 지금부터 1년 후에도 여전히 당신의 업무 생활에서 중심적인 존재로 남아 있을 만한 사람이 과연 몇 명이나 될까? 절반쯤? 3분의 1?

대체적으로 따지면, 지금부터 1년 후에도 여전히 당신의 업무에서 중심적인 존재로 남아 있을 동료는 네 명 중 한 명 정도밖에 안 될 것이다. 그리고 2년 후에는 10명의 동료 중 한 명 정도가 될 것이다.

사회적 관계는 대개 업무 관계보다 더디게 진전되는 편이지만 '한번 친구는 영원한 친구'라는 말은 맞는 말이 아니다. 가족 외의 사회적 관계의 절반은 대략 2년 후면 끊어진다. 청소년기에는 인맥의 회전율이 훨씬 높다. 청소년의 3분의 1은 6개월마다 완전히 새로운 친구들과 어울린다. 10대의 우정은 수년 동안 이어지는 비율이 15퍼센트도 안된다.

이런 인맥 변화는 어느 정도는 이사, 이직, 클럽 가입 등 교류 공간의 변화에 따라 발생한다. 하지만 결혼, 이혼, 자녀의 출생, 퇴직 같은 인생의 전환에 따른 변화일 때도 있다. 인생의 전환 단계 외에 저마다의 다른 성격, 성별, 관계 맺기 방식에 따라서도 만남, 관계의 유지, 관계의 절교에 쏟는 노력이나 관심의 정도가 달라진다. 그리고 이 모두가 한데 어우러져 우리의 성공과 행복에 영향을 미친다.

다음 문장을 찬찬히 읽어보자.

a. 나는 다른 부서 동료들과 자주 연락한다.
b. 회사 행사를 활용해 새로운 친분을 맺는다.

한 연구에서 직업적 성공의 예측 요소를 알아보기 위해 2년에 걸쳐 279명의 직장인들을 추적조사한 결과, 앞의 두 문장 중 하나에 그렇다고 응답하는 여부가 조사 대상 직장인들의 현재 급여, 향후 2년간의 급여 인상 추이, 직무만족도를 예측하는 척도로서 중요한 의미를 띠었다. 그중에서도 특히 인맥 유지에 집중하는 태도가 반영된 첫 번째 문장에 대한 공감 여부는 급여 인상 및 직무만족도에서의 변화 예측률이 50퍼센트에 가까웠다. 두 번째 문장에 반영된 새로운 사람들을 만나는 것에 집중하는 태도는 예측 요소로서의 중요성이 그에 비해 훨씬 낮게 나왔다.

업무 외적 측면에서 볼 때 우리에게 더 큰 만족감과 행복감을 주는 사람은 오랜 친구가 아닌 새로운 친구다. 새로운 사람을 만나면 이런 이점이 생기는데도 불구하고 새로운 사람 만나기를 일상생활화하는 사람은 드물다. 오히려 함께해온 역사, 자신과 비슷하길 바라는 마음, 익숙함에 따라 인맥을 갖는다. 그런가 하면 관계가 악화되어 감정적 스트레스가 생기고 급기야 건강까지 해칠 수 있는 지경인데도 필요 이상으로 너무 오랜 관계에 집착하기도 한다.

우리는 안쪽의 인맥층을 확장할지, 관계에 대한 투자를 계속할지, 어떤 친구와 이제 그만 끝내야 할지 등의 문제를 놓고 끊임없이 선택을 한다. 회식에 참석해야 할까, 아니면 절실히 필요한 가족과의 시간을 위해 집으로 가야 할까? 우리의 우정이 차라리 끝내는 편이 나을 만큼 안 좋은 지경까지 치달은 걸까? 저쪽으로 가서 소개 인사를 해볼까, 아니면 그냥 평소에 어울리는 사람들과 시간을 보낼까? 이런 문제는 중요한 영향을 미칠 만한 선택인데도 우리는 대개 무의식적으로 결정해버린다. 그런 무의식적 의사결정의 과정에서 미처 깨닫지 못하기 일쑤이지만 만남, 관계의 유지, 관계의 절교에 집중할 수 있는 노력이나 관심의 정도에서 타협이 필요해진다.

새로운 사람을 만나는 게 두렵다면

우리 대다수는 말로는 새로운 사람들을 만나고 싶다고들 한다. 심지어 새로운 사람들을 만나려고 노력하는 척할 수도 있다. 하지만 실제로 보면 대다수 사람들은 인맥을 확장시키려는 노력을 그다지 하지 않는다. 이런 경향은 40세가 넘은 사람일수록 특히 더하다.

컬럼비아대의 폴 잉그램Paul Ingram과 마이크 모리스Mike Morris 교수가 제목도 절묘하게 잘 붙인 논문 〈사람들은 친목회에서 친목을 도모할까?〉Do People Mix at Mixers?를 통해 만남에 대한 연구 결과를 소개한 바 있다. 이 연구에서 두 교수는 직업적으로 큰 성공을 거둔 100명에 가까운 사람들에게 사회적 교류를 추적하기 위한 부착형 센서를 착용하고 퇴근 후에 칵테일 행사에 참석해달라고 했다.

칵테일 행사 참석 이전에 조사했을 때 이들 중 95퍼센트는 새로운 유대를 맺는 것이 이전 관계들을 더 탄탄히 다지는 일보다 더 우선순위에 있다고 말했다. 그런데 본인들의 입으로 밝힌 그 말이 무색하게도 행사 참석 임원들은 모르는 사람보다 이 친목 행사 이전부터 강한 긍정적 관계를 맺고 있는 사람과 세 배나 높은 비율로 교류를 나누었다. 결국 "사람들은 친목회에서 친목을 도모하지 않는다."는 것이 두 교수가 가졌던 의문에 대한 답이었다.

게으름, 시간 부족만이 아니라 두려움 역시 새로운 사람들을 만나지 못하게 막는 주된 심리적 장벽으로 작용할 수 있다.

모르는 사람에 대한 두려움과 사회적 불안은 흔히 일어나는 경험이다. 사회적 동물인 우리 인간은 수용 받고 싶어하도록 프로그램되어 있다. 사회적 불안을 야기하는 근간에는 수용 받지 못할까 봐 두려워하는 마음이 있으며, 이런 두려움은 모르는 사람과 교류할 때 더욱 커진다. 13퍼센트의 사람들은 평생 동안 임상적으로 진단 가능한 단계의 사회적 불안을 겪게 될 가능성이 있다. 사회적 불안은 세 번째로 흔한 정신건강 문제에 속한다. 우리는 거의 모두가 임상적 단계까지 이르진 않더라도 때때로 사회적 불안을 경험한다.

불안과 두려움이 나쁜 것만은 아니다. 불안은 때때로 더 좋은 성과를 올리게 해준다. 또한 당신이 그만큼 관심을 갖고 있다는 증거이기도 하다. 두려움이 문제가 되는 경우는 두려움이 과도해져서 상황을 회피하거나 관계를 단절하기 시작할 때이다. 그래도 다행이라면 치료할 수 있는 가능성이 높다는 것이다.

보스턴대의 정신요법 및 정서 연구소장 스테판 호프만Stefan Hofmann에 따르면, 내담자가 부적응적 사고 패턴을 가려낸 후 난감한 사회적 상황을 반복적으로 체험하는 식으로 그런 부적응적 사고 패턴의 문제를 처리하게 해주는 방식의 인지행동요법은 치료 반응률이 최소 75퍼센트에 이른다.

다음은 호프만이 그동안 진료를 보며 활용했던 체험 상황 아이디어의 몇 가지 예다.

1 서점 직원에게 방귀에 대한 책이 있는지 물어보기
2 식당에서 한 테이블로 다가가 신부 들러리 축사를 연습 중인데 좀 들어봐달라고 부탁하기
3 약국에 가서 콘돔을 달라고 한 다음, 그 콘돔이 '그 약국에 있는 가장 작은 크기'인지 물어보기

이런 '사회적 애로 체험'의 목적은 '진실 혹은 도전' 게임 식의 오락거리를 대주려는 것이 아니다. 그보다는 자신의 가장 큰 두려움에 직면시킴으로써 최악의 시나리오조차도 겪고 보면 그렇게 나쁘지 않다는 사실을 깨닫게 해주려는 것이다. 이런 체험은 두려움을 줄이는 데 큰 도움이 된다.

한편 여러 연구를 통해 밝혀진 바에 따르면, 길거리 모퉁이에서 10분 동안 노래를 부를 엄두까지는 도저히 낼 수 없을 경우에 그저 친절을 베푸는 것만으로도 사회적 불안을 덜어낼 수 있다. 브리티시 컬럼비아대와 사이먼 프레이저대의 사회심리학자들은 사회적 불안을 겪는 대학 재학생 115명을 세 그룹으로 나누어 연구를 진행했다.

첫 번째 그룹은 여러 형태의 체험 요법에 참여시키고, 두 번째 그룹에게는 그냥 다른 사람들에게 친절을 베풀어달라고 하고, 세 번째 그룹은 대조군의 역할로 오늘 하루에 대해 글로 적어보게 했다. 세 그룹 모두 친절 베풀기나 여러 활동 체험의 과제를 부여하기 이전과 이후에 사회적 불안의 정도를 추적조사해봤는데, 그 결과 친절 베풀기 그룹 사이에서 사회적 불안이 가장 큰 폭으로 줄었고, 체험 그룹도 사회적 두려움이 줄어들었다.

만남을 어렵게 만드는 두려움의 근원에는 또 다른 인지적 편견도 있다. 예측 가능성에 대한 인지 욕구다. 우리는 이미 친분이 있으면, 특히 서로 잘 아는 사이일수록 그 상대가 어떻게 행동할지 안다고 생각한다. 정말로 그 생각이 맞든 아니든, 이런 예측 가능성 덕분에 잘 아는 사람들을 덜 두려워하게 된다. 그래서 잘 아는 사람들에게 매달리게 된다. 극도의 사회적 불안이 사회적 교류를 완전히 회피할 가능성을 높인다면 이런 예측 가능성의 인지는 여러 사회적 상황을 통해 이미 알고 있는 사람들에게 매달리도록 부추긴다.

사람들이 인맥의 확대에 관심이나 노력을 집중하지 못하게 막는 장벽은 두려움만이 아니다. 새로운 사람들을 많이 만나는 것이 별 의미가 없는 경우도 있다. 커리어 초반에는 더 많은 사람들을 아는 것이 상당히 도움이 된다. 하지만 커리어가 진전될수록 그 이점은 점점 줄어든다. 아마도 커리어 초반에는 당신보다 지식과 자원이 더 많은 사람들이 많을 것이다. 하지만 승진 계단을 밟아 오르거나 위상이 더 높아지다 보면 우연한 만남을 통해 아직 자신의 재량권에 못 미치는 자원과 지식에 접근할 기회를 얻을 가능성은 낮아진다. 물론 모든 사람이 다 그렇다는 얘기는 아니다. 예를 들어, 당신이 마케터이거나 홍보 일을 하거나 전도사라서 넓은 입지가 필요하다면 인맥의 확대는 언제든 유용할 것이다.

그리고 때로는 인맥 확대에 노력을 쏟지 않는 것이 두려움이나 전략적 선택의 문제보다는 이미 잘 알고 지내는 사람들과 사랑하는 사람들에게 더 많은 에너지를 쏟고 싶어 하는 개인의 성향 문제인 경우도 있다.

관계를 지속적으로 유지하기 힘든 이유

문턱을 넘어서서 새로운 사람들을 만난다 해도 여전히 만남을 관계로 전환시키는 데 어려움을 겪을 수 있다. 알렉스 윌리엄스Alex Williams는 〈뉴욕타임스〉에 실린 기사에서 이런 어려움을 다음과 같이 절묘하게 담아냈다.

> 그것은 할리우드의 로맨틱 코미디 영화의 마법 같은 소개팅 장면에서나 볼 법한 만남 같았다. '로맨틱' 요소만 빼면 정말로 딱 그랬다. 나는 뉴욕의 시나리오 작가인 브라이언과 몇 년 전에 일 때문에 만나 서로의 아내와 함께 부부 동반 저녁 식사 자리를 갖게 되었다가 우리 둘이 친구로서 궁합이 잘 맞는다는 느낌이 단박에 확 왔다.
> 우리는 둘 다 밥 딜런의 〈블론드 온 블론드〉Blonde on Blonde 앨범 수록곡들을 좋아했고, 영화 〈차이나타운〉Chinatown에 나오는 특정 대사를 좋아하는 것도 같았다. 그린 카레 새우 요리가 나왔을 때쯤 어느새 우리는 서로 그 대사를 주거니 받거니 하고 있었다. (중략) 그때가 4년 전이었는데

우리는 이후로 네 번 더 봤다. 서로 '친구'지만 딱히 친구라고 하기도 애매하다. 그 걸림돌을 넘으려 계속 애는 썼지만 살다 보니 사정이 여의치 않았다.

_ '30세가 넘어서 친구를 사귀기 어려운 이유', 〈뉴욕타임스〉(2012.7.13)

관계를 돈독히 다지고 유지하기 어려운 것은 단지 새로운 우정만이 아니다. 친구와 가족에 대한 정서적 애착도 서로 얼굴을 보지 않고 지내다 보면 금세 시들해진다. 가족 간에도 한자리에 모여 직접 보지 않은 채로 두 달이 지나면 친근감이 30퍼센트 이상 떨어진다.

친구 사이의 친밀도 역시 서로 보지 않고 두 달이 지나면 가족 사이의 친밀도와 비슷한 비율로 떨어진다. 이후로도 그런 시간이 더 길어지면 우정이 점점 식는다. 서로 안 본 지 150일이 지나면 친구 간의 친근감이 80퍼센트나 떨어진다.

우정의 유지를 위해 필요한 투자는 남자와 여자가 서로 다르다. 한 연구에서 휴대폰 사용자 2,000만 명의 통화 패턴을 살펴봤더니 대체로 남성이 여성보다 더 많은 유대를 유지하는 것으로 나타났다. 하지만 남성과 여성이 유지하는 관계의 정도에 차이를 일으키는 가장 큰 요소는 성향보다는 결혼생활과 부모 역할 같은 인생사다.

부모 역할, 특히 육아 초반기의 부모 역할은 사회적 절벽에서 떨어지는 것이나 다름없는 경우가 많다. 갓난아기가 태어난 가정의 거의 모든 부모가 여기에 공감한다. 출산을 몇 달 앞두고 아는 사람들이 다들 앙증맞은 아기 옷과 귀여운 곰 인형을 들고 와서 파티를 열어줄 때만 해도 까맣게 모를 테지만, 아이가 제대로 말을 할 줄 알게 될 때까지는 그 자리에 모였던 사람들 중 대부분을 다시는 못 보게 되기 마련이다. 그런 맥락에서 보면 베이비 샤워baby shower가 아니라 이별 파티라는 말이 더 적절할지도 모르겠다.

베이비 샤워 후 일이 넌쯤 지나면 파티에 왔던 사람들 몇 명과의 관계는 아기가 태어나기 전보다 훨씬 돈독해져 있을 테지만 다른 사람들 상당수는 친구보다 지인에 더 가까운 사이가 된다. 안타깝게도 이는 아주 가까운 친구 사이라도 예외가 아니다. 갓난아기를 돌보다 보면 제대로 목욕을 할 시간도 없고, 칵테일을 마시러 나갈 시간은 더더욱 없다. 하지만 이 시기에는 심리 작용 역시 한몫한다. 부모가 되고 나면 아이와 자신의 파트너에게 점점 더 집중하는 경향이 있어서 아이가 없는 친구들과는 관심사가 달라진다.

25~50세의 시기에는 인맥의 크기가 급격히 줄어든다. 이것은 남성과 여성 모두 마찬가지지만 남성의 감소 폭이 더 크다. 같은 기간 동안 여성의 인맥이 대략 20퍼센트 줄어드는 데 비해 남성은 35퍼센트나 줄어든다. 그 주된 이유는 초반에는 남성이 여성보다 더 사회적이기 때문이다. 그러다 40세 정도 되면 여성의 인맥이 남성의 인맥보다 커진다.

총조사 대상자 수가 18만 명에 육박하는 277건의 연구 결과를 분석한 보고서에 따르면, 부모가 되는 전환기에 인맥에 가장 큰 타격을 입는다는 보편적 추정이 맞는 것으로 확인되었다. 결혼할 때와 이사를 갈 때도 개인적 친분을 유지하는 능력이 크게 줄어들지만 그래도 가장 큰 타격을 입는 시기는 부모가 되는 전환기 때다.

부모가 된 경우이든 이사나 결혼의 경우이든 간에, 인생의 큰 사건을 맞아 일상적 교류 공간에 변화가 일어날 때가 친구와 동료 들을 잃기 가장 쉬운 순간이다. 우리는 대체로 잃은 사람들을 대신할 새로운 사람들을 사귀지 않는다. 적어도 잃은 것과 같은 비율로 새롭게 사귀진 않는다. 그냥 인맥이 줄어들게 된다. 어느 정도는 이런 이유 때문에 중장년층 사이에서 그렇게 고독이 만연하는 것이다. 중장년층이 되면 인맥은 서서히 쇠퇴한다.

필연적으로 맞게 되는 이런 인생의 큰 사건들로 인한 충격을 완화시키기에 좋은 방법은 없을까? 소집자형은 의도적이거나 무의식적으로 이런 문제를 해결해낸다. 따라서 소집자형이 취하는 행동 방식을 살펴보며 그 특유의 인맥 전개 방법을 이해하면 누구든 기존의 유대를 더 잘 유지할 수 있을 것이다.

관계에도 타협이 필요하다

우리가 친구들이나 가족과 절교하고 헤어지는 일은 드물다. 우리의 관계 대부분은 서서히 소멸된다. 서로 연락을 하지 않다가 어느 순간 완전히 관계가 끊어져버린다.

불화나 싸움 등으로 관계에 근본적인 변화가 생겨 끝이 나는 관계는 15퍼센트도 안 된다. 네덜란드의 한 연구에서 600명의 성인을 7년에 걸쳐 추적조사해본 결과, 사람들이 관계가 끝나게 된 이유로 주로 언급하는 것은 연락하는 횟수가 줄어든 탓과 북클럽이나 교회 같은 사교적 환경에서 더 이상 같이 어울리지 않게 된 탓이었다. 이 둘이 관계의 소멸 이유 중 대략 40퍼센트를 차지했다. 사람들은 서서히 관계가 시들해진 것이지 관계를 끊은 것이 아니었다.

하지만 상대하기 힘들게 느껴지는 경우에도 쭉 지속되는 관계들도 많다. 캘리포니아 주 시민 1,100명의 관계를 살펴본 연구 결과에 따르면, 대하기 힘들거나 까다로운 상대에 드는 사람들이 관계의 15퍼센트 가까이 되는 것으로 나타났다. 특히 가까운 가족들이 힘든 상대에 드는 비율이 높았다. 많은 사람들이 어머니를 힘든 상대로 여겼지만 20대 연령층에서는 아내, 형제자매를 어려운 상대로 여기는 비율이 50~70대 연령층에 비해 더 높았다. 퇴직기에 이를수록 자식들이 점점 더 그런 어려운 상대에 들기도 했다.

힘들고 진을 빼놓는 관계에 매달리면 스트레스가 생기고 건강도 나빠지는 데다 심리적 고통까지 따른다. 그런데도 왜 그렇게 결별하기가 힘든 걸까? 물론 죄책감, 두려움, 갈등 회피 욕구, 잠재적 수입 손실, 대체로 생기기 마련인 결별 후의 고통에 대한 불안 등을 결별하지 못하는 이유로 내세울지 모른다. 하지만 그저 단기적으로 그런 거북함을 피하려는 마음 때문에만 결별하지 못하는 건 아니다.

가족과 동료들과의 사이처럼 때로는 아무리 힘든 상대임에도 불구하고 끊으려야 끊을 수 없는 관계도 있다. 하지만 관계의 다차원적인 측면 때문에 결별을 망설이는 경우 또한 흔하다. 그 상대가 짜증날 정도로 집착하는 것 같지만 말을 정말 재미있게 잘할 수도 있고, 툭하면 남들의 아이디어를 가로채지만 때때로 정말로 도움이 될 수도 있다. 시라 오퍼Shira Offer와 클로드 피셔Claude Fischer 교수가 연구해온 결과에서도 어려운 관계의 상당수에서 이런 점이 근본적인 문제로 나타났다. 20대에게는 대체로 훈수를 해주는 사람들이 어려운 상대로 나타났다. 이보다 높은 연령대의 응답자들 사이에서는 보통 위급상황이 생길 때 나서서 도와주고 보살펴주는 사람들이 관계에서 다른 종류의 이득을 제공해주는 사람들보다 어려운 상대인 비율이 높았다.

친구, 가족, 동료 들과의 관계는 서로 명확하게 구분되지 않기에 문제가 더 복잡해진다. 우리는 대체로 동료들과 친구 사이이다. 가족은 때때로 가장 가까운 친구이기도 하다. 이렇게 깊이 얽혀 있다 보니 관계를 끝내기가 복잡하고 뼈아프게 힘들다. 그 누가 그런 대가를 감수하면서까지 이런 관계를 끊어내기가 쉽겠는가?

우리는 보통 어떤 우정을 지키거나 끝내는 것을 타협이 필요한 문제로 생각하지 않지만 그런 타협은 엄연한 현실이다. 새로운 연애 상대를 위해 연인과 헤어지는 극단적인 경우를 제외하면 우리는 대부분의 관계를 타협의 대상으로 삼지 않는다. 그런데 연애 관계처럼 단순한 관계로 보이는 경우조차도 사람들은 지난날을 돌이켜 생각해보고 나서야 그 관계의 장점과 단점을 깨달으며 자신의 결정을 후회할 때가 많다. 한편 의식적 생각에 따라 이런 결정을 다루지 않으면 심리적 성향, 인생의 큰 사건, 얽히고설킨 관계 등을 근거로 자신의 인맥을 선택이 아닌 우연처럼 느끼게 되어 결과적으로 운명에 휘둘리는 무력한 존재가 되고 만다.

인맥은 사회적 시그니처다

대부분의 사람은 자신도 깨닫지 못하는 사이에 중개자형이나 소집자형이나 마당발형이 된다. 더군다나 그렇게 70세에 이른 어느 날 잠자리에서 고독하게 눈을 떴다가 그동안 자신에게 무슨 일이 있었던 것인지 의

아해지곤 한다. 그동안의 결정들이 의식적으로 내린 것이든, 습관, 심리적 성향, 환경이 한데 버무려져 이루어진 것이든 간에 우리의 인맥은 '사회적 시그니처'social signature다.

'마당발형'은 약한 유대를 선호하고 교류 공간의 폭이 넓으며 새로운 사람들을 만나는 데 사교적인 노력을 집중한다. 상호 의무가 많아지지 않도록 사교적 노력을 투자하기 때문에 비교적 어렵지 않게 관계를 끝내기도 한다.

'중개자형'은 어느 정도 강한 유대도 맺고 있지만 이 관계 유형의 강점은 바로 약한 유대에 있다. 교류 공간은 대개 여러 사교 세계에 걸쳐져 있다. 중개자형은 약한 유대를 유지하는 데 많은 시간을 할애한다. 중개자형의 이런 약한 유대는 지속적인 투자를 하지 않으면 쉽게 소멸되고 만다.

'소집자형'은 강한 유대를 선호하면서 유대의 유지에 주력한다. 여러 사교 세계를 뚫는 쪽으로 공을 들이지 않고 소수의 몇몇 사교 세계에 깊은 뿌리를 내리는 경향을 띤다.

사교에서는 현실적으로 시간 제약과 인지적 한계가 수반되기 때문에 타협이 불가피하다. 강한 유대나 약한 유대 중 어느 쪽에 주로 투자할지, 아주 폭넓은 사교적 공간을 넘나들지 아니면 소수의 공간에서 친밀한 사이로 지낼지, 인맥의 확대와 유지에 얼마만큼의 노력을 쏟을지 등의 문제에 대해서 타협해야만 한다. 시간을 더 만들어낼 수도, 동시에 두 장소에 머물 수도 없기에 어쩔 수 없다.

대체로 이런 차원에서의 결정들은 모두 예측 가능한 방식으로 결과가 조합된다. 이를테면 인맥 유지에 많은 투자를 한다면 당연히 강한 유대를 갖게 되는 식이다. 이런 특성은 다른 무엇보다 습관과 성격에서 비롯되는 경향이 높다. 하지만 중개자형, 마당발형, 소집자형을 단순히 교류 공간, 유대의 유지나 종결 성향, 강한 유대의 선호 정도만으로 한정지어 설명할 수는 없다. 고유의 사회적 시그니처를 비롯한 인맥의 특성 전체가 인맥의 부분의 합보다 크다는 점이 바로 인맥의 묘미다.

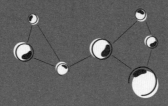

제3장

소집자형

: 소수의 사람과 맺는
좁고 깊은 관계를 편안해한다

성공이란 세월이 흐를수록
가족과 주변 사람들이 나를 점점 더 좋아하는 것이다.

_ 짐 콜린스Jim Collions (미국의 경영 컨설턴트)

때는 5월의 첫째 주 월요일이었다. 수백 명의 파파라치가 메트로폴리탄 미술관 계단에 몰려들어 보석 박힌 머리 장식, 날개, 모피, 베일, 가죽, 체인 장식의 향연이 펼쳐질 순간을 기다리고 있었다. 잠시 후 '뉴욕의 사교 일정에서 명실상부한 올해 최고의 파티'에 초대된 행운의 인물들이 그런 멋스러운 치장을 하고 나타났다.

깡마른 몸매에 그녀의 트레이드마크인 뱅 스타일 단발머리를 하고 언제나처럼 선글라스를 낀 모습으로 등장한 안나 윈투어Anna Wintour는 이 멧 갈라Met Gala(화려한 코스튬 의상으로 전 세계의 이목이 집중되는 미국 최대 패션 행사이자 기금 모금 행사—옮긴이)에 누굴 초대하고 누굴 초대하지 않을지 결정하는 칼자루를 쥔 사람이다. 아카데미상 수상자들에서부터 실리콘밸리에서 크게 성공한 인물들에 이르기까지 참석자로 지명된 다른 600명의 사람들은 수개월 동안 이 행사를 고대해왔다. 전 미국 퍼스트레이디 미셸 오바마는 멧 갈라 의장으로서의 윈투어의 업적을 기리던 중 이렇게 농담 섞인 얘기를 했다. "제가 잘 알아서 하는 말이지만 안나는 주목받길 싫어해서 이런 자리가 죽을 맛일지도 모르겠네요. 하지만 우리는 너무 좋아하죠. (중략) 사실 제가 오늘 이 자리에 나온 것은 안나 때문이에요. 제가 자랑스럽게 친구라고 부르는 이 여성에게 큰 존경과 공경심을 품고 있어서 이렇게 나오게 되었습니다."

해마다 패션에 소비되는 돈은 브라질의 국내총생산을 넘어서고 있다. 안나 윈투어는 이런 패션업계에서 여왕으로 군림하고 있다. 또한 여성 리더로서 두려움과 공경을 한몸에 받고 있기도 하다.

윈투어는 《보그》 편집장으로서 패션계의 가장 걸출한 자리에 앉아 있으며 쟁쟁한 우군을 편성했고, 이 인맥에 힘입어 세계에서 가장 막강한 브랜드로 자리매김하고 있다. 그것도 패션계를 훌쩍 넘어서까지 영향을 미치면서 《포브스》로부터 미디어 및 연예오락 부문에서 가장 영향력 있는 인물로 선정된 바 있고, 정계의 막후 실력자이기도 하다.

안나 윈투어는 문화, 패션, 예술의 중심에 자리하고 있으면서도 비사교적이기로 유명하다. 자신이 주최한 파티 외의 파티에서는 20분 이상 머무는 일이 드물고, 여간해서는 10시 15분이 넘어서까지 바깥 활동을 하지 않는다. 윈투어를 두고 '비사교적'이니 '신중한' 사람이니 하는 말을 붙이면 너무 약한 표현 아니냐고 생각할 이들도 많은 것이다. 차가운 성격 때문에 '핵폭탄 윈투어'Nuclear Wintour라는 별명을 얻었을 정도이니 그럴 만하다. 안나 윈투어의 조수 출신 작가가 쓴 소설 《악마는 프라다를 입는다》에 등장하는 폭군적인 보스가 윈투어에게 영감을 얻은 캐릭터라는 주장도 있다. 윈투어는 오프라에게 《보그》 표지 모델을 하고 싶으면 9킬로그램을 빼라는 말을 하기도 했다.

하지만 가깝게 지내는 사람들 사이에서 윈투어는 뜨거운 신뢰와 의리를 불러일으킨다. 윈투어가 발굴한 스타 디자이너 마크 제이콥스Marc Jacobs의 말처럼 "그녀의 천재성은 정치계, 영화계, 스포츠계, 패션계를 막론하고 사람을 가려내는 예리한 안목에 있다." 제이콥스는 이런 말도 했다. "그녀는 아주 부당한 비난을 받고 있다. 그녀는 자신이 가치를 인정하는 사람은 끝까지 변함없이 지지해주는 사람이다. 당신이 그렇게 인정받는 사람에 들지 않는다면야 다르게 생각할 수도 있을 테지만 말이다." 노련한 멧 갈라 지휘자이자 윈투어의 전 조수인 실바나 듀렛Sylvana Durrett도 비슷한 말을 했다. "안나에게 감사한다. 그녀는 나에게 든든한 지지자이다. 자신의 결정은 물론 우리의 결정도 지지해주는 사람이다. 정말 누군가 내 편이 있다는 것은 기분 좋은 일이다. (중략) 그녀는 그동안 내가 하고 싶어했던 일은 뭐든 적극 후원하고 옹호해주었다. 직원들 모두를 그런 식으로 대한다."

윈투어는 경계선을 확실히 그어놓는다. 본인의 말처럼 "친구들과 가족에게는 깊은 관심을 갖지만 일은 어디까지나 일이다." 테니스 선수 로저 페더러와 CBS의 심야 토크쇼 〈더 레이트 레이트 쇼〉The Late Late Show의 진행자 제임스 코든과 친구로도 지내는 등 이따금 일로 만난 사이에서도 우정이 싹트긴 하지만 윈투어의 절친들은 대부분 무명인이다. 윈투어는 이런 친구들과의 우정을 소중히 여기는 마음을 직접 표현한 적도 있다. "나에겐 정말로 가깝게 지내는 좋은 여자 친구가 여럿 있다. 나만 알고 싶은 그런 친구들이다. (중략) 문득 런던에 사는 한 친구가 생각난다. (중략) 우리는 16세 때부터 알고 지냈다. 서로 얘기를 나누면 뭐든 스스럼없이 허심탄회하게 다 털어놓는다. 그 친구와 얘기하면 정말 즐겁다."

"공개석상에서 차갑게 비치는 겉모습의 이면에는 헌신적이고 너그러운 어머니와 친구로서의 모습도 있다. 믿음을 갖고 친밀하게 지내는 사람들을 위해서라면 무슨 일이든 마다하지 않을 사람이다." 한 친구가 확인해준 윈투어의 진면모다.

안나 윈투어의 견고한 사교 집단은 윈투어에게 명성과 힘을 부여해주는 중요한 요소이기도 하다. 서던캘리포니아대의 엘리자베스 커리드 할켓Elizabeth Currid-Halkett 교수와 벤구리온대의 길라드 라비드Gilad Ravid 교수는 스타를 만드는 요소가 뭔지를 연구하기 위해 독보적인 일류급 유명 배우들과 별 볼 일 없는 삼류 배우들 사이의 차이를 알아보기로 했다. 두 교수는 세계 최대의 이미지 뱅크인 게티이미지Getty Images에서 찍은 1만 2,000개에 육박하는 전 세계의 레드카펫 등장 행사들의 사진 1년치를 검토했다. 수십만 장의 사진을 살펴보며 누가 누구와 자주 나타나는지를 관계망으로 만들어보았다. 그 결과를 보면 《포브스》에서 발표하는 배우들의 흥행 지수에서 상위권에 포진하는 조지 클루니, 안젤리나 졸리, 맷 데이먼 같은 일류급 배우들의 관계망은 다른 연예인들의 관계망과 완전히 달라 보인다.

일류급 배우들은 "촘촘히 연결된 친밀한 사회 관계망을 갖고 있다." 다른 유명 배우들과 소집자형 인맥을 유지하는 것처럼 보인다. 커리드 할켓이 글을 통해 밝혔듯 "일류급 배우들의 친구들은 서로서로 친구인 경향을 띠는 데 반해 (중략) 중위권과 하위권 배우들은 같은 그룹에 속하는 다른 사람들과 각별한 관계가 거의 없다." 일류급 배우들의 이런 촘촘한 인맥망은 이들의 위상을 강화하는 데 도움이 되고 독보성을 확실히 다져주며, 외부인이 그런 유명 배우 사단에 파고들기 어렵게 만든다. 이런 측면에서 보면, 구성원들이 서로 전적으로 연결되어 있는 안나 원투어의 인맥은 이런 관계망의 상징이나 다름없다.

그녀 자신이 한 말에서도 드러나듯 원투어를 자극하는 핵심 가치는 '신뢰'인 것으로 보인다. "새로운 사람들에게도 마음을 열어놓으려 노력하긴 하지만 확실히 오랫동안 알고 지낸 사람들과는 신뢰라는 더 끈끈한 유대감이 있다."

신뢰할 수 있는 사람들

미국에서는 모르는 사람을 신뢰할 수 있다는 비율이 약 세 명 중 한 명 꼴이다. 한편 대다수 사람은 믿을 수 있는 사람들이라고 보는 미국인의 비율은 1970년대 이후로 꾸준히 감소 추세다. 세계적으로 넓혀서 보면 이런 상호 신뢰 수준은 국가별로 천차만별이다. 스웨덴의 경우엔 모르는 사람을 신뢰할 수 있다는 비율이 미국보다 60퍼센트 더 높다. 반면에 브라질에서는 불신이 드높아 그런 믿음을 갖는 비율이 겨우 여섯 명 중 한 명에 가깝다.

이것은 모르는 사람들에게만 해당되는 문제가 아니다. 미국인 중 절반만이 이웃 사람들을 믿을 수 있는 사람들이라고 생각한다. 일의 영역이라고 해서 더 나을 것도 없다. 9,800명의 정규직 종사자들을 대상으로 진행된 세계적 규모의 한 조사 결과에 따르면, 고용주에 대해 높은 수준의 신뢰를 갖는 비율이 절반도 안 된다.

경우에 따라 직장에서 신뢰할 사람을 결정 내리기까지는 굉장히 오랜 시간이 걸리기도 한다. 론 버트Ron Burt가 세 개 회사의 직원들을 대상으로 실시한 연구에 따르면, 이런 결정을 내리기까지의 평균 소요 시간은 3년 이상이다. 많은 기업에서 신입사원 교육이 수개월 걸리기도 하고 시간제 직원들 대다수가 고용주와 한 식구로 지낼 기간이 4년 반 정도에 불과한 점을 감안하면 신뢰를 신속히 진전시킬 수 있는 소집자형의 능력은 성공에서 결정적인 역할을 할 수도 있다.

신뢰는 사회적 관계의 필수 요소이자 세상사를 처리해나가기 위한 능력이다. 신랑과 신부는 결혼식장 연단에서 맹목적 믿음으로 혼인서약을 한다. 직장 동료가 같이 일하는 사람에 대한 불만을 늘어놓을 때는 불만을 들어주는 그 상대가 다른 사람들에게 자신의 말을 옮기지 않을 거라는 신뢰가 깔려 있다. 비교적 사소한 차원에서 보자면, 우리는 모르는 사람에 대한 신뢰가 필수인 결정을 매일 수십 개씩 내린다. 낯선 타인이 모는 차에 몸을 내맡긴 채 택시를 타고, 어떤 사람인지도 모르는 계약자를 집으로 초대하고, 의뢰한 일이 끝까지 잘 완수될 것이라는 기대하에 계약금을 넘겨준다. 러시아의 소설가 안톤 체호프의 말처럼 "당신은 사람들을 신뢰하고 믿어야 한다. 안 그러면 사는 게 불가능해진다."

우정과 사랑에서는 신뢰가 있으면 용서가 가능해지고 기꺼이 희생하려는 의지가 솟는다. 관계의 안정성, 조정, 협력이 촉진되기도 한다. 기혼자들은 남편이나 아내에 대한 신뢰가 높을수록 스트레스와 우울감이 낮은 편이며, 그 결과로서 더 건강하기도 하다.

학교에서 아이들은 교사를 신뢰할수록 더 많이 배운다. 팀에서는 신뢰가 형성되면 업무 수행, 학습, 업무 협응이 더 원활히 이루어진다. 실제로 클레어몬트 대학원의 교수 폴 잭Paul Zak이 실행한 연구에서 "신뢰도 높은 회사에서 일하는 사람들이 스트레스가 74퍼센트 더 낮고 (중략) 생산성은 50퍼센트 더 높고, 아파서 결근할 확률이 13퍼센트 더 적으며 (중략) 삶의 만족도가 29퍼센트 더 높고, 번아웃에 빠질 확률은 40퍼센트 더 낮은 것으로 나타났다."

그런데 신뢰할 만한 사람인지 아닌지는 어떻게 가려낼 수 있을까?

공항에서 낯선 사람 옆에 앉았다고 가정해보자. 중간 정도의 키에 청바지와 와이셔츠 차림의 남자다. 그럴 필요가 생길 경우에 그 남자를 신뢰할지 말지를 어떻게 판가름하면 좋을까? 남자가 팔짱을 끼고 있는가? 오른쪽을 흘긋거리고 있는가? 그렇지 않다면, 혹시 목소리를 낮게 깔지는 않는가? 사실 지난 수십 년에 걸쳐 많은 연구가들이 단 한 번의 교류에서도 알아볼 수 있을 만한 신뢰성의 신호를 찾기 위해 눈의 움직임에서부터 보디랭귀지와 음성상의 신호에 이르기까지 온갖 연구를 펼치며 엄청난 노력을 기울였지만 신뢰성을 확실히 가려낼 신체적 신호는 찾아내지 못했다.

대부분의 사람들은 때때로 거짓말을 한다.

상황적 요인이 거짓말의 성향에 영향을 미치기도 한다. 어두운 방에 있거나, 생각할 시간이 없거나, 정서적으로 지친 느낌이 드는 상황에서나, 심지어 입고 있는 옷차림에 따라서도 더 쉽게 거짓말하고 속임수를 쓰게 될 수 있다. 하버드대 경영대학원, 듀크대, UNC 케난 플래글러 경영대학원에서 개별적으로 진행된 네 건의 실험에서는 마케팅 연구에 참가 중인 것처럼 상황을 꾸며놓은 상태에서 실험 참가자들에게 진품 선글라스나 짝퉁 선글라스를 써달라고 했다. 그랬더니 무작위 배정에 따라 짝퉁 선글라스를 착용하게 된 참가자들이 과제 중에 속임수를 더 많이 썼고 다른 사람들에 대한 윤리적 기대도 더 낮았다. 가짜 선글라스를 쓰게 된 상황에 영향을 받아 정직성이 떨어졌던 것이다.

연구자들이 참가자들에게 해준 말과는 달리 사실 짝퉁 선글라스는 짝퉁이 아니었다. 사실은 같은 디자이너가 만든 진품이었다. 이처럼 외부의 신호에 기대어 믿을 사람인지 아닌지를 가려낼 수 없다면 어떻게 해야 할까? 결국 신뢰에는 믿음으로써 상처를 입을지 모른다는 취약성vulnerability이 있을 수밖에 없다. '신뢰'를 정의할 때 곧잘 인용되는 이분야異分野 융합 연구가들의 정의에 따르면, 신뢰란 "다른 사람의 의도나 행동에 대한 긍정적 기대를 바탕으로 믿음으로써 상처 입을지도 모른다는 취약성을 감수하려는 의도가 수반되는 심리 상태이다."

믿음으로써 상처를 입을지도 모른다는 취약성이 신뢰성을 떨어뜨릴 거라고 생각하기가 쉽다. 두려움에 조마조마한 사람이 더 선뜻 거짓말을 하지 않을까, 하는 생각이 들 만하다. 그런데 실상은 그 반대인 것 같다. 심리학자 베르나데테 폰 다반스Bernadette von Dawans가 이끈 연구에서 밝혀낸 바에 따르면, 믿음으로써 상처를 입을지 모른다는 취약성은 사람을 오히려 더 정직하게 만든다. 연구진은 믿음으로써 상처를 입을지 모른다는 취약성과 정직성 간의 관계를 살펴보기 위해 연구에 참가한 사람들 중 절반에게는 시종일관 무반응 상태로 있도록 훈련받은 실험 공모자들 앞에서 짧은 발표를 하고 수학 문제에도 답을 하도록 해보았다. 그에 비해 대조군은 이런 사회적 고통을 감내하지 않아도 되었다. 스트레스가 심한 상태에서 발표를 해야 했던 참가자들은 그 뒤에 이어진 신뢰 게임에서 신뢰할 만한 행동을 하는 비율이 대조군에 비해 대략 50퍼센트나 높았다. 이처럼 믿음으로써 상처를 입을지도 모른다는 취약성은 오히려 소속감을 느끼고픈 강한 욕구를 불러일으키며, 그에 따라 더 신뢰할 만하고 협력적인 태도를 취하게 만든다.

상대가 믿을 만한 사람인지를 알아내고 나서 취약성을 감수하기보다 먼저 취약성을 감수해야 한다. 그렇다면 믿음으로써 상처를 입을지도 모른다는 취약성은 어떻게 감수해야 할까?

아마 그 누구도 만난 지 채 5분도 안 된 사람에게 마음 깊이 숨겨둔 비밀을 털어놓고 싶어하진 않을 것이다. 물론 우리에겐 그럴 의무도 없다. 하버드대 경영대학원 교수 제프 폴저Jeff Polzer의 말처럼 "사람들은 믿음으로써 상처를 입을지도 모른다는 취약성을 너무 감성적으로 생각하는 경향이 있지만 취약성은 그렇게 생각할 문제가 아니다. (중략) 자신에게 약점이 있고 도움이 필요하다는 신호를 확실하게 보내는 문제다. 그리고 그런 신호 보내기가 남들에게 모범이 되어준다면, 불안감을 제쳐놓고 일에 착수하면서 서로 믿고 서로 돕게 될 수도 있다."

사람들은 때로는 믿음으로써 상처를 입을지도 모른다는 취약성을 자신이 직접 선택하기도 하지만 또 어떤 때는 상황이 당사자를 대신해 선택을 내려주기도 한다. 최고경영책임자 리더십 연구소Chief Executive Leadership Institute의 CEO 제프리 소넨펠드Jeffrey Sonnenfeld는 믿음으로써 상처를 입을지도 모른다는 취약성의 전형적 상징이라고 하면 가장 먼저 떠올릴 만한 그런 인물은 아닐 것이다. 소넨펠드는 CNBC 방송과 〈월스트리트 저널〉의 지면을 통해 걸핏하면 눈길을 끌 만한 경제적·정치적 논쟁의 중심으로 뛰어든다. 일례로 전미총기협회에 대립각을 세워온 것으로 유명하고, 한때는 JP모건체이스의 CEO 제이미 다이먼Jamie Dimon이 '마녀 사냥'의 억울한 표적이 되었다고 생각하며 그를 옹호한 적도 있다.

다른 사람들이 가장 어려운 시기에 있을 때 그 사람들을 옹호해주려는 소넨펠드의 의지는 그 근원을 추적해 올라가면 자신의 경험 때문일 수도 있다. 1990년대 말에 소넨펠드는 학자로서의 커리어에서 정점에 올라 있었다. 소넨펠드가 개최하는 최고경영자 회의에 코카콜라에서부터 미식축구팀 시카고 베어스Chicago Bears에 이르는 여러 기업의 CEO들이 참석자로 올 정도였다.

하지만 에모리대 고이주에타 경영대학원의 교수로 9년을 재임하다 도시 반대편에 있는 경쟁학교인 조지아 공과대의 학장직을 수락했다. 떠날 날을 앞둔 몇 주 사이에 소넨펠드의 명성은 시사 프로그램 〈60분〉60 Minutes의 기사 표제대로 '흠집 난 상아의 전당'에 대한 공격을 받았다. 말하자면 학교의 기물 파손에 대한 비난이었다. 카메라에 소넨펠드가 복도에서 좋아서 팔짝팔짝 뛰는 모습이 찍혔고, 학교 측에서는 그 일로 벽이 훼손되었다는 주장을 폈던 것이다. 〈60분〉의 방송기자였던 몰리 세이퍼Morley Safer가 이 사건의 영상에 대해 평한 것처럼 "에모리대 경영대학원의 복도에서 날듯이 사뿐사뿐한 발걸음으로 통통 튀듯 걸어가는 제프리 소넨펠드를 프레드 아스테어Fred Astaire(춤으로 스크린을 정복한 할리우드의 배우이자 무용가)나 바리시니코프Baryshnikov(구소련 출신의 세계적 발레리노)로 착각할 수 없을 만큼 확실히 카메라에 잡혔다. (중략) 이 일로 소넨펠드는 무용계로부터 일자리 제안을 받지는 못했지만 에모리대의 일자리만 잃었다. 이 영상의 공개를 토대로 보면 에모리대는 소넨펠드를 해고하면서 공개적으로 망신을 준 것이었다." 하지만 〈뉴욕타임스〉의 보도처럼 "학교 측의 주장을 뒷받침해줄 근거는 어디에도 없었다."

소넨펠드는 갑자기 실업자가 되었고, 그의 명성은 엉망이 되어버렸다. 그 자신의 말마따나 "그 일이 25년의 커리어를 송두리째 망가뜨렸고, 믿거나 말거나 이제 모두 끝장나버렸다. 좀 어이없지 않은가? 벽은 훼손된 곳이 없었고, 훼손시키려는 마음도 없었다. 기물 파손이라고 언급한 기자도 없었다."《옵저버》와의 인터뷰 중엔 감정을 주체하지 못하고 결국 "밤마다 운다."고 털어놓기도 했다.

그러나 소넨펠드는 그냥 주눅 들어 있기보다는 맞서서 싸웠다. 여기저기 연락해서 수년 동안 자신이 도움을 주었던 유력 임원과 정치인 들에게 도움을 요청했고, 수백 명의 CEO와 대학 교수들이 나서서 지지해주었다. 그중 UPS(미국에 본사를 둔 세계적 물류 운송업체)의 전 CEO 켄트 넬슨Kent Nelson은 소넨펠드의 편에 서서 이렇게 변호해주었다. "제프는 나에게 그 사람들이 말하는 그런 일을 한 적이 없다고 털어놓았다. (중략) 25년간 내가 알고 지내온 사람으로서 말하지만 제프는 절대 그럴 사람이 아니다. 그리고 아무런 증거도 없이 그런 주장을 펴는 것은 부당하다. 증거가 있으면 어디 내놔봐라." 에모리대가 공개한 영상은 거의 증거가 안 되었다. 이 사건을 짚어봤던 세이퍼 기자도 "학계의 문 뒤로 들어간 잔인한 정치가 워싱턴의 잔인한 정치를 정말로 자비로워 보이게 만들 수도 있다."는 평을 내놓았다. 정계에서는 전 대통령 빌 클린턴이 소넨펠드에게 편지를 보내 자신의 트레이드마크격인 표현으로 위로를 전했다. "그런 일을 겪으신 것에 유감을 표합니다. (중략) 그 고통이 어떨지는 제가 잘 압니다."

소넨펠드에게 의지할 만한 힘 있는 지지자들이 있었던 이유는 많은 사람들이 비슷한 역경을 겪었기 때문이었다. 그런 역경은 사람을 훌륭한 리더로 키워준다.

소넨펠드가 기물 파손의 비난을 받았을 때 가장 먼저 전화를 걸었던 사람 중에는 홈디포Home Depot(미국에 본사를 둔 건축자재 및 인테리어 디자인 도구 판매 업체—옮긴이)의 설립자이자 전 CEO 버나드 마커스Bernard Marcus도 있었다. 마커스는 그 당시의 소넨펠드가 어떤 상태였는지에 대해 다음과 같이 들려주었다. "사실 그때 소넨펠드는 아주 낙담해 있었다. 의기소침하고 풀이 죽어 있었다. 완전히 좌절감에 빠져 있었다." 홈디포를 설립하기 전 건자재 체인 핸디댄Handy Dan의 CEO 자리에서 내쫓겼을 당시에 자신도 비슷한 경험을 했다며 이렇게 회고하기도 했다. "내 경우엔 자기연민이 컸다. (중략) 슬픔에 빠져 허우적거리면서 며칠씩 잠 못 이루는 밤을 보냈다. 성인이 된 이후로 건축이 아닌 생존을 더 많이 걱정했던 건 그때가 처음이었다."

같은 취약성을 겪으면서 싹튼 동질감은 관계를 더욱 촉진시킨다. 소넨펠드의 인맥은 이런 식의 관계를 바탕으로 소넨펠드에게 1990년대의 암흑기를 버티게 해주었을 뿐만 아니라 소넨펠드의 최고경영자 회의를 임원들이 개인적·사업적 문제를 솔직하게 논의할 수 있는 신뢰가는 토론장으로 자리매김시켜주었다. 이 회의의 참석자들은 곧 최고경영자들의 인명록이나 다름없다. 이 회의의 단골 참석자들을 몇 명만 소개하자면 UPS의 데이비드 애브니David Abney, 아메리칸 익스프레스의 켄 셔놀트, 펩시코PepsiCo의 인드라 누이Indra Nooyi 등이 있다.

신뢰를 형성하기 위해 일부러 취약해지는 것이 권할 만한 일인지 아넌지는 논란의 여지가 있다. 하지만 우리는 누구나 그야말로 위기에 놓이는 순간에 직면한다. 이런 순간이 닥치면 그 위기를 진솔하게 받아들이고 진심으로 도움을 청하면 비관적으로 여겨지던 일이 오히려 관계를 더욱 다지고 명성을 다시 세울 기회로 바뀔 수 있다.

사람들이 남의 말을 하는 이유

우리는 사회적 고립 상태에 있을 때는 신뢰의 문제를 고민하지 않는 것이 보통이다. 시카고대 교수이자 사회적 인맥 연구의 선도자인 론 버트와 그의 동료들이 내놓은 주장에 따르면, "신뢰는 60퍼센트가 인맥과 연관되어 있다." 버트가 이런 결론에 이르게 된 바탕은 중국의 기업가 700명 사이에 맺어진 4,664개의 관계를 살펴본 연구 결과였다. 이 연구에서 버트는 만족도에서부터 나이, 교육, 가족 규모, 정치 참여 등에 이르는 53가지의 개인적 특성을 검토해보았다. 전체적으로 따져보니 이런 개인적 특성들이 신뢰하는 사람과 신뢰하지 않는 사람을 가르는 데 영향을 미치는 정도가 약 10퍼센트에 불과했다. 신뢰의 문제에 관한 한 오히려 연락 빈도, 중요한 행사의 참석 여부 등의 인맥 특성이 개인적 특성보다 6배나 더 중요했다.

버트와 동료들이 중국 기업가들을 통해 60 대 10이라는 결론을 도출해내던 무렵 미국의 가족들과 여러 글로벌 기업의 직원들에서부터 11세기의 마그레브Maghreb(리비아, 알제리, 모로코 등 아프리카 북서부 일대를 가리키는 말로, 10세기에 중동에서 이 지역으로 이주해 정착한 유대인을 마그레비라고 부르며 11세기에 이들이 지중해 무역을 선점했다.—옮긴이) 상인들에 이르는 다양한 환경 맥락을 살펴본 수십 건의 연구에서도 폐쇄형 인맥network closure(당신의 친구들이 서로 친구인 인맥)이 신뢰를 유발해준다는 결과가 일관되게 나타났다. 즉, 소집자형이 서로서로 신뢰받고 신뢰할 확률이 더 높다는 얘기다.

폐쇄형 인맥에서는 규범이 강요되기도 하지만 누군가 수상한 행동을 벌이고 있을 경우 그 소문이 귀에 들려오기 쉬운 환경이 조성된다.

부모가 폐쇄형 인맥을 가지고 있는 아이들은 학교 성적이 더 좋은 편이며, 사회경제적으로 혜택 받은 아이들 사이에서 특히 그런 경향이 두드러진다. 소집자형 인맥을 가진 부모는 아이들이 어떻게 하고 있는지를 더 쉽게 감시할 수 있다. 실제로 144개의 학교에 다니는 2만 명가량의 청소년을 대상으로 벌인 연구에서 연구진은 비교적 혜택 받은 환경에서 자라는 아이들의 경우 더 높은 고등학교 평균 성적과 더 낮은 중퇴 비율이 부모의 폐쇄성 인맥과 연관 있다는 점을 발견했다. 이런 인맥에서는 누군가 친구의 10대 자녀가 학교에 있어야 할 시간에 어떤 가게 앞을 서성이고 있는 걸 발견하면 그 친구에게 말해주기 십상이다. 감시망이 넓어지고 부모들 사이에 폭넓은 결사가 이루어지면서 아이들이 숙제를 잘하고 방치되는 일이 없도록 확실히 챙기게 된다.

가십gossip(남의 말하기)의 영향은 거리를 헤매는 아이들에게만 미치는 것은 아니다. 뉴욕의 47번가 5번로와 6번로 사이에서 사업을 하기 위한 관건이기도 하다. 이 두 블록에서는 매년 수십억 달러 상당의 다이아몬드가 거래된다(미국의 다이아몬드 수입 물량의 90퍼센트가 이곳으로 들어온다). 뉴욕산업보존연맹New York Industrial Retention Network의 2011년도 보고서에서는 그 경제 파급 효과를 총 240억 달러 정도로 추산했다. 이는 2018년도 스타벅스의 연간 수입과 거의 맞먹는 액수이다. 막대한 돈이 오고가는 거래임에도 불구하고 47번가에서 이루어지는 거래의 대부분은 악수와 함께 예로부터 써온 표현인 '마잘과 브라카'Mazal and Bracha(각각 '행운'과 '축복'을 뜻하는 히브리어—옮긴이)를 섞은 축하의 말을 나누는 것으로 거래가 성사된다. 일명 '47번가의 진짜 보물'이라는 이런 신뢰 기반 거래는 다이아몬드 거래를 좌지우지하고 있는 초정통파 유대인 공동체에 철저히 의존한다. 오랫동안 다이아몬드 거래를 가업으로 이어온 가문에서 태어나 다이아몬드 딜러가 된 필립 웨이스너Philip Weisner는 이 유대인 공동체 문화의 힘을 설명하면서 "다이아몬드는 제가 좋든 싫든 제 피요, 뼈대다."라고 인정했다. 이들의 강한 공동체의식과 역사는 꼭 필요한 경우가 아니라면 가능한 가십을 금지하는 유대인 율법에 의해 더욱 굳건해진다. 남의 말을 함부로 하지 않는 공동체 내의 분위기에 따라 꼭 필요한 가십은 격을 갖추게 되고, 그만큼 그 말에 힘이 실리게 된다. 뭐든 악담일 가능성이 있는 말을 했다간 이 공동체와 사업체 모두로부터 영원히 축출되기 십상이다.

가십을 옮기는 것은 부당한 평가를 받기 일쑤다. 남의 말을 하는 사람들은 대개 열등하고 비호감적인 사람으로 여겨진다. '걸핏하면 남들에 대해 안 좋은 말을 하는' 사람일 경우에 특히 그렇다. 하지만 로빈 던바 교수가 간단명료하게 짚어주었듯, "남의 말하기는 우리가 익히 알고 있는 지금의 인간 사회를 가능케 해주는 것이다." 진화론적 관점에서 보면, 남의 말하기는 인간이 거대한 사회 집단을 형성할 수 있는 수단이 되어준다. 남의 말하기가 사기꾼을 단속하고 제재를 가하는 일을 가능케 해주기 때문이다.

우리는 좋든 싫든 가십에 아주 많은 시간을 쓴다. 던바와 동료 연구진이 카페, 바, 열차에서 오가는 가벼운 대화들을 분석한 바에 따르면, 대화 시간의 60퍼센트 이상이 가십에 할애된다. 3분의 1의 그 나머지 시간은 정치, 스포츠, 일 같은 얘기가 주된 화젯거리다. 사람들이 남의 말하기에 쓰는 시간은 나이나 성별에 따라 큰 차이가 나지 않는다. 노년기 여자들만 남의 말을 하는 건 아니라는 얘기다.

우리 인간은 본능적으로 남의 말을 하게끔 내재되어 있는지도 모른다. 반사회적이거나 부당한 행동을 목격하면 우리는 대개 그것을 신체적으로 체감하게 되어 심박수가 높아지고 신경이 곤두서게 된다. 토론토대 로트만 경영대학원의 심리학자 매튜 파인버그Matthew Feinberg와 동료 연구진이 증명해낸 바에 따르면, 남의 말을 할 수 있으면 기만 행위를 목격했을 때의 그런 거북한 신체 징후가 완화된다. 네 명 중 세 명이 기만 행위에 대해 남의 말을 해서 감정과 신체상의 거북함에서 벗어날 수 있다면 기꺼이 돈을 낼 수도 있다는 응답을 했다고도 한다.

최고의 정보력과 든든한 지원군

소집자형 인맥이 진화론적으로 유리한 한 가지 이유는 남의 말하기를 효과적으로 잘 활용하기 때문이다. 소집자형 인맥은 강한 유대와 중복적 연결로 특징지어지는 그 특유의 관계 구조상 사악한 사람일지도 모를 타인들로부터 지켜주는 보호막이 되는 한편 신뢰와 회복력을 더 잘 일으켜주기도 한다. 말하자면 안심이 되는 든든한 인맥이다.

소집자형 인맥은 지적知的 폭이 더 넓기도 하다. 덕분에 복잡하고 암묵적이고 예민한 정보의 전달 측면에서 더 유리하다. 또한 강하고 응집력 있는 유대가 형성되어 있어서 정보를 공유해주려는 의지와 동기가 더 북돋워진다. 아무래도 모르는 사람보다는 친구이기도 한 동료가 시간과 노력을 들여 당신에게 지식을 알려주고픈 마음이 더 선뜻 생기지 않을까? 복잡한 정보의 공유가 결정적 역할을 하는 업계에서는 이런 유대가 경쟁우위에서 중요할 수 있다. 과학자들 수백 명 사이의 협력을 살펴본 여러 연구를 통해서도 소집자형 인맥의 상징인 유대의 강도와 응집력이 더 높은 지식 공유도와 연관성이 있는 것으로 나타났다.

강하고 응집력 있는 유대는 복잡한 정보뿐만 아니라 예민한 정보를 공유해줄 가능성도 높여준다. 이는 심지어 경쟁자 사이에서도 예외가 아니다. 가격이 그 좋은 예다. 샴페인 업계와 호텔 업계는 둘 다 가격이 어느 정도 자의적이면서도 철저한 보안 사항이다. 빈 호텔 방은 얼마나 값어치가 있을까? 한 병에 30달러짜리 샴페인과 35달러짜리 샴페인의 차이는 뭘까? 한 샴페인 생산자의 말마따나 "샴페인 업계에서는 가격에 대해 떠벌이지 않는다. 비밀이 잘 지켜진다. 어떤 이유에서인지 가격을 얘기한다는 게 거북한 느낌을 들게 한다."고 한다.

하지만 업계 사람끼리 결집적 인맥을 이루는 경우엔 사람들이 가격이나 그 밖의 보안 사항에 대해 얘기를 편하게 나누면서 서로 이득을 누린다. 예일대의 아맨다인 오디 브라지어Amandine Ody-Brasier와 런던 경영대학원의 이사벨 페르난데스 마테오Isabel Fernandez-Mateo가 샴페인 생산자들에 대해 연구해본 결과, 여성 샴페인 생산자들이 서로 강한 비공식 관계를 맺음으로써 체계적으로 더 높은 가격을 매길 수 있었다. 이는 시드니의 호텔 경영자들 사이에서도 마찬가지였다. 한 호텔 경영자가 경쟁자와 맺는 긴밀한 유대 하나마다 수입에서 39만 달러 상당의 가치를 갖는 것으로 추산되었다.

하지만 소집자형 인맥 특유의 지적 폭이 모든 사람에게 이득을 부여해주는 것은 아니다. 소집자형 인맥의 극단적 사례인 카르텔cartel을 불법으로 단속하는 이유도 바로 그 때문이다. 즉, 카르텔이 소비자에게 피해를 입히기 때문이다.

지적 폭이 비교적 큰 인맥은 정보를 받는 쪽인 이들에게 특히 유용하다. 하지만 인시아드의 마틴 가지울로Martin Gargiulo와 동료 연구진이 수행한 한 연구에 따르면, 이런 인맥은 책무가 주로 정보의 전달인 직원들에게는 상대적으로 이득이 적다. 그런가 하면 인정과 사회적 지지가 필수인 업계에서 일하는 사람에게는 더 유리한 편이다. 그동안 밝혀진 바로도 평판과 수용이 중요한 업무에서는 소집자형 인맥의 촘촘하고 강한 유대가 더 높은 보너스와 연관성이 있었다.

소집자형 인맥은 업무 차원에서만 유용한 게 아니라 회복력을 높여주기도 한다. 회복력의 근원을 알아보기 위해 다음의 사례를 살펴보자. 모니크 밸쿠어Monique Valcour는 유엔에서 시민 불안, 자연재해, 무력분쟁 분야를 다루는 여성 리더들이 끊임없이 불안정한 상황과 재난에 직면하면서도 어떻게 회복력을 잃지 않는지에 대해 살펴봤다. 알고 보니 사회적 관계가 비결이었다. 밸쿠어가 글을 통해 밝혔듯 "다른 사람들과 긍정적이고 기운을 북돋워주는 관계를 맺는 일은 회복력에서 아주 중요한 요소다. 이런 관계는 사회적·정서적으로 격려해주고, 소속감을 느끼게 해주며, 경험과 생각을 함께 나눌 사람들을 얻게 해준다. 어려운 상황에서 쾌활한 정신과 낙관주의를 불어넣어주고 학습력과 수행력을 더 높여주기도 한다. 일에서나 사생활에서나 긍정적 관계는 자신감, 자존감, 회복력을 끌어올려준다."

관계가 회복력에 도움이 되는 점 때문에 자연재해 이후에는 흔히 소집자형 인맥이 형성된다. 한 연구에서 자연재해를 겪었던 대학생들과 자연재해로 직접적 타격을 입은 적이 없는 대학생들의 페이스북 인맥을 비교해본 결과, 허리케인으로 직격탄을 맞았던 대학들에서 폐쇄형 인맥이 더 많이 증가한 것으로 나타났다. 이런 경향은 허리케인을 겪은 이후 2년 반이 넘도록 지속되었다.

유엔 통합 평화구축 사무소the United Nations Integrated Peacebuilding Office에서 일하고 있는 린네아 반 와게넨Linnea van Wagenen은 끊임없는 위기 상황 속에서도 회복력을 지키는 데 힘을 얻기 위해 같은 공동체 사람들과 '매달 비공식적 점심 식사' 모임을 꾸준히 갖는다. 반 와게넨은 밸쿠어 박사에게 그런 모임이 아주 중요한 이유를 설명하며 "그 점심 모임이 후원 클럽 같은 역할을 해주는 비공식적 인맥이다."라고 말했다.

심술쟁이 여학생들과 마피아의 공통점

클럽이 중요한 역할을 할 수 있고 학부모 결사가 성적을 높여줄 수 있다고 해도 고등학교에서 끼리끼리 어울리는 패거리들은 다루기 가장 위험한 사회 집단이라고 해도 무방하다. 모든 학교가 정도의 차이만 있을 뿐 어느 학교든 패거리들이 있다. 코네티컷 주 길퍼드 소재 길퍼드

고등학교의 저학년생 조지는 다음과 같은 돌직구 발언을 날리기도 했다. "고등학교에 패거리가 없어지는 날은 고등학교가 더 이상 존재하지 않는 날이다."

유년기에는 사회적 관계가 다이애드, 즉 일대일의 사회적 애착에 집중되는 경향이 있다. 이 시기 아이들의 사교 세계에서는 대개 부모와 절친들이 중심축이 된다. 하지만 사춘기가 되면 끼리끼리 몰려다니는 패거리가 생기기 시작하면서 친구를 사귀는 것에 대한 압박이 늘어난다. 아이들이 중학교에 올라가면서부터는 한 반의 심술쟁이 두 여학생끼리 서로 앙숙이 되어버리는 바람에 담임교사가 학급의 자리를 재배치하며 싸움을 벌이지 못하게 조정해야 하는 식의 상황이 생기곤 한다. 기어코 싸움이 벌어지면 지옥문이 열린다. 이제는 더 이상 그것이 두 여학생만의 문제가 아니라 학교 사회 여기저기로 파문이 번져나가게 된다.

고등학교에 올라가면 끼리끼리 몰려다니는 패거리 문화가 정점을 찍을 수도 있지만 이런 패거리 문화는 성인기까지도 이어진다. 유치원과 놀이터에도 엄마들끼리의 파벌이 생긴다. 모유 수유파, 아이 업어 키우기파, 여섯 살밖에 안 된 아이들에게 서둘러 중국어 조기교육을 시키는 학부모회 엄마들, 고등학교 이후로 쭉 서로서로 알고 지낸 사이의 엄마들 등등 경계선이 확실히 그어진 수십 개의 파가 생겨난다. 보스턴을 중심으로 활동 중인 사회사업가이자 학부모 지원단체의 리더인 데보라 허로위츠Deborah Hurowitz의 말처럼 "아이가 생기면 다시 고등학생으로 돌아간 기분이 든다. (중략) 모두들 서둘러서 자신의 입장을 정하며 사람들과 어떻게 어울리고 어떤 사람들과 친구가 될지를 이리저리 따진다." 엄마들끼리의 파벌은 때때로 잔인하고 무자비하기도 하다. 브루클린에 거주하는 작가이자 칼럼니스트인 에이미 손Amy Sohn은 글을 통해 브루클린의 부촌인 파크 슬로프Park Slope에서 부모로서의 험난한 파도를 헤쳐 나가는 과정에 대해 "막 엄마가 된 사람들끼리의 파벌 싸움을 겪으며 고등학교 시절의 생활이 재밌게 여겨질 정도였다."라고 밝히기도 했다.

일터라고 해서 항상 안전한 항구가 되어주는 것은 아니다. 온라인 취업 사이트 커리어빌더CareerBuilder에서 3,000명에 가까운 직장인들을 대상으로 설문조사를 실시했더니 43퍼센트가 직장에 여러 파벌이 존재한다고 대답했다. 그리고 파벌이 있는 사무실에서는 상사의 절반 가까이가 파벌에 속해 있는 것으로 나타났다. 사무실 내의 파벌이 사무실 사람들 모두의 행동 방식을 바꾸어놓는 건 아니지만 다섯 명 중 한 명은 사무실 사람들과 어울리기 위해 보통은 하지 않을 만한 행동을 하고 있다고 밝혔다. 이를테면 특정 TV 프로그램을 시청하거나 어떤 사람을 놀리거나 담배를 피우는 식의 행동을 하게 된다는 것이었다.

"어이, 어젯밤에 〈마담 세크리터리〉Madam Secretary(전직 CIA 분석관이 미국의 국무장관으로 임명되면서 겪는 일을 다룬 드라마—옮긴이) 봤어?" 누가 이렇게 물어오면 어떨 것 같은가? 일단 그 드라마를 보기 시작하면 그 사람과의 사이에 연결선이 그어질 수 있다. 그래서 함께 어울리고픈 욕구에 떠밀려 행동이 변하게 된다. 심지어 사무실 밖에서의 행동까지 변한다. 어느새 최종회 시청 파티까지 열기로 하면서 정치 드라마를 대놓고 질색하는 동료를 초대할지 말지를 놓고 고민하게 될 수도 있다.

노후에 이른다고 해서 이런 문제에서 한숨 돌리게 되는 것도 아니다. 경로당, 노인주거복지시설, 양로원에도 파벌이 만연되어 있다. 노인 복지 문제를 감독하는 임상관리자 마샤 프랭클Marsha Frankel은 이 점을 직설적인 말로 짚어냈다. "심술쟁이 여학생들은 커서 어떻게 될까? 그중 일부는 나중에 심술궂은 할머니가 된다." 노년층 거주시설 내에서 세력 다툼이 벌어져 TV 시청실 같은 공공의 공간이 한 세력의 지배영역이 되는가 하면 운동교실이 심술궂은 경쟁이 벌어지는 장이 될 수도 있다. 애리조나 주립대의 로빈 보니파스Robin Bonifas 박사는 노인 공동체의 노인들이 최대 다섯 명 중 한 명꼴로 괴롭힘을 당하고 있는 것으로 추산하는데, 이는 고등학교 내에서의 비율과 거의 비슷한 수준이다.

파벌이 어디에나 존재하는 이유는 파벌이 깊이 내재된 심리욕구(동질감, 친밀감, 사회적 지지에 대한 욕구)를 충족시켜주기 때문이다. 바로 이런 욕구가 소집자형 집단을 형성시킨다.

집단동일시는 아무 의미도 없는 차이를 놓고도 거의 즉각적으로 형성될 수 있다. 사회심리학자 헨리 타즈펠Henri Tajfel은 1970년대에 '최소집단 실험'minimal group studies이라는 실험을 벌여 내집단 편애in-group favoritism가 얼마나 쉽게 일어나는지를 증명한 바 있다. 이중 한 실험에서 타즈펠과 동료 연구진은 한 종합 중등학교의 남학생들을 무작위로 여러 그룹으로 나누었다. 하지만 학생들에게는 특정 모더니즘 그림들에 대한 선호 취향에 따라 그룹이 분류된 것이라고 말해주었다. 게다가 학생들은 같은 그룹에 속한 다른 학생들과 아무런 교류 관계도 없었다. 말하자면 그룹들이 이렇다 할 만한 의미 없이 묶인 것이었다. 하지만 학생들은 여전히 자신이 속한 그룹의 멤버들을 선호했다. 독일 화가 클레의 그림을 선호하는 학생들은 역시 클레를 좋아하는 것으로 알고 있는 다른 학생들에게 더 높은 점수를 주었다. 칸딘스키 그림의 선호 그룹도 다르지 않아서 '자기' 그룹의 학생들을 더 선호했다.

이후에 10대 남학생들보다 대표성이 훨씬 높은 실험자들을 대상으로 삼아 이어진 수백 건의 실험에서도 동전 던지기, 체형, 티셔츠 색깔 등으로 무작위적이고 별 의미 없이 묶인 그룹 내에서 내집단 편애가 일어난다는 점이 재차 입증되었다. 실험으로 밝혀졌듯, 사람들은 어떤 의미도 없이 한 그룹이 되어도 자기 그룹의 멤버에게 더 많은 돈을 준다. 만난 적이 없어도 같은 그룹에 속한 멤버가 더 호감이 가고 더 협력적인 사람이라고 인식한다. 심지어 같은 그룹 사람들에게는 은연중에 '햇빛' 같은 단어를 연상하고, 다른 그룹 사람들에게는 '질병' 같은 단어를 연상하기도 한다.

이런 실험들에서는 한 가지 주목할 만한 사실을 입증해내기도 했다. 그룹들 간에 경쟁이 벌어지거나 다른 그룹들에 대한 차별이 일어나지 않은 상태에서도 강한 내집단 편애가 형성된다는 점이다. 한 그룹의 일원이 되는 것은 사회 정체성의 발달에서 큰 부분을 차지한다. 그룹의 일원이 되면 자존감이 끌어올려진다. 우리 인간이 자존감 없이는 제대로 잘 살아갈 수 없다는 점에서 생각하면 이것은 중요한 문제다.

굉장한 상상력을 발휘하지 않아도 뻔히 예상되는 일이지만, 자신이 속한 집단에 대한 조직적 편애는 집단 간의 다툼으로 이어질 수 있다. 헨리 타즈펠 연구의 대부분은 집단 간 다툼과 역학의 근원을 이해하고 싶은 바람이 그 동기가 되었다. 제2차 세계대전 중에 타즈펠은 독일군에게 포로로 끌려갔다가 폴란드계 유대인인 자신의 신분에 대해 거짓

말을 할지 말지를 놓고 갈등했다. 결국 유대인이라는 사실은 인정했지만 프랑스계 유대인이라고 주장했다. 이후 포로수용소에 있으면서 전쟁에서 살아남았지만 홀로코스트로 직계 가족 모두를 잃었다.

명칭을 파벌이라고 부르든 소집자형 집단이라고 부르든 간에 집단에는 좋은 집단도 있고 나쁜 집단도 있다. 하지만 집단은 어떤 집단이든 다 힘이 되어준다. 고등학교에서 경계선이 확실히 그어진 파벌에 속하지 않은 여학생들은 유대가 긴밀한 집단에 속한 여학생들에 비해 자살을 생각하는 확률이 두 배나 높다. 폐쇄적 사회 집단과 부패의 전형인 마피아의 인맥에서도 신뢰, 협력, 평판상으로 큰 이득을 누린다. 다음은 미국에서 가장 오래 명맥을 이어온 한 마피아 가문에서 오랜 기간 보스로 군림한 조셉 보나노Joseph Bonanno의 말이다. "마피아는 개개인이 평생의 충성을 맹세하는 일종의 씨족 협력체다. (중략) 우애, 연고, 가족유대, 신뢰, 충성, 복종 이런 것들이 우리를 하나로 묶어주는 '접착제'다." 그런데 부과되는 서약과 규율이 다를 뿐 사회를 하나로 묶어주는 것도 바로 그런 접착제다.

유유상종, 결국은 비슷한 사람들끼리 모인다

유대가 긴밀한 집단을 형성할 때는 아무리 자의적인 차이점이라도 그 기반이 될 수 있지만, 친밀함에 대한 심리욕구가 작동되면 대개 유사성을 기반으로 형성되는 관계와 집단을 이루게 된다. 배우자들은 서로 유사한 발음의 이름을 가진 경우가 많다. 사람들은 저녁 식사로 비슷한 음식을 주문하는 사람들을 신뢰할 확률이 더 높다.

친구들은 대개 비슷하다. 학급이든, 인종이든, 나이든, 음악 취향이든, 가치든, 헤어스타일이든 간에 비슷한 점들이 있다. 이른바 '동종선호'homophily로 일컬어지는 이런 '유유상종' 성향은 지금까지 수백 건의 연구를 통해서도 확인되었다. 연구자들은 전 세계에 걸쳐 결혼생활에서부터 온라인 우정에 이르는 다양한 환경의 인맥을 관찰해왔다. 그 결과 1985년부터 2004년까지 20여 년 동안 친구들끼리 인종, 교육, 나이, 종교상으로 비슷한 배경을 갖는다는 경향에는 변함이 없었다. 노스웨스턴대의 연구진이 글을 통해 밝힌 것처럼 "동종선호가 사회 기제로서 갖는 힘은 그 뚜렷한 보편성에 있다."

미국 백인의 4분의 3은 비非백인 친구가 한 명도 없다. 흑인의 경우엔 동종선호 경향이 좀 더 약한 편이다. 대표집단으로 선정한 2,300명의 미국인 성인을 대상으로 진행된 미국인 가치조사American Values Survey 결과에 따르면, 미국 흑인 가운데 가장 절친한 친구들이 모두 흑인이라고 답한 사람은 3분의 2다.

인종은 미국의 사회적 인맥에서 가장 강한 사회적 경계선이 아닐까 싶다. 종교가 아마 그 두 번째일 것이다. 백인 복음주의 개신교도의 80퍼센트는 그들의 절친들도 개신교도다. 가톨릭교도가 다른 가톨릭교도와 유대를 갖는 비율은 72퍼센트다. 하지만 특정 종교에 소속되지 않은 사람들은 종교적 간극에 개의치 않으면서 다양한 종교적 신념을 가진 사람들과도 훨씬 더 기꺼이 어울리는 것으로 보인다.

정치는 인종과 종교만큼 심하게 인맥을 가르는 경계선은 아니지만 공화당 지지자와 민주당 지지자가 서로 친구가 되는 경우는 아주 드물다. 이쯤에서 종교적·정치적 측면에서 어떤 의문점이 든다. 우리는 비슷한 종교적·정치적 신념을 가진 사람들을 친구, 결혼 상대, 어울릴 상대로 고르는 걸까, 아니면 시간이 지남에 따라 서로의 신념이 융합되는 걸까?

이런 의문은 인맥에서의 자기분리self-segregation가 과연 의도적인 것인지, 우연적인 것인지의 보다 보편적인 의문도 갖게 한다. 자기분리는 얼마만큼이 선택에 따른 것이고, 얼마만큼이 환경에 따른 것일까? 성향, 심리욕구, 편견으로 인해 자기유사성self-similarity을 기반으로 하는 인맥을 형성하게 되는 것일까? 아니면 직업, 사는 동네, 학교, 자원봉사단체로 인해 경계를 넘어서는 다른 집단들과의 교류 기회가 제한되면서 동종선호가 일어나는 것일까?

선택과 환경, 두 측면 모두 그 원인에 해당되는 것으로 생각된다. 실제로 타즈펠의 실험에서도 선택과 내집단 편애가 중요한 역할을 한다는 것이 증명되었다. 또한 교류 공간 역시 우정과 협력에 크나큰 영향을 미치는 것으로 밝혀졌다. 도서관이나 클럽이 없는 소도시에서는 자신과 다른 사람과 친구가 될 가능성이 다양한 공동체를 이루는 도시에 비해 훨씬 낮다. 강한 전통이 계층을 막론하고 이웃 사람들끼리 똘똘 뭉치게 해주기 때문이다.

학교에 따라 심술쟁이 여학생들, 고등학교나 대학의 운동선수들, 힙스터hipster(유행을 따르지 않고 자신들만의 고유한 패션과 음악 문화를 좇는 부류—옮긴이), 히피들 사이의 선이 더 강하게 그어진다. 점심 먹을 자리를 고르는 일에서 마피아식 충성의식을 얼마나 느끼게 될지 결정짓는 것은 학생들이 아니라 학교라는 얘기다. 비교적 규모가 크면서 학생들에게 수업 선택권을 더 많이 주는 다양성이 더 높은 학교일수록 학교 사회의 윤곽선이 파벌 라인을 따라 그려지게 될 가능성이 더 높다. 한편 스탠퍼드대의 대니얼 맥팔랜드_{Daniel McFarland} 교수의 지도하에 129개 학교의 학생 7만 5,122명으로부터 얻은 사회적 인맥 자료를 취합해 연구해본 결과에서는 상대적으로 학교 규모나 학급 크기가 작든, 앉는 자리가 강제로 배치되는 구조든 간에 학교 구조상 학생들이 여러 집단과 두루두루 교류를 나눌 수밖에 없는 경우에는 파벌이 덜 퍼졌던 것으로 나타났다.

동종선호가 선택과 환경 모두로부터 영향을 받아 일어나는 결과라면 조직이 나서서 오로지 자기유사성만을 기반으로 삼는 인맥이 형성되지 않게 유도해줄 만한 구조, 프로그램, 관행을 고안해볼 수도 있지 않을까? 하지만 이때는 그저 다양성을 갖추는 것만으로는 부족하다.

이런 일이 중요한 이유는 인종적·성적 동종선호가 대체로 사회적 자본에 대해 불평등한 접근 기회를 제공해 계층화의 패턴을 더욱 부추기기 때문이다. 심지어 다양성이 풍부한 공동체에 속해 있더라도 여성과 소수자는 자신들과 다른 이들이 비슷한 사람들끼리 폐쇄형 인맥을 만들면 취직에 더 어려움을 겪고 승진 속도도 더 더뎌지게 된다.

물론 소집자형이 꼭 자기유사성 기반의 인맥을 선호한다는 증거는 없다. 하지만 소집자형 인맥의 구조는 대체로 동종선호적 성향을 띠기 쉽다. 비싼 옷을 입는 사람들은 디자이너 브랜드 옷을 입는 다른 사람들과 친구가 될 가능성이 더 높고, 픽업트럭_{pickup truck}을 운전하는 사람들은 다른 트럭 운전사들과 어울리는 경향을 보이는 식으로 친분을 맺기 때문이다. 소집자형의 이런 성향은 작은 자기유사성조차 크게 확대시켜 놓을 수 있다. 이렇게 되면 소집자형 자신도 미처 모르는 사이에 의도치 않게 친구들이 죄다 픽업트럭을 몰거나 고급 옷을 입는 사람들이 된다.

지금부터 섀년 던랩Shannon Dunlap과 노스웨스턴대 켈로그 경영대학원의 브라이언 우지Brian Uzzi가 개발한 간편한 방법을 활용해 당신의 인맥이 어느 정도나 자기유사성의 원칙에 기반을 두고 있는지 가늠해보자. 우선 가장 가깝게 지내는 사람들의 이름을 적어보자. 그 이름들의 옆에 그 사람들을 소개시켜준 사람을 적어라. 직접 다가가 소개 인사를 했다면 그 사실도 써넣어라.

던랩과 우지가 밝혀낸 바에 따르면, 당신이 직접 다가가 소개 인사를 해서 친해진 사람들이 65퍼센트 이상일 경우 나이 쪽으로든, 아니면 성별이나 활동영역이나 역할 쪽으로든 "너무 동족 번식적인 인맥일 가능성이 있다."

이런 문제가 있다면 두 가지 해결책을 시도해볼 수 있다. 인맥에 다양성을 주입해줄 수 있는 중개자형과의 관계 쌓기와 취미 공유 활동 참여다. 던랩과 우지는 취미 공유 활동이 지닌 힘을 강조하면서 이렇게 썼다. "취미 공유 활동을 해보면 평상시의 교류 패턴에 변화가 생겨 부하직원이나 관계 관리자나 조수나 금융업무 전문가나 감정가나 사장 등의 직업상의 고정된 역할에서 벗어나게 되는 한편 사람들 사이에서 눈에 띄게 되어 다양한 사람들과 유대를 쌓을 수도 있다." 축구 리그와 카드게임 동호회 같은 취미 공유 활동은 인맥을 자기유사성의 경향에서 벗어나게 해줄 만한 간단하고 유용한 방법이 되어주는 동시에 여전히 친밀성과 사회 정체성에 대한 심리욕구도 충족시켜줄 수 있다.

어떤 사람이 소집자가 되는가?

나이, 성별, 인종은 누가 소집자형이 될 가능성이 높은지를 예측할 수 있는 척도가 못 된다. 그래서 사람들의 결집성 선호preference for convening 를 안전과 안정을 바라는 욕구에서 비롯되는 좀 더 미묘한 심리적 경향에서 유발된다는 점에서 바라봐야 한다.

다음의 문장을 쭉 한번 살펴보자.

> 1   나는 여러 가지로 다양하게 답할 수 있는 문제를 싫어한다.
> 2   나는 직장에 확실한 규율과 명령이 갖추어져 있는 것이 성공을 위해 꼭 필요한 일이라고 생각한다.
> 3   나는 막판에 계획을 바꾸는 것에서 재미를 느낀다.

첫 번째 문장에 공감하고 마지막 문장에 공감하지 않는다면 심리학계에서 말하는 이른바 폐쇄욕구need for closure가 있는 것이다. 다시 말해 모호성을 싫어한다는 얘기다. 레이 레이건스Ray Reagans, 루시아 길로리Lucia Guillory, 스탠퍼드대의 프랜시스 플린Francis Flynn이 주도한 연구에서 밝혀졌듯, 확실성을 선호하는 사람들은 인맥을 실제보다 훨씬 더 폐쇄적으로 바라보는 세계관을 갖고 있다. 폐쇄적 심리욕구는 확실성과 위험 회피를 더 선호하는 경향을 반영해주는 거울일 가능성이 있다. 이미 살펴보았듯이 소집지형 인맥은 안전한 느낌을 준다.

사람들이 더 안전하고 안정된 인맥을 원하는 한 가지 이유는 사회적 거부에 더 예민한 성향 때문일 수 있다. 오하이오 주립대의 조셉 베이어Joseph Bayer 교수와 동료 연구진은 결집성의 인과성을 더 잘 이해하기 위해 fMRI(기능적 자기공명영상) 뇌 스캔 영상 촬영, 사회적 배제에 대한 심리학 실험, 페이스북 인맥 분석을 함께 병행한 연구를 진행한 바 있다.

이 연구에서는 실험 참가자들이 사이버볼Cyberball 게임을 했다. 세 명의 참가자가 아바타를 통해 게임에 참여해 공 던지기 게임을 펼치는 방식이었다. 게임 초반에는 모든 참가자가 똑같은 순서로 공을 받았다. 하지만 실험 참가자로 소개되었지만 사실은 컴퓨터 프로그램으로 제어되고 있던 두 아바타가 어느 순간부터 참가자를 따돌렸다. 지켜본 결과 이런 식의 게임은 확실히 사회적 고통과 소외감을 불러일으켰다.

그 이전의 신경과학 연구 결과에서 사람이 사회적 단절과 사회적 고통을 겪으면 뇌의 특정 영역이 활성화된다는 사실이 밝혀졌는데, 사이버볼 게임 중에 바로 이 영역이 활성화되었다. 베이어 교수는 이런 현상에서 소집자형, 중개자형, 마당발형 사이에 차이를 보이는지 알아보고 싶었다.

민감성은 조망수용perspective taking(타인의 입장에서 그 사람의 사고, 감정, 상황을 추론하는 능력―옮긴이)이 더 높은 것으로도 해석할 수 있다. 이 능력은 어떤 사람의 인맥에서 강한 유대의 수를 가늠하는 데 중요한 척도로, 소집자형 인맥의 또 한 가지 결정적 특징이다. 당신은 다른 사람의 감정을 직관적으로 알 수 있는가? 다른 사람의 입장에 서보면 기분이 어떤가?

제임스 스틸러James Stiller 교수와 로빈 던바 교수는 어떤 사람의 인맥에서 강한 유대의 수와 조망수용이 어떤 연관이 있는지 알아보기 위해

69명의 실험 참가자에게 지난달에 연락했던 사람들과 중요한 인생 문제로 조언이나 도움이 필요할 때 의지하게 될 것 같은 사람들을 쭉 적어보게 했다. 복잡한 사회적 상황이 수반된 일곱 개의 이야기를 들려주며 등장인물들의 생각과 의도를 유추해보게도 했다.

지금부터 그 일곱 개의 이야기 중 한 사례인 엠마의 딜레마를 살펴보자. "엠마는 청과물 가게에서 일했다. 그러던 중 사장에게 잘 말해서 급여를 올려받고 싶은 마음에 아직 공부를 계속하고 있는 친구 제니에게 사장에게 어떻게 말하면 좋을지 물었다. '너희 집 근처의 약사가 너한테 자기 약국에 와서 일해달라고 했다고 해. 그러면 사장이 널 붙잡아두고 싶어서 월급을 올려줄 거야'라고 제니가 제안했다. 그래서 엠마는 사장에게 가서 친구의 제안대로 말했다. 그러나 사장은 엠마의 말이 거짓말일 수도 있다는 의심이 들어 생각해보겠다고 대답했다. 그리고 나중에 엠마가 사는 집 근처의 그 약국에 가서 약사에게 엠마에게 일자리를 제안했는지 물어봤더니 약사는 그런 적이 없다고 대답했다. 다음 날 사장은 엠마에게 월급을 못 올려주겠으니 싫으면 그 약국에 들어가라고 통보했다."

참가자들은 이 시나리오를 읽은 후 조망수용 능력의 평가를 위한 설문지를 채워넣었다. 이 설문지의 두 번째 단계 질문은 이야기 속 인물이 어떤 생각을 했을 거라고 생각하는지 묻는 것이었다. 예를 들어, 엠마가 원했던 것이 뭘까에 대해 묻는 식이었다. 세 번째 단계의 조망수용 평가 질문들은 한 인물이 또 한 명의 인물의 생각에 대해 어떤 추론을 했을까를 묻는 질문이었다. 또 네 번째 단계의 질문들에서는 한 인물이 지금 상대하고 있는 사람 A가 A의 생각 속에 등장하는 B를 어떻게 생각할지 추론해보는 것을 묻는 식이었다. 예를 들어, '엠마는 사장이 정말로 약사가 엠마를 약국 직원으로 삼고 싶어한다는 걸 믿을 거라고 생각했을까?' 같은 질문이었다. 이런 식으로 9단계까지 점점 더 복잡한 질문이 이어졌지만 대다수 참가자가 5단계를 넘지 못했다.

상대적으로 조망수용 능력이 높다는 건 사회적 체스판에서 몇 수 앞을 내다보며 생각하는 것과 살짝 비슷한 능력인데, 상대적으로 높은 단계의 조망수용 능력과 인맥에서의 강한 유대의 수 사이에는 밀접한 연관관계가 있었다.

어떤 사람의 인맥에 형성된 강한 유대의 수와 그 사람의 조망수용 능력 사이의 연관은 사회심리학적 연구 결과와도 일맥상통하고 있어, 조망수용 능력이 사람과 사람 사이의 이해를 촉진하고 온정적 행동과 공감력을 북돋는다는 것을 입증해주는 연구가 점점 늘고 있다. 조망수용 능력은 타인의 감정과 반응을 예측하게 해주어 사람 간의 다툼을 줄여주기도 한다. 게다가 남들을 우리 입장에서 바라보는 능력뿐만 아니라 우리 자신을 남들의 입장에서 바라보는 능력까지 높여주어 사회적 유대도 강화해준다.

조망수용은 단순한 인지활동이 아닐뿐더러 확실히 고정불변의 능력도 아니다. 그리고 세상을 더 많이 이해하게 되면 세상을 남들의 관점에서 바라볼 줄 알게 된다. 이는 사적 관계와 일로 만난 사이에서의 관계 모두에 해당된다.

피터 보이드Peter Boyd는 이동통신사 버진모바일 남아프리카공화국Virgin Mobile South Africa의 CEO로 재임하는 동안 버진모바일 콜센터 소장에게 직원들이 자꾸만 오전 8시 교대시간에 늦게 출근한다는 불만을 귀가 아플 정도로 자주 들었다. 보이드는 불만을 듣다못해 어떻게 된 상황인지 알아보기로 마음먹으며 이렇게 생각했다고 한다. '내가 과거의 경험으로 배운 교훈이 뭐였지? 다른 사람의 신발을 신고 걸어봐야 한다는 거야(다른 사람의 입장이 되어본다는 뜻—옮긴이). 그 말 그대로 다른 사람의 신발을 신고 걸어볼 수는 없지만 그 사람들과 함께 걸어볼 수는 있지 않을까?'

보이드는 그서 같이 걸어보기보다는 퇴근길을 함께해보기로 했다. 콜센터 직원들은 대부분 소웨토라는 거주구역에서 살고 있었는데, 호화로운 샌튼 지역에 위치한 버진모바일 사무실에서 대략 40킬로미터쯤 떨어진 거리였다. 놀랍게도 샌튼과 소에토 사이에는 대중교통이 없었다. 보이드는 금요일 오후에 한 흰색 도요타 밴 한 대에 콜센터의 남녀 직원들을 빽빽이 태우고 자신의 개인 돈으로 운전사에게 선불을 주었다. 그 뒤로 2시간 반을 정신없이 보낸 뒤에야 겨우 소웨토에 도착했다.

밴을 갈아탔던 중심 상업지구의 인터체인지는 어찌나 번잡하던지 서로 몸을 밀치고 다녀야 할 지경이었다. 밴을 갈아타기 위한 대기줄은 보통의 택시 대기줄과 다를 바 없었다. 한쪽 줄이 다 차면 세 줄에 서면서 이번에 오는 밴이 자신의 차례가 되기 전까지 다 차지 않기를 바랄 수밖에 없었다. 그야말로 종잡을 수 없고 정신적으로 지치는 통근길이었다. 그 정도로 고된 통근 사정이라면 출근 시간을 못 맞출 여지가 다분했다. 때때로 15분 정도 늦는 게 결코 놀랄 일이 아니었다.

그 일을 계기로 보이드는 경영상의 중요한 문제를 제대로 파악할 수 있었을 뿐만 아니라 직원들과의 유대도 깊어졌다. 그날 저녁 직원들은 보이드에게 같이 춤추러 가자고 초대했다. 보이드는 그때를 회고하며 이렇게 말했다. "누군가의 옆에서 함께 걸어준다는 것은 바람직한 미덕인 겸손함을 갖추기에도 좋고 아주 유용한 힘이 되어주기도 한다. (중략) 자신의 뭔가를 내어주고 마음을 열면서 이해하고 싶은 마음을 전하고 또 이해받고 싶어하는 의지는 경영자에게 아주 큰 힘이 된다."

조망수용은 타인들을 더 많이 이해함으로써 사회적 유대를 더 깊이 다지기 위한 효과적인 방법이다. 자기개방self-disclosure 역시 타인들에게 평상시에 숨기고 다니는 당신의 일면들을 보여주어 관계를 탄탄히 다지는 데 유용하다. 이 자기개방의 힘은 2015년 초에 널리 공유된 적이 있다. 당시 〈뉴욕타임스〉에 실린 '어느 누구와도 사랑에 빠질 수 있는 방법'이라는 제목의 기사가 그 계기였다.

기사가 입소문을 타면서 며칠 사이에 잠재적 연애 상대들이 기사에서 소개한 질문들을 서로 묻는 소리가 뉴욕 전역의 여기저기서 들리게 되었다. 다음은 점점 더 개인적인 문제로 진전되는 그 질문들 36가지 중 몇 가지 예다.

03. 전화를 걸기 전에 할 말을 연습해본 적이 있나요? 그랬던 이유는 뭔가요?

13. 당신 자신이나 당신의 삶이나 미래나 그 밖의 일들에 대한 진실을 말해줄 수 있는 수정 구슬이 있다면 뭘 알고 싶어요?

36. 개인적인 문제를 털어놓으면서 상대에게 어떻게 하면 좋을지 조언을 부탁해보세요. 그리고 당신이 털어놓기로 선택한 그 문제에 대해 당신이 어떤 기분일 것 같은지도 물어보세요.

_ 아서 아론 외, 〈대인관계 친밀도의 실험적 생성: 절차 및 예비조사 결과〉,
《인성 및 사회심리학 회보》(1997)

이 기사를 쓴 맨디 캐트런Mandy Catron과 그녀의 상대는 36개의 질문을 마친 후에도 4분간 더 서로의 눈을 바라보기로 했다. 그리고 두 사람은 서로 사랑에 빠졌다. 아서 아론Arthur Aron 박사가 맨 처음 진행한 실험실 연구의 참가자 두 명 역시 사랑에 빠졌다.

이 의식이 오래가는 사랑을 싹틔워줄 것인가에 대해서는 그 신뢰성에 논란의 여지가 있다. 하지만 이 연구에서는 자기개방이 사람 간의 친밀성을 유발시켜준다는 사실을 입증했다. 실험에 참가한 50쌍 중에서 36개의 질문을 마친 사람들이 잡담을 나눈 대조군의 짝들보다 월등히 높은 친밀성을 갖게 된 것으로 나타났다. 이 연구에 따르면, "짝들이 서로 친밀한 관계로 발전하는 것과 관련해서 한 가지 결정적 패턴은 서로 간에 점점 강도를 높여가며 계속해서 개인적 얘기를 털어놓는 자기개방이다."

자신의 가치, 목표, 신념, 과거의 실수, 두려움을 털어놓으면 더 깊은 친밀감을 더 빨리 일으킬 수 있다. 별개로 이루어진 90건 이상의 연구 결과를 취합한 한 메타분석meta-analysis(동일하거나 유사한 주제의 많은 연구물들을 객관적·계량적으로 종합하여 고찰하는 연구방법—옮긴이)에서도 확실히 자기개방이 유대감을 일으켜준다는 점이 밝혀졌다. 그리고 이것은 자신을 더 많이 드러낼수록 더 높은 호감을 얻게 되는 인과관계적 결과다. 우리는 꼭 누군가 자신을 좋아해야만 그 사람에게 자신을 더 많이 드러내는 것은 아니다.

하지만 자기개방은 역효과를 낳을 소지도 있다. 서베이몽키 오디언스SurveyMonkey Audience가 514명의 직장인을 대상으로 벌인 설문조사에 따르면, 직장인 다섯 명 중 세 명 이상이 적어도 일주일에 한 번은 자기 사생활을 너무 드러내는 동료를 상대하게 된다고 한다.

아멜리아 블랑케라도 한때 사무실에서 사생활 과잉 개방자에게 시달렸다. 그 남자는 걸핏하면 그녀가 일하는 사무실에 들러 실제로 있지도 않은 연애사가 어쩌고 가족이 저쩌고 불만을 늘어놓는가 하면 새롭게 시작한 요가 얘기까지 시시콜콜 얘기했다. 아무래도 거리를 둬야겠다는 생각에 헤드폰을 끼고 일하는 자리로 옮기기까지 했다. 심지어 그가 갑자기 탄트라 요가에 대한 책을 꺼내 보였을 때는 책을 밀쳐내기도 했다. "그 사람에겐 심리치료사나 절친이나 마음 맞는 친구가 필요했고, 결국엔 그런 상대를 찾았다." 다만 그 상대가 그녀는 아니었다.

긍정적 자기개방과 사생활 과잉 개방 사이의 적정선은 어디쯤일까? 개방은 관계가 진전 중일 때나 이성 간의 사이일 때 더 긍정적 효과를 내준다. 자신의 더 마음 깊은 진실을 드러내는 것이 그저 더 많은 정보를 개방하는 것보다 친근감을 일으킬 가능성이 더 높다. 마지막으로 가장 중요한 점을 덧붙이자면, 사람 간의 친밀성은 개방이 상호적일 때 가장 커진다. 서로 돌아가며 자신을 개방하면서 자연스럽게 감정이 깊어지는 것을 느껴야 한다. 상사에게 돌연 자신의 취약성을 드러내는 것은 좋은 생각이 아닐 수도 있다. 위의 36개 질문이 실제로 효과를 내주는 반면에 블랑케라의 동료는 반감만 샀던 것도 바로 그런 이유 때문이다. 깊이 있고 상호적인 자기개방이 오가면 금세 애착이 깊어질 수 있다. 그러나 너무 많은 사람에게 자신을 지나칠 정도로 개방하다간 자칫 친구들을 잃게 되고, 심지어 일자리마저 잃을 수 있다.

아무나 들어올 수 없는 모임이 있다

안나 윈투어는 멧 갈라를 주관한다. 제프리 소넨펠드는 CEO 회의를 주최한다. 린네아 반 와게넨은 매달 점심 모임을 갖는다. 단지 친구들이 서로 친구가 될 기회를 갖게 되는 사교적 자리를 만드는 것만으로도 소집자형에 더 가까운 사람이 될 수 있다. 그만큼 유대의 촘촘함과 강도는 소집자형의 한 가지 특징이다.

조망수용과 자기개방은 깊이를 갖게 해준다. 소집자형의 또 다른 특징은 친구들 모두가 서로 친구라는 사실이다. 소집자형 인맥에서는 사람들을 계속 끌어모으면서 파벌이 형성된다. 이런 결집성은 특히 사회적 배제나 불안감에 아주 민감해하는 사람에게 효과적인 인맥 구축 수단이 될 수 있다. 하지만 분열을 유발하는 수단이 될 수도 있다. 이 점은 윈투어의 다음 말에서도 잘 드러난다. "우리 세계를 비하하는 사람들은 대체로 보면 어떤 식으로든 소외감을 느끼거나 끝내주는 모임의 일원으로 끼지 못하고 있다고 생각하는 사람들인 것 같고, 그래서 그렇게들 우리를 조롱하는 것 같다."

한데 모인 사람들이 멋쟁이 아이들이든 반에서 가장 웃기는 애들이든 동료들이든 간에 소집자형의 파벌은 어디에도 비할 수 없을 정도의 신뢰와 회복력을 갖춘다. 소집자형은 복잡한 정보를 주고받는 방면으로도 비상하다. 그만큼 인맥 내에 지적 폭이 넓고 중복적 연결이 많기 때문이다. 하지만 단점도 있다. 대체로 다양성이 별로 없다는 것이다.

응집력 있는 인맥 내의 정보에 참신함이 떨어지는 경우가 많기도 하다. 소집자형 인맥 내에서는 좀처럼 의견 차이가 표면화되지 않고 새로운 아이디어가 선뜻 유입되지 못한다. 수많은 사람들이 일종의 메아리 방에 살고 있긴 하지만, 특히 소집자형은 소리가 더 크게 울리는 메아리 방에 들어가 있는 셈이라 더 위험하다. 이런 타협, 즉 다양성과 지적 폭 사이의 타협은 사회적 인맥에서의 핵심이다. 소집자형이 지적 폭과 중복적 연결성을 선호한다면, 중개자형은 다양성을 열망한다.

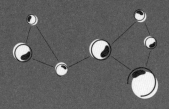

제4장

중개자형
: 다양한 배경의 사람들과
연결되기를 선호한다

가장 만족스러운 결과를 얻는 사람은
가장 뛰어난 아이디어를 가진 사람이 아니다.
동료들의 머리와 능력을 가장 효과적으로 조율하는 사람이다.

_ 알톤 존스 Alton Jones (전 CITGO 회장)

눈처럼 흰 큐브(육면체) 위로 흘러넘치는 마가리타(데킬라 베이스의 칵테일) 거품, 매직잉크처럼 소용돌이치다 딱딱한 라비올리(사각형 파스타) 모양으로 굳는 액상 콩, 켈로그 라이스 크리스피로 만든 파에야(쌀·고기·어패류·야채를 스페인식으로 찐 밥―옮긴이). 이 요리 모두는 미슐랭 가이드 별 32개를 획득하며 '세기의 요리사'로 불린 프랑스 셰프 조엘 로부숑Joël Robuchon이 '지구 최고의 요리사'라고 호평한 페란 아드리아Ferran Adrià의 작품이다.

아드리아는 분자요리학molecular gastronomy(음식의 조리 과정과 식감, 맛에 영향을 미치는 요인들을 과학적으로 분석하여 독특한 맛과 식감을 창조해내는 활동―옮긴이)의 선구자로 손꼽히며 놀라운 맛을 선사해주기로 정평이 나 있다. 그래서 그는 윌리 윙카(소설《찰리와 초콜릿 공장》에서 윙카 초콜릿 컴퍼니의 소유자이자 공장장으로 나오는 인물―옮긴이)와 스페인의 초현실주의 화가 살바도르 달리에 자주 비유되기도 한다.

아드리아가 수석 셰프로 일하는 레스토랑 엘 불리El Bulli는 아드리아가 발산하는 감동과 마법에 힘입어 미슐랭 3스타를 획득하고 다섯 번이나 세계 최고의 레스토랑이라는 모두가 부러워하는 타이틀을 얻었다. 하지만 엘 불리는 그저 단순한 레스토랑이 아니다. 한때는 수프가 고체가 되고 툭하면 음식이 폭발하는 등 즐거움으로 가득한 혁신적 광란이 펼쳐지는 무대였다.

요리법에 혁명을 일으키는 페란 아드리아의 능력은 음식이 얼마나 평범하게 여겨지는 대상인지를 감안하면 더 인상적이다. 사실 음식은 우리가 날마다 섭취하는 평범한 대상이지 않은가. 다음은 명성 높은 셰프이자 유명 TV 방송인인 안소니 부르댕Anthony Bourdain의 말이다. "사람들은 요리에 대해 얘기할 때나 요리법에 대해 얘기할 때 태양 아래 새로운 것이 없다는 투로 말한다. 바퀴를 새롭게 발명할 수 없는 이치와 같다고. 근본적으로 여기저기에 바퀴살이나 더하는 식으로 같은 것을 몇 번이고 되풀이해서 재발명하는 것이나 다름없다고. (중략) 하지만 페란 아드리아와 레스토랑 엘 불리에서의 그의 요리에 대해 말해주면 사람들은 대체로 당혹스러운 반응을 보인다."

사람들을 당혹시킬 정도의 그런 남다름은 아드리아의 천재성을 보여주는 단면이다. 아드리아는 뜨거움과 차가움, 부드러움과 바삭함, 고체와 액체, 친숙한 것과 뜻밖의 것을 하나로 버무려놓는다. 이런 조합을 통해 그 자신의 말마따나 '여섯 번째 감각'을 자극하려 한다. 요리에 아이러니, 유머, 향수를 불어넣기도 한다. 페란 아드리아의 기발함은 아주 단순한 기반에서 비롯된다. 바로 중개다. 말하자면 보통은 동떨어져 있는 세계의 여러 개념, 아이디어, 사람 들을 조합시키는 것이 그 비결이다.

아드리아의 작업실은 한때는 고딕 시대 대저택이었던 곳으로 병, 컴퓨터, 스케치로 가득 찬 노트, 사진, 도표 들이 역광 조명 속에 비치되어 있다. 별나게 생긴 장비, 특이한 그릇들도 눈에 띈다. 그 장비의 정체가 확실해지면 아드리아의 천재성이 상당 부분 음식에 화학을 응용하는 것에서 나온다는 사실을 알게 된다.

중개적 재조합은 혁신의 핵심이다. 인쇄기의 경우만 해도 그렇다. 과학혁명과 종교개혁의 이면에 원동력이 되어 주었던 요하네스 구텐베르크Johannes Gutenberg의 이 발명품은 동전 압인기와 포도 착즙기를 조합한 것에 불과했다. 포드 모델 T(포드가 만든 세계 최초의 대량생산 자동차―옮긴이)와 토머스 에디슨의 뉴저지 주 멘로 파크 연구소에서 출원한 수백 건의 특허에서부터 DNA의 발견과 이해에 이르기까지 그 외의 무수한 혁신도 이런 중개를 기반으로 이루어진 것이다.

하지만 페란 아드리아의 중개력 발휘에는 에디슨을 비롯한 수많은 선배들이 그러했듯이 깊이 있는 전문성을 갖춘 다양한 전문가들과의 인맥이 필요했다. 아드리아는 팀의 중요성을 강조하며 이렇게 말했다. "가장 중요한 한 가지는 팀이다. 보통 주방에서는 셰프가 우주의 중심 같은 존재다. 내가 스타 요리사라고 해도 (중략) 팀 역시 엘 불리의 역사를 만들어나가는 일원들이다. 우리 팀도 나 못지않게 창의성을 발휘한다. (중략) 이것이 엘 불리와 다른 창의적 레스토랑들의 큰 차이점이다. 우리 팀에서는 '나'를 내세워 '내 작품'이니 '내가 만든 것'이니 운운하지 않는다. '우리'라고 한다. (중략) 팀을 내세운다."

아드리아가 이루고 있는 팀은 그의 작업실만큼이나 특이하다. 짠맛 관련 업계와 달콤한 맛 관련 업계의 수장들이 있는가 하면, 아드리아와

형제지간인 알버트, 스위스 산업 디자이너 루키 후버, 유기 화학자 페레 카스텔스, 동업자 오리올 카스트로도 있다. 최근엔 정육업자, 나사 출신의 과학자, 노벨상을 수상한 경제학자도 끌어들이며 인적 재조합을 이루게 된 것에 굉장히 기뻐하기도 했다.

아드리아는 중개의 논리를 설명하며 이렇게 말했다. "다른 셰프들하고만 얘기를 해서는 안 된다. 동종번식은 이로울 게 없다. (중략) 예술계, 디자인계, 과학계, 역사계 등의 다른 분야 사람들과의 연계도 매우 중요하다. 건축가는 건물을 설계할 때 엔지니어와 신기술 분야 사람들과 협력해야 한다. 요리라고 해서 다르지 않다. 우리의 일에도 다른 분야의 전문가가 필요하다. 가령 어떤 일의 '원인'을 이해하기 위해 과학에 의지해야 하는 식이다."

섬 사이에 다리를 놓는 사람들

중개가 가치 있는 이유는 드문 경우이기 때문이다. 사람들은 촘촘히 결집된 무리 밖으로 나오지 않으려는 경향이 있다. 자신들의 작은 세계에 머물려 한다. 화학자들은 다른 화학자들끼리 어울리고, 셰프들은 다른 셰프들끼리 어울리는 식이다. 하지만 화학자가 셰프와 협력하는 경우는 비교적 드물다.

중개가 드문 이유를 이해하기 위해 새로운 사회적 상황에 들어서게 된 경우를 가정해보자. 당신이 대학에 입학한 상황이라고 상상해보자. 이때 당신의 친구가 될 가능성이 높은 사람은 누구일까?

어떤 사람이 당신과 교류를 나눌 가능성이 높은지 아닌지를 결정지을 가장 확실한 요소는 이미 둘 다 가깝게 지내는 공통의 친구가 있는 가의 여부다. 한 연구에서 2만 명 이상의 대학생들이 보낸 수백만 통의 이메일을 살펴본 결과, 두 사람이 공통의 강한 유대를 맺고 있으면 서로 교류를 가질 가능성이 두 배 이상 높았다. 공통의 친밀한 유대가 같은 수업 듣기, 같은 나이, 둘 다 아는 세 명의 지인을 누르고 유대 형성 가능성을 가늠할 가장 확실한 요소인 것으로 밝혀졌다.

사회구조를 주기율표의 구성요소에 상응한다고 생각해보면 친구의 친구가 친구가 되는 이른바 '삼자 폐쇄'triadic closure 경향은 구성요소상 산소와 같은 중요성을 갖는다. 산소가 삶을 가능케 해주는 것처럼 삼자 폐쇄도 사회적 삶을 가능케 해준다. 3인조, 즉 세 명의 무리는 사회적 구조의 기반이다. 사람 수가 세 명은 되어야 연대를 형성하고 공동체를 만들어 사회적 배제라는 흑마술에 끼는 것이 가능해진다.

당신의 인맥을 삼각형으로 엮을 수 있다고 가정해보자. 누구든 친구 두 명을 떠올려보라. 편의상 여기에서는 이 첫 번째 삼각형의 두 친구를 스티븐과 마야라고 하자. 스티븐과 마야는 서로 아는 사이이고 지금 그은 삼각형 안에서 마야와 스티븐은 폐쇄 관계가 된다. 당신의 인맥에서 서로 짝을 지을 수 있는 모든 친구들을 떠올리면서 이런 과정을 반복하다 보면 당신의 인맥에 삼자 폐쇄가 얼마나 많은지 느끼게 될 것이다.

100년도 더 전에 저명한 사회학자 게오르크 지멜Georg Simmel이 처음 삼자 폐쇄의 개념을 소개한 이후로 핵심 토론 그룹, 페이스북 인맥, 이메일 교환, 과학적 협력 등 여러 유형의 인맥이 연구되었고 그 결과 이런 삼각형의 절반 이상이 폐쇄되어 있는 것으로 나타났다.

우리의 친구들은 대체로 서로 친구가 된다는 얘기다.

폐쇄의 경향은 어느 정도는 환경에 의해 생겨난다. 당신이 스티븐과 마야와 친구 사이이고 두 사람 각자와 자주 만난다면 그 두 사람이 서로 만나게 될 가능성이 있다. 당신이 파티를 연다거나 생일 모임이나 바비큐 파티 자리를 가질 때 등이 그 좋은 계기가 될 것이다. 한 번 이상 만나면서 두 사람끼리 관계를 키워갈 가능성이 높아질 수도 있다. 당신이 두 사람 모두와 강한 유대가 있을 경우 삼자 폐쇄의 가능성은 특히 더 높아진다. 약한 유대와 지인 사이일 경우에는 그렇게 되지 않는다.

환경 외에 또 다른 요소로는 심리적 균형 욕구다. 이런 욕구는 '친구의 친구는 친구'라거나 '적의 적은 친구'라는 격언 속에도 잘 담겨 있다. 이 말대로 되지 않으면 관계에 안정감이 깨진다. 친구들 중 두 사람이 서로 좋아하지 않으면 사이가 어색해진다. 누군가 왕따가 되기도 한다. 두 사람의 사이를 원만하게 하려고 노력하거나 둘 중 한 명과 더 이상 만나지 않게 될 가능성도 높다.

당연한 얘기일 테지만 이런 폐쇄적 경향은 사회적 유사성이 있을 경우에 더 강해진다. 친구들이 당신과 같은 사회생활 영역에 들 경우에도 마찬가지다. 당신과 친구들 모두 같은 직장 동료라면 당신의 친구들이 서로 친구들일 가능성은 같은 직장 동료가 아닌 경우보다 4배 더 높고, 한동네 이웃이라면 이웃이 아닌 경우보다 3.5배 더 높고, 같은 인종이라면 53퍼센트 더 높고, 같은 종교를 믿으면 45퍼센트 더 높으며, 학력이 비슷하다면 35퍼센트 더 높다.

삼자 폐쇄는 비슷한 사람들끼리의 섬들이 주를 이루는 사교 세계를 만든다. 소집자형 성향을 띠게 된다. 비슷하고 친숙한 집단 속에 있으면 내용이 조금씩 달라지긴 하지만 되풀이해서 같은 얘기를 하고 또 하기 마련이다. 그래서 어지간해선 새로운 정보와 아이디어를 제안하지 않는다. 오히려 견해와 의견을 일치시키는 편이다. 의견 차이를 입 밖에 내거나 통념에 의문을 제기하길 꺼린다. 이런 소집자형 섬들은 창의성과 혁신을 억누르는 메아리 방이 된다. 하지만 모든 사람이 한 섬에만 매어 있는 것은 아니다. 두세 개의 섬 사이를 오가는 사람들도 많다. 섬 사이에 다리를 놓아주는 중개자들이 바로 그들이다.

다양함이 곧 창의성이다

과학자들도 대다수 인간과 마찬가지로 같은 사람들과 거듭해서 협력관계를 맺는 경향이 있다. 여러 연구를 통해 600만 건 이상의 출판물을 분석한 결과에 따르면, 연구자들 사이에서의 삼자 폐쇄 비율은 높은 편이다. 물리학과 신경과학에서는 삼각 협력관계의 절반 이상이 폐쇄적이다.

하버드대의 경제학자 리처드 프리먼Richard Freeman이 과학연구소들을 관찰해본 결과에서도 연구소들은 동질적 섬 같은 양상을 띠었다. 즉, 연구소들이 비슷한 인종 배경을 가진 사람들로 편중되어 있는 것처럼 보였다.

프리먼이 공동연구자인 웨이 황Wei Huang과 함께 250만 건의 연구논문을 분석해본 결과, 프리먼의 관찰이 정확했던 것으로 확인되었다. 정말로 연구진 사이에서 동종선호 경향이 높았다. 논문 저자들의 성을 살펴보니 유럽계 성을 가진 사람들은 유럽계 성을 가진 다른 사람들과 협력하는 경향을 보였다. 한국계 성을 가진 과학자들 역시 대체로 한국계 성을 가진 과학자들과 공동연구를 벌였다. 이런 패턴이 9개의 인종 집단에서 나타났고, 그 영향력 또한 아주 컸다. 9개의 인종 집단 중 7개의 집단에서 같은 인종끼리의 공동연구가 이루어진 비율이 우연히 그렇게 공동연구를 벌이게 될 만한 예상 확률보다 두 배 이상 높은 것을 확인할 수 있었다.

하지만 프리먼과 황은 다양한 사람들로 구성된 연구진의 논문들이 참신하고 중대한 통찰을 제시할 확률이 더 높다는 점도 발견했다. 그런 논문이 명망 있는 과학 학술지에 더 많이 게재되었고 다른 과학자들에게 인용되는 비율도 더 높았다.

다양성이 높은 연구진들의 논문이 더 창의적인 이유는 더 넓은 폭의 정보와 관점에 접할 기회가 부여되기 때문인 것으로 추정된다. 하지만 컬럼비아대, MIT, 카네기 멜론대의 학자들이 1,518개의 프로젝트팀을 분석해보니 수행력에 있어 정말로 중요한 것은 팀 구성원의 인구통계학적 측면이 아니라 인맥이었다.

중개자형의 인맥이 더 다양하고 창의적인 이유는 시카고대 사회학자 론 버트가 명명한 일명 '구조적 공백'structural holes을 메워주기 때문이다. 버트의 주장에 따르면, 우리는 섬들과 그 섬들에 있는 사람들의 유형에 집중할 게 아니라 섬들 사이를 이어주는 사람들에 관심을 기울여야 한다. 여러 집단 사이에 벌어진 거리는 바로 버트가 말하는 구조적 공백에 해당된다.

잇단 연구를 통해 전자업에서부터 금융 서비스업에 이르는 여러 업계의 중간급 관리자와 임원 들의 인맥을 분석한 결과에 따르면, 구조적 공백에 다리를 놓는 직원이 호의적 직무평가, 급여 인상, 더 많은 보너스, 조기 승진 등의 긍정적 성과를 얻을 확률이 더 높다.

버트는 중개자형이 성공하는 이유를 알아보기 위해 한 대기업 전자 회사의 공급망 관리 분야 관리자 673명의 인맥을 연구했다. 우선 관리자들에게 공급망 문제로 자주 논의를 하는 사람이 누구인지 물어보면서 관리자들의 인맥 지도를 만들어보았다. 급여, 승진, 평가 관련 자료도 수집했다. 마지막 과정으로 관리자들에게 공급망 개선 방법에 대한 제안서를 써달라고 부탁한 후 상위 임원들에게 그 아이디어를 평가해달라고도 했다.

가장 좋은 아이디어들은 구조적 공백을 메워주는 유형의 관리자들이 내놓은 아이디어였다. 이 관리자들이 조기에 승진하고 더 높은 수준의 급여를 받게 된 것은 창의성의 결실이었다. 버트의 말처럼 "보통 창의성이라고 하면 일종의 유전적 선물이나 영웅 행위인 것처럼 간주하지만 창의성은 유입-전파 게임이지 창조 게임이 아니다." 중개자형은 여러 사고 세계의 교차점에 자리 잡고 앉아 참신한 아이디어와 관점을 접한다. 덕분에 아이디어의 유입과 아이디어를 전파하고 재조합하는 방면에서 탁월하다.

중개와 아이디어 착안 사이의 연관성은 인맥 과학에서 이룬 가장 탄탄한 발견으로 꼽힌다. 발명가들의 특허 신청에서부터 유명 디자인 회사 아이디오IDEO의 제품 개발에 이르는 수십 가지 환경에서도 버트의 발견과 똑같은 결과가 나타났다. 한 예로 발명가 3만 5,000명 이상의 특허를 분석한 결과에서 협력적 중개가 혁신에서 매우 중요한 역할을 한 것으로 밝혀졌다. 앤드루 하가돈Andrew Hargadon과 밥 서튼Bob Sutton이 애플의 첫 번째 마우스 개발을 돕고 이유식을 새롭게 디자인하는 데 이바지했던 아이디오를 연구했을 때도 기술 중개가 이 회사의 혁신이 성공을 거두는 데 일등공신이었다는 사실을 발견할 수 있었다. 아이디오의 천재성은 '이종 업계들의 기존 지식을 독창적으로 조합한 새로운 제품'의 창조에서 빛을 발했다.

중개를 통해 창출시킬 수 있는 이런 가치에도 불구하고 대다수 사람들은 중개를 등한시한다. 그 주된 이유는 근시안적으로 자신이 속한 작은 섬에 집중하기 때문이다. 버트의 말마따나 "많은 경우 사람들은 풀을 뜯어 먹는 양과 같다. 바로 눈앞의 것에 정신이 팔려 전체를 보지 않는다."

어떤 사람이 중개자가 되는가?

유명한 클래식 음악가 요요마Yo-Yo Ma는 어느 날 뭔가를 깨달았다. "가장 흥미로운 일이 일어나는 곳은 가장자리다. 바로 그 교차 지점에서 예상치 못한 연결이 일어날 수 있다."는 깨달음이었다. 생태학에서는 이런 현상을 '가장자리 효과'edge effect라고 일컫는다. 두 생태계가 만나는 가장자리에서 생물의 다양성이 가장 풍부해진다는 의미다.

실크로드 앙상블Silk Road Ensemble(요요마가 주축이 되어 각 나라의 전통악기 연주자들과 다양한 문화적 배경을 가진 작곡가들을 한데 모아 결성된 프로젝트팀—옮긴이)은 요요마가 이 가장자리 효과를 인간계에서 실험한 사례다. 이 음악 프로젝트팀은 중국의 비파, 한국의 장구, 페르시아의 카만체(서양 바이올린의 모태가 된 페르시아의 궁현악기—옮긴이), 아제르바이잔의 민속 가창가에 이르는 온갖 종류의 뮤지션을 한데 아우른다. 프리먼과 황이 연구했던 다양성 높은 연구소의 음악판인 셈이다. 그리고 이 실험은 엄청난 성공을 거두면서 그들은 앨범 〈싱 미 홈〉Sing Me Home으로 그래미상까지 수상했다.

하지만 실크로드 앙상블은 일정한 집home이 없다. 하나의 여정일 뿐이다. 갈리시아 백파이프 연주자인 크리스티나 파토Cristina Pato의 말처럼 "실크로드 앙상블에서는 처음 보는 사람들과 공동체, 그리고 함께 일하게 될 줄 상상해본 적도 없는 사람들과의 만남이 끊임없이 이어질 수밖에 없다."

생태계의 가장자리에서는 자연스럽게 생물의 다양성이 형성되지만 인간계에서 가장자리 효과를 내기 위해선 중개를 잘하며 적극적으로 연결을 이끌어내기 위한 노력을 해야 한다. 그러나 삼자 폐쇄의 경향을 띨 경우 본질적으로 중개의 입지가 불안정해진다. 실크로드 앙상블이 지속적으로 중개를 벌이며 혁신을 일으킬 수 있는 원동력은 끊임없이 변하는 멤버들과 함께 다양한 구성을 이루는 덕분이다.

페란 아드리아와 요요마 같은 일부의 중개자형들은 일부러 중개의 입지를 세우려 한다. 요요마처럼 페란 아드리아 역시 계속해서 중개의 기회를 만들려고 노력했다. 그 점은 아드리아 자신이 쓴 다음 글에도 잘 나타나 있다. "우리는 단조로움에 빠져서는 안 된다는 것을 치열히 의식했다. 그래서 끊임없이 시간표, 일정표, 팀원들에 변화를 주었다." 이런 헌신이 없었다면 기껏 조성해둔 구조적 공백이 폐쇄되어버렸을 것이다.

가장자리에 집중하는 게 아니라 비전형적 커리어 경로를 취하는 식으로 중개자가 되는 사람들도 있다. 수많은 조직 내에는 커리어의 진전에서 아주 통상적인 경로가 정해져 있다. 변호사는 소속 변호사로 일하다 파트너 변호사를 거쳐 대표 변호사의 자리에 오른다. 투자은행 업계에서는 행원, 대리, 차장, 이사, 상무 순서의 승진체계가 있다. 진전 경로의 순서가 다른 업계만큼 간단하진 않지만 진부함 측면에서는 더 심한 업계도 있다.

다스머스대 터크 경영대학원의 애덤 클레인바움_{Adam Kleinbaum}이 진행한 연구에 따르면, 전문직 종사자들은 커리어가 방향을 잃을 때 중개자형이 될 가능성이 더 높았다. 클레인바움이 사례로 든 두 직장인 켈리와 셰릴의 경우를 살펴보자. 두 사람은 대형 IT기업에서 일했는데 회사명은 익명인 '빅코'_{BigCo.}로 부르기로 하자.

켈리는 빅코에서 일한 지 20년 가까이 되었고 루이지애나에서 컨설턴트 직무를 맡아 하며 중간 관리직에 올라 있다. 시간이 지나면서 그녀의 일은 조금씩 전문성을 띠어갔고 점점 금융 서비스업계 고객 응대 업무에 집중하게 되었다. 클레인바움의 연구 초반에 셰릴도 빅코에서 켈리와 비슷한 지위에 있었다. 그녀 역시 빅코에서 일한 지 20년이 넘었고 비슷한 직급의 컨설턴트였다. 하지만 2002년에 이르러 두 사람의 경로는 서로 달라졌다. 당시에 셰릴은 기술 컨설턴트 부서의 행정관리 직무로 자리를 옮겼다. 그곳에서 1년을 일한 후엔 같은 부서의 마케팅 일로 또 직무를 바꿨다. 2006년에는 본사로 옮겨가서 공급망 관련 일을 했다.

클레인바움은 3만 328명의 직원들이 주고받은 이메일을 바탕으로 만든 인맥과 인사기록을 바탕으로 구축한 경력을 활용해 셰릴 같은 직원이 중개자형이 될 가능성이 더 높다는 사실을 밝혀냈다. 여전히 컨설팅 직무에서 전문성을 키워가고 있던 켈리는 중개자 역할에서 동료들과 비교해 6번째 백분위수에 들었다(백분위는 특정 집단의 점수 분포에서 한 개인의 상대적 위치를 나타내는 점수로, 어떤 사람이 중간고사에서 76점을 받았고, 그 학급의 28퍼센트가 그 점수 이하에 있다면 이 사람의 백분위는 28이고, 28번째 백분위수는 76점이다. ─옮긴이). 셰릴은 94번째 백분위수였다.

클레인바움은 셰릴 같은 근무 이력을 가진 사람들을 '조직 부적격자'organizational misfit라고 칭했다. 그런데 이런 유형의 연구에는 잠재적 문제점이 한 가지 있었다. 조직 부적격자일 가능성이 더 높은 유형의 사람이 중개자형이 될 가능성 역시 더 높을 수도 있다는 점이다. 클레인바움은 이 점을 감안해 이전까지 경력 궤적, 급여, 직무, 사무실 위치 등이 서로 비슷한 사람들을 비교했으나 그럼에도 여전히 조직 부적격자들이 중개자형이 될 가능성이 더 높게 나타났다. 조직의 미답 영역을 헤쳐 나가는 여정을 거치면서 갖게 되는 다양한 사람들과의 친분이 이런 조직 부적격자들에게 중개자로서의 이상적인 입지를 갖추게 해준 것이다.

하지만 어떤 사람이 단지 중개자로서의 입지를 갖추고 있다고 해서 그 사람이 반드시 중개를 잘할 수 있는 것은 아니다. 페르시아의 카만체 연주자, 첼리스트와 함께 여러 사람을 한방에 모아놓는다 해도 귀에 거슬리는 불협화음만 낼 수도 있다. 그렇다면 훌륭한 중개자가 되기 위한 조건은 무엇일까?

중개자는 자기점검성이 높다

중개자는 적응력이 뛰어난 통역사translator와 같다. 당신은 어디에서든 잘 섞이는가? 장소에 따라 말과 옷차림을 적절하게 잘 맞추는가? 결혼식장에 가면 아무 자리에나 가리지 않고 잘 앉아 있거나, 친구들 사이에서 어딜 가든 아주 잘 어울리는 사람으로 통해서 분위기가 어색해질 수도 있는 모금행사에 같이 따라다녀 달라는 식의 부탁을 받는 편인가? 친구들이 당신에 대해 조금씩 다르게 알고 있어서 파티를 열어 친구들을 모두 초대했다간 어수선해져버릴 가능성이 있는가?

아니면 누구와 만나든, 또 어디에 가든 언제나 한결같은 사람인가? 생각하는 대로 말하고 말하는 대로 생각하는 사람인가?

여기에 대한 답에 따라 당신은 심리학계에서의 분류상 자기점검성이 높거나 낮은 편에 들게 된다. 미네소타대의 심리학 교수로 자기점검성이 높은지 낮은지를 구분할 척도를 만들어낸 마크 스나이더Mark Snyder에 따르면, "자기점검은 사람들 사이의 근본적 차이와 맞닿은 문제로서 사회생활에 대한 관점의 차이를 드러내준다. 즉, 상황에 맞춰 역할을 맡으려 하느냐, 아니면 사회생활을 자신이 하고 싶은 것을 하고 자신을 표현하고 다른 사람들에게 자기 내면의 진정한 자아를 보여주기 위한 방법을 찾는 활동으로 여기느냐를 구분해준다."

자기점검성이 높으면 남들에게 비쳐지는 이미지를 예민하게 의식한다. 수십 년에 걸쳐 수만 명의 참가자를 대상으로 살펴본 스나이더의 연구에 따르면, 자기점검성이 높을 경우엔 남들을 따라 하기 쉽고, 때때로 자신이 잘 모르거나 전혀 모르는 주제에 대해 '임시변통으로 둘러

맞춘 말'을 하고, 음악과 영화를 선택할 때 친구들의 의견에 따르는 편이며, 친구들과 같이 있으면 혼자일 때보다 영화를 보면서 좀 더 편하게 웃지 못한다.

스나이더가 제시했던 다음의 상황을 생각해보자. 때는 9월의 어느 화창한 일요일 오후이고 당신은 함께 테니스를 칠 상대를 찾는 중이다. 여기서 더 나가 꽤 수준 있는 시합을 벌여보고 싶어한다고 상상해보자. 이때 "테니스 실력은 정말 뛰어난데 그다지 좋아하지는 않는 친구가 있다고 쳐보자. 어쨌든 아는 사람 중에 가장 호감 가는 그런 사람은 아니라고 치자. (중략) 그런데 정말 호감 가는 또 한 친구가 있다. 서로 공통점이 많은 친구인데 테니스 실력은 별로다." 이 호감 가는 친구는 아주 재미있지만 자기 딴에는 열심히 하는데도 시합 중에 다소 우스꽝스러운 플레이를 펼쳐 의도치 않게 웃음이 유발될 소지가 있다. 하지만 실력 좋은 친구의 경우엔 그 친구가 행동을 적절히 해주면 더 수준 높은 시합을 펼쳐볼 수 있게 해줄지도 모른다는 기대를 걸어볼 만하다. 당신이라면 어떤 친구에게 같이 테니스를 치자고 말하고 싶은가?

스나이더에 따르면, "자기점검성이 높은 사람은 그 사람이 아무리 비호감이라도 테니스 실력이 좋은 사람과 테니스를 치고, 자기점검성이 낮은 사람은 최고의 테니스 시합을 펼치지 못하더라도 함께 어울리기 즐거운 사람과 테니스를 친다."

자기점검성이 높은 사람은 사회적 신호와 사회적 규범에 민감하게 조율한다.

외국 여행을 다니다 보면 카타르에서는 사람들 앞에서 껴안는 것이

눈살을 찌푸릴 만한 일이라는 사실을 금세 눈치 채게 된다. 적절한 입맞춤의 횟수는 문화마다 달라 콜롬비아에서는 한 번이고, 이탈리아에서는 두 번, 슬로베니아에서는 세 번이다. 이런 상황에서 자기점검성이 높은 사람은 웬만해서는 입맞춤을 더 하려고 부적절하게 고개를 기울이는 난감한 상황에 처하지 않는다.

자신이 자기점검성의 높은 범주에 드는지 따져보고 싶다면 다음을 살펴보면 된다. 자기점검성이 높은 사람은 대체로 먼저 말을 걸어 침묵을 깬다. 유머로 분위기를 띄우고 상대가 자기개방을 하면 기꺼이 호응해주며 비판도 잘 안 하는 편이다.

자기점검성이 높은 사람은 중개자 역할을 아주 잘한다. 어떤 사람이 인맥에서 어떤 입지를 차지하고 있는지 가늠해볼 만한 척도로 조사되었던 지금까지의 모든 성격 특징을 통틀어 가장 확실한 척도는 자기점검성과 중개자 역할 사이의 이런 연관성이다.

어떤 사람이 더 뛰어난 중개자가 되고 싶다면 자기점검성이 높은 사람에 더 가깝게 행동하는 요령을 익혀볼 수도 있을까? 스나이더 교수가 내놓은 대답을 옮기자면, 대다수 사람은 그러고 싶어하지도 않을 것이다. 사람들은 대체로 자신의 존재방식을 더 낫다고 여긴다. 자기점검성이 높은 사람은 자신의 행동이 더 적절하고 유연하며 적응력 높은 방식이라고 인식한다. 반면에 자기점검성이 낮은 사람은 이런 방식을 질색하며 진정성이 없거나 가식적인 행동이라고 인식한다.

자기점검성이 높은 사람은 특유의 행동 방식이 잘만 통하면 중개 역할을 하는 데 유리하다. 하지만 그런 행동이 작위적이란 인상을 주면 '특정 상황에서 자신의 사회적 체면을 높이기 위해 무슨 일이라도'

할 사람으로 비쳐질 위험성이 있다. 자기점검성이 높은 사람은 상황과 해석에 따라 타인과 잘 어울리는 사람으로 여겨질 수도 있고, 출세 지향적인 사람으로 여겨질 수도 있다. 그리고 후자일 경우엔 문제가 생긴다.

결국 자기점검성이 높은 사람과 자기점검성이 낮은 사람은 자아 개념부터 서로 다르다. 자기점검성이 높은 사람은 카멜레온 같아서 하나로 통일된 자아의식이 없다. 자신을 자신이 맡고 있는 역할의 렌즈로 들여다본다('나는 아버지야, 나는 미디어 분석가야, 나는 사회자야.'). 자기점검성이 낮은 사람은 자신에 대해 통일된 본질주의적 이상을 갖고 있을 가능성이 더 높다. 진정한 자아는 하나라고 믿는다. 둘 중 어느 쪽도 맞거나 틀린 것은 아니다. 하지만 바로 이런 자아 개념의 차이로 인해 자기점검성이 높은 사람과 낮은 사람은 자신의 방식을 근본적으로 바꾸기 힘들다. 누구든 사회적 신호와 상황을 더 잘 읽게 될 수는 있지만 누구나 다 기꺼이 자신을 바꾸려고 하는 건 아니다.

중개 역할과 자기점검성 사이의 연관성을 밝혀내는 데 중요한 역할을 펼친 두 연구자, 연세대의 오홍석과 유니버시티 칼리지 런던의 마틴 킬더프Martin Kilduff는 또 다른 조언을 건넨다. "자신의 성격 기질을 바꾸려는 시도 없이도 (중략) 중개 역할을 할 길은 있다. 지인을 많이 두면 된다."

힘을 가질수록 중개자가 되기 힘든 이유

자기점검성이 높은 사람이 중개를 잘할 가능성이 더 높다면, 힘 있는 사람은 자신이 중개를 잘할 거라고 생각할 가능성이 더 높다. 보통 심리학계에서는 힘이란 곧 관계에서의 귀중한 자원에 대한 더 큰 통제력으로 통하지만, 이런 힘이 중개에서는 역설적 영향을 미친다. 힘이 있으면 중개 기회를 알아보기가 더 힘들어지지만 또 한편으론 중개의 의지가 더 높아지기도 한다.

힘 있는 사람은 다른 사람들과 심리적 거리감을 더 많이 느끼는 경향이 있다. 그런데 사람이 자신에게 힘이 별로 없다고 느끼기 쉬울 때는 다른 사람들의 감정에 더 공감을 느끼며 세심히 헤아려주는 경향이 있다.

힘은 추상적인 생각을 부추기기도 한다. 파멜라 스미스Pamela Smith와 야코프 트로페Yaacov Trope가 연구에서 입증해낸 바에 따르면, 이런 경향은 힘 있는 사람이 친구와 동료 들에 대해 생각할 때 더 거리를 두며 어림짐작으로 판단하도록 유도한다. 한 예로 어느 중간 관리자는 새로 앉게 된 그 지위에 대해 갖는 느낌을 연구진에게 이렇게 설명했다. "예전과는 다르게 생각해야 할 것 같은 기분이 들어요. 뇌의 다른 부분을 써야 할 것 같아요. 이제는 관리자니까요. (중략) 이제는 주간 처리 업무가 아니라 회사의 5년 계획을 생각해요. 그래서 사무실에서 돌아가는 일들에 너무 거리감이 느껴져요." 반면에 힘이 별로 없다고 느끼는 사람은 대체로 관계에 더 관심을 기울이고 사회적 유대에 대한 인식이 더 정확하다.

인맥을 인식하는 문제에 관한 한 사람들은 대체로 아주 부정확한 편이다. 특히 삼자 폐쇄에 대한 과대평가는 사람들이 인맥의 구조를 생각할 때 갖게 되는 가장 흔한 편견에 속한다. 두 사람이 친구면 당연히 두 사람의 친구들도 친구가 될 것이라고 여기는 것이다. 삼자 폐쇄를 이런 식으로 인식하게 되면 중개 기회를 놓치게 된다.

중개 역할의 기회를 알아보는 문제에 관한 한 대다수 사람이 큰 오류에 빠져 있지만 그중에서도 힘 있는 사람이 최악이다. 유니버시티 칼리지 런던의 연구진은 한 미디어 회사 직원 160명 이상을 대상으로 연구를 진행하며 힘의 의식 정도를 측정하기 위해 작성된 조사 항목들에 응답해달라고 했다. 이 항목에는 "나는 사람들이 내 말에 귀를 기울이게 만들 수 있다."처럼 강한 힘의 의식을 평가하기 위한 문장뿐만 아니라 "나는 노력을 해도 내 뜻대로 할 수가 없다."와 같이 힘이 약하다고 의식하는 상태를 파악하기 위한 문장도 포함되었다. 블레인 랜디스Blaine Landis와 동료 연구진은 이어서 이 회사 조직의 인맥 지도를 그려서 중개 기회가 실제로 존재하는 지점을 알아봤다. 그다음엔 이 인맥 지도를 직원들의 인맥 인식과 비교해봤다. 그랬더니 스스로를 더 힘 있는 사람으로 인식한 직원일수록 중개 기회를 알아볼 가능성이 낮았다. 330명의 참가자를 강한 힘을 가진 역할이나 약한 힘을 가진 역할에 무작위로 배정한 후 가상의 인맥에서 중개 기회를 찾아보게 했던 두 번째 실험에서도 똑같은 결과가 나왔다. 사람들은 그냥 무작위로 힘 있는 자리에 배정되었던 경우에도 중개 역할을 제대로 인식하지 못했다. 힘은 사람들이 실제로 존재하는 사회적 공백을 채울 가능성은 높였지만 인맥 인식에 있어서 그 외의 다른 오류들에 관여할 가능성을 높이진 않았다. 따라서 사람들이 힘이 있다고 느낄 때 감정 이입에 입각한 사회적 인식 보다는 추상적 추론을 활용해 인지적 지름길cognitive shortcut을 취하는 것이 중개 기회를 못 알아보게 만드는 원인으로 추정된다. 어쩌면 이런 인지적 지름길이 권력은 부패한다는 통념을 만든 근원일지도 모른다.

이런 인지 장애에도 불구하고 사람들은 자신에게 힘이 있다고 느끼기 쉬운 상황에서는 관련자들이 실제로 서로 단절되어 있든 아니든 간에 정보를 통제하려는 경향이 높았다. 이번엔 다음과 같은 상황을 가정해보자. 갓 승진한 어떤 관리자가 살짝 권력에 취해 있다가 나오미가 하는 말을 우연히 엿듣게 된다. 연구개발부에서 상품성이 아주 뛰어나 보이는 신제품의 테스트를 마쳤다는 얘기였다. 이 관리자는 그 얘기를 듣자마자 그 제품의 잠재적 가치에 대해 케빈에게 알려준다. 케빈에게 나오미와 직접 만나보라고 하기보다는 자신이 직접 신제품에 대해 설명해주려 하면서 자기 덕분에 케빈이 남들보다 먼저 정보를 알게 되는 것일 수 있다고 말한다. 하지만 그가 전해준 신제품의 사양은 허술한 내용이었다. 게다가 그 자신은 모르고 있었지만 사실 케빈과 나오미는 자주 어울려 커피를 마시며 몇 달 전부터 그 제품에 대한 얘기를 해왔다. 결국 관리자는 체면만 구기게 된 셈이었다.

이미 서로 연결되어 있어서 중개로 이득을 볼 일이 없을 만한 무리에 속하는 강한 힘을 가진 사람들이 오히려 힘이 약한 사람들보다 정보 통제를 시도할 가능성이 거의 20퍼센트나 더 높았다. 이런 헛다리 짚기식 중개 시도는 괜한 노력 낭비일 뿐만 아니라 오히려 자신의 평판을 위태롭게 할 위험도 있다. 중개가 필요 없는 사람들 사이에서 중개 역할을 하려는 시도는 단지 이기적인 방해 행위로 비쳐질 수도 있다.

페란 아드리아는 힘이 중개의 기회에 치명적인 영향을 미칠 잠재성을 예리하게 간파하고 있다. 아드리아는 언젠가 하버드대에서 요리와 과학을 주제로 강의를 시작하며 오렌지 하나를 꺼내 보였다. 모두들 오렌지는 다 알고 있다는 사실을 확인한 후, 그는 이렇게 물었다. "이건 어떤 종류의 오렌지일까요?" 그 안에 있던 사람들이 전부 셰프이긴 했지만 그 누구도 눈으로만 봐서는 오렌지의 종류를 구별할 수가 없는 만큼 그것은 자존심이 상할 만한 질문이었다. 세상에 존재하는 감귤류는 그 종류가 2,500개도 넘는다.

아드리아는 이렇게 설명했다. "감귤류 과일을 다 알려면 몇 번의 생을 살아야 합니다. 사실상 어림없는 일일지 모르죠. (중략) 모든 것을 다 안다는 건 불가능한 일입니다." 아드리아는 '겸손함이 아니면 죽음'이라는 자세를 가져야 한다며 '새로운 것을 만들기 위해서는 도전받으려는 의지와 의욕, 다시 말해 배우려는 의지와 의욕이 있어야 하기' 때문에 겸손함이 없으면 죽은 것이나 다름없다고 강조했다.

변화를 일으키는 힘

안소니 부르댕과 버락 오바마가 하노이의 좁고 허름한 식당에서 국수 요리를 먹었을 때 탁자에 서빙된 유일한 감귤류는 베트남의 분짜 소스에 들어간 라임이었을 것이다. 부르댕은 같이 식사한 그 사진을 트위터에 올리며 이런 설명을 달았다. "낮은 플라스틱 의자, 값은 싸지만 맛있는 국수, 차가운 히노이 맥주." 이와 관련해서 《롤링 스톤》지에서는 "오바마와 부르댕은 그 사진 속에서 유일한 서양인이지만 쉽게 섞이고 있다."고 평했다.

쉽게 섞이는 능력은 높은 자기점검성의 특징이다. 정치적 성공에는 중개와 적응력의 겸비가 결정적인 역할을 한다. 버락 오바마는 뉴욕의 기금 모금 행사에서는 학자스러운 분위기에 맞추어 적응했고, 벤스 칠리 볼Ben's Chili Bowl(60년 전통의 핫도그 레스토랑—옮긴이)에서 거스름돈이 필요하냐는 말을 들었을 때는 서민의 말투로 "아니, 괜찮아요."라고 대답했다. 〈엘런 드제너러스 쇼〉The Ellen DeGeneres Show에 출연해 대부분이 백인 여성인 방청객 앞에서는 깜짝 춤을 선보이기도 했다. 빌 클린턴은 전임 대통령이던 린든 존슨Lyndon Johnson(베트남 전쟁 등 국외 정책은 실패했지만, 인권 향상을 비롯한 국내 정책은 성공적이었다고 평가받는다.—옮긴이)처럼 메이슨 딕슨 선Mason-Dixon Line(메릴랜드 주와 펜실베이니아 주의 경계선으로 미국 남부와 북부의 경계. 과거 노예제도 찬성 주와 반대 주의 경계이기도 하다.—옮긴이) 아래 지방을 방문할 때는 남부 사투리를 쓰곤 했다. 대만과 캐나다에서는 정치인들이 청중에 따라 언어를 바꿔서 말한다. 정치인들에게는 청중에 따라 말하는 방식을 바꾸는 코드 전환code-switching이 일상적으로 요구된다.

단지 말하는 방식에서만 그런 것은 아니다. 말하는 내용에서도 마찬가지다. 서던캘리포니아대, 스탠퍼드대 경영대학원, 캘리포니아대 버클리 캠퍼스의 연구진이 현장실험을 해봤더니 미국 상원 의원들이 유권자들에게 보내는 답장 내용이 해당 유권자가 해당 의원에게 처음 보낸 편지에서 쟁점의 어느 쪽을 지지하느냐에 따라 맞추어져 작성되는 점을 발견했다. 이런 맞춤식 답장을 보낸 상원 의원들이 보다 호감을 얻었고, 특히 의원들의 입장에 반대하던 사람들 사이에서 호의를 얻는 경향이 두드러졌다.

메시지와 메시지 전달을 여러 청중에 따라 맞춰 조정할 줄 아는 이런 정치력은 결코 새로운 얘기가 아니다. 르네상스 국가의 탄생기에 권세를 얻은 '코시모 데 메디치'Cosimo de' Medici 에서부터 '영국 국민보건서비스'National Health Service(자본주의 국가의 보건의료제도로서 최초로 종합적 보건의료서비스를 전 국민에게 무료, 무차별적으로 제공했다.—옮긴이)의 성공적 개혁 시행에 이르는 수많은 정치적 대성공을 검토한 여러 연구를 통해 이미 확인되었다. 중개자들이 대변화의 주도자가 되는 것은 이들의 행동과 말이 다른 신념을 가진 청중들에 따라 다르게 해석되기 때문이다.

　메디치 가문은 현대 정치인들에게 선구자 같은 존재였다. 코시모의 지배가 막을 내린 지 수십 년이 지났는데도 마키아벨리는 자신이 쓴 《군주론》에 "최근의 피렌체 역사에서 일어난 좋고 나쁜 모든 일들이 코시모의 간교하고 무자비한 책략에서 기인한다는 점에서 경외를 느낀다."라고 썼다. 피렌체의 엘리트 가문들 사이의 결혼·정치·집안·거래 인맥들을 살펴본 한 유명한 연구에서 밝혀졌다시피 코시모 데 메디치의 힘은 이런 중첩 인맥들의 중심에서 복잡한 중개 역할을 맡게 된 지위로부터 비롯되었다. 사실 코시모는 대중 연설을 거의 하지 않았고 오랜 기간 동안 공식 관직도 갖지 않았다. 따지자면 코시모의 힘은 오히려 자신의 중개 지위를 활용해 훗날 마키아벨리가 《군주론》에 담게 되는 바로 그 '디비데 에트 임페라'divide et impera(라틴어로 '분할하여 통치하라'는 뜻) 원칙을 적용할 수 있었던 것에서 비롯되었다. 당시 피렌체의 인맥을 분석한 시카고대 존 패젯John Padgett 교수와 캘리포니아대 버클리 캠퍼스의 크리스토퍼 앤셀Christopher Ansell 교수에 따르면, 코시모가 힘을 통합해 르네상스 국가를 탄생시킬 수 있었던 데에는 코시모의 인맥상의 중개 지위 못지않게 스핑크스 같은 기질도 결정적인 역할을 했다.

여기에서 패젯 교수와 앤셀 교수가 말한 스핑크스 같은 기질이란 '멀티보컬리티'multivocality, 즉 '하나의 행동이 여러 관점에서 동시에 일관성 있게 해석될 수 있는 점'을 의미한다.

이런 유형의 중개가 극단적 형태를 취해 공감력이나 도덕성이 배제된 채로 개인의 이득을 위해 활용되면 마키아벨리즘(권모술수) 특유의 성격특성을 유발한다. 권모술수의 결정적 특성을 구체적으로 한 가지 예를 들면, "그렇게 해서 이로울 것이 없다면 어떤 일을 하는 진짜 이유를 누구에게도 말하지 않는 것이다." 하지만 이런 유형의 중개가 보다 선의적 형태로 적용되면 어떨까?

중개자는 서로 중첩되지 않는 사교 세계의 교차점에 자리를 잡고 있기 때문에 청중에 따라 말을 바꿔 하면서도 다른 세계관을 가진 유권자들의 기분을 상하게 할까 봐 걱정할 일이 없다. 실제로 오바마는 뉴욕의 모금 행사 참석자들에게는 어떤 정책의 한 면을 강조하는 한편〈엘런 드제너러스 쇼〉에서는 또 다른 면을 강조하면서도 두 경우의 청중이 서로 겹쳐 그 모순을 감지할까 봐 크게 걱정하지 않을 수 있었다.

이런 전략은 가정과 관련해서도 똑같은 효과를 낼 수 있다. 아이들은 부모에게 자주 이런 전략을 쓰려고 한다. 그리고 학부모회 문제를 잘 헤쳐 나가는 부모들도 대체로 멀티보컬리티를 능숙하게 활용한다. 학부모회에서는 여러 면에서 정치판이 구현된다. 그래서 정치인들이 전매특허처럼 곧잘 그러듯 경멸을 유발시킨다. 사교술이 비상한 어느 엄마조차 "학부모회 PTSD(외상 후 스트레스 장애)가 있다."고 하소연할 정도다. 다음은 테리 하워드가 학부모회의 환심을 사려다 실패했던 경험담이다. "학부모회에는 거만한 무리도 있었다. '우리는 낄 수 있지만 당신들은 안 돼' 식의 태도를 가진 폐쇄적인 사람들이었다. 그 사람들은 나로선 무슨 내용인지도 모르고, 그걸 내가 꼭 알아야 하는지조차 알 수 없는 그런 일들을 알고 있었다. 말 그대로 학교의 파워맘power mom들로 폐쇄적인 힘을 쥐고 있었다."

하지만 내가 전국에서 가장 알아주는 몇몇 교육구의 학부모회 수장들 여러 명에게 연락을 취해보니 그들 대부분은 스스로를 중개자로 여겼다. '파워맘들'은 자신들이 하워드의 학교를 지배한다고 생각할지 모르지만 그것이 가능한 주된 이유는 그들이 자신들만의 섬에 살고 있기 때문이다. 한편 조던 로젠펠드는 평상시처럼 '전형적 A형 행동 양식'Perfect Type A(성격이 조급하고 성취에 대한 욕구가 강한 완벽주의자 유형—옮긴이) 기질이 발동되어 학부모회에 들어가게 되었다가 자신이 "예상했던 것보다 훨씬 더 다양한 유형이 뒤섞인 부모들을 보게 되었다. 손을 꼼지락거리는 걸음마쟁이를 데리고 올 수밖에 없었던 데다 모유 수유를 하느라 좀 헝클어져 있던 셔츠 가장자리는 올이 다 해져 있던 엄마, 동네 마트에서 일하다 점심시간에 짬을 내서 온 엄마, 계속 학교 활동에 참여하고 싶어했던 전직 교사 출신 엄마 등등 예상했던 것보다 훨씬 다양한 엄마들과 함께 소수의 아빠들까지도 섞여 있었다."

구성원이 다양한 환경에서는 사람들을 모아 변화를 일으키는 데 성공하려면 중개가 결정적인 역할을 하게 된다. 특히 변화를 놓고 논란이 분분한 경우엔 너너욱 중요해진다.

한 예로 작은 도시에서 고등학생들을 위해 제안되었던 문제를 놓고 벌어진 상황을 살펴보자. 학교 등교시간을 늦추자는 이 문제는 얼핏 생각하기엔 간단히 처리될 만한 일 같았지만 간단하게 진전되기는커녕 수년 동안 도시 곳곳에서 다툼의 불씨가 되었다. 소아 수면 분야의 전문가 크레이그 카나파리Craig Canapari 박사의 얘기로 직접 들어보자. "나는 그곳으로 이사를 갔다가 우리 동네의 고등학교 학생들이 새벽 6시 20분에 버스에 타는 것을 보고 충격을 받았다. 수면내과 전문의로서 나는 이른 등교시간이 10대에게 만성 수면박탈을 일으켜 해로운 영향을 미친다는 사실을 보여주는 강력한 증거를 알고 있었다. 미국소아과학회, 질병통제센터를 비롯한 수많은 기관에서도 중학교와 고등학교 등교시간을 오전 8시 30분 이후로 정하도록 권고하고 있다. (중략) 나는 지역 교육위원회에 내 우려를 제기했고 위원회 측에서는 내가 전해준 정보에 대해 매우 수긍하면서 변화 유도에 대한 관심을 표했다. 그것이 5년 전의 일이었는데 아직까지도 의미 있는 변화가 일어나지 않고 있다. 아주 강력한 과학적 증거가 있으니까 변화가 쉬울 줄로 생각했지만 그건 나의 착각이었다."

학부모회의 정치적 위기를 잘 헤쳐 나가기 위해서는 일터에서 변화를 만들거나 의회에서 법안을 통과시킬 때와 똑같은 정치술이 필요하다. 수업시간을 바꾸는 문제가 정치적으로 난처해지는 이유는 그것이 가족들에게 개인적 문제로 이어지기 때문이다. 일부 가정에서는 늦지 않게 출근하려면 아이들이 이른 시간에 등교해야 했다. 학생들이 늦게까지 운동을 하며 놀다가 집에 들어오게 될까 봐 변화에 반대하는 가정도 있었다. 이런 경우엔 단순히 증거만 제시해서는 변화를 일으키기에 역부족이다.

이번엔 그곳에서 서쪽으로 불과 65분 정도 떨어진 곳에 있는 한 도시의 사례를 살펴보자. 이곳에서는 고등학교의 교장이 나서서 등교시간을 늦추는 문제에 찬성하는 사람들과 이야기를 나누어보았다. 그는 반대 입장인 사람들의 걱정 사항도 귀담아 들어주었다. 그렇게 양쪽의 주장을 인정해준 후 지역 신문의 독자투고란에 글을 올려 살짝 변화를 주어보자는 의견을 제기했다. '원래는 검토 중인 현안에 대해 언론을 통해 의견을 밝히지 않는 것이 자신의 평소 원칙임에도' 불구하고 심사숙고한 끝에 그런 결정을 내리게 되었다고 했다. 이제는 공개적으로 나서서 '늦춰진 등교시간으로 좋은 효과를 누리는 한편 등교시간 변화로 인한 부정적 영향을 처리할 수 있는 선에서의 상식적 조정을' 이루도록 타협을 중개해야 할 때라는 판단이 들었다고 한다.

교장은 찬성과 반대 어느 쪽에도 확고한 입장에 서 있지 않았기 때문에 양쪽 모두와 이야기를 나눌 수 있었다. 이때는 아이가 늦게까지 운동하다 들어오게 될 것을 가장 걱정하는 부모들에게 호응을 끌어내는 동시에 다른 부모들의 개인적 고충거리들도 다루어야 했다. 그리고 그로써 제로섬 게임 같아 보였던 문제에서 타협이 이루어지게 되었다.

이어서 줄리 바틸라나Julie Battilana와 티치아나 카시아로가 진행한 연구의 사례도 살펴보자. 한 간호사가 직장 내에서 만만치 않을 만한 변화를 효과적으로 잘 중개해낸 사례로, 그녀는 병원 경영진에게 지지를 얻어내려고 다음과 같은 노력을 했다고 한다. "나는 간호사 주도의 퇴원 결정이 환자들의 대기 시간을 줄이는 데 도움이 될 거라고 주장했다. 대기 시간 감축은 정부에서 정해준 중요 목표에 드는 사안이기도 했다. 나는 먼저 간호사들의 설득에 전념했다. 간호사들이 병원에서 목소리를 높이며 자신들이 병원 운영에 어떻게 기여할 수 있는지 증명해 보이는 것이 얼마나 중요한 일인지를 이해시키고 싶었다. 일단 간호사들의 전폭적인 지지부터 얻고 나서 의사들의 설득에 나섰다." 이때는 강한 반발을 예상하며 퇴원 절차가 새롭게 바뀌면 의사들의 업무량이 줄어드는 동시에 환자들의 진료 시간 관리에도 더 좋을 거라는 취지의 주장을 폈다.

간호사는 파벌에 따라 다른 호소 요소를 내세워 이를 차근차근 설득해나갔다. 바틸라나와 카시아로가 영국의 국민보건서비스 내에서 실행된 60건 이상의 변화 구상을 연구 중일 때 하버드대와 토론토대의 연구자들도 중개자들이 수월치 않은 변화를 더 많이 성공시킨다는 똑같은 연구 결과를 밝혀냈다. 결국 사람들은 나서서 자신들에게 유리하게 맞춰진 메시지를 전해줄 중개 역할이 필요했던 것이다.

학부모회든 직장이든 정치 영역이든 간에 중개자형은 메시지를 상대에 맞춰 조정하고, 정보 전달을 통제하고, 일관성을 세울 체계를 정하고, 다른 진영들을 한데 모으거나 서로 떨어뜨릴 시기를 신중히 정하면서 논쟁의 여지가 있는 변화가 잘 추진되도록 효율적인 도움을 줄 수 있다. 이런 역할은 소집자형에게는 불가능한 일이다. 소집자형은 이미 유대가 맺어져 있고 대체로 한쪽 편에 깊이 고착되어 있기 때문이다.

조율적 중개자 vs. 협력적 중개자

중개자는 선택의 기로에 놓인다. 단절된 무리들을 뭉치게 할지, 서로 소개시켜줄지, 아니면 조율 게임을 벌일지 중에서 정해야 한다.

보코니 경영대의 주세페 소다Giuseppe Soda 교수가 이끄는 연구팀에서는 협력적인 중개자형과 조율적인 중개자형을 구분해보기 위해 한 거

대 글로벌 소비자 상품 제조사의 인사과 직원 460명 이상에게 다음의
시나리오를 제시해보았다.

> 당신이 조직의 중요한 과업 성취를 위해 임명된 상황이라고 가정해보
> 자. 이 과업에서는 당신에게는 없지만 당신과 친분 있는 두 사람(편의상
> 마이크와 제니라고 하자)에게는 있는 특정 지식이 필요하다. 마이크와 제
> 니는 서로 모르는 사이이거나, 알기는 해도 함께 일하는 경우가 웬만해
> 선 없다. 하지만 당신은 신뢰를 쌓아둔 덕분에 마이크와 제니에게 도움
> 을 청해 두 사람의 지식과 전문성을 활용할 만한 위치에 있다.
>
> _ 주세페 소다, 마르코 토르토리엘로, 알레산드로 이오리오,
> 〈중개를 통한 가치 창출: 개개인의 전략적 지향점, 구조적 공백, 수행능력〉, 《경영학회 저널》(2018)

연구팀은 이어서 참가자들에게 그 과업에 어떻게 접근할지에 대해
다음과 같이 물었다.

A. 마이크와 제니에게 서로 연락을 하게 해서 세 사람이 다 함께 모
   여 일할 만한 시간을 정하는 편이 좋을 것 같은가?
B. 마이크와 제니 두 사람 모두와 함께 모여 일하는 것은 비효율적일
   것 같으니 그냥 따로따로 만나서 두 사람의 통찰을 취합하는 편이
   더 분별 있을 것 같은가?

선택안 A는 협력적 방법이다. 응답자의 85퍼센트가 이 방법을 선호
했다. 선택안 B는 조율 지향적 방법이며 응답자의 11.5퍼센트가 선호
했다. 나머지 응답자는 중립적 입장이었다.

소다와 동료 연구진은 직원들의 인맥상의 입지, 상관들의 업무능력 평가도, 경력, 학력, 직위, 수행 업무 유형에 대한 정보도 수집했다. 그 결과 이전의 여러 연구와 일관되게 업무성과에서 중개자형이 더 뛰어난 것으로 나타났다.

조율적 중개자형은 응답자의 대다수를 차지했던 협력적 중개자형보다 업무성과가 더 뛰어났다. 조율 방식의 중개자형은 업무성과가 평균보다 14퍼센트 '더 높은' 경향이 있었다. 반면에 협력 방식의 중개자형은 평균보다 16퍼센트 '더 낮은' 경향을 보였다. 조율적 중개자형은 정보의 흐름을 통제하고, 정보 격차를 유리하게 활용할 줄 알며, 정보를 왜곡할 수도 있다. 코시모 데 메디치든 학부모회 부모들이든 중개 역할은 정치적으로 유리할 수 있다.

하지만 도덕적으론 위험할 소지도 있다. 이것은 이런 위험성이 연구되기 25년 전부터 론 버트가 구조적 공백, 즉 정보를 아는 사람과 정보가 필요한 사람 사이의 단절이란 개념을 펼치면서 쓴 다음 글에서 미리 암시되어 있었다. "구조적 공백에서 정보 편익을 얻으려면 수동적 역할로도 가능하지만 통제권 편익을 얻으려면 정보 분배에서 능동적 역할을 해야 한다." 조율적 중개자형은 "말뜻 그대로 중개자다. 즉, 다른 사람들 사이에 자리 잡고 있으면서 이익을 발생시키는 사람이다."

조율적 방식은 중개자 '개인'에게 힘과 통제권 편익을 부여해주지만 협력적 방식은 '집단에' 유익한 혁신을 일으켜줄 가능성이 더 높다. 데이비드 옵스펠드가 디트로이트 소재 자동차 제조사의 5년에 걸친 신차 디자인 과정 중에 일어난 73가지의 혁신을 연구해본 결과에서도 정보의 흐름을 통제할 필요를 느끼지 않으면서 단지 협력하길 좋아하는 사람들이 제품 및 제조공정에서의 중요한 혁신에 참여할 가능성이 더 높았다. 한 직원은 상사인 에드에게 한 말을 통해 협력적 중개 역할에 대한 직관적 이해를 다음과 같이 드러내기도 했다. "에드, 제가 지금 인맥을 구축하고 있는데요. (중략) 전쟁으로 치자면 인맥을 구축하고 나면 반은 이긴 것이나 다름없거든요. 그러니까 기능 부문 전문가들과 제 부원들 사이에 인맥을 구축했으니, 동력전달장치와 차대車臺 간의 연결을 만든 셈이죠." 그리고 이 연결이 신차의 성공적인 디자인에 결정적 역할을 했다.

단절된 집단들을 협력관계로 합세시킴으로써 관련 당사자 모두에게 이익이 되는 가치를 창출할 수 있는 잠재성은 요즘 들어와서 새롭게 생겨난 것이 아니다. 헤드헌터, 대리인, 결혼 중매인 모두 이상적 상호이익을 끌어내기 위해 존재하는 사례들이다.

결혼 중매인은 아즈텍 문명 초기와 고대 그리스와 고대 중국 시대부터 존재했다. 데이트하기가 데이트 앱에서 상대 프로필이 마음에 들면 화면을 오른쪽으로 미는 것처럼 쉬운 요즘 시대에도 결혼 중매 시장은 여전히 성업 중이다. 결혼 중매인은 무한한 가능성을 만들어주기보다 적절한 사람을 찾는 일에 주력한다. 어떤 사람이 자신을 보기 좋게 꾸미거나 새빨간 거짓말을 하고 있는지 판단하기 어려울 수 있는 영역에서 수준 높은 보증을 제공해주기도 한다. 경험해본 사람은 거의 모두가 느껴봤을 테지만 온라인 데이트는 실제로 만나 보면 프로필 사진보다 좀 더 나이가 많거나 덜 매력적인 경우도 많다.

협력적 중개는 사랑이 흘러넘치는 행복한 결혼생활을 맺어주거나 아니면 적어도 다수의 관련 당사자에게 이익을 줄 수 있지만, 조율적 중개는 자칫 사람들이 조종당하거나 이용당하고 있다는 느낌을 받으며 격분하게 될 소지가 있다. 그래서 조율적 중개자는 좋은 친구감이 아닐 수도 있다.

고통 받는 중개자

우리 대다수는 견디기 힘든 동료나 프레너미frenemy(friend와 enemy의 합성어로, 이해관계로 인해 전략적 협력관계인 동시에 경쟁관계에 있는 사람—편집자)에게 시달려본 경험들이 있다. 관계를 맺다 보면 온갖 이유로 힘든 시기를 겪기 마련이다. 동료들과의 관계에서는 자원 문제나 접근방식에서의 근본적 의견 차이를 놓고 밥그릇 싸움이 벌어졌다가 사무실 내에 고착화된 싸움으로 자리 잡게 될 수 있다. 무능함 때문에 분통이 터질 수도 있다. 삶은 저마다 다양해서 별일이 다 생긴다. 우정에 시샘이 스멀스멀 스며들 수도 있다. 하지만 동료들은 물론이고 심지어 친구들 중에서도 종종 성격상의 결함을 가진 사람이 있기도 하다. 그중엔 정말 정말 질이 나쁜 사람도 있다.

중개자형은 그렇게 진짜로 질이 나쁜 사람으로 여겨질 가능성이 더 높다. 약 700명의 중국 기업가를 대상으로 한 연구에서 '삶을 힘들게 하는 사람들'이 누군지 물었더니 힘든 동료로 지목된 이들이 중개자형에 편중되어 있었다. 론 버트는 동료인 칭화대의 자 더 뤄Jar-Der Luo와 함께 왜 그런 편중성이 나타나는지를 알아보기 위해 사람들이 어떤 동료를 상대하기 힘든 사람으로 여기는 이유를 살펴보았다. "안 좋은 애

약한 유대로 연결된 중개자형은 공격 받기 쉽다

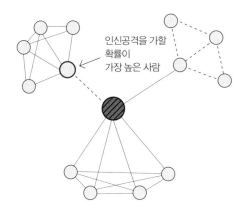

인신공격을 가할
확률이
가장 높은 사람

기를 해서 직원들을 들쑤셔놓는다."거나 "몰래 정부 기관과 내통해서
문제를 일으킨다."거나 뭘 훔쳐간다는 이유 등이 대체적인 요인이었다.
능력과 관련된 요인은 비교적 드물었다. 중개자형 사람들을 비호감으
로 만드는 요인은 불성실해 보이는 것과 사람을 음해하고 기만하는 성
격이었다.

중개자형은 인맥상의 입지 때문에 오해받거나 이해충돌을 빚을 위
험성이 소집자형이나 마당발형에 비해 높다. 하지만 버트와 뤄가 밝혀
낸 바에 따르면, 중개자형 중에서도 특정 유형이 '인신공격'을 당하기
특히 더 쉬웠다. 바로 소집자형 인맥에서 상대적으로 약한 유대 관계
의 중개자로 연결되어 있는(위 그림에서 점선으로 연결된) 유형이 그렇다.
소집자형 인맥 내에서는 서로서로 공감을 잘해주는 친구들끼리 어울
리게 되면 중개자형의 성격을 더 부정적으로 부풀려보게 되는 경향이
있다.

이쯤에서 버트와 뤄가 제시했던 사례를 한번 살펴보자. 촘촘한 소집

자형 인맥의 주변부에 위치한 어느 술 취한 야간 경비원의 이야기다.

> 그런 일을 겪은 회사의 한 사람이 자신의 친구들에게 그 야간 경비원이
> 술에 취한 채로 근무하던 중 큰 절도 사건이 벌어진 얘기를 하면 그의
> 친구들은 그런 스타일을 가진 직원들의 무책임성에 대해 공감하는 이야
> 기를 나눈다. "우리 회사에서도 그런 직원이 있었어. 그래서 그 자리에서
> 당장 해고했는데 아직도 그때 입은 피해를 다 복구하지 못했다니까." 이
> 런 얘기의 기능은 공감을 표해주며, 그 회사 사람이 자신만 그런 일을 겪
> 은 게 아니라는 걸 알게 해주는 데 있다. 소집자형 인맥의 친구들은 사회
> 적 지지를 돈독히 하면서 그런 술 취한 직원들에 대한 얘기를 더 과장하
> 면서 딱히 그럴 의도가 없던 행동들까지 악의적 의도가 있었던 행동으
> 로 서서히 둔갑시켜버린다. 어느덧 시간이 흐르는 사이에 그런 식의 얘
> 기가 되풀이되다 보면 실제로 일어났던 것보다 그런 일을 더 많이 겪은
> 것 같은 공감대가 형성되면서 술 취한 직원에 대한 부정적 견해가 증폭
> 되어 그런 직원의 성격까지 조롱하는 분노 섞인 말도 정당화하게 된다.

만일 집단 내에 이런 식의 소통을 가라앉혀줄 만한 다른 친구들이
없다면 그 술 취한 야간 경비원은 사회적으로 따돌림 받게 될 수밖에
없다.

두 소집자형 집단 사이에 낀 중개자형은 인맥 연구자들이 이른바 '고
통을 가하는 유대'라고 하는 관계에 놓이게 되어 술 먹고 일한 경비원
처럼 견디기 힘든 입장에 처할 수 있다. 이런 위치에 있는 중개자형(다
음 장의 그림에서 빗금 쳐진 원)은 툭하면 의리를 빌미로 고통 같은 괴롭힘

두 소집자형 집단으로부터 고통 받는 중개자형

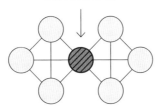

고통 받는 중개자형

소집자형 집단 A   소집자형 집단 B

을 당할 뿐만 아니라 무정한 사람으로 여겨질 수도 있다.

스테파노 타셀리Stefano Tasselli와 마틴 킬더프는 MBA 전공생들과 병원 직원들을 대상으로 한 별개의 두 설문조사에서 해당 학생들의 인맥과 직원의 인맥에 들어가는 각각의 사람에 대해 "내가 내 문제를 이 사람에게 털어놓고 얘기하면 그녀가(그가) 기꺼이 건설적인 호응을 해줄 것이다."라는 문항에 매우 공감하는지의 여부를 물었다. 그 결과 고통 받는 중개자형은 공감력이 없는 사람으로 여겨졌다.

고통 받는 중개자형 중에서도 가장 신뢰받지 못하는 부류는 '블러터' blirter다. BLIRT는 어떤 사람이 말을 얼마나 여과해서 하는지 측정하는 척도인, 'Brief Loquaciousness and Interpersonal Responsiveness Test'(수다스러움과 대인 호응성 간편검사)의 약칭이다. 말하자면 블러터는 "나는 할 말이 있다면 주저 없이 말한다."나 "나는 언제나 마음속에 있는 대로 말한다." 같은 문항에 그렇다고 답하는 부류다. 대체적으로 말해서 블러터는 더 똑똑하고 더 호감 가고 더 매력적이며 더 재미있는 편이다. 그래서 블러터 성향이 유리할 수도 있지만 그 사람이 고통 받는 중개자형이라면 문제가 된다. 블러터 성향은 소집자형 인맥 내 사람들이 그렇듯 더욱 안 좋게 부풀려서 보게 되는 성격특성이다. 중개자형은 통상적으로 구조상의 위치 때문에 미심쩍게 대우받지만 블러터가 그중에서도 가장 의심을 산다. 고통 받는 중개자형 중에서도 병원에 근무하는 블러터들은 7단계의 신뢰도 측정에서 비⾮블러터들보다 거의 두 배가 낮았다. 또 MBA 수강생들 중의 블러터들은 이보다 훨씬 더 낮았다. 블러터는 신중히 행동할 것이라는 신뢰를 얻지 못하는데, 바로 이런 신중한 행동이 여러 파벌에 걸쳐 있는 중개자형에게 필요한 특성이라는 점에서 블러터에게 더욱 불리하게 작용한다.

반면에 카멜레온같이 자기점검성이 높은 사람은 중개 위치에 있어도 신뢰상의 불이익을 당하지 않는다. 타셀리와 킬더프에 따르면, 오히려 비중개자형보다 훨씬 더 신뢰를 얻는다. 유연한 자기표현과 사교 수완 덕분에 자신이 걸치고 있는 양쪽 파벌의 기대에 부응해 불신을 피할 수 있는 것이다.

연결과 협력의 놀라운 성과

거듭 증명되고 있듯 중개자형은 투자은행 종사자에서부터 가상게임의 온라인 아바타와 결혼 중매인에 이르기까지 그 유형을 막론하고 중개를 통해 얻는 보상이 평판에 따라 좌우된다. 한 인맥 내에서 두 집단 사이에 위치하고 있으면 '두 얼굴을 가진 사람'으로 비쳐지기 쉽다. 그렇다고 중개자형이 공감력이나 사교 수완이 없는 것은 아니다. 다만, 인맥상의 위치에 따라 자연스럽게 협력하거나 조율하거나 둘 중 하나를 선택해야 한다.

요요마의 실크로드 앙상블은 협력적 중개의 상징적 사례다. 요요마의 말마따나 "실크로드 앙상블에서는 다리를 놓는다. 변화와 차이에도 불구하고 융합하여 하나로 어우러지는 관계를 맺으면서 즐거움과 의미를 끌어낼 방법을 찾는다."

실크로드 앙상블의 한 공연에서 제프리 비처Jeffrey Beecher는 노가오 석굴(중국 간쑤성 둔황현에 있는 불교 유적―옮긴이) 사원 중 하나의 실물 크기 복제판 안에 서 있었다. 이때 그의 콘트라베이스 맨 윗부분은 양쪽에 두 마리의 상상 속 사자를 거느린 채 손바닥을 내보이고 있는 부처의 어깨에 닿아 있었고, 그 복제판 동굴들에는 다채로운 흙빛을 띤 수많은 부처상과 보살상, 여러 대의 악기가 장식되어 있었다. 실크로드 앙상블의 동료이자 타블라(한 쌍으로 된 인도 전통의 작은 북―옮긴이) 주자 산디프 다스Sandeep Das는 그런 석굴의 이미지를 통해 종교 전통에 다리를 놓았던 경험을 이렇게 회고했다. "당연히 이 석굴들 안에는 말 그대로 내가 가까이 접하며 자란 아주 많은 것들이 담겨 있다. 제285굴의 주요 이미지 중 하나는 시바(힌두교 파괴의 신)와 가네샤(인도 신화에 나오는 지혜와 행운의 신), 비슈누(힌두교 보존의 신)가 양쪽에 놓여 있는 모습이다. 나에겐 불교와 힌두교 사이에 경계선이 흐릿하다는 것이 지극히 당연한 얘기다. 서로 다르게 볼 뿐 둘이 하나의 이름인, 그런 모호함을 눈앞에서 보게 된나는 것은 놀라운 경험이었다."

독창적인 예술품들로 가득해 '천불굴'Caves of the Thousand Buddhas로도 불리는 이 석굴은 실크로드에서 요충지 역할을 했다. 요요마는 로스앤젤레스의 게티 센터Getty Center에 재현되어 있는 복제판 모가오 석굴에서 가졌던 실크로드 앙상블 공연에 대해 이렇게 썼다. "그런 벽화와 조 각상 들이 존재하게 된 것은 인간이 가진 최고의 본능을 따랐던 사람들 덕분이다. 미지의 세계에 마음을 열면서 서로 만나고 연결되어 창작 활동을 펼치고픈 마음을 따랐던 그런 사람들 덕분이다. 이런 가치를 따를 때라야 두려움에 이끌리는 세계가 아니라, 공감력과 더불어 과감한 협력으로 성과를 끌어내려는 열의에 인도되는 세계를 만들 수 있다." 말하자면 석굴의 벽화들은 협력적 중개자들 덕분에 존재하고 있는 것이다.

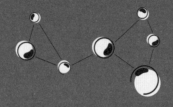

제5장

마당발형
: 다수의 사람들과
친분 쌓기를 즐긴다

세상을 살아가려면
많은 사람과 사귈 줄 알아야 한다.

_ 루소

셰프 고든Shep Gordon은 로스 파드리노스 소년원에서의 첫 출근이 마지막 근무가 되어버린 처참한 하루를 마치고 로스앤젤레스의 수수하고 찾는 이 드문 한 호텔에 들었다. 이 랜드마크 모터 호텔Landmark Motor Hotel은 고든에게는 낯선 곳이었지만 록스타들이 로스앤젤레스에서의 사생활 보호를 위해 자주 찾는 곳이었다. 롱아일랜드 출신의 유대계 아이로 자라던 어린 시절에 '친구가 한 명도 없었던' 고든은 이때부터 같은 숙소 투숙객인 지미 헨드릭스Jimi Hendrix(일렉트릭 기타의 대가), 재니스 조플린Janis Joplin('여가수'라는 관습적 제약에서 벗어난 것으로 유명한 블루스 가수), 짐 모리슨Jim Morrison(그룹 도어스의 멤버)과 함께 호텔 수영장을 자주 들락거렸다.

이런 인연의 끈은 지미 헨드릭스가 말을 걸어오면서 시작되었다. "무슨 일 해요?"(물론 그때 고든은 실직자 신세였다.) "유대인이에요?" 고든의 말마따나 그 자신도 '그것이 일생 최대 행운의 순간이 될 줄은 생각도 못했던' 그다음 순간, 헨드릭스는 고든에게 이렇게 권했다. "유대인이면 매니저 일을 해봐요."

셰프 고든이 첫 매니저 일을 맡은 사람은 쇼크 로커shock rocker 앨리스 쿠퍼Alice Cooper였다. 그 외에 그루초 막스(희극 배우이자 영화배우), 블론디(미국의 펑크 록 밴드), 케니 로긴스(미국의 싱어송라이터), 루더 밴드로스(풍부한 음량과 따뜻한 음색으로 큰 사랑을 받은 알앤비 가수) 등등 온갖 이들의 매니저 일을 봐주었다. 실베스터 스탤론(록키와 람보 시리즈로 유명한 배우), 톰 아놀드(배우), 윌리 넬슨(컨트리 가수), 마이크 마이어스(영화 〈오스틴 파워스〉로 유명한 배우이자 코미디언, 영화 시나리오 작가이자 영화 제작자), 달라이 라마(티베트 최고의 정신적 지도자)와도 절친한 사이였다. 배우 캐리 그랜트와는 고양이를 같이 돌볼 만큼 가깝기도 했다.

또한 셰프 고든이 매니저 일을 맡았던 스타 셰프 에머릴 래가시Emeril Lagasse는 자신을 발굴해낸 것을 전적으로 고든의 공으로 인정했다. 유명 방송인이자 명성 높은 셰프 안소니 부르댕의 말처럼 "문화사에서 아주 아주 중대한 의미를 띠는 수차례의 순간에 늘 셰프가 있었다(그리고 그때마다 그가 그런 일들을 일으킨 장본인이었다). 극적인 쇼크 록(특이한 연주와 복장, 소도구 등으로 청중에게 쇼크를 주는 록 음악—옮긴이)의 탄생, 착취적 치틀링 서킷chitlin' circuit(흑인 연예인이 출연하는 극장, 나이트클럽—옮긴이)의 종말, 스타 셰프의 등장, 수 편의 명품 독립영화 외에도 일일이 열거하기 어려울 정도로 많다. 세상에 셰프에 비견할 만한 인물은 없다. 그는 모르는 게 없고, 모르는 사람도 없다. 어떤 벽도 뚫을 수 있는 사람이다. 그리고 내가 아는 한 가장 많은 사랑을 받고 있는 사람이다."

셰프 고든의 성공에는 인기의 작동 원리에 대한 깊은 통찰도 하나의 원동력으로 작용했다. 고든은 말하는 대로 이루어진다는, 인기의 자기

실현적 속성을 잘 알고 있었다. 그래서 사진작가를 고용해 카메라에 필름도 넣지 않은 채로 자신의 의뢰인을 따라다니며 집요할 만큼 셔터를 눌러대게 시키곤 했다. 화제성을 일으킬 만한 볼거리를 연출하는 것의 효용성 또한 꿰고 있었다. 앨리스 쿠퍼를 신인으로 키우려 애쓰던 중에 쿠퍼에게 1만 석이 넘는 규모의 웸블리 아레나Wembley Arena에 공연 예약을 잡게 했던 때도 그런 통찰을 잘 발휘했다. 그때 공연을 불과 며칠 앞두었을 때까지 "팔린 공연표는 50장밖에 안 됐다." 기존 방식으로 공연 홍보를 하기엔 시간도 촉박하고 예산도 없었다. 고든으로선 언론 취재가 절실한 상황이었다. 당시에 런던에서는 사람들의 주된 화젯거리가 교통이었다. 고든은 그 점에 착안해 트럭 한 대를 임대해서 뱀이 칭칭 감고 있는 성기 부위만 빼고 완전 나체인 쿠퍼의 사진으로 광고판을 제작해 내걸었다. 그런 다음 런던의 중심 교차로인 피카딜리 광장에서 '어쩌다' 트럭이 고장난 것처럼 손써놓았다. 언론에서 이 순간을 '대영제국의 쇠퇴에 한 획을 긋는 대사건'이라고 칭하는 가운데, 공연표는 매진되었고, 앨리스 쿠퍼의 노래 〈스쿨스 아웃〉School's Out은 영국을 시작으로 세계 곳곳에서 1위에 올랐다.

뱀까지 동원시킨 이런 장난은 고든을 큰 성공으로 이끌어준 원동력의 일부분에 불과하다. 고든은 자신이 걸어온 커리어를 돌아보며 이렇게 회고했다. "내 삶에서 확실히 우연적인 순간에 일어났던 사건들 사이에 어떤 공통점이 있는지 생각해보았다. 그런 사건들 중에서 사람들이 가장 인상 깊어하는 한 가지는 (중략) 내가 음반계와 영화계라는 경쟁이 치열한 업계에서 성공을 거두면서도 인정 있고 기분 좋은 사람 그대로 변치 않았던 점인 것 같다. 그런 경우가 흔치는 않으니 말이다."

고든은 자신이 변하지 않을 수 있었던 이유를 '온정적으로 사업을' 실행하고 있기 때문이라고 보았다. 고든은 모두가 더 잘되게 해주는 거래를 하려고 신경 쓴다. 즉, 윈윈게임이 되길 바란다. 고든의 이런 원칙에 드는 한 가지 사례는 쿠폰 제도다. "어떤 사람이 내 부탁을 들어주면 나는 그 호의에 보답해야 한다는 의무감을 느낀다. 그래서 나에게 쓸 수 있는 쿠폰이 생겼다고 말해준다. 그 사람은 언제든, 어떤 식으로든 그 쿠폰을 쓸 수 있고, 나는 기꺼이 그 요구에 응해준다. 이런 식으로 하면 서로 윈윈게임이 되기도 한다."

이런 원칙과 품성으로 고든은 슈퍼멘시Supermensch(아주 뛰어난 사람)라는 별명을 얻기도 했다. 고든의 친한 친구이자 코미디 영화 〈웨인즈 월드〉Wayne's World의 주연 배우이자 고든에 대한 찬미가 담긴 다큐멘터리의 제작자이기도 한 마이크 마이어스는 짤막한 말로 고든의 품성을 잘 말해주었다. "셰프 고든은 내가 지금까지 만나본 사람 중 가장 착하다. 그것은 명백한 사실이다."

유명인 친구들이 여러 명이나 됨에도 불구하고 병이 나서 생존 가망성이 희박해졌을 때 밤샘 간호를 해준 사람은 그의 오랜 조수였다. 낸시 메올라는 당시를 이렇게 회고했다. "수술 후에 나는 침대 옆에 앉아 그의 손을 잡아주곤 했다. 하지만 그가 마침내 눈을 뜨고 올려다보았을 때 그 흐릿해진 눈빛에서 다른 누군가를 찾고 있다는 걸 눈치챘다. (중략) 그 자리에 앉아 있는 사람이 돈을 주고 고용한 조수인 나라는 사실에 그가 정말 안됐다는 마음이 들었다. 사람이 그런 일을 겪으면 곁에 평생의 반려자가 있어주길 원할 텐데, 내가 있었으니까. 그래서 그가 정말 정말 외로워하고 있음을 느낄 수 있었다."

평범한 사람들과 슈퍼 커넥터들의 차이

셰프 고든은 영향력 있는 사람이자 영감을 불러일으키는 사람이다. 관대함, 남들의 마음을 예리하게 읽어내는 능력, 사교능력 등 마당발형의 가장 뛰어난 자질 여러 가지를 잘 보여주고 있다. 인기 있는 데다 호감을 불러일으키기도 한다. 이 두 특성이 합쳐지면 막강한 힘이 발휘된다. 하지만 꼭 그 둘이 같이 따라다니는 것은 아니다.

인간은 대부분 유지할 수 있는 관계의 수에서 인지적 한계가 있어 던바의 수에 따르는 인맥을 맺지만 소수의 별종outlier들은 슈퍼 커넥터super connector가 된다. 고든이 그런 사람에 해당된다.

마당발형의 강점은 평균적인 사람보다 몇 배 많은 사람을 아는 것에서 나온다. 평균적인 사람들은 아는 사람의 수가 약 600명이다. 그에 비해 슈퍼 커넥터는 아는 사람이 6,000명 이상이 되기도 한다. 상상할 수 없을 만큼 넓은 슈퍼 커넥터의 인맥은 거의 멱법칙 분포power-law distribution를 따른다. 즉, 인맥 내의 대다수 사람이 수백 명 정도의 사람들을 알고 있지만, 소수의 사람들(슈퍼 커넥터)은 그 10배나 되는 더 많은 사람들을 알고 있는 긴 꼬리 분포long tailed distribution를 이룬다.

우리가 익히 아는 세상의 수많은 현상들은 종 모양 곡선의 분포를 따른다. 키를 예로 들어보자. 우리 대부분은 아는 사람 중에 키가 155센티미터 이하인 경우는 소수이고 198센티미터 이상인 경우도 한두 명 정도에 그친다. 하지만 우리가 마주치는 대다수 사람들은 분포상의 중간 범위인 168~183센티미터에 들어간다. 키가 멱법칙을 따른다면 지구상에 키가 243,840센티미터인 사람이 적어도 한 명은 있게 된다.

인기도 비슷한 형태의 분포를 따른다. 버락 오바마를 아는 사람이 몇 명이나 되는지는 알기 힘들지만 오바마의 트위터 팔로어 수는 1억 800만 명에 가깝다. 양 8마리도 버락 오바마의 얼굴을 알아본다(케임브리지대의 한 연구에서 양 8마리에게 버락 오바마 같은 유명인의 사진을 보여주며 먹이로 보상을 해주는 방식으로 반복 훈련을 진행해본 결과, 다른 사람의 사진과 유명인의 사진을 함께 놓았을 때 양들이 유명인의 사진을 알아봤다고 한다.—옮긴이). 소셜 미디어가 등장하기 이전 시대에 프랭클린 루스벨트(미국의 제32대 대통령)는 2만 2,500명이 넘는 지인을 구축했다. 소셜 미디어 덕분에 루스벨트 시대보다 지인과 팔로어를 끌어모으기 훨씬 쉬워진 현재도 링크드인에서 연결된 사람 수가 1만 명 이상인 사용자는 1퍼센트밖에 안 된다는 점을 감안하면 정말 대단한 일이다. 인맥 크기의 분포에서 꼬리 부분에 해당되는 이런 극단의 별종들은 사교적으로 키가 243,840센티미터인 사람에 상응한다.

마당발형은 인맥 크기 분포에서 꼬리 맨 끝에 위치한다. 이 위치는 곧 인기, 지위, 힘으로 통한다. 마당발형은 영감을 불러일으킬 수도 있다.

인기에는 많은 편익이 따라온다. 인기 있는 10대는 사회적으로 소외된 또래들에 비해 고등학교 졸업 이후 40여 년 뒤에 급여 수준이 더 높다. 1957년에 위스콘신 고등학교를 졸업한 남학생 4,330명을 대상으로 연구한 결과, 자신을 친구로 꼽아주는 또래들이 많았던 졸업생이 수십 년 후에 더 높은 급여를 받는 것으로 나타났다. 이런 결과는 IQ나 사회적 배경과는 별 연관성이 없다. 오히려 인기도에서 하위 20번째 백분위수에서 상위 80번째 백분위수로 올리는 편이 소득을

10퍼센트 더 높이는 데 효과적인 방법이 되어줄 것이다.

성인들의 경우에도 인기에는 특혜가 따른다. 직장에서는 인기 있는 성인들이 업무를 더 잘 수행하고 더 성공한다. 130건 이상의 연구를 메타분석해본 결과 인맥의 크기가 클수록 직장에서도 더 큰 보상을 얻는 것으로 확인되었다. 마당발형은 더 기분 좋은 직장생활을 하기도 한다. 그저 더 호감을 사는 사람들이 아니라 인기가 있는 직원들은 도움을 받을 가능성이 더 높고 더 환영받는다. 멸시당하거나 무례한 대우를 받거나 무시당할 가능성은 더 낮다.

홍보나 마케팅이나 예능 같은 특정 분야에서는 넓은 인맥을 두는 것이 그냥 기분 좋은 차원으로만 그치지 않는다. 넓은 인맥은 필수적인 요소일 수 있다.

좋은 운, 좋은 외모, 좋은 유전자

마당발형이 지나칠 만큼 넓은 인맥을 쌓아가는 길로 들어서게 되는 것에는 마당발형만의 어떤 차이점이 있는 걸까? 셰프 고든이 마당발형이 된 것은 정해진 운명이었을까? 아니면 관대함이나 호감도 덕분이었을까? 상식적으로 미루어 짐작해보면 품성과 좋은 외모가 한몫했을 수도 있다. 하지만 단순히 운에 따른 결과일 수도 있지 않을까?

과학자들로서 운이 인기를 얻는 데 영향을 미칠 수 있는지의 여부를 알아보기 위해 학교에 입학하는 아이들에게 인기 우위를 무작위로 배정하거나 경력 초반의 사람들에게 인기 부양책을 부여해주는 식의 실험을 해볼 만하지 않을까? 실제로 프린스턴대의 사회학자이자 인맥 과학자 매튜 살가닉은 '뭔가를' 인기 있게 만들어볼 수 있을지 알아보기 위해 무명 뮤지션의 노래들을 활용한 온라인 실험을 벌였다.

살가닉과 현재 펜실베이니아대에 재임 중인 동료 연구자 던컨 와츠Duncan Watts는 1만 2,000명 이상의 연구 참여자들에게 노래 여러 곡을 들어보고 흥미 있는 노래들을 다운로드해달라고 요청했다. 그런 후 수 주 동안 노래 선호도 순위가 저절로 뜨도록 해놓고 그 순위 목록을 참여자들에게 알려주었다.

그런 다음 새로운 참여자들에게 똑같은 순위 목록을 보여주되 순위를 거꾸로 바꾸어서 보여주었다. 최고의 인기곡 〈쉬 세드〉She Said가 가장 인기 없는 곡이 되었고, 가장 인기가 없던 곡 〈플로렌스〉Florence가 새로운 참여자들에게 가장 많이 다운로드된 곡으로 소개되었다. 그러자 대부분의 노래가 이 거짓 인기 순서 그대로 순위가 이어졌다. 말하는 대로 이루어지는 자기실현적 결과가 나타난 것이었다. 인기 있는 노래라고 말해주었더니 정말로 그 노래들이 인기를 끌게 된 이런 식의 일은 사람의 경우에도 똑같이 일어날 가능성이 높다.

노래나 사람은 둘 다 인기도에서 큰 차이가 난다는 특이성을 띤다.

이런 차이가 생기는 것은 일명 마태 효과Matthew effect 때문이다. 마태 효과란 이 명칭의 근간이 된 〈마태복음〉 25장 29절 구절처럼 '무릇 있는 자는 받아 풍족하게 되고 없는 자는 그 있는 것까지 빼앗기는 것'을 말한다. 흔히 하는 말로 바꿔 말하자면 부자는 더욱 부자가 되고 가난한 자는 더욱 가난해지는 현상이다. 성경 구절을 통해 분명히 드러나듯이 사람들은 1,000년 전부터 마태 효과의 토대인 이런 누적이익cumulative advantage 작용을 직관적으로 깨달았던 것이다.

저명한 사회학자 로버트 머튼Robert Merton이 이 현상에 명칭을 붙여 준 것은 1960년대였다. 하지만 이런 현상은 이전부터 쭉 통계학에서부터 정치학에 이르는 여러 분야의 과학자들을 통해 개별적으로 발견되어왔다. 1925년에 영국 통계학자 우드니 율Udny Yule이 발견한 바 있고, 1955년에는 미국의 사회과학자 허버트 사이먼Herbert Simon이 이 현상에 주목했다. 1976년에도 영국의 과학계량학자 데릭 프라이스Derek Price가 다른 이름으로 이 현상을 또 한 번 발견했다. 하지만 인맥 내 인기도에서 그런 극단적 차이가 나타나는 이유를 규명한 인물들은 물리학자 앨버트 라슬로 바라바시와 레카 알버트Réka Albert였다.

바라바시-알버트 모델에서 증명해낸 바에 따르면, 인맥 구조 내의 한 사람이 다른 사람보다 두 배의 연결 관계를 갖고 있다면 그 인맥에 새로 들어온 사람과 친구 사이가 될 가능성은 두 배나 높다. 간단히 말해, 연결 관계가 많을수록 인맥을 키우기 더 쉽다는 얘기다.

이런 식의 선호적 연결preferential attachment이 일어난다는 것은 초반의 작은 인기도 차이가 이후의 평판에 큰 차이를 불러올 수 있다는 뜻이다. 셰프 고든이 홍보 활동에서 천재성을 발휘한 지점도 바로 이런 초반의 인기 다지기였다. 새로운 매니저 의뢰인에게 유명세를 타게 해주려고 자주 친구들의 명성에 의존해 이목을 끄는 활동을 펼쳐 의뢰인의 인지도와 인기를 급상승시키곤 했다.

넓은 인맥 만들기는 처음에는 힘들다. 하지만 특정 시점이 지나고 나면 인맥 넓히기가 한결 거뜬해진다. 이제는 인맥을 키울 방법이 아니라 관리할 방법을 생각하게 된다.

사람들은 성공을 이해하려 할 때 행운의 역할을 과소평가하기 일쑤다. 오히려 그 사람의 성과를 되돌아보면서 확실하다고 여겨지는 어떤 특징을 성공의 원인으로 돌리는 경향이 있다. 그 노래는 명곡이야. 확실히 히트를 칠 수밖에 없었던 노래라니까. 그녀의 우승은 당연한 거야. 확실히 남들보다 더 재능이 뛰어나니까. 그에게 친구가 많은 것은 당연해. 매력이 넘치잖아. 그녀는 유명해지지 않을 수가 없었어. 외모만 봐도 그래.

이런 경향을 사후 과잉 확신 편향hindsight bias이라고 한다. 즉, '그럴 줄 알고 있었다'는 식의 이런 경향은 예측 불가능한 사건일수록 특히 두드러진다. 게다가 긴 꼬리 분포의 사건은 특히 예측 불가능하다. 뭔가가 갑자기 큰 인기를 얻을지를 처음엔 알기 힘들기 때문이다. 초반에 벌어지는 일은 누적이익을 통해 어마어마한 이익을 쌓아가도록 방향을 잡아줄 뿐이다. 이런 작동 원리로 인해 어떤 콘텐츠가 입소문을 탈지, 누가 인기를 끌게 될지 파악하기란 거의 불가능하다. 아무리 광고주가 인플루언서를 발굴하고 그다음의 히트곡이나 신발이나 약품을 개발하느라 수십 억 달러를 쏟아붓는다 해도 마찬가지다.

그렇다고 해서 마당발형이 특별하지 않다는 얘기는 아니다. 수십 건의 연구를 통해 밝혀졌다시피 인기는 어린 나이인 세 살 때부터도 신뢰도 있게 예측해낼 수 있다. 세 살 때의 인기도는 초등학교를 지나 성인기까지도 여전히 상당히 정확한 예측 척도로 이어진다. 여기저기 이사를 다니며 여러 환경에 놓여도 마찬가지다. 한편 학교에 다닐 때는 별로 인기가 없다가 성인이 되어 큰 인기를 얻게 되는 사람들도 있다. "맞아, 난 고등학생 때 학교에서 인기가 없었지. / 이젠 어른이 되어서 그런 건 중요하지 않아."라고 노래한 라일 로벳Lyle Lovett(그래미상을 네 차례나 수상한 미국의 가수이자 작곡가, 배우 및 음반 제작자—옮긴이)처럼, 라일 로벳뿐만 아니라 테일러 스위프트(가수이자 배우), 레이디 가가(가수이자 행위예술가), 애덤 리바인(팝 록밴드 '마룬 5'의 리더이자 리드 보컬리스트)도 학교에 다닐 때는 인기가 없었다.

하지만 마당발형이 단순히 운 좋게 '선호적 연결'의 수혜를 입는 것인지 아니면 남달리 사교술이 뛰어난 것인지는 운을 어떻게 정의하느냐에 따라 결정된다. 정말 유전적 특징도 '운'일까? 네덜란드의 흐로닝언대 학자들이 진행한 연구에 따르면, 유전자 복권의 당첨은 인기를 얻는 데도 도움이 될 수 있다. 5HT$_{2A}$라는 세로토닌 수용체 유전자에서 '인기의 비밀 요소'라고 여겨지는 다형성polymorphism(동일 종의 생물 개체가 어떤 형태, 형질 등에 관해 다양성을 나타내는 상태—옮긴이)을 찾아냈다니까 말이다.

제임스 파울러James Fowler, 크리스토퍼 도스Christopher Dawes, 니컬러스 크리스태키스는 인기에서 유전자가 얼마나 중요성을 띠는지 알아보기 위해 1,110쌍의 쌍둥이를 연구했다. 쌍둥이 연구는 동성 일란성 쌍둥이와 동성 이란성 쌍둥이를 비교해 여러 특성의 유전 가능성을 확인하는 데 유용하다. 일란성 쌍둥이는 공유 유전 형질이 100퍼센트에 가깝고, 이란성 쌍둥이는 50퍼센트에 더 가깝다. 따라서 일란성 쌍둥이와 이란성 쌍둥이 사이의 마당발형 빈도를 비교 연구하면 마당발형의 특성이 유전 가능한지를 대략적으로 추산할 수 있다. 파울러, 도스, 크리스태키스는 쌍둥이들의 인맥을 살펴보다 마당발형의 성향과 중개자형의 성향이 둘 다 유전된다는 확실한 증거를 발견했다. 인맥 크기의 차이에서 유전적 요소가 거의 절반(46퍼센트)을 차지했다.

하지만 유전자가 인기 자체가 아니라, 외모 같은 다른 유전 가능한 것을 확보해주는 건 아닐까? 알다시피 신체 특징은 유전이 가능하다. 혹시 쌍둥이들이 비슷한 인맥을 갖게 되는 근원이 비슷한 외모는 아닐까? 아니면 똑같이 유전 받은 성격특성? 그것도 아니면 행동?

신체적 매력을 갖춘 아이들은 신체적 매력이 떨어지는 또래들에 비해 인기를 얻을 가능성이 두 배 더 높다. 성인이 되어서도 그 효과가 살짝 낮아지긴 할 뿐 여전히 비슷한 수준의 가능성이 이어진다. 미모의 힘을 알아보기 위해 지금까지 여러 학자들이 컴퓨터 프로그래머들에게 여러 사진별로 등급을 매겨보게 하는 방법에서부터 컴퓨터로 이상적인 미를 상징하는 얼굴을 생성해보는 방법에 이르는 다양한 방법을 활용해왔다. 그중 컴퓨터로 이상적인 얼굴을 생성해본 방법은 미의 핵심 요소 두 가지가 대칭성과 평균성이라는 점을 밝혀내기도 했다는 점에서 특히 흥미롭다. 텍사스대 오스틴 캠퍼스의 주디스 랭글로이스Judith Langlois 교수와 동료 교수 로리 로그먼Lori Roggman이 여러 사람의 사진을 찍으며 연속해서 이미지를 서로 합성시켜본 결과 수학적으로는 '평균적'이지만 전혀 평균적이지 않은 얼굴이 나왔는데, 사람들은 이런 얼굴을 아름다운 얼굴로 인식하는 것으로 밝혀졌다. 아름다움은 개인적 경험에 강력한 영향을 미쳐서 한 사람이 갖는 긍정적·부정적 사회 교류의 수나 그 사람의 사회적 지위와 밀접한 연관성을 갖는다.

아이들이 매력 있는 모습에 관심을 보이는 점으로 미루어볼 때 우리가 아름다움에 특혜를 주는 것은 사회화되는 것이 아니라 내재된 본능일지도 모른다. 수차례의 연구를 통해 아기들을 눈가리개로 눈을 가린

부모 품에 안겨 있게 한 채로 두 사람의 얼굴을 보여준 결과 아기들은 더 매력적인 얼굴에 더 많은 관심을 보였다. 매력적인 이미지가 한 화면에서 다른 화면으로 이동하자 아기들의 시선도 그쪽으로 따라갔다. 이와는 별개로 진행된 한 연구에서는 전문 여배우에게 그녀의 얼굴로 본을 뜬 연극 가면들을 써보게 했다. 단, 이중 하나의 가면은 눈 크기를 좁히고 눈썹을 처지게 하고 코를 길게 늘리는 식으로 조금 덜 매력적이되 여전히 보통 얼굴에서 벗어나지 않게 살짝 변형을 가했다. 혹시라도 여배우의 행동에 영향이 미칠 것에 대비해 쓴 사람은 모든 가면이 똑같이 느껴지게 했고, 거울을 비롯해 쓰고 있는 가면에 대해 뭔가를 알아챌 만한 물건을 여배우가 보지 못하게 치우기도 했다. 실험에서 여배우가 더 매력적인 가면을 썼을 때 1세 유아들은 현저히 높은 비율로 긍정적 정서가 담긴 음성을 내며 그 여배우와 놀았다.

이처럼 신체적 매력은 우리의 관심을 끈다. 하지만 그것은 인기와 지위도 마찬가지다.

이런 측면에서는 인간과 원숭이가 다르지 않다. 원숭이들에게 특정 방향을 쳐다보면 주스 몇 모금을 보상으로 주는 실험에서 수컷 히말라야 원숭이들은 인기 집단에 속하는 원숭이의 얼굴을 쳐다보기 위해 기꺼이 과일 주스도 단념했다(암컷의 엉덩이를 보기 위해 주스를 단념하기도 했다). 하지만 지위가 낮은 원숭이들의 얼굴은 주스를 더 줘야만 쳐다봤다.

한 연구에서 유치원생 아동들을 9개월 동안 추적조사해본 결과 가장 많은 친구를 둔 아이들이 교실에서 다른 아이들의 시선을 받는 비율이 더 높았다. 이는 청소년기 아이들 역시 마찬가지다. 아이들에게 인기 있는 급우와 인기 없는 급우의 사진들을 보여주자 인기 있는 아이의 사진을 먼저 보고, 더 오래 쳐다보는 비율이 더 높았다. 그렇다면 어른들이 대체로 더 인기 있는 어른에게 시선을 고정하는 편인 것은 당연할지도 모른다. 이것은 신체적 매력을 감안한 후에도 여전히 마찬가지다. 분명 인기와 아름다움은 연관관계가 있지만 인기는 아름다움 하나만으로는 설명할 수 없다.

인기 있는 사람의 얼굴을 처음 봤을 때의 첫 반응이 암시해주듯 인기에 대한 반응은 어느 정도 무의식적이다. 하지만 얼굴을 계속 쳐다본다는 것은 일단 뇌에서 더 의식적 부위가 활성화되고 나서도 인기의 영향이 여전히 이어진다는 의미다.

뇌도 다르다

우리는 인기에 관심을 깃는 경향을 띠도록 진화했지만 미당발형은 지위 시그널에 특히 민감하다. 마당발형의 뇌는 인기 있는 사람을 볼 때 활성화되는 경향이 더 높다.

컬럼비아대의 노암 제루바벨Noam Zerubavel과 피터 비어먼Peter Bearman의 지휘하에 진행된 연구에서는 인기를 추적하는 신경 작동을 이해하기 위해 인기 그룹 멤버들과 비인기 그룹 멤버들의 fMRI 뇌 스캔을 비교해봤다. 연구팀은 두 그룹의 멤버들에게 각자의 그룹 멤버들을 얼마나 좋아하는지 물어보는 방법으로 인기도를 평가했다. 모든 응답자의 점수를 합산해서 인기도 순위를 매겨볼 수도 있었다. 그런 다음 두 그룹 멤버들의 fMRI 스캔을 통해 사회적 위계상의 위치가 다양한 그룹 멤버들의 사진을 보여주었을 때 뇌에 어떤 반응이 일어나는지 살펴보았다.

그룹 멤버들은 인기 있는 사람의 사진을 봤을 때 뇌의 두 영역이 활성화되었다. 먼저 신경의 평가 체계neural valuation system가 활성화되었다가 이어서 이 평가 체계가 사회적 인지 체계social cognition system를 관여시켰다. 이 연구 이전에 여러 원숭이 연구를 통해 이미 증명된 바이지만, 신경의 평가 체계는 영장류의 지위를 기록하는 역할을 한다. 또 사회적 인지 체계는 타인의 심리 상태와 의도를 파악하는 일에 관여한다. 이 혁신적 연구가 증명해주었듯, 인간의 뇌는 사회적 지위를 부호화하고 평가한다. 그리고 우리는 이런 지위 평가에 따라 행동하게 된다. 우리는 인맥을 읽어내도록 프로그램되어 있는 것이다.

인기 있는 사람은 지위의 차이를 더 잘 감지한다. 그리고 신경계상에서 마당발형은 상대적으로 지위를 더 많이 인식하고 평가하며 그로써 유리한 고지를 차지하게 된다.

인기 있는 사람을 가려내는 능력이 중요한 이유는 인기 있는 사람을 가려내기가 아주 쉬운 고등학생 때(인기 있는 사람들은 흔히 졸업 무도회 퀸이나 킹 같은 타이틀을 자주 얻기 때문에)와는 달리 이런저런 심리적 편견으로 인기를 오판하기 십상이기 때문이다.

인기를 제대로 판단하기가 어려워지는 데는 거의 언제나 친구들이 당신보다 인기가 있다는 사실도 한 가지 원인으로 작용한다. 이것은 사회적 현실에 대한 어떤 왜곡된 신념 때문이기보다는 친구관계의 역설friendship paradox(일반적으로 사람은 자기 친구들보다 친구가 적을 수밖에 없다는 것—옮긴이)이라는 현상 때문이다. 1990년대 초에 사회학자 스콧펠드Scott Feld가 청소년의 학교 내 교우 관계에 대한 자료를 활용해서 밝혀낸 현상인 이 친구관계의 역설은 지금까지 7억 명 이상의 페이스북 사용자와 600만 명에 가까운 트위터 사용자가 대상이 된 여러 연구를 통해서도 그 유효성이 증명되었다. 이런 현상은 성관계 파트너에서부터(대체로 당신의 성관계 파트너는 이전의 성관계 파트너가 당신보다 많을 것이다) 과학적 연구활동 협력자에 이르기까지 다양한 인맥에도 그대로 적용된다.

페이스북 친구들을 예로 들어보자. 당신이 여유 시간의 대부분을 게시물을 올리고 남들의 게시물을 둘러보고 친구 맺기를 하며 보낸다 해도 당신의 친구들이 여전히 평균적으로 친구 수가 더 많을 가능성이 높다. 페이스북, 코넬대, 미시간대의 연구자들로 구성된 연구팀이 페이스북의 적극 활동 사용자들 모두(연구 당시에 전 세계 인구의 10퍼센트에 가까운 규모였다)를 대상으로 각 사용자의 인기를 해당 사용자의 인맥 내 사람들의 친구 수와 비교해 평가해봤다. 그 결과 사용자들이 친구들의 평균적인 친구 수보다 친구가 더 적은 경우가 90퍼센트가 넘었다.

어떻게 이럴 수 있을까? 여기에서도 다시 멱법칙 분포가 등장하게 된다. 사회적 인맥에서는 많은 사람이 소수의 친구를 두고 있는 반면 소수의 사람은 아주 많은 친구를 두고 있다. 이런 친구관계의 역설을 일으키는 사람은 꼬리 부분에 분포하는 친구, 즉 극단적 마당발형들이다. 친구를 많이 둔 사람은 당신의 교우 인맥에 처음부터 있었을 가능성이 상대적으로 더 높다. 그리고 당신 친구들의 평균적 친구 수에 불균형을 초래하기도 한다.

인기를 제대로 간파할 줄 아는 마당발형의 능력은 마당발형이 애초부터 인기가 있는 이유를 설명하는 데 도움이 될 수도 있다. 누가 인기 있는 집단에 들고 인기 없는 집단에 드는지를 잘 간파하면 인기 집단에 끼어볼 수 있다. 즉, 그 사람들 옆에서 후광 효과를 누리게 되는 것이다.

셰프 고든은 이런 후광 효과를 '연좌'guilt by association라고 말한다. "정말 유명한 사람을 골라서 그 사람을 다른 사람 옆에 세우면 그 다른 사람이 그 유명인의 명성에 슬그머니 엮이게 된다."는 얘기다. 그리고 실제로 이 방법을 활용해 캐나다의 포크송 가수 앤 머레이Anne Murray를 성공시키기도 했다. 앳되고 풋풋한 얼굴로 로스앤젤레스에 진출했을 당시만 해도 머레이는 평범하고 완전히 무명에 가까웠다. 심지어 누더기 헝겊 인형 앤 스타일의 옷을 입고 있었다. 고든은 포크송 가수로서의 인지도를 끌어올리기 위해서 앨리스 쿠퍼, 존 레논(비틀스의 멤버)을 비롯해 프로젝트 밴드 할리우드 뱀파이어즈Hollywood Vampires의 다른 여러 멤버들에게 머레이와 같이 사진 좀 찍어달라고 말 그대로 넙죽 엎드려 빌었다. 할리우드 뱀파이어즈 멤버들은 마지못해 고든의 부탁을 들어주었다. 머레이 본인이 말했듯 "그 사진은 가수 활동을 하면서 찍었던 그 어떤 사진보다 큰 도움을 주었다. (중략) 그 사진 덕분에 하루아침에 매력녀로 떠올랐다."

타인의 마음을 사로잡는 그들의 타월한 능력

마당발형은 남의 마음을 아주 잘 읽어낸다. 일대일 교류에 능통하고 즉각적으로 유대를 맺는 요령을 잘 안다. 혹시 이런 면 덕분에 더 호감을 끌게 되는 것은 아닐까?

수십 년간의 심리학 연구에서 밝혀졌다시피 인간은 언어적 암시와 비언어적 행동을 통해 강한 사회적 시그널을 보낸다. 상호교류를 아주 잠깐 관찰해보는, 이른바 단편 판단thin slice을 활용하면 급여 협상 결과에서부터 교사의 기말 시험 채점에 이르는 온갖 면들을 정확히 예측할 수 있다.

스탠퍼드대 교수들인 대니얼 맥팔랜드와 댄 주래프스키Dan Jurafsky는 900건이 넘는 스피드 데이트speed date(독신남녀들이 모여 모든 이성과 돌아가며 짧은 대화를 나누고 마음에 드는 상대를 찾는 만남—옮긴이)를 연구해서 후속 데이트를 잡는 데 성공할 가능성을 가늠해볼 예측 척도로서의 몇 가지 행동을 찾아냈다. 서로에게 끌릴지 어떨지를 가늠해볼 최고의 예측 척도는 과연 뭐였을까? 남성은 관심이 있으면 소리 내어 웃는 것으로 관심의 신호를 보냈다. 여성은 남성 파트너에게 흥미가 생기면 목소리가 높아지고 자신에 대한 얘기도 했다.

MIT의 알렉스 펜틀랜드Alex Pentland 교수가 이와는 완전히 다른 경우에서 누군가를 설득시키려는 시도를 연구해본 결과에서는 신입사원 급여 협상에서 차별성을 이끄는 요인 중 3분의 1은 협상 초반의 짧은 순간에 두 사람 상호의 미러링(상대방의 행동을 상대방이 마치 거울을 앞에 둔 것처럼 흉내 내는 것—옮긴이) 정도에 따라 설명될 수 있는 것으로 밝혀졌다. 자신이 믿는 사람들을 따라하거나 미러링하는 경향은 유아기 때부터 시작된다.

미러링mirroring은 사회적 교류가 얼마나 잘 진전되고 있는지를 보여주는 네 가지 암시 중 하나에 불과하다. 펜틀랜드에 따르면, 그 나머지 세 가지 암시는 일관성, 적극성, 영향력이다. 목소리 톤에 변화가 없는지 아니면 높아졌다 낮아졌다 하는지의 정도, 즉 일관성의 정도는 그 사람이 얼마나 정신을 집중하고 있는지를 알려주는 좋은 표시다. 목소리에 일관성이 있을수록 그만큼 더 집중해 있는 것이다. 한편 신체 및 언어 전반에서의 적극성은 관심과 흥미의 정도를 가늠하기에 아주 좋은 척도다. 더 적극성을 띨수록 더 관심이 있다는 의미다. 마지막 암시인 영향력은 한 사람이 상대방에게 자신의 말투를 따라하도록 유도할 수 있는 빈도를 통해 감지해볼 수 있다.

펜틀랜드와 동료 연구진은 MIT에서 임원들이 참여하는 사업계획 피칭pitching(투자자 또는 심사위원들 앞에서 짧은 시간 동안 자신의 서비스와 제품을 소개하는 시간—옮긴이) 대회를 열며 참가자들에게 소시오미터sociometer라는 센서를 부착해달라고 부탁했다. 연구진은 휴대폰 크기의 이 센서를 통해 얼굴을 마주보는 교류를 감지하고, 발표 샘플을 녹음하고, 신체 동작을 측정하는 동시에 근무 경력이 10년 이상인 이 임원들에게 서로를 평가해달라는 부탁도 했다. 그 결과를 종합해보니, 피칭의 설득력 평가에서 차별성을 유발하는 요소의 3분의 1 가까이가 일관성, 흉내내기 유도, 영향력이었다. 연구진은 또 다른 연구를 통해 입사 면접에서도 이 세 가지 요소가 설득력에 그와 비슷한 차별성을 유발한다는 사실을 밝혀냈다.

마당발형은 신체 동작을 읽어내고 '음…'이나 '아…!'의 의미를 해석하며 대화의 리듬을 따라가는 방면에서 아주 능숙하다. 고유의 사회적 시그니처를 갖고 있기도 하다. 동료들과 내가, 마당발형의 대화와 행동에서 나타나는 어떤 특징이 과도할 만큼 넓은 인맥을 키우는 데 기여하는지를 알아보기 위해 13곳의 다른 직장에서 근무하는 수백 명의 직장인들 사이에 오가는 교류를 연구해서 증명해냈듯, 마당발형은 동료들에 비해 대화 시간에서 더 많은 비중을 차지하고 더 자주 얘기하며 말을 자르고 끼어드는 비율이 낮다. 대화를 주도하고 대화 빈도가 높고 말을 자르는 인간의 이런 언어 행위는 침팬지가 똑바로 서고 어깨를 구부려 보이고 돌을 던지는 행위에 상응한다.

어떤 사람이 마당발형이 될 가능성이 높은지를 알아보는 문제에서 성격이 별 의미가 없다는 당혹스러운 연구 결과를 이해시켜주는 측면에서도 달변과 언어능력은 중요성을 띤다. 당연한 얘기일 테지만, 더 사교성이 뛰어나고 활달하고 적극적인 편인 외향형은 마당발형이 될 가능성이 상대적으로 더 높다. 하지만 그 영향은 기껏해야 상당히 미미한 수준이다. 예컨대 MBA 수강생 수백 명을 조사한 연구에 따르면, 극단적 외향형이 극단적 내향형에 비해 친구가 겨우 12명 더 많을 뿐이다.

정말로 중요한 것은 외향성 자체가 아니다. 외향형과 내향형은 소통 방식에 차이가 있다. 외향형은 더 힘 있는 목소리로 더 빠르게 말한다. 어떤 사람이 말하는 모습을 짧게 녹음해서 그 사람을 모르는 사람들에게 보여주면 낯선 사람들도 그 사람의 외향성 정도를 정확히 추측할 수 있다.

외향형의 유창한 말솜씨는 대체로 타고나는 것이기보다는 길러지는 것으로 보인다. 헬싱키대의 연구진은 한 연구에서 7~8세 아동 750명 이상의 부모들에게 자녀의 외향성 정도를 평가해달라고 요청했다. 그랬더니 자녀의 외향성에 대한 부모의 인식이 아이의 그 다음해 인기도를 가늠하는 예측 척도가 되어주는 것으로 나타났다. 하지만 그런 영향의 원인을 좀더 자세히 구체적으로 규명해보자, 대체로 아이의 구술력에 대한 교사의 평가에서 그 답이 나왔다. 즉, 인기도는 아이의 성격이 아니라 자기의 생각을 얼마나 잘, 쉽게 전달하는지에 따라 결정되었던 것이다.

다시 한번 자기실현적 예언이 이루어진 셈이다. 유년기 언어능력과 사교능력에서의 작은 차이는 아이가 갖는 수많은 사회적 교류나 아이의 인기에 긍정적 영향을 미친다. 아이가 사회적 자신감을 더 자주 펼치며 그런 자신감을 키울 기회를 갖게 되면서, 결과적으로 사교능력을 갖추게 된다.

자신만만한 태도가 중요하다

사회적 자신감은 그냥 능력만 갖춰주는 게 아니다. 더 인기 있는 사람이 되게도 해준다. 캘리포니아대 버클리 캠퍼스 하스 경영대학원의 심리학자 카메론 앤더슨Cameron Anderson은 학기 초에 243명의 MBA 수강생에게 일련의 목록을 제시해주며 그중에서 익숙한 항목들이 뭔지 물어보는 방법으로 이 점을 입증했다. 그 목록에는 실제로 있는 이름, 사건, 개념들과 더불어 윈드미어 와일드Windemere Wild나 퀸 셰독Queen Shaddock 같은 허구의 항목들도 포함되어 있었는데, 이 실험을 통해 앤더슨과 동료 연구진은 MBA 수강생 상당수가 자신의 지식을 얼마나 과대평가하고 있는지를 확인할 수 있었다. 학기가 끝난 후 수강생들의 인기를 평가해봤더니 허구 항목에 대해 안다고 응답한 수가 더 많은 수강생이 학기 말에 더 인기 있었다.

과잉 자신감이 유용할 법한 MBA 강의실에서만 그런 것은 아니다. 경영대학원은 이미 남다른 성공을 경험한 유능하고 똑똑한 젊은 전문 직 종사자들이 다음 사다리의 꼭대기에 오르기 위해서 치열하게 경쟁 을 벌이는 장이다. 그중 상당수는 무슨 일에서건 실패한 적이 없다가 맥킨지와 골드만삭스의 몇 안 되는 자리를 놓고 인재로 뽑히기 위해 갑 자기 서로 겨루는 상황에 놓인다. 모두 재능 있는 사람들만 모인 세계 에서는 때때로 자신감이 말 그대로 성공에 득이 된다. 이는 논객들에게 도 해당되는 이야기다.

짐 크레이머Jim Cramer는 경솔한 자신감 과잉의 전형이다. 크레이머는 2008년 3월 11일에 CNBC의 〈매드 머니〉Mad Money를 진행하던 중에 피 터라는 이름의 시청자가 투자은행 베어스턴스Bear Stearns에서 돈을 빼 야 할지를 묻는 질문에 말 그대로 비명을 지르다시피 말했다. "아니, 아 니, 안 돼요. 베어스턴스는 괜찮아요."

그런데 6일 후 베어스턴스의 주식은 90퍼센트까지 폭락했다. 재미있 는 점은 논객들의 세계에서는 정확성이 중요하지 않다는 것이다. 실제 로 크레이머의 참담한 베어스턴스 예측 이후 〈매드 머니〉의 시청률은 크게 올랐다.

목소리가 큰 것이 맞는 말을 하는 것보다 더 중요하다. 적어도 논객 들의 세계에선 그렇다. 현재 네브라스카 오마하대와 펜실베이니아 주 립대에 재임 중인 두 경제학자가 2012년 야구 플레이오프전 당시의 트 윗 10억 개 이상을 분석해봤다. 먼저 예측을 내놓지 않은 트윗을 걸러 낸 후 모든 트윗을 자신감의 정도별로 코드화했다. 가령 '이기다'보다는 '전패시키다'와 '참패시키다' 같은 단어에 더 높은 점수를 부여한 후 분석한 결과, 자신감이 배어나오는 단어를 쓴 경우엔 그 논객의 팔로어 수가 17퍼센트 증가하여 맞는 말을 한 경우보다 훨씬 높은 증가 폭을 보였다. 그에 비해 논객이 매 경기의 결과를 맞게 예측한 경우엔 팔로어 수 증가가 겨우 3.5퍼센트에 그쳤다.

자신만만한 표현, 떡 벌어진 자세, 차분하고 여유로운 행동, 말 많이 하기, 자신감 있는 어조 등으로 과잉 자신감을 드러내면 더 인기를 얻게 된다. 대체로 보면 MBA 수강생들 중에 누가 선망 받는 일자리를 얻게 될지, 누가 수업 개시 후 일주일 내에 반장이 될지를 알 수 있다. 그리고 이때 중요한 것은 기술이나 지적 통찰력이 아니다. 과잉 자신감은 능력으로 잘못 판단되는 경우가 많다. 그에 따라 심지어 과잉 자신감이 드러나고 실제 능력이 밝혀져도 집단에서는 여전히 과잉 자신감을 가진 사람들에게 좋은 점수를 주기 때문에 그런 사람들이 더 높은 지위에 올라서게 된다. 이런 사실은 과잉 자신감과 인기의 연관성을 더욱 뒷받침해준다.

잘 베풀어야 인기를 얻는다

마당발형은 자신감만 있는 게 아니다. 놀라울 정도로 관대하기도 하다.

마이클 세이벨Michael Seibel은 에어비앤비Airbnb와 드롭박스Dropbox 등 지금까지 총가치 1,000억 달러에 이르는 2,000곳 이상의 스타트업 창업을 도와준 와이 콤비네이터Y Combinator의 액셀러레이터 프로그램(신규 창업가들의 비즈니스를 도와주는 프로그램─옮긴이) 부문 CEO로서 하루 대부분의 시간을 남들을 도우며 보낸다. "창업자들은 내가 자신들의 이메일에 답장해주거나 내 트위터 프로필에 내 이메일 주소가 표시되어 있는 점에 다들 놀라워하지만 기술 스타트업 세계에서는 서로를 돕는 것이 핵심 가치다. 모두가 서로 도와야 한다. 스타트업 커뮤니티는 한 가족이다. 서로서로 돌봐줘야 한다."

이메일에 답해주며 모르는 사람들을 도와주려는 방침을 취하고 있는 사람은 세이벨만이 아니다. 애덤 리프킨Adam Rifkin도 비슷한 방침을 취하고 있다. 리프킨은 이런 방침을 5분 호의라고 부른다. 리프킨의 말마따나 5분 호의의 개념은 간단하다. "5분이나 5분 이내면 될 만한 일을 누구를 위해서든 기꺼이 행하면 된다."

리프킨과 세이벨은 당신이 생각하는 마당발형의 이상에 맞지 않을 수도 있다. 리프킨은 종종 수줍음 많은 판다 곰에 비유된다. 〈스타 트렉〉, 애너그램anagram(단어나 문장을 구성하고 있는 문자의 순서를 바꾸어 다른 단어나 문장을 만드는 놀이. 가령 'silent'는 'listen'의 애너그램이다. —옮긴이), 기술에 애착을 갖고 있기도 하다. 하지만 《포춘》 지로부터 최고의 인맥왕으로 꼽혀왔고 애덤 그랜트의 책 《기브 앤 테이크》에서는 관대함으로 보기 드물 만큼 성공적 인맥을 쌓은 사례로 소개되기도 했다.

어쩌면 키이스 페라지Keith Ferrazzi가 마당발형의 전형에 더 가까운 인물일지 모르겠다. 인맥 분야 베스트셀러 《혼자 밥먹지 마라》의 저자이기도 한 그는 안으로 들어설 때면 대개 활짝 미소를 지어 보이고, 금세 속사포 같은 대화를 벌이며, 사람에 따라 그냥 지켜만 봐도 거의 진이 빠질 정도로 넘치는 에너지를 발산한다. 세이벨이나 리프킨과는 성향이 다름에도 불구하고 페라지 역시 두 사람과 비슷한 취지를 갖고 있다. "받기 전에 베푸는 것이 더 낫다. 그리고 계산하며 베풀지 마라. 관대함에 따라 교류를 가지면 그와 똑같은 보상이 뒤따르기 마련이다."

셰프 고든은 이런 신념을 훨씬 더 간단한 말로 표현한 바 있다. "오늘 누군가를 위해 좋은 일을 해라." 아무리 앨리스 쿠퍼가 〈노 모어 미스터 나이스 가이〉No More Mr. Nice Guy라는 곡으로 인기를 끌었다 해도 그것이 고든의 좌우명이다.

고든, 리프킨, 세이벨, 페라지의 이런 조언은 연구에서도 옳은 것으로 증명되고 있다. 〈누가복음〉 6장 38절에도 "주라. 그리하면 너희에게 줄 것이니."라는 슬기로운 조언이 담겨 있다. 베푸는 사람들은 더 넓은 인맥을 갖는다.

베풂을 행하는 방법에는 여러 가지가 있다. 사람들에게 조언을 해주거나 정서적 지지를 보내주며 비공식적으로 베풀 수도 있고 단체에 뭔가를 베풀거나 자원봉사를 하거나 헌혈하는 식으로 공식적으로 베풀 수도 있다. 마당발형을 제외하면, 이 두 방법을 두루두루 행하는 사람은 드물다.

한 연구에서 1,000여 명의 응답자를 대상으로 인맥과 친사회적 행동을 분석한 결과에 따르면, 강한 유대의 촘촘한 인맥을 이루는 소집자형은 곧잘 사회적 지지를 베풀어준다. 하지만 단체를 위해 친사회적 행동을 벌이는 경우는 별로 없다. 그에 반해 마당발형은 아는 사람들에게 지지를 보내줄 가능성이 더 높았을 뿐만 아니라 자원봉사 단체에 시간, 돈, 혈액을 베풀어줄 가능성 또한 높았다.

당연한 얘기일지 모르지만, 마당발형은 사적으로 베푸는 것보다 공개적으로 베풀 가능성이 더 높아 보인다. 200명 이상의 아동을 대상으로 인기와 베풂에 대해 살펴본 연구 결과, 아이들이 색색의 손목밴드 네 개 중 한 개 이상을 나눠줄 가능성은 그 결정이 사적인 것인지, 공개 적인 것인지에 따라 좌우되었다. 인기 있는 아이들이 자기 손목밴드를 나눠줄 가능성이 더 높았지만 그것은 공개적으로 나눠달라고 부탁할 경우에만 해당되었다. 인기 없는 아이들은 공개적이든 사적이든 간에 행동에 큰 변화가 없었다. 어쩌면 공개적으로 친사회적 행동을 보여주 는 것의 가치를 간파하는 능력이 마당발형이 더 큰 인맥을 쌓을 수 있 는 한 방법인지도 모르겠다.

마당발형은 인맥의 특성상 베풀기가 더 쉬워지기도 한다. 우선 특유 의 넓은 인맥으로 인해 사회적 지지와 조언을 베풀 만한 잠재적 기회 를 더 쉽게 포착하게 된다. 넓은 인맥은 마당발형을 자원봉사자로 영입 할 때 유력한 후보로 부각시켜주기도 한다. 자원봉사를 하는 사람들의 약 3분의 2는 자발적으로 자원봉사를 시작한 게 아니라 다른 사람들에 게 영입된 경우라고 한다. 마당발형은 자원봉사지로 영입될 가능성이 더 높을 뿐만 아니라 그 넓은 인맥 덕분에 더 가치 있는 영입 대상이 되 기도 한다. 자선 기부에도 이와 비슷한 작동 원리가 작용한다. 자선 기 부는 대부분 직접적 요청에 응해서 행해진다. 기부한 사람들에게 가 장 최근에 했던 기부를 어떻게 하게 되었는지 그 이유를 물어봤더니 약 80퍼센트는 '누군가가 부탁을 해서' 기부했다고 대답했다. 마당발형은 단순히 더 많은 사람을 알고 있기 때문에 베풂을 부탁받을 가능성이 더 높은 것이다. 그리고 더 많이 베풀수록 그만큼 인맥이 커지고 관대하다 는 평판도 높아진다.

이런 점 때문에 마당발형은 관대함으로 인해 번아웃 상태에 이를 위험이 도사리고 있다. 애덤 그랜트의 책에서도 이런 점을 관대함의 한 가지 난제로 강조했다. 고든, 리프킨, 세이벨처럼 기대되는 보상이 있건 없건 개의치 않고 남들을 도와주고 싶어하는 자선가들은 성공할 가능성이 더 높다. 하지만 실패하고 피해 입을 위험 역시 더 높다. 베풂을 받는 사람들이 주는 것보다 더 많이 받기를 좋아하는 것에 반해, 주는 사람들은 14퍼센트를 덜 받고 범죄의 대상이 될 가능성은 두 배 더 높으며 더 힘없는 사람으로 인식된다. 하지만 조사 대상 사업체가 총 수천 곳에 이르는 수십 건의 연구를 메타분석해본 결과 일관된 연구 결과를 발견할 수 있었다. 베푸는 것이 더 큰 금전적 성공, 효율성, 고객 만족, 더 낮은 이직률과 연관성이 있다는 점이다. 베푸는 사람들은 번아웃에 빠지거나 이용당할 일이 없도록 잘 예방해야 성공한다. 그러지 않으면 더 이기적인 사람들보다 더 어렵게 살게 된다.

잘 베풀기 위해서는 자기보호가 필요하다. 특히 마당발형이 잘 베풀려면 번아웃에 빠지지 않게 조심해야 한다. 그러기 위해서는 신중하게 경계선을 그어놓는 것이 좋다. 리프킨도 5시간 호의가 아니라 5분 호의를 펼치고 있다. 셰프 고든은 매일 누군가에게 도움이 되어주려 애쓰지, 매일 모든 사람에게 도움이 되어주려 애쓰진 않는다.

그랜트에 따르면 해볼 만한 전략이 하나 더 있다. 시간을 배분해놓고 베푸는 것이다. 베풀기에 전념할 시간을 따로 떼어놓으면 더 집중해서 더 효율적으로 베풀게 되고, 베풀면서 얻는 심리적 보상도 증폭된다.

마지막으로 다소 역설적인 얘기를 덧붙이자면, 현재 UCLA 앤더슨 경영대학원에 재임 중인 케이시 홈스Cassie Holmes의 지휘 하에 진행된 한 연구 결과 시간을 더 많이 내어줄수록 실제로 자신에게 시간이 더 많은 것처럼 느낄 수 있다고 한다. 실험 참가자들에게 시간을 낭비하거나 자신을 위한 일을 하는 대신에 그 시간을 남들을 도와주는 데 쓰도록 유도해봤더니 참가자들이 자신에게 시간이 많은 것 같다는 주관적 인식을 갖게 되었다.

뛰어난 마당발의 남모르는 노력

하지만 시간을 얼마나 여유 있게 느끼는지에 대한 인식을 바꾸는 것과 실제로 시간을 더 여유 있게 만드는 것은 달라도 크게 다르다. 그리고 지금까지 살펴봤듯 시간과 인지 능력은 인맥의 폭을 제한하는 최대 제약요소다. 마당발형은 대체로 사회적 관계를 '맺는' 데 뛰어나지만 그 관계를 다지고 유지하는 데 더 많은 시간이 들어간다. 깊은 사회적 관계를 키우는 데 애를 먹다 보면 자신의 인맥에서 가치를 끌어내기가 힘들기도 하다.

효율적인 마당발형은 체계가 있다. 버넌 조던은 까만색의 3공 링바인더 여러 개에 지인들의 집 전화번호, 휴대폰 번호, 가족 정보를 정리해두었다. 데이비드 록펠러는 이전의 만남들과 관련된 상세한 내용을 메모 카드에 적어두었다. 로널드 레이건도 인용문과 농담을 메모 카드에 적어서 관리했다.

사무실에서 일하는 사람들은 하루에 평균 200개의 이메일을 받고 이메일에 할애하는 시간이 일주일에 12.5시간이 넘는다. 2018년에 사람들은 평균 142일 이상 소셜 미디어를 하면서 일주일에 16시간 이상을 할애했다. 마당발형은 이 평균치보다도 이용량이 훨씬 높다.

마당발형은 체계를 세워서 다루기 불가능한 일을 다룰 수 있게 한다. 영업 조직에서 연락처 저장, 통화 기록 관리, 업무 목록 작성, 다시 연락할 업무 건에 대한 알림 설정, 지난번 만남과 상대의 개인적 정보에 대한 구체적 사항 관리 등을 위해 통상적으로 쓰이는 고객 관리 도구를 활용한다. 이런 일의 대부분은 단순한 엑셀 스프레드시트로 관리할 수도 있지만 넓은 인맥을 관리하고 싶다면 꼼꼼하고 일관성 있게 관리할 필요가 있다.

받는 이메일의 경우도 그런 관리가 필요하다. 마당발형들에겐 보통 적절한 체계가 있고, 조수도 있다. 예를 들어, 마이클 세이벨은 이메일에 답장할 때는 대개 한두 문장으로 답하고, 공개연설 요청은 거의 모두 거절하며, 주간 통화 횟수를 제한시킬 수 있는 일정관리 도구를 이용하고 있다. 자주 받는 질문들은 대개 블로그 게시글에 그 답변을 올려놓고 나서 사람들에게 게시글을 보라고 알려준다. "그리고 이메일 답신이 갖는 가치의 90퍼센트는 누군가가 답장을 해주는 그 자체에 있다는 점을 깨달았다."고도 한다.

키이스 페라지는 아는 사람들이 어떻게 지내는지 잘 살피는 것만이 아니라 친해지고 싶은 '희망 지인'의 목록을 만들기도 한다. "나는 전부터 쭉 잡지에 실린 인물 목록을 뜯어내 보관한다. (중략) 이런저런 분야의 40세 이하 40대 인물 목록을 뜯어낸 지 수년째가 되었다. 이 인물들은 누군가가 충분한 시간을 할애해 유망주, 선도자, 지식인으로 선정한 사람들이자 내가 함께 어울리고 싶은 사람들이다. 최고의 CEO, 가장 높이 평가받는 CEO, 지역별 인물 들의 목록도 뜯어둔다."

인명록 작성은 최근에 생긴 개념이 아니다. 미국의 엘리트층은 못해도 1887년부터 '소셜 레지스터'Social Register(사교계 명사 인명록)라는 형식을 통해 활용하고 있었다. 부고 기사에서 '뉴욕의 어느 시민보다 국내외적 인지도가 높은 인물'로 평가받았던 켈러Keller가 이 소셜 레지스터를 처음으로 만들면서 미국에서 가장 명망 있는 가문들의 이름과 주소를 실었다. 켈러의 최초 명단에는 수록된 가문이 2,000개였으나 현재는 약 2만 5,000개에 이르며 주요 거주지, 여름 별장 위치, 소유 요트의 명칭, 회원으로 들어간 단체의 코드('Sfg'는 San Francisco Golf Club을 나타내고, 'BtP'는 Bath and Tennis Club of Palm Beach를 가리키는 식의 코드) 등의 정보가 수록되어 있다. 브룩 애스터Brooke Astor에 따르면, 수십 년 동안 "이 인명록에 실리지 않은 사람은 그냥 모르는 사람으로 취급되었다."고 한다.

일을 너무 벌이지 말자

셰프 고든은 새로운 아티스트와 계약을 맺는 자리에서 의뢰인에게 미리 이렇게 말한다. "내가 내 일을 완벽하게 해낸다면 당신을 죽이게 될지도 몰라요." 그만큼 인기와 명성에는 숨겨진 위험이 많다는 얘기다. 연예계 가십거리를 다루는 잡지를 아무거나 하나 집어서 들여다보면 무슨 말인지 수긍이 갈 테지만 고든의 이런 경고는 그냥 하는 농담이 아니다.

개인적 관계에서는 일을 너무 벌이면 위험해진다. 크리스티나 팰시Christina Falci와 클레아 맥닐리Clea McNeely가 실시한 연구를 통해 밝혀진 바에 따르면, '친구'가 너무 많으면 우울증에 빠질 위험이 높다(그것은 친구가 너무 적어도 마찬가지다). 관계에는 기대와 의무가 따른다. 깊이 얽힌 관계의 수가 늘어날수록 기대와 의무도 늘어난다. 그러다 보면 결국 '역할 긴장'role strain이라는 현상이 일어나는데, 마당발형은 이런 현상에 이를 경우 도저히 그 많은 역할의 요구를 수행할 수가 없다.

친구가 너무 많을 경우 우울증과 고독의 위험이 높아질 수 있는 이유는 유대의 강도와 관계의 수 사이에서 타협을 해야 하기 때문이기도 하다. 새뮤얼 아브스만Samuel Arbesman과 다트머스 의료정책 및 임상진료 연구소Dartmouth Institute for Health Policy and Clinical Practices의 제임스 오말리James O'Malley의 지휘하에 진행된 연구 결과 한 사람이 맺고 있는 친분 관계의 수와 그 사람의 인맥에 드는 나머지 사람들에 대한 친밀도는 서로 반비례한다는 점이 밝혀졌다. 이런 결과는 완전히 다른 자료를 토대로 진행된 또 다른 연구에서도 재차 확인되었다. 작은 인맥을 가진 사람들은 가족 외 관계의 약 6퍼센트를 '아주 친밀한' 관계로 여겼는데 커도 너무 큰 인맥을 가진 마당발형의 경우엔 그 비율이 그 절반도 안 되었다.

그래서 마당발형은 아는 사람은 많은데도 친구가 없다고 느끼는 상황에 놓일 수 있다. 가수이자 배우인 셀레나 고메즈도 "나는 모두와 다 친하지만 정작 친구는 없다."고 말한 적이 있다.

직장에서도 인기가 있으면 너무 많은 협력 관계를 맺어 번아웃에 빠질 위험이 있다. 애덤 그랜트, 렙 리벨Reb Rebele, 롭 크로스Rob Cross가 300곳 이상의 조직체에서 이루어진 연구를 활용해 밝혀낸 바에 따르면, 직원의 3~5퍼센트가 협력의 부가가치 20~35퍼센트를 끌어내준다.

당연히 그럴 테지만 이런 직원들은 협력자로서 아주 인기 많고 선호하는 사람들이 많다. 하지만 단절감을 느끼고 업무 만족도도 가장 낮다.

극도로 큰 인맥을 갖는 것에도 나름의 단점이 없지 않지만, 노스캐롤라이나대 미치 프린스틴Mitch Prinstein 교수가 저서《모두가 인기를 원한다》를 통해 주장한 바에 따르면, 인기에는 두 가지 유형이 있다. 그중하나는 지금까지 우리가 얘기했던 인기이자 프린스틴이 '지위'status로 명명한 인기로서, 사람들에게 타격을 주는 유형의 인기다. 지위는 곧 '인지도, 힘, 영향력'을 반영하며 데일 카네기Dale Carnegie가 사람을 좀 주눅 들게 하는 이유도 그 때문이다. 이렇게 지위에 해당하는 인기는 자신만만한 MBA 수강생이 급우들의 결혼식에 초대되지 않는 이유를 이해하는 데도 도움이 된다.

하지만 인기에는 '호감'likability이라는 훨씬 더 긍정적인 유형도 있다. 프린스틴의 주장에 따르면, 대다수 사람이 잘못된 유형의 인기를 추구하며 살아간다.

어릴 때 사람들에게 호감을 사는 요소는 수십 년 후에도 호감을 사는 이유가 되어준다. 시간이 흘러도 호감 요소는 잘 변하지 않는다. 프린스틴에 따르면, 호감을 사는 사람들은 공격적이지 않다. 말도 잘 들어준다. 항상 자신이 대화를 주도하려 들지 않는다. 다른 사람들이 자신을 중요하고 환영받는 사람처럼 느끼게 해준다. 고압적이지도 않다.

스웨덴의 1만 4,000명 이상의 청소년을 40년에 걸쳐 추적조사한 연구에서 밝혀진 바이지만 어릴 때 가장 호감을 얻은 아이들이 가장 성공한 성인이 되었다. 인지 능력, 사회경제적 지위, 부모의 정신건강, 비행행위 외에 장기적 성공을 위해 중요할 법한 여러 요소를 감안해서 따져

봐도 호감을 사는 아이들이 고등학교와 대학을 졸업해 직장에서 성공을 거둘 가능성이 더 높다. 그리고 생활고를 겪거나 우울증, 불안, 중독 문제에 시달릴 가능성은 더 낮다.

삶의 대부분의 시기 동안 호감은 인기나 인맥 크기와는 별 상관관계가 없다. 인맥 기반의 높은 지위를 가진 사람들 중에서 호감까지 겸비한 비율은 30퍼센트 정도에 불과하다. 아동기 때는 호감과 인기가 서로 엮여 있다. 하지만 사춘기에 이르러 신경계에 변화가 일어나며, 지위의 추구욕이 뿌리 내리면서 그 둘은 서로 갈라지기 시작한다. 누적이익이 쌓이기 시작하면서 인기를 유발시켜주는 근원적 인품(즉, 호감)과 인기 자체가 서로 갈라질 기회가 늘어나게 된다.

셰프 고든같이 가장 효율적이고 지속적인 유형의 마당발형은 상상하기도 힘들 만큼 유명해져도 여전히 호감을 얻는다. 하지만 고든조차도 인기의 숨겨진 위험을 모두 피하진 못했다.

고든은 병원에 입원해 있는 동안 고독을 느끼던 중 자아가 작동되었다. "나 자신이 측은해져서였는지 자아가 말을 걸어왔던 것 같다. '그래, 그래, 그게 이런 상황에서 벗어날 좋은 방법일지 몰라. 내가 살아난다면 그 영화를 찍자.'" 이를 계기로 고든은 10년인가 12년 동안을 거절해 온 베스 알라Beth Aala(에미상 등을 수상한 미국 다큐멘터리 영화 제작자)와 마이크 마이어스의 제안을 마침내 받아들여 자신에 관한 다큐멘터리의 제작을 허락했다. 이 영화가 제작되지 않았다면 고든은 여전히 비교적 무명인 상태로 살았을 가능성이 높다.

처음 이 영화를 제작하게 된 동기는 고든 자신의 자아를 우쭐하게 해주려는 순간적 욕구 때문이었을지 모르지만 영화를 통해 전해진 것은 고든의 관대함과 기꺼이 남들을 도와주려는 마음이었다. 미국 중서부 지역에서 이 영화가 상영된 이후 어느 부부가 고든에게 다가와서 이렇게 말했다. "너무 감사드려요. 선생님과 얘기를 해보고 싶었어요. 저희는 얼마 전에 세인트토머스에서 여기로 이사왔고, 아이들은 다 커서 저희 부부끼리만 살고 있어요. 다시 둘이 되니 저희가 정말로 복 받은 사람이라는 걸 깨달았어요. 하지만 선행을 충분히 베풀지 않고 살았어요. 이 영화를 보고 나서 다르게 살아야겠다는 생각이 들었어요."

베풂, 봉사, 감사함은 고독을 막아준다. 고든은 유명 셰프 로저 베르제Roger Vergé와 달라이 라마를 통해 '남들을 위해 봉사하면서 충족감 있는 삶을 사는 법'을 배웠다. 호감이 가고 인기 있는 사람이 되는 법을 배웠다.

제6장

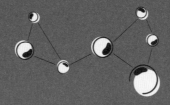

관계의 세 가지 유형을
적절히 조합하라

물은 어떤 그릇에 담느냐에 따라 모양이 달라지지만,
사람은 어떤 친구를 사귀느냐에 따라 운명이 결정된다.

_ 히구치 히로타로(전 아사히 맥주 회장)

"사람은 누구나 소속을 갈망합니다. (중략) 인간 정신 깊은 곳에는 소속에 대한 열망이 있습니다. 그래서 독방 감금이 가장 심한 형벌인 것입니다. 우리 인간은 관계를 맺도록 설계되었습니다. (중략) 그 때문에 사람들이 그저 소속되고 싶어서 갖가지 어리석은 명분에 동참하는 것입니다." 새들백 교회 Saddleback Church 의 신도들에게 '파파 릭'Papa Rick 으로 더 잘 알려진 릭 워렌Rick Warren 목사의 한 설교 대목이다.

워렌은 교회에 시큰둥해하는 사람들을 위한 교회를 세우기 위해 켈리포니아 주 오렌지 카운티로 부름을 받아왔다. 아내와 생후 4개월 된 아기를 데리고 텍사스 주에서 이곳 유홀U-Haul에 들어왔을 당시에 집집마다 노크를 하고 다니면서 교회에 다니지 않는 이유를 물어봤을 때 돌아온 대답은 어느 정도 사회학적 문제와 얽힌 것이었다. 대략 어떤 상황이었는지 워렌의 말로 직접 들어보자. "젊은 부부가 교회 안으로 들어서면 가장 먼저 이렇게 묻습니다. '이 교회에 다른 젊은 부부들은 없나요?' 그리곤 빙 둘러보다 백발성성한 사람들뿐이면 더 있으려 하지 않아요."

워렌은 모든 사람이 커뮤니티를 찾을 수 있는 교회를 만들고 싶었다. 예배가 다가가기 쉽고 재미있는 그런 교회가 되길 바랐다. 그래서 새들백 교회에는 파이프 오르간이나 성가대가 아닌 록밴드가 있다. 가스펠 음악이 흐르는 '찬송' 텐트, 구식 찬송가가 불려지는 '전통'실, 크리스천 록Christian rock이 요란하게 울려대는 '질주'실과 스페인어 예배도 마련되어 있다. 사람들은 청바지를 입고 교회에 나오고, 교회에는 아이들의 놀이 공간도 마련되어 있다. 해변에서의 세례식이 있는 날에는 보통 뒤풀이로 바비큐 파티도 열린다.

파파 릭은 10대 시절에 머리를 기르고 다니며 록스타를 꿈꿨다. 그러다 개종 체험 중에 성직자라는 직무에 끌리게 되었다. 새들백 교회는 릭과 케이 워렌 부부가 사는 집에서 성경 교실로 첫발을 떼었다. 워렌은 신자를 모으기 위해 편지를 썼다. 이렇게 쓴 편지를 부부가 몇 명 안 되는 신도들과 함께 봉투에 손으로 직접 주소를 써가며 1만 5,000명 이상의 지역민들에게 보냈다. 그렇게 해서 결국 1980년 부활절에 라구나 힐스 고등학교 강당에서 열린 교회의 첫 번째 공식 예배에 205명의 발길을 끌어냈다.

현재 워렌은 초대형 복음주의 교회의 세계에서 록스타와 같은 사람이다. 워렌의 예배에는 매주 2만 2,000명에 가까운 사람들이 찾아온다. 이 지역 사람들 아홉 명 중 한 명은 이 교회를 신앙생활의 터전으로 삼고 있다. 새들백 교회는 이제 부에노스아이레스와 베를린같이 먼 지역을 비롯해 '수많은 곳에 퍼진 여러 교회 중 한 곳'이다. 릭 워렌의 책 《목적이 이끄는 삶》은 지금까지 3,400만 부가 넘게 팔렸다.

"교회는 거대한 자발적 조직체가 모두 그렇듯 그 중심에 자기모순을 갖고 있다. 이런 조직체는 새로운 멤버를 끌어들이기 위해 진입 장벽을 낮춰야 한다. 위압감을 일으키지 않고 친근하면서 사람들이 속한 문화와 잘 통해야 한다. 하지만 또 한편으론 멤버들을 계속 붙잡아두기 위해 그 문화와 별개의 고유한 정체성도 띠어야 한다. 추종자들에게 공동체의식을 갖게 해주어야 한다." 말콤 글래드웰Malcolm Gladwell이 새들백 교회에 대해 다룬 기사에서 지적한 내용이다. 마당발형과 소집자형 역시 직면하기도 하는 이런 긴장 요소를 워렌은 소그룹의 기도 모임을 통해 극복했다.

이 소그룹은 세 명 이상이 함께 모여 예배를 드리는 모임으로, 촘촘한 소집자형 인맥 관계를 이룬다. 로스앤젤레스 소재 교회의 경우 보통 수요일이면 100개 이상의 소그룹 모임이 열린다. 군인들의 모임, 5학년생 모임, 스페인어 사용자 모임, 걸음마쟁이를 키우는 엄마들의 모임, 버즈 비치 버디즈Bud's Beach Buddies, 노토리어스 시너즈Notorious Sinners, 프레잉 피클즈Praying Pickles 등의 다양한 모임들이 있다.

이 소그룹 모임은 워렌을 미국에서 가장 성공한 '목사기업가'pastor preneur로 만들어준 동력이다. 워렌의 성공 비결은 이런 비범한 인맥망이다. 말콤 글래드웰은 이 모델에 '셀룰러 교회'the cellular church(전체 서비스 영역을 여러 개의 작은 서비스 영역인 셀로 나누었다는 의미―옮긴이)라고 이름 붙였다. 이 소그룹의 기도 모임은 교회에 부가적 비용을 발생시키지 않았다. 신자들이 가장 편안하게 느끼는 사람을 누구든 자유롭게 선택하기만 하면 되었다. 글래드웰은 현재 이런 소규모의 종교 모임에 속해 있는 4,000만 명의 미국인이 '미국의 종교 생활의 본질에 지대한 변화를' 일으켰다고 본다.

사실상 인맥 속의 인맥인 셀룰러 모델은 소집자형, 중개자형, 마당발형이 가진 고유의 제한 요소들을 세 유형의 구성요소를 한데 조합시키는 방식으로 극복하고 있다. 마당발형 특유의 인맥 확장을 가능케 해주는 동시에 여전히 공동체의식을 잃지 않는다. 자신과 같은 부류의 사람들 사이에 속하고 싶어하는 사람들의 성향을 맞추어주는 동시에 프레잉 피클즈에서부터 노토리어스 시너즈에 이르기까지 온갖 부류의 사람들을 아우르는 아주 다양한 인맥이 형성될 수 있게 해준다.

이런 구조는 "결코 조직화되어서는 안 된다."는 점을 80년이 넘도록 중요한 원칙으로 삼고 있는 단체인 알코올중독자 갱생회Alcoholics Anonymous가 한결같이 지켜온 모델과 같다. 공산당도 한때는 비슷한 모델의 구조였다(사회주의 정당을 직업혁명가로 조직된 프롤레타리아트의 혁명적 전위당으로 만들어야 한다는 구상은 1900년부터 러시아의 혁명가 레닌에 의해 전개되었다.—옮긴이).

지금까지 중개자형, 소집자형, 마당발형의 장점을 최대화하는 동시에 단점은 최소화하는 인맥을 구축해낸 사람은 릭 워렌, 버넌 조던, 하이디 로이젠 같은 소수의 비범한 인물뿐이었다. 대다수 사람들에겐 대형 교회를 이룰 만한 인맥이 필요하진 않겠지만 여러 인맥 스타일을 접목하고 조합하는 일의 잠재적 가치를 이해하면 자신의 인맥을 최대한 활용하는 데 도움이 될 수 있다.

가장 좋은 인맥이나 적절한 인맥이라는 게 하나로 딱 정해져 있는 건아니다. 내가 1,000명에 가까운 사람들의 인맥을 분석해본 결과에 따르면, 세 명 중 한 명은 인맥 스타일의 경계가 뚜렷하지 않다. 게다가

20~25퍼센트는 혼합된 스타일을 띠어서 중개자형이면서 마당발형이거나 소집자형이면서 마당발형인 식의 인맥을 형성하고 있다. 앞으로 차차 살펴볼 테지만 경계가 모호한 유형이나 혼합형은 유용한 자산이 될 수 있다.

가장 적절한 인맥은 자신의 개인적 목표, 커리어, 지위, 필요성에 잘 맞는 인맥이다. 마당발형이 얻게 되는 인지도·인기·힘 측면에서의 이점은 대체로 커리어 초반이나, 직업상 사람들을 만나고 시선도 끌어야 하는 사람들에게 아주 유용하다. 중개자형이 얻게 되는 혁신 측면에서의 이점은 창의적인 업계나 독특함이 특권을 누리는 분야에서 가장 중요하다. 소집자형 특유의 신뢰 및 평판상의 이점은 정서적 행복을 다지고 고독과 번아웃을 예방하는 데 도움이 될 뿐만 아니라 대인관계의 불확실성이 높은 분야에서 도움이 되기도 한다. 놓여 있는 시기와 난관에 따라 다른 인맥이 필요하다. 정서적·사회적·업무적 필요성이 시간이 지남에 따라 서서히 바뀌는 것처럼 인맥도 바뀔 수 있다.

시련을 극복하는 관계 전략

마빈 파웰은 매일 아침 5시 30분이면 집을 나와 미시간 주 폰티악으로 향하며, 쉐보레 실버라도와 GMC 시에라 픽업트럭을 생산하는 폰티악 조립공장으로 일하러 갔다. 큰 키에 다부진 체격의 아프리카계 미국인 남자로 40대를 코앞에 두고 있던 파웰은 아버지를 따라 자동차 조립 일을 하게 되었다. "아무리 좋게 말해도 때깔 나는 직업은 아니죠." 파웰은 이렇게 말했지만 그 직업 덕분에 인종 차별 없는 중산층 동네 킹

슬리 단지에 집을 마련하고, 아이들을 디즈니월드에 데려가고, 주말에 포장음식을 사다 먹을 수 있었다.

파웰은 제6공장에서 마지막까지 남은 직원 여섯 명 중 한 명이었다. 2003년에만 해도 3,000명에 가까운 직원이 그 공장에서 일하며 하루에 1,300대의 트럭을 생산했다. 하지만 2009년의 어느 월요일에 파웰이 교대근무를 시작한 지 두 시간 만에 전원 회의를 위해 생산라인의 가동이 중단되었고 그 자리에서 공장의 폐쇄 결정이 내려졌다.

"시간이 지나면 괜찮아질 거야." 낙관적이고 믿음이 강한 파웰은 이렇게 말하며 인근의 다른 자동차 조립 공장에 일자리를 알아볼 계획을 세웠다. 하지만 〈뉴욕타임스〉에서 파웰의 사례를 소개했던 기자 조너선 말러Jonathan Mahler는 "모든 일이 잘 풀릴 거라는 그의 믿음과 단호한 확신에 경이로움이 일다가도 주변의 상황을 둘러보고 어느 날짜판이든 신문을 집어서 읽어보면서 그를 비롯한 수많은 사람들을 향해 정면으로 달려오는 기차를 직시하고 너무 늦기 전에 현실적인 미래 계획을 세워보라는 충고를 해주고 싶은 충동이 일어 끊임없이 갈등했다."

전 휴렛팩커드 부사장이자 하버드대 경영대학원 졸업생인 마크 고햄Mark Gorham은 파웰과 같은 시기에 해고되었지만 다른 접근법을 취했다. 개인 취업 코치 제프리 레드먼드Jeffrey Redmond의 조언에 따라 인맥 쌓을 방법을 찾아보기 시작했다. 하루에 세 명에게 연락하며 한 달에 60명에게 연락하기를 목표로 잡았다. 그렇게 해서 처음 전화를 걸게 된 상대는 10년 가까이 연락 없이 지냈던 동료였다. 몇 주 동안 취업 코치와 전화 통화 연습을 한 다음에도 최소한 다섯 번 더 연습하고 나서야 전화기를 집어들었다.

고햄은 당시를 이렇게 회고했다. "꺼내기 정말 꺼려졌던 말 중 하나가 실직 중이라는 말이었다. 실직 상태였던 적은 그때가 처음이었다. 그러다 이런 생각이 들었다. 사실 내가 전화를 걸려는 건 '나 취업 좀 시켜줘'라는 부탁을 하려는 게 아니었다. 굳이 따지자면 내 상황을 알려주면서 계획을 짜는 데 도움이 될 만한 조언을 얻으려는 것이었다. 전화를 받은 동료는 적극적으로 응해주며 여러 가지 아이디어를 제시해주었다. "예전처럼 다시 만나자."고도 했다. 막상 통화를 해보고 나자, 내가 왜 그렇게 걱정을 했는지 의아해졌다."

네드 스미스Ned Smith, 타냐 메논Tanya Menon, 리 톰슨Leigh Thompson은 이런 마빈 파웰과 마크 고햄의 사례를 계기로 삼아 일자리 위기에 처할 때 사람에 따라 대조적인 인지 반응을 보인다는 사실을 증명하기 위한 연구에 착수하게 되었다. 연구에서는 파웰이 친구와 가족들에게 관심의 초점을 돌렸던 반면 고햄은 인맥 확장에 힘쓰기 시작했던 점에 주목했다.

연구진은 파웰과 고햄이 가졌던 인맥 걸러내기 및 인맥 확장의 태도가 일반화 가능한 사례인지에 흥미를 느꼈다. 사회경제적 지위가 상대적으로 높거나 낮을 경우에 사람들의 인맥적 반응에 차이가 있는지에 대해서도 알아보고 싶었다. 한 대대적 사회심리학 연구를 통해 증명된 바에 따르면, 힘 있는 사람들은 위기에 직면할 경우 낙관성과 자신감을 보일 가능성이 더 높다. 반면에 자원이 부족한 사람들은 도움을 청했다가 사신의 무력감이 더 증폭될 소지 때문에 도움을 부탁할 가능성이 더 낮다. 그래서 비교적 힘이 없는 사람들은 자신의 인맥 중에서 더 작고 더 긴밀한 결집적 무리를 인맥의 안전한 기본값으로 설정할 가능성이 더 높다.

세 사람의 연구진은 가장 먼저 설문조사 자료부터 살펴보며 자신들의 직감이 맞았음을 확인했다. 더 많은 자원을 갖춘 사람들이 애초부터 더 크고 광범위한 인맥을 가지고 있다는 점을 감안한 후, 806명의 설문조사 응답자들이 일자리의 위기 앞에서 인맥의 크기와 결집적 성향에 어떤 양상을 띠는지도 살펴봤다. 비교적 큰 힘을 가진 응답자들은 다음 해의 언젠가 해고될 가능성이 높다는 생각을 했을 때 더 넓고 광범위한 인맥을 가졌다. 일자리를 잃을지도 모를 가능성이 인맥 넓히기로 연계된 것이었다. 힘이 없는 사람들은 똑같이 해고될 가능성에 직면하자 인맥을 축소시켰다. 인맥이 더 좁혀졌고 결집적 성향도 더 높아졌다.

연구진은 이러한 변화 간에 인과관계가 있는지도 알아보고 싶었다. 즉, 실직 위기가 실제로 인맥에 대한 인식에 변화를 일으키는지 궁금해서 졸업을 앞두고 취직을 준비 중인 이들 중에서 108명의 실험 참가자를 모집했다. 연구진은 실험 참가자들 중 무작위로 나눈 절반의 그룹에게 그 취직한 일자리에서 1년쯤 근무하다 회사가 구조조정에 들어간다는 소식을 통보받으며 일자리를 잃을지 모르는 상황을 상상해보게 했다. 이렇게 실직 위기가 높은 상황을 상상해보게 한 다음엔 그런 불운한 상황에 처할 경우 어떤 기분이 들 것 같으냐는 질문도 던졌다. 나머지 절반의 참가자들에게는 이상적인 일자리에 취직한다면 어떤 기분이 들 것 같은지 생각해보고 글로 써달라고만 했다. 실직 가능성에 대해서는 전혀 언급하지 않았다. 그다음엔 두 그룹 모두에게 중요한 문제를 누구누구와 얘기하고 아는 사람들과 어떤 관계를 맺고 있는지 써달라고 했다.

세 명의 연구진은 지위가 상대적으로 낮은 참가자들이 더 작고 더 소집자형에 가까운 인맥을 떠올릴 가능성이 더 높다는 연구 결과를 다시 한번 확인했다. 똑같이 실직 위기에 처해도 지위가 높은 참가자들은 인맥을 더 크고 넓게 인식했다. 정신적 측면에서 자원이 더 많고 경제적으로 안정된 사람들은 일자리를 구할 때 더 유리할 만한 인맥을 떠올렸다.

불확실한 시기에 인맥 걸러내기는 특히 더 불리할 수 있다. 불확실한 시기에 촘촘한 소집자형 인맥은 중요한 심리적 지지가 되어줄진 몰라도 취업 지도를 얻을 잠재성 면에서는 더 크고 더 광범위한 인맥이 보다 유리하다.

인맥 걸러내기를 유도할 만한 요소는 실직 위기만이 아니다. 어려움, 불확실성, 부정성 역시 인맥을 실제보다 더 작고 더 결집적으로 인식하게 유도한다. 부정적·긍정적·중립적 인생 경험을 떠올려보게 하는 실험을 벌이면 무작위 그룹 배정에 따라 인생 최악의 순간을 떠올려보게 한 사람들이 더 소집자형에 가까운 인맥을 떠올린다. 이런 실험에서는 서로 다른 인생 경험을 떠올리도록 무작위로 배정되는 것이기 때문에 실험 참가자 그룹별로 기본적 인맥이나 경험이 달라서 그런 결과가 나오는 게 아니다. 그 사람들 모두가 애초부터 소집자형이어서 그런 결과가 나오는 것도 아니다. 단지, 정서적으로 부정적 경험을 겪으면서 자신의 인맥 내에서 더 촘촘한 관계로 맺어진 일원들을 떠올리게 되는 것이다. 결국 이 일원들이 연락을 할 가능성이 높은 사람들이다. 우리의 인맥은 정서 상태에 따라 시시각각으로 변한다.

경우에 따라서는 우울증에 빠지거나 배우자가 병에 걸리는 등의 어려운 상황이 닥쳤을 때 인맥 내에서 가장 촘촘한 결집적 일원들에게 집중하는 것이 도움이 될 수 있다. 안도감을 주는 그런 결집적 일원들은 그 상황에서 필요한 정서적 지지를 제공해줄 수 있다. 하지만 불확실한 상황이나 위기 상황일 때는 정보 측면에서 이로운 중개적 인맥이 해결책을 끌어내줄 가능성이 더 높다. 직원들이 정리해고 상황에 직면하거나, 조직체가 갑자기 새로운 경쟁에 직면하거나, 경찰들이 테러리스트를 수색하거나, 주가가 폭락하거나, 의사들이 급작스러운 전염병 발병의 원인을 찾으려 할 때 인맥은 '거북이처럼' 움츠러든다. 이런 상황에서 사람들은 자신의 가장 촘촘하고 든든한 유대에 집중한다. 안으로 파고든다. 그런데 이것은 바람직한 반응과는 정반대되는 반응이다.

문제가 어느 정도 무력감에 있다면 권능감을 일으켜보는 것도 그럴듯한 해결책이 되지 않을까? 힘이 있었던 시기를 떠올리면 촘촘한 결집적 하위 인맥을 넘어서서 생각하기 위해 필요한 자신감이 생기진 않을까? 그렇지 않다. 이런 방법은 도리어 역효과를 낳을 수 있다.

타냐 메논과 네드 스미스가 사람들에게 '다른 한 사람이나 여러 사람들에게 힘을 행사했던 특정 일을 떠올려보게' 해봤더니 대체로 힘이 별로 없는 편인 사람들(즉, 인맥 확장이 가장 필요한 사람들)의 경우엔 권능감 부여가 인맥 걸러내기로 이어졌다. 그런 사람들은 정체성과 그런 권능감의 경험 사이에서 충돌을 겪었다. 일상적으로 힘이 없는 것에 익숙한 상태에서 힘을 북돋워주는 말을 듣자 오히려 위협감과 불확실성이 더커졌다.

이 경우에는 힘을 북돋우기보다는 정체성을 확고히 세워주는 편이 더 좋은 전략인 것으로 입증되었다. 두 연구자에 따르면, "확고한 정체성을 가질 때의 정서적 특징은 편안한 느낌과 통제감이다." 통제력이 힘보다 더 중요했다는 얘기다. 힘은 단지 통제력에 대한 환상illusion of control(사람들이 사건들을 통제할 수 있는 능력을 과대평가하는 경향, 혹은 외부 환경을 자신이 원하는 방향으로 이끌어갈 수 있다고 믿는 심리적 상태—옮긴이)만 주었다. 불확실성에 직면했을 때는 해당 상황에서 자신이 바꿀 수 있을 만한 측면에 초점을 맞추는 것이 결집하려는 심리적 경향을 상쇄시키기에 더 좋은 방법이다.

심리적 동요와 두려움에 빠지면 자칫 인맥 자원을 낭비하게 될 수 있다. 이것은 힘든 시기 동안 실제로 인맥이 더 작거나 더 결집적이어서가 아니다. 단지 사람들이 인맥을 그렇게 인식하기 때문이다. 힘든 시기에는 새로운 관계를 쌓으려 애쓰기보다는 자신의 인맥 내에서 더 다양하고 광범위한 폭의 사람들과 접촉하는 것이 좋다. 안으로 움츠러들기보다 밖으로 손을 쭉 뻗어야 한다.

커리어 경로에 맞게 관계를 수정하는 법

삶의 순간과 커리어에서의 시점에 따라 안으로 움츠러드는 것이 타당한 경우도 있다. 중개자형의 가치를 처음으로 발견한 시카고대 론 버트 교수는 인생경로 중에 중개자형 패턴이 다시 뚜렷이 부상하는 시기를 조사해보았다. 컴퓨터 제조, 인적 자원, 금융 서비스, 은행 업무, 공급망 관리, 소프트웨어 엔지니어링 등의 여러 직무에서 일하는 2,200명에 가까운 관리자들의 인맥을 조사해본 결과 중간 경력자들 중에 중개자형이 가장 많았다. 30대 후반과 40대 초반의 관리자들 사이에서 중개자형의 비율이 가장 높았다.

중년의 관리자들은 중개자형으로 복귀하는 비율도 가장 높다. 중개자형으로 성공하려면 좋은 아이디어를 제시해야 하지만 그 아이디어를 실행시키기 위해서는 충분한 위상에 올라 있거나 존경을 받기도 해야 한다. 신입 직원의 경우엔 혁신적인 아이디어를 가지고 있어도 그 아이디어를 실행시키는 데 어려움을 겪을 가능성이 있다. 아이디어를 밀어붙여 실행시킬 만한 정치적 영향력이 없기 때문이다. 버트가 밝혀낸 바에 따르면, 인적자원과 컴퓨터 제조가 주력 업무인 일부 분야에서는 중개자형이 유리해지는 시점이 조금 더 늦다. 하지만 확실히 젊은 직원들은 중개자형으로 가장 이득을 누리는 계층에는 들지 않았다.

젊은 사람들의 경우엔 아주 넓은 인맥을 가진 사람들이 가장 유리할 가능성이 높다. 당신이 이제 막 대학을 졸업했다고 상상해보자. 이때는 경험이 전무하다시피 한 상태로 입사해 조직 내의 위계서열상 바닥에 가까운 위치에 놓이기 쉽다. 당연히 많은 자원에 접근할 기회도 없을 테고 많은 힘도 갖지 못할 것이다. 상대하는 사람 모두가 당신보다 더 힘있고, 더 좋은 정보와 더 많은 자원을 가지고 있기 마련이다. 따라서 사람들을 많이 만날수록 더 유리하다.

시간이 지나면 이런 상태에 서서히 변화가 생긴다. 당신이 일을 잘한다면 당신과 동료들은 더 풍부한 자원을 갖추게 될 것이다. 당신에게 필요한 자원과 정보를 가진 사람들은 점점 줄어든다. 조직 내 피라미드에서 점점 위로 올라서게 되면 이제는 오히려 사람들이 도움을 얻을 수 있는지 문의하기 위해 당신의 시간과 관심을 얻으려 애쓴다. 사회적 피라미드에서 위로 올라서게 되면 당신을 도와줄 만한 동등한 수준이나 더 나은 수준의 자원을 갖춘 사람들과의 친분이 필요해지지만 그런 사람이 그렇게 많지는 않다. 결국 마당발형이 될 만한 가치가 그만큼 떨어진다는 얘기다.

한편 중개자형 인맥을 이루면 아주 다루기 힘들어질 수 있다. 중개 역할이 서너 개 영역의 사교 세계 사이에서 이루어지면 비교적 쉽게 해볼 수 있다. 대여섯 개 영역 사이라도 가능할 수 있다. 하지만 특정 시점을 넘어서면 아무리 능숙한 사람이라도 그 많은 사교 세계를 넘나들며 계속 중개자 역할을 이어갈 수 없다. 이 시점이 되면 연락책 역할을 맡길 만한 믿음직한 사람들이 필요하다. 말하자면 여러 인맥을 이어주는 인맥이 필요해진다.

이런 인맥이 없으면, 뱁슨대의 롭 크로스 교수가 중간급 관리자와 임원 수천 명의 인맥을 조사하던 중에 발견한 '흔한 인맥의 함정'에 빠질 수 있다. 처음엔 관리자들이 그 덕에 잘될 수 있었던 여러 가지 특징들(똑똑함, 다가가기 쉬운 편안함, 기꺼이 도와주려는 의지, 호응성)이 나중에 가서는 협력의 과부하를 일으킬 수 있다. 현재 가지고 있는 협력 수단의 상당수가 관리자들에게 즉각 도움의 손길을 뻗기가 쉽기 때문에 특히 더 그렇다. 중간급 관리자와 임원 들은 인맥을 줄일 방법을 찾아내지 못하면, 즉 아랫사람들 사이의 연결 인맥을 만들지 못하면 결국 허우적 거리게 될 것이다.

하이디 로이젠은 애플에서 개발자 관계(플랫폼 회사와 그 플랫폼을 사용하는 개발사와의 전반적인 관계를 유지하는 활동—옮긴이) 부문의 전 세계 총괄 수장으로 일하던 커리어 중반에 그런 시점에 도달했다. 하루에 8~10시간씩 회의를 갖는 사이에 수백 통의 이메일이 쇄도해 들었다.

조수 두 명을 두고도 다 처리할 수 없을 지경이었다. 다음은 대학 친구인 로열 패로스Royal Farros의 말이다. "나는 하이디가 보내오는 이메일의 길이를 보면서 애플의 업무가 얼마나 버거워지고 있는지 감 잡을 수 있었다. 처음에 하이디가 이메일을 보낼 때는 글이 적어도 한 문단 길이였다. 그러다 몇 달 지나자 짤막한 문장으로 바뀌더니 그해 말쯤엔 한 문장도 다 채우지 못했다."

하이디 로이젠은 실리콘밸리에서 가장 발이 넓은 사람으로 꼽힌다. 하버드대 경영대학원에서 로이젠의 인맥 능력에 대해 사례 연구를 벌이기까지 했다. 로이젠은 커리어를 쌓아나가며 그동안 기업가, 애플의 기술 부문 임원, 벤처 투자가로 활동해왔다. 그 과정에서 의도적이었든 우연이었든 간에 커리어를 쌓아나가며 인맥을 잘 진전시키는 방법에 관한 한 교과서적 사례를 만들었다.

로이젠은 스탠퍼드대 졸업 후 사보를 쓰는 직무로 커리어의 첫발을 내딛었다. 이런 선택이 조금은 별나게 여겨질지도 모른다. 하지만 로이젠의 말을 들으면 생각이 달라질 것이다. "상호교류를 가질 만한 이유가 없는 경우엔 고위급 임원은 고사하고 누구하고든 직업적 관계를 맺기가 힘들다. 그래서 어떤 회사에서 갓 들어가 일을 하면서 '우와, 내가 CEO와 친해질 것 같아'라는 말을 하긴 어려울 것이다. CEO가 당신과 상호교류를 가질 이유가 없다면 그런 일은 일어나지 않을 테니까. 사보 편집자였던 나로선 CEO가 나에게 말을 걸 만한 좋은 이유가 있었다. 그 CEO에게 나는 휘하 직원들과의 사이에서 주된 커뮤니케이션 창구 역할자 중 한 명이었기 때문이다. 따라서 기회를 잡고도 행동에 나서지 않을 수도 있고, 기회를 잡으며 이런 다짐을 할 수도 있었다. '지금은 나에겐 어쩌다 한 번 올까 말까 한 기회야. 내 실력과 착실성을 증명해 보이며, 약속한 사항을 이행하고 있는 힘을 다하면서 내 평판을 쌓을 절호의 기회라고.' 나는 둘 중 후자의 방법을 택했다."

로이젠은 초반 직업들(탠덤 컴퓨터Tandem Computer에서의 커뮤니케이션 담당자, 최초의 스프레드시트 소프트웨어 개발사로 꼽히는 회사의 창업자, 애플의 개발자 관계 부문의 전 세계 총괄 부사장)을 통해 IT업계의 비범한 인맥을 쌓았다. 빌 게이츠를 비롯해 로이젠이 초반에 맺은 친분 가운데 상당수는 이름을 들으면 누구나 알 만한 사람이 되었다. "그 인맥은 오랜 시간에 걸쳐 쌓은 것이었다. 어느 날 갑자기 이런 거물 집단의 인맥을 갖게될 것이라는 기대를 해선 안 된다고 본다. (중략) 그 거물급 인물들 모두가 처음 만났을 때부터 그런 중요한 사람들이었던 건 아니다. 지금은 중요한 사람일지 몰라도 그때만 해도 그렇게 중요한 사람은 아니었다. 그건 나도 마찬가지였다."

로이젠은 벤처 투자가로서 이런 인맥 관계를 활용할 수 있었다. 훌륭한 벤처 투자가는 창업가와 그 창업가들이 성공하기 위해 알고 지내야 할 사람들 사이에서 중개자 역할을 해준다. 창업가들을 IT 전문가나 산업 전문가, 아니면 또 다른 투자가, 자문가, 잠재적 가치가 높은 직원, 고객 등과 중개해줘야 한다.

하지만 어느새 업무가 버거워졌다. 아는 사람들이나 아는 사람들에게 소개를 받은 이들로부터 하루에 수백 통의 이메일과 10건이 넘는 사업 계획서를 받았다. 이런 복잡한 업무를 해내기 위해서는 효율성을 더 키워야 했다.

로이젠의 직장 동료였던 브라이언 젠틸레Brian Gentile는 그런 전환기의 로이젠의 대인관계를 다음과 같이 얘기했다. "여러 인맥들이 별자리들처럼 어우러져 있다. (중략) 한 인맥에서 핵심이 되는 사람은 극소수다. 하이디는 그런 핵심 중 한 명이고, 자기 인맥 내의 핵심으로서 자신의 방대한 별자리 인맥 내의 다른 인맥들의 핵심들과 깊은 관계를 맺으면서 다른 인맥들의 모든 사람들과 연락하며 지낼 수 있다. 하이디가 접촉하는 인맥들이 얼마나 많은지는 겨우 짐작만 할 뿐 감히 알 수도 없다."

관계는 계속 변한다

인맥은 시간이 지나면서 때로는 자연스럽게, 또 때로는 의도적으로 변한다. 새로운 관계를 맺는가 하면 옛 관계가 소멸되기도 한다. 사람에 따라 인맥의 지위에서 지속적으로 이득을 얻기도 하고, 평판에 타격을 입으며 위상이 실추되기도 한다. 중개 기회가 사라지면서 예전에 중개자형이었던 사람들이 소집자형이 되기도 한다. 이사를 가거나 다른 부서로 옮겨가면서 소집자형에서 중개자형으로 변할 수도 있다. 하이디 로이젠은 마당발형에서 중개자형이 되었다가 다시 소집자형 인맥의 핵심이 되었다.

론 버트와 그의 동료 제니퍼 멀루지Jennifer Merluzzi는 346명의 은행가를 조사해 보편적 인맥 궤도를 입증했다. 은행가들 대다수는 4년에 걸쳐 인맥에 큰 격동을 겪었다. 새로운 관계를 맺는 동시에 시들해지는 관계들도 있었다. 20퍼센트 가까이는 꾸준히 위상이 높아졌고, 13퍼센트는 4년에 걸쳐 쭉 존재감이 떨어졌으며, 40퍼센트는 매년 위상이 오르락내리락 널뛰기를 했다. 마찬가지로 약 10퍼센트는 중개 기회가 늘었고, 13퍼센트는 중개 능력을 잃었으며, 45퍼센트는 중개 역할이 밀려 들었다 빠져나갔다 했다.

이런 여러 궤도 가운데 가장 유리한 궤도는 중개자형과 소집자형을 오가는 것이었다. 몇 달 동안 소집자형 관계에 열중하다 또 몇 달 동안은 중개자형에 집중하다 다시 소집자형으로 전환하는 식으로 계속 왕복하는 궤도가 더 높은 보상과 연관성이 있었다.

왕복 궤도는 중개자형이 일상적으로 겪는 신뢰 문제를 극복하는 데 도움이 된다. 사실 중개자형은 왕복 궤도에서 가장 이익을 누린다. 왕복 궤도가 유리할 만한 또 다른 잠재적 이유는 정체성에 가변성과 유연성을 높여주기 때문이다. 예컨대 여러 나라를 다니며 성장한 아이들은 언어와 문화 사이를 더 쉽게 넘나든다. 이것은 직장인들에게도 마찬가지다. 버트와 멀루지가 글로 밝혔듯 "변화의 경험은 곧 변화에 대한 준비다." 이런 유연성을 갖추면 일터에서의 사교 영역 환경이 변해도 더 빠르게 적응할 수 있다.

인맥 유형을 전환하려면 상황이나 행동을 바꾸는 것이 한 방법이다. 여러 프로젝트팀을 오가거나 교대로 돌아가면서 맡는 식의 프로그램에 참여하면 직장에서 왕복 궤도를 더 잘 탈 수 있다. 계절 스포츠 동호회나 자원봉사 프로젝트에 들어가면 직장생활 밖에서도 똑같은 효과를 볼 수 있다. 왕복 궤도를 더 잘 타는 데는 여러 교류 영역을 오가는 것이 가장 쉬운 방법이긴 하지만 행동을 변화시키는 식으로도 인맥에 변화를 줄 수 있다. 자기개방, 조망수용, 취약성을 통해 소집자형 인맥을 북돋울 수 있다. 여러 그룹 사이를 오가는 활동은 중개자로서의 역할 능력을 키우는 데 도움이 될 수 있다. 인맥 유형을 전환하는 데는 또다른 방법도 있다. 자신의 인맥을 활용해 자신의 인맥을 바꾸는 방법으로, 다시 말하자면 남들의 도움을 얻는 방법이다.

새로운 친구를 사귀되, 옛 관계도 챙겨라

예전에 같은 동네의 길 아래쪽에 살았던 사람을 기억하는가? 바로 그 사람이 당신이 가장 믿고 조언을 구하는 사람보다 더 뛰어난 통찰을 제시해줄 수 있을지 모른다. 다니엘 레빈Daniel Levin, 호르헤 월터Jorge Walter, 키스 머니건Keith Murnighan은 자신들의 임원 대상 MBA과정을 듣는 관리직 임원 수백 명에게 최소한 3년간 연락 한번 없이 지낸 예전 동료와 다시 연락을 취해보라고 했다. 세 연구진은 이런 소원해진 관계에 대해 '휴면 상태의 유대'dormant tie라는 이름을 붙였다.

　임원들은 직접 대면이든 전화 통화를 통해서든 휴면 상태의 유대 관계에 있는 사람들에게 진행 중인 프로젝트에 대한 조언을 구해야 했다. 그럴 만도 했지만, 이 임원들은 다시 연락한다는 것에 그다지 신나하지 않았다. 한 사람은 이렇게 말했다. "누군가와 휴면 상태에 있다면 거기엔 다 그럴 만한 이유가 있어서가 아닐까요? 그런 사람들에게 굳이 연락하고 싶은 이유가 있을까요?" 또 다른 사람은 어색해질까 봐 꺼리기도 했다. "다시 연락할 생각을 하자 (중략) 굉장히 불안해졌어요. 머릿속으로 온갖 생각이 스쳐지나가더군요. 연락을 했다가 괜히 거부반응을 일으킬 일이 없으려면 어떻게 하는 게 가장 좋을까? 내 전화를 받지 않으면 어쩌지? 그렇게 오래 연락도 없다가 다시 연락하면 거북해하지 않을까? 어떤 말부터 꺼내지? 대화하다 어색한 순간이 오면 어쩌지? 내가 하는 이 프로젝트를 도와주고 싶어하지 않으면?"

하지만 다시 연락을 해본 결과, 그만한 보람이 있었다. 휴면 상태의 유대가 현재의 강한 유대나 약한 유대에 비해 더 유용하고 색다른 정보를 알게 해주었다.

옛 관계들이 더 귀한 통찰을 제시해주는 이유는 그런 사람들이 색다른 관점을 갖고 있어서 메아리 방에 들어와 있는 상황일 가능성이 더 낮기 때문이다. 중개를 통해 얻는 것과 똑같은 이점을 누리게 해주는 것이다. 게다가 한때 강한 유대 관계를 맺었던 예전 친구나 동료 사이에서의 신뢰와 공통 관점은 시간이 지났다고 해서 사라지지 않는다. 휴면 상태의 강한 유대는 중개자형의 이점인 색다른 통찰과 소집자형의 이점인 신뢰를 두루두루 누리게 해준다.

휴면 상태의 유대에 손을 뻗는 것도 현재 인맥 내에 여러 인맥 유형을 조합시키는 한 방법이다. 대다수 사람은 지인들만이 아니라 심지어 더 이상 연락하지 않고 지내는 예전의 친한 친구들이 수천 명이다. 마당발형은 이보다도 훨씬 많다. 이중 어떤 사람에게 손을 뻗는 것이 좋을까? 자신의 분야에서 정말로 뛰어난 실력을 발휘하면서 현재 정상에 올라 있는 사람이 좋지 않을까? 기꺼이 도와줄 가능성이 가장 높을 것 같은 사람에게 도움을 요청하는 것도 괜찮은 전략일 것이다. 아니면 안 지 가장 오래되었거나 예전에 가장 자주 교류했던 사람두 괜찮다.

세 연구진은 관계가 식은 사람들 중 실제로 자신의 삶을 풍요롭게 일구었을 뿐만 아니라 도움의 손길을 내밀기에 가장 가망성 높은 사람이 누구인지 알아보기 위해 또 다른 연구를 벌였다. 지난번과 똑같이 MBA과정을 듣는 임원들 중에서 실험 참가자를 모집하여 이번엔 156명이 참가하게 되었다. 연구진은 이 관리직 임원들에게 다시 연락할 수 있을 만한 휴면 상태의 유대 관계 10명을 순위별로 써달라고 했다. 그런 다음 이 10명 중 두 사람에게 도움을 요청해달라고 했다. 이때 연락 대상 두 사람은 본인이 최고로 꼽은 상대와 연구진이 그 나머지 아홉 명 중 무작위로 선정한 상대였다.

임원들은 직접 연락할 상대를 고를 기회가 주어졌을 때 안 지 가장 오래되었거나 예전에 가장 자주 교류했던 사람들에게 도움을 요청했다. 하지만 실험 결과에서 입증되었듯 이 예전 동료들이 가장 유용한 도움 요청 상대는 아니었다. 실제로 가장 유용한 정보를 제시해준 상대는 가장 높은 위상을 차지하고 있으면서 믿음직하고 기꺼이 도와줄 의향이 있는 것으로 여겨졌던 전 동료들이었다. 하지만 머릿속에 떠오른 모든 휴면 상태의 유대 관계 상당수가 유익했다.

시들해진 관계에 이처럼 활용되지 못하고 있는 잠재적 가치가 많은데도 왜 사람들은 다시 연락하길 망설이는 걸까? 단지 다시 연락할 시간을 내지 못하는 것이 그 하나의 이유다. 계속 연락하지 않았던 것 때문에 무안한 마음 역시 흔한 걸림돌이다. 부담을 주고 싶지 않거나 부탁하기 망설여져서 다시 연락을 못하는 사람들도 있다. 하지만 주된 이유는 어색해질까 봐 꺼려지는 마음 때문이다.

앞에서 어색함 때문에 꺼려진다고 말했던 임원도 이렇게 말했다. "개인적 관점에서 생각해보면, 그 사람들이 프로젝트를 도와달라는 제 부탁에 응해줄 가능성을 지나치게 낮게 보고 괜한 걱정을 했던 것 같아요. (중략) 처음엔 초조했지만 이제는 그 두 사람과의 관계를 계속 유지하고 싶어요. 사업적 측면에서나 사적인 측면에서나 우리 모두에게 도움이 될 것 같다는 생각이 들어서요."

망설이지 말고 전화기를 집어 들어라. 그럴 용기가 나지 않으면 이메일을 써라. 해보면 생각만큼 그렇게 어색하지 않다. 당신이라면 당신이 친구라고 생각하는 옛 동료가 당신에게 도움의 손길을 내밀 때 기꺼이 얘길 들어주지 않겠는가?

좋은 평판을 위한 키맨 찾기

일설에 따르면, 금융가인 배런 드 로스차일드Baron de Rothschild는 지인이 돈을 빌려달라는 부탁을 해왔을 때 이렇게 말했다고 한다. "내가 직접 빌려주긴 그렇지만 증권거래소 거래장에서 팔짱을 끼고 같이 걸어주긴 하겠네. 그러면 얼마 안 가서 기꺼이 돈을 빌려주겠다는 사람들이 나타날 걸세." 로스차일드는 연관성의 가치를 간파했던 것이다. 우리가 남들에게 어떤 인상으로 비쳐질지는 우리와 관련된 사람들이나 일들에 따라 큰 영향을 받는다. 그 사람들이나 일들의 성공에 기여한 바가 거의 없거나 아예 없어도 마찬가지다.

남자들에게 무작위로 '매력 있는 여자'와 짝을 맺어주며 실험을 해보면 상대적으로 그 남자들이 못생긴 사람과 짝을 맺은 남자들보다 더 호감을 얻는다. 이런 식의 생각을 유발하기 때문이다. '저렇게 매력적인 데이트 상대를 얻을 수 있었다면 똑똑하거나 성공한 사람임에 틀림없어. 아니면 적어도 어떤 장점이 있겠지?'

대화 중에 친구나 지인이 유명인이나 유명인 비슷한 인지도를 가진 누군가와 친한 사이인 것처럼 이름을 들먹이는 경우를 겪어본 적이 있지 않은가? 아니면 식당에 갔다가 가까이에서 식사 중인 유명인을 봤는데 어땠다는 식의 얘기를 들어본 적은? 대학생들은 소속 대학 스포츠팀의 후광을 입으려는 시도로써 그 대학 미식축구팀이 우승하고 난 뒤에 학교의 이름이나 마스코트가 찍힌 셔츠나 트레이닝복 상의를 더 많이 입고 다니는 경향이 있다. 팀의 패배를 얘기할 때보다 팀의 승리를 얘기할 때 '우리'라는 말을 더 많이 쓰는 경향을 보이기도 한다. 한편 선거 이후에 보면 승리 후보의 야드 사인yard sign(선거 전에 지지 후보나 정당 이름을 써서 집 앞에 세우는 간판—옮긴이)이 패배 후보의 야드 사인보다 더 오래까지 세워져 있다.

실제로 장기간에 걸쳐 진행된 한 연구를 통해 우리가 어울리는 친구들에 따라 평가받는다는 이런 개념이 확증된 바 있다. 1950년대 말과 1960년대 초에 영국의 윈스턴 파르바Winston Parva라는 마을을 대상으로 '기존 주민들과 외지인들'The Established and the Outsiders이라는 명칭하에 진행된 연구에서 이런 개념이 사실로 증명되었다. 다음은 문화사회학자 노르베르트 엘리아스Norbert Elias의 글이다. "새로 이사와 마을의 '괜찮은 구역'에 정착한 사람들은 '좋은 사람'으로 확실히 판명되지 않는 한 언제나 의심부터 샀다. 예전부터 살고 있던 '좋은 가문들'에게 평판과 가치관이 불확실한 이웃과 어울려도 자신들의 지위가 손상되지 않으리라는 안도감을 심어주려면 수습 기간이 필요했다. 이곳에 최근에 이사왔다가 '흰 양들 틈에 섞인 검은 양' 취급을 받으며 배척당한 사례에 들고만 한 여성은 이웃들과의 관계에 대해 묻자 이렇게 대답했다. '이웃 사람들이 아주 말이 없어요. 거리에서 마주치면 얘기를 하긴 하는데 그 외에는 별 말들이 없어요.' 여성은 이사온 지 얼마 안 되었던 '어느 추운 날에 쓰레기 청소부에게 차 한 잔을 권했던' 얘기도 해주었다. (중략) '이웃 사람들이 그 모습을 보고는 충격을 받았다.'는 얘기였다."

단지 쓰레기 청소부에게 차를 권하는 일로도 평판을 망칠 수 있듯이 유명한 사람과 어울리는 것만으로도 평판을 높일 수 있다. 예를 들어, 유력한 상관 밑에서 일하는 직원들은 넓은 인맥을 키우기가 더 쉽다.

인맥 연구가이자 각각 유니버시티 칼리지 런던과 카네기 멜론대의 교수로 재임 중인 마틴 킬더프와 데이비드 크랙하르트David Krackhardt는 한 직원의 동료나 직장 친구 들의 지위가 그 직원의 직장 내 인상에 영향을 미치는지의 여부를 알아보고 싶었다. 두 사람이 특히 관심을 가졌던 부분은 인맥에 대한 인상이 직무 수행도에 대한 인상에 어떤 영향을 미치는가였다. 그래서 해당 직원의 친구들을 비롯해 그 직원이 조언이 필요할 때 의지하는 상대들에 대한 관련 자료를 수집했다. 뿐만 아니라 그 조직체에 속한 모든 사람에게 자신의 동료들이 조언이 필요할 때 누구를 의지할 것 같으냐는 질문도 해봤다. 예컨대 스티브에게 스티브 자신의 친구들 이름만 물어보는 것이 아니라 마리아가 친구로 여길 것으로 생각되는 사람들의 이름도 물어보는 식이었다. 이런 질문을 통해 이 조직체 내의 실질적인 교우 관계 인맥과 조언 인맥을 구성해볼 수 있었을 뿐만 아니라 관계에 대한 인상을 바탕으로 하는 인맥도 세워볼 수 있었다.

그 회사 내에서는 실제 교우 관계보다 인상이 훨씬 중요했다. 마리아가 힘 있는 친구들을 두었다는 생각은 마리아를 더 힘 있는 사람으로 만들어주었다. 마리아가 그 힘 있는 사람들과 실제로 친구인지 아닌지는 중요하지 않았다. 결국 로스차일드의 판단이 맞았던 것 같다. 역시 인상이 중요했다. 어쩌면 실제보다도 더.

킬더프와 크랙하르트가 관찰했던 것과 같은 후광 효과는 사람들이 서로에 대해 잘 모를 만한 큰 조직체나 커뮤니티에서 가장 큰 효과를 발휘할 가능성이 높다. 두 사람의 연구가 진행된 조직체는 직원 수가 약 35명이었다. 동료들이나 잠재적 친구들이 서로에 대해 가지고 있는 정보가 비교적 적은 경우일 때 후광이 빛을 발하기 더 쉽다. 인기 있는 사람과 같이 있는 모습이 사람들 눈에 자주 띄는 경우에도 더 힘 있는 사람이 될 수도 있다.

명성을 통해서만이 아니라 적절한 동료들과 관계를 맺는 식으로도 더 신뢰성 있는 인상으로 비쳐질 수 있다. 동료들의 신뢰를 자신의 노력을 통해 얻는 것이 아닌 큰 노력 없이 얻어낼 가장 확실한 방법은 팀의 공식 리더들이 당신을 신뢰하게 만드는 것이다. 신뢰를 주제로 다룬 다수의 연구에서 밝혀졌듯이, 동료들이 당신에게 갖는 신뢰도의 7퍼센트 이상은 당신이 동료들을 도와주는가의 여부에 따라 좌우된다. 그에 비해 동료들의 당신에 대한 신뢰도의 6퍼센트는 그룹 리더가 당신을 신뢰하는가의 여부가 좌우할 수도 있다. 흥미롭게도 그룹이 그 리더를 얼마나 신뢰하는가는 중요하지 않다. 리더에 대한 신뢰도와 상관없이 리더의 신뢰를 얻는 것은 여전히 동료들 사이에서 신뢰를 얻는 데 힘을 실어준다. 팀의 실적이 뛰어나지 못할 경우라면 팀 리더의 신뢰를 얻는 것이 특히 더 중요하다. 만사가 순조롭고 팀의 실적이 뛰어나다면 팀원들이 같은 팀 동료들의 판단을 더 쉽게 신뢰할 테지만 불안하거나 불확실한 상황일 경우 팀원들은 그룹 리더에게 의존한다.

지지자들에게 의존해서 신뢰를 모을 수도 있다. 지지자로서 가장 좋은 사람은 서로의 인맥망이 겹치지 않는 소집자형의 사람이다. 지지자의 인맥이 촘촘할수록 그 지지자의 영향력은 더 높다. 쯔이 쯔이 윙Sze-Sze Wong의 지휘하에 비상 대응 서비스를 제공하는 어느 대기업의 관리자들을 연구한 결과에서 밝혀진 바에 따르면, 보통은 당신에게 조언을 구할 일이 없을 만한 사람들에게 조언을 해주는 지지자들이 대체로 가장 좋은 지지자들이다. 이런 지지자들을 두면 당신의 선행과 강한 개성에 대해 듣게 될 만한 사람들의 수가 늘게 되어 당신의 평판이 널리 퍼지는 데 유용하다. 지지자가 조직체 내에서 당신의 인맥이 닿지 못하는 영역에 걸치는 인맥을 가지고 있다면 그 지지자의 가치는 어마어마하다. 지지자의 인맥이 넓고 조직체의 여러 영역에 걸쳐져 있다면 동료들 사이에서의 당신의 신뢰도는 지지자의 인맥이 넓지만 당신의 부서 안에만 한정된 경우에 비해 70퍼센트 더 높아진다.

하지만 윙과 그녀의 공동논문 저자가 경고했듯 "관리자는 지지자들을 지지 제공 대리인처럼 여겨서는 안 된다. 그보다는 자신의 평판 구축 노력을 보완해주는 사람으로 봐야 한다." 실제로도 지휘자의 지지보다 도와주는 행위가 더 중요했다. 신뢰, 즉 명성이나 인기는 노력 없이는 얻을 수 없다. 단지 후광을 입는 것만으로는 안 된다. 다만 신중하게 옹호자들을 구축함으로써 늘리고 확장할 수는 있다.

중개 역할을 차용할 경우엔 문제가 더 복잡해진다. 앞에서 살펴봤다시피 중개자형은 대체로 평판상의 난관에 직면한다. 여러 사교계에 걸쳐 있는 그 위치의 특성상 의혹을 사게 되고, 때로는 그런 의혹을 살 만한 충분한 이유가 있기도 하다. 중개자형은 전략상 정보 공유를 보류하기도 한다. 정보를 공유해주는 경우에도 그런 교류에서 별 이득이 없을 수도 있다. 중개자형 특유의 혁신상의 이점들은 대부분 전문지식의 재조합을 통해 나온다. 하지만 중개자형은 꼭 전문가는 아니어서 정보를 해석해 동료들과 공유하는 데 어려움을 겪을 수 있다. 잠재적 이득이 해석의 난관에 막혀 매몰될 수 있다는 얘기다. 중개자형이 정보를 공유하며 잘 해석하더라도 무시당할 소지가 있다. 많은 관련 증거를 통해 충분히 입증되었다시피 그 대화가 서로 아는 내용이나 상식 수준에서 별로 벗어나지 않는 경향을 띠기 때문이다.

　헤드헌터에서부터 발명가에 이르는 다양한 직군의 상황에서 이루어진 여러 연구를 통해 밝혀졌지만 중개자형과의 교류에는 단점이 있다. 미네소타대의 러셀 펑크Russell Funk 교수가 37개 제약사에 근무하는 발명가 1만 8,000명 이상의 인맥을 연구한 결과, 중개자형과 관계를 맺은 과학자들은 그 뒤에 특허를 신청하거나 약품을 발명할 확률이 더 낮은 것으로 밝혀졌다. 헤드헌팅 직군에서도 중개가 이루어질 때 치러야 할 대가가 따른다. 런던 경영대학원의 이사벨 페르난데스 마테오 교수가 입증해낸 바에 따르면, 중개자형은 대개 한쪽 당사자를 다른 당사자보다 더 좋아하면서 더 우호적으로 대한다. 그에 따라 다른 쪽 당사자가 손해를 입는다. 다른 직군의 환경에서는 중개가 이루어져도 중개 받는 당사자들에게 문제를 일으키지 않는 듯하다. 하지만 별 이점도 없다. 중개자만 이득을 볼 뿐이다.

　하지만 중개자가 상사인 경우엔 예외적인 것으로 보인다. 상사와의 교류는 동료들을 도와주는 데 도움이 될 수 있다. 인시아드와 싱가포르 경영대의 연구진이 2,200명 이상의 은행가를 대상으로 연구한 바에 따르면, 지위가 같거나 낮은 중개자와의 교류는 당신의 조언을 구하는 누군가에게 당신의 가치를 높여주지 못한다. 하지만 상사나 높은 직급에 있는 사람이 중개자로 나서주면 당신의 주변 사람들에게 당신의 가치가 더 높아진다.

상사가 중개자로서 이로운 경향이 더 높은 이유는 상사의 경우엔 협력과 정보 공유의 동기를 더 많이 자극받기 때문이다. 서로 경쟁하는 동료가 중개자일 때는 정보 공유를 보류할 수도 있지만, 상사로서는 자신의 성공이 적어도 부분적으로나마 당신의 성공에 달려 있을 가능성이 있다.

달리 말해, 중개는 협력적 동기와 결합할 때 유리하게 작용할 가능성이 가장 높다. 이런 막강한 결합을 이끌어주는 하나의 체계는 상사이거나 조직 내에서 더 높은 직급자라 당신의 성공을 위협으로 느낄 가능성이 적은 사람이 중개자인 경우다. 중개자의 동료들이 소집자형인 경우에도 중개와의 유리한 결합은 협력적 동기와 결합할 때이다.

업무 이외의 영역에서도 중개와 결집의 결합이 유리하게 작용할 수 있다고 볼 만하다. 중개에서 야기되는 심리적 긴장은 대체로 소집자형과의 관계를 통해 상쇄할 수 있다. 소집지형이 정서적·사회적 지지가 되어주는 경향이 더 높기 때문이다. 아이가 통역자로 중개 역할을 해주는 경우, 즉 이민자 부모를 위해 병원, 학교 등의 기관에서 오가는 말을 해석해주는 경우가 그 좋은 사례다. 앤 츄Anne Chiew는 중국에서 호주로 이민 온 부모님과 은행에 가서 계좌를 개설하려던 당시의 일을 이렇게 떠올렸다. "까치발로 서서 은행직원 카운터를 넘어다보려 낑낑대던 일이 기억난다. 그만큼 그때의 나는 아직 너무 작은 꼬맹이였다. (중략)

그러다 보니 압박감이 굉장했다. 뭘 잘 몰라도 누구에게 도움을 청해야 할지 몰라 막막했기 때문이다." 중개로 인한 잠재적 압박은 가정에서의 탄탄한 관계와 학교나 기타 가정 외 조직에서의 지지로 상쇄될 수 있다. 연구를 통해서도 밝혀지고 있듯, 중개자 역할을 하는 아이들 대다수는 압박을 못 이겨 무너지는 게 아니라 꿋꿋이 버티며 자기 가족을 위해 힘쓴다.

적절한 상황이 갖추어지면 중개자형과 소집자형 사이의 동맹은 서로서로 이익이 된다. 단, 그러려면 협력과 신뢰가 필수다.

성공을 위한 인맥의 여섯 가지 역할

롭 크로스와 로버트 토머스Robert Thomas가 관리자들의 인맥을 연구해본 결과, 회사 내의 행복과 실적 등급에서 꾸준히 상위 20퍼센트에 속하는 임원들은 아주 독특한 특징을 띠는 인맥을 맺고 있었다. 대체로 12~18명의 사람들이 여섯 가지의 중대한 관계로 이어진 핵심 인맥을 두었던 것이다.

이런 이너서클 내에는 다음의 여섯 가지를 제공해주는 사람이 적어도 한 사람씩은 있다.

    1   정보의 접근 기회

    2   공식적 힘

    3   발전적 피드백

    4   개인적 지지

    5   목적의식

    6   삶의 균형을 잘 잡게 해주는 도움의 손길

   한편 이너서클 내의 한 명은 여러 가지 역할을 수행할 수 있는 능력이 있었다. 여기에서의 관건은 이너서클 내 사람들이 어떤 역할이든 자신이 직접 해결하려고 힘들이지 않는다는 것이다.

   첫 번째부터 세 번째까지의 역할은 직업적 성공으로 이끌어주는 열쇠다. 앞으로 제9장에서 살펴볼 테지만 정보 접근권과 공식적 힘뿐만 아니라 발전적 피드백을 제공해주는 측면에서는 멘토와 후원자가 매우 중요한 역할을 해줄 수 있다. 성공도뿐만 아니라 만족도에서도 가장 상위에 드는 임원들은 자신의 이너서클 내에 감정의 표출을 받아주고, 기꺼이 귀 기울여 들어주며 지지해주는 사람들이 있다. 다시 말해 자신이 하는 일에서 의미를 찾도록 도와주고 주된 목적으로 방향을 다시 잡아주는 후배나 상관이나 고객이나 친구나 가족 들이 있다. 마지막으로 이런 사람들에겐 자신의 가치관을 상기시켜주고 일 외적인 삶도 잘 지탱시켜 나가게 해주는 지지자들이 있다. 그것이 심리적 행복을 북돋는 활동이든 아니면 신체적이나 정신적 행복을 북돋는 활동이든 간에 새로운 미술 강의나 음악 강의에 수강 신청을 하거나 헬스장에 다니거나 자원봉사를 하는 등의 활동을 격려해주는 누군가가 없다면 일이 당신의 삶을 장악해버리기 십상이다.

   크로스와 토머스에 따르면, 이런 여섯 가지 역할 외에도 "정말로 중요한 것이 또 있는데 바로 조직이다. 이런 핵심 인맥들은 더 작고 더 다양한 그룹들에 다리를 놓으면서 위계적·조직적·직무적·지리적으로 여러 경계를 넘나들어야 한다." 결집된 핵심 인맥 내에 중개자들이 있다는 얘기다.

이런 인맥을 이룬 사람들은 인맥의 유동성을 통해 삶, 정서적 욕구, 일에 따른 요구에 맞춰 스스로를 변화시킬 수 있다. 커리어를 쌓기 시작하는 이들에게 최적일 만한 인맥 구조는 고위 관리직에 올라서고 난 뒤에는 업무의 요구에 부응하지 못하기 쉽다. 마당발인 사람이 쌓은 20대 중반의 마당발형 인맥 역시 배우자를 잃은 상실을 견뎌내는 데 필요한 사회적 지지는 제공해주지 못할 것이다. 이사를 가든, 해고를 당하든, 자녀가 생기든 모든 일에는 변화에 따른 적응이 필요하다.

인맥은 끊임없이 점진적 변화를 이어가지만 변하지 않는 측면도 어느 정도 있다. 우리가 삶에서 필요로 하는 사람들과의 지극히 짧은 만남을 통해서도 얻을 수 있는 정서적 보상이다. 지금까지는 인맥 구조의 비교적 지속적 측면을 짚어봤다면 다음 장에서는 상호교류의 질을 결정하는 순간적 요소를 살펴보도록 하자.

제7장

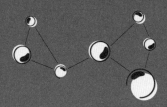

타인과 지금 당장
친밀해지는 법

남이 당신에게 관심을 갖도록 노력하는 2년보다
당신이 다른 사람에게 관심을 갖는 2달 동안
당신은 훨씬 더 많은 친구를 사귈 수 있을 것이다.

_ 데일 카네기

서로 세 걸음 떨어져서 앉아보자. 계속해서 서로의 눈을 똑바로 마주보라. 신체 접촉은 하지 마라. 신체 접촉도 하지 말고 말도 없이 그냥 앉아 있어라. 움직이지 말고 가만히 있으면서 '호흡이 거의 감지되지 못할 때까지' 호흡을 가라앉혀라. 마리나 아브라모비치Marina Abramović에 따르면, 중간에 끊지 않고 연속으로 적어도 한 시간 정도 응시하는 것이 이상적이다. 그녀는 뉴욕현대미술관(이하 'MoMA')에서 가진 행위예술 공연 〈예술가가 여기에 있다〉The Artist Is Present의 일환으로 거의 3개월 동안 하루 여덟 시간, 일주일에 8일을 모르는 사람들 1,500명 이상과 눈을 맞추었다.

"그 누구도 생각하지 못했다. (중략) 누구라도 앉아서 그냥 나와 서로 눈을 응시하는 시간을 가질 사람이 정말 있을 것이라고는." 아브라모비치가 당시를 떠올리며 한 말이다. 정말로 사람들이 이 인상적인 세르비아인 공연예술가와 마주 앉을 기회를 얻기 위해 53번가에 진을 치고 기다렸다. 그렇게 마주앉은 이들 중 많은 사람이 눈물을 흘렸다. 큰 소리로 웃음을 터뜨리는 사람도 더러 있었다. 소수의 몇몇 사람은 가슴에 손을 얹기도 했다. 어떤 남자는 아브라모비치와 21번이나 마주 앉았던 일을 기념하려고 문신을 새기기도 했다.

"굉장한 고통과 외로움이 느껴졌다. 다른 누군가의 눈을 들여다보면서 놀라울 때가 정말 많았다. 생판 남인 사람과 말 한마디도 없이 눈을 응시하다 보면 이런저런 온갖 일이 일어났기 때문이다." 아브라모비치는 우리가 시선을 잘 마주하지 않는 것이 '사회적 불구'라고 믿으며 호텔 로비와 쇼핑센터에 '눈 응시하기 장소'를 마련해놓아야 한다고 주장한다. "그야말로 놀라운 경험이었다. (중략) 그만큼 실질적 관계에 대한 인간의 욕구가 엄청나다는 얘기다."

인간은 누가 자신을 봐주고 말을 들어주고 이해해주고 있다는 느낌을 절실히 필요로 한다. 하지만 우리는 이런 특권을 별로 부여받지 못하고 있다. 당시의 공연에 대해 평했던 MoMA의 전 수석 큐레이터 클라우스 비센바흐Klaus Biesenbach도 다음과 같이 말했나. "MoMA 공언에서 정말 멋진 점은 그녀가 사실상 마주하는 모든 사람을 똑같은 관심과 똑같은 존중을 담아 대하고 있다는 것이다. 정말 충격적이다. 실제로 바로 이 부분에 충격을 받는 사람들이 종종 있다. 또 어떤 사람들은 자신이 이런 관심을 받을 자격이 있으며 이제야 마침내 자신이 제대로 마땅한 대우를 받고 있다고 생각하기도 한다. 그런가 하면 그녀에게 반해 사랑에 빠지는 사람들도 있다."

말을 나눠본 적도 없는 사람과 어떻게 사랑에 빠질 수 있을까? 노스 캐롤라이나대 채플힐 캠퍼스의 심리학 교수 바버라 프레드릭슨Barbara Fredrickson에 따르면 사랑은 감정이다. 모든 감정이 그렇듯 짧은 순식간의 상호교류에서도 사랑은 피어난다.

아브라모비치가 일으키려 했던 순간 같은 순식간의 순간들은 상호교류의 질을 결정한다. 아브라모비치가 일으킨 것과 같은 상호교류는 미시간대의 명예 교수 제인 더튼Jane Dutton의 표현대로 바꿔 말하면 '고품질의 관계'high-quality connection에 해당된다. 더튼, 존 스티븐스John Stephens, 에밀리 히피Emily Heaphy에 따르면, 고품질의 관계는 에너지나 긍정적 존중positive regard이나 상호성을 일으킨다. 심리상담사 리사 우일레인Lisa Uihlein의 말처럼 "자신이 그 순간에 살아있음을 느끼게 해준다. 내가 다른 사람과 함께 관계를 맺으면서 아주 풍성한 느낌이 차오를 때가 바로 그런 느낌이 들 때다. 현재의 그 순간에 살아있음에 감동을 느끼게 되는 그런 때다." 이런 상호교류는 사랑과는 달리 꼭 일상적 의미에서 볼 때의 그런 긍정적 교류이기만 한 건 아니다. 꼭 행복하지만은 않다. 하지만 정서적 수용력이 높다. 그래서 긍정적이건 부정적이건 간에 통상적 상호교류보다 더 많은 감정을 품을 수 있다. 그로써 회복력을 갖추게 되어 금방 회복할 수 있게 된다.

고품질의 관계에 있을 때 우리의 몸은 신체적 반응을 나타낸다. 혈압이 낮아지고 심박수가 느려지고 옥시토신이 분비된다. 말 그대로 고품질의 관계를 몸으로 느낄 수 있다. 아브라모비치가 모르는 사람들과 교류하는 모습을 지켜보려고 50만 명도 넘는 사람들이 몰려든 이유도 이와 관련된 것일 수 있다.

엘리베이터 안에서 나누는 아주 잠깐의 교류도 사랑하는 연인이 이마에 입을 맞춰줄 때와 똑같은 효과를 일으킬 수 있다. 관계에서 이런 찰나적 가능성은 사회생활에서 비교적 당황스러운 측면들을 이해하는 데 도움이 된다. 아무리 짧은 교류라도 우리의 삶과 행복감에 변화를 일으킬 수 있다는 점을 감안하면 이해가 된다. 우리의 인맥은 반복적 교류를 통해 서서히 형성되는 집합체 같지만 정서적 경험에서는 짧은 순간들이 가장 중요하다.

커피를 사러 간다고 상상해보자. 당신은 바리스타에게 다가가 인사를 건네며 눈을 맞추고 신용카드를 건네며 미소를 지어 보인다. 이번엔 커피를 사러 가지만 마음이 급한 상황이다. 가능한 한 효율적으로 커피를 주문하고 계산을 한다. 브리티시 컬럼비아대의 질리언 샌드스트롬Gillian Sandstrom과 엘리자베스 던Elizabeth Dunn이 실시한 연구에서는 이 두 상황에 사람들을 무작위로 배정해봤다. 그랬더니 바리스타와 짧으나마 사회적 교류를 가진 사람들은 더 행복해졌고, 그 주된 이유는 더 강한 소속감을 느꼈기 때문이었다.

길을 걷던 중에 어떤 사람이 시선과 미소를 보내줘도 똑같은 효과가 일어날 수 있다. 미드웨스턴대의 한 연구 보조원이 걸어가며 지나치게 된 낯선 사람들 282명에게 눈을 쳐다보고 미소를 지어 보이거나, 미소 없이 눈만 쳐다보거나, 그 사람 쪽을 쳐다보기만 하면서 그냥 지나쳐 보았다. 이중 마지막 행동은 독일에서는 '공기처럼 취급한다'는 의미로 'wie Luft behandeln'이라고 표현한다. 이후 두 번째 실험자로 나선 사람은 사람들에게 다가가 봤다. 실험자는 시선에 대해서나 시선의 결핍에 대한 언급 없이 아무 영문도 모르는 행인에게 이렇게 물었다. "가장 최근에 다른 사람들에게서 얼마나 단절감을 느끼셨나요?" 실험 결과, 심지어 모르는 사람이 미소를 지으며 아는 체를 해줘도 큰 사회적 연대감이 생겨났다. 하지만 이런 현상은 실험 참가자들 중에 미소를 알아본 사람들 사이에서만 나타났다. 미소와 시선을 알아보지 못한 55퍼센트의 사람들에겐 사회적 연대감이 공기 취급당하는 듯한 시선을 받는 경우와 별 차이가 없었다.

모르는 사람이나 바리스타와 2분 정도 가벼운 교류를 나누어도 연인과 똑같은 시간을 보낼 경우에 못지않은 행복을 느낄 수 있다. 브리티시 컬럼비아대의 연구진이 주도한 한 연구에서 밝혀진 바에 따르면, 낯선 사람과의 대화가 연인과의 대화만큼 즐거울 수 있는 이유는 낯선 사람과 교류할 때 되도록 좋은 인상을 주려고 애쓰는 경향 때문이다. 기분 좋은 인상을 주려고 애쓰는 바로 그 행동이 우리 자신을 기분 좋게 해주는 셈이다.

선천적으로 우리는 어떻게 하면 변화를 일으키는 관계를 맺을지 알고 있고, 또 그럴 능력도 가지고 있다. 노력만 하면 심지어 상대가 모르는 사람이더라도 그런 관계를 맺을 수 있다. 우리가 매일 하는 일상적 행동은 강력한 사회적 연대의 핵심이다. 하지만 웬만해선 그런 일상적 행동에 대해 깊이 생각하려 들지 않는다. 진심으로 상대를 바라봐주고 이야기를 들어주면 연대가 생겨나는데도 너무 바쁘거나 깊은 관계 맺기를 꺼리는 사람들이 너무 많다.

관계의 적, 조급한 마음과 주의산만함

〈누가복음〉 10장 25~37절에서 예수는 예루살렘에서 여리고로 가던 여행자에 대한 우화를 들려준다. 이 남자는 길을 가던 도중에 강도를 당한다. 강도들은 남자의 옷을 벗기고 두들겨 팬 후 그대로 길가에 버려

놓고 간다. 처음엔 제사장이, 그다음엔 레위인이 그 길로 걸어오지만 두 사람 다 다친 남자를 그냥 지나친다. 아무런 도움도 주지 않고 가버린다. 그러다 마침내 한 사마리아인이 다가와 남자의 상처를 싸매주고 당나귀에 태워 여관으로 데려간 후, 남자를 잘 돌봐달라며 여관 주인에게 돈까지 주고 간다.

1970년대에 두 명의 심리학자가 프린스턴대의 한 건물인 그린 홀Green Hall 근처에서 이 우화를 재현했다. 두 사람은 제사장과 레위인이 남자를 도와주지도 않고 지나가버린 이유가 뭔지 알고 싶었다. 제사장은 종교적 가치관을 말로만 옹호하고 실제로는 믿지 않았던 것일까? 사마리아인은 자신의 고유한 가치관에 따라 더 선뜻 행동에 나서게 되었던 것일까?

존 달리John Darley와 대니얼 뱃슨Daniel Batson은 도움이라는 행동을 취하게 이끈 근원을 풀어보려는 차원에서 프린스턴 신학대학원의 수련 사제 47명을 실험 참가자로 모집했다. 두 교수는 신학생들의 취업알선 기회를 연구하는 것처럼 위장한 상태에서 참가자 그룹의 절반에게는 취업 기회를 주제로 한 연설을 준비해달라고 하고, 나머지 절반의 참가자들에겐 선한 사마리아인 우화를 주제로 한 연설 준비를 부탁했다. 참가자들이 발언 내용을 준비한 뒤에는 참가자들에게 연설을 녹음하기 위해서라며 옆 건물로 가달라고 했다.

참가자들은 급히 옆 건물로 이동하던 길에 문가의 땅바닥에 웅크리고 있는 한 남자와 마주쳤다. 그 남자는 머리를 숙이고 눈을 감고 있었다. 신학생들이 자신의 곁을 지나갈 때는 두어 번 기침을 하며 아픈 듯 신음소리를 내기도 했다.

이때 누가 걸음을 멈췄을까? 우화를 떠올리며 그 우화를 주제로 연설을 준비해달라는 부탁을 받았던 수련 사제들이 걸음을 멈춘 비율이 상대적으로 더 높진 않았다. 연구진이 밝혔듯 "실제로 몇몇 경우엔 선한 사마리아인 우화에 대한 연설을 하러 가던 신학생이 급히 가다가 말 그대로 그 아파 보이는 사람을 심지어 넘어가기도 했다."

늦었으니 서둘러 달라는 말을 들은 신학생들과 그런 말을 듣지 않은 신학생들 사이에서는 큰 차이를 보였다. 늦었으니 서둘러야 한다는 말을 들은 신학생들은 다친 사람이 괜찮은지 확인하기 위해 멈춰선 비율이 10퍼센트에 그쳤다. 반면 서둘러 달라는 말을 듣지 않은 신학생들은 63퍼센트가 중간에 걸음을 멈췄다.

미국인의 4분의 1 가까이는 항상 조급해한다. "지금은 세상이 너무 빨리 돌아간다. 사람들이 주의를 집중할 틈이 거의 없다. 아브라모비치는 모든 사람의 뇌의 속도를 늦추게 해준다. 우리에게 꽤 긴 시간 동안 그 자리에 가만히 있어 보길 청한다. 우리에게 익숙지 않은 그런 요구를 하면서 우리를 변화시키고 있다." 휘트니 미술관의 큐레이터 크리시 아일스Chrissie Iles가 마리나 아브라모비치의 공연 작품을 평하며 한 말이다.

누구나 조급하게 살다 보면, 그 상대가 친구나 가족이든 동료나 모르는 사람이든 간에 다른 사람들과 연결되는 능력에 손상을 입는다. 여유 없이 허둥지둥 지내다 지치면 타인들이 시선이나 어주 등으로 표출하는 감정을 제대로 읽고 이해하는 능력이 손상된다. 주의가 산만해지거나 스트레스를 받거나 시간의 압박을 받으면 자신에게만 몰두하여 자기중심적이 될 가능성이 훨씬 더 높아져 결국엔 남들의 마음을 잘 읽지 못하게 된다.

이 연구에 참여한 신학생들이 손에 휴대폰을 들고 있었다면 어땠을까? 그랬다면 도움이 필요한 그 남자를 알아보지도 못했을 것이다. 휴대폰 사용은 연구진이 말하는 '부주의 맹시'inattentional blindness를 유발한다. 주위에 있는 사람과 상황에 주의를 온전히 쏟지 않으면 빤히 보이는 돌발적 자극을 알아보지 못하기 십상이다. 예컨대 광대가 외바퀴 자전거를 타고 지나간다면 그 모습은 못 보기가 힘들 것 같지 않은가? 하지만 무주의 맹시에 대해 살펴본 한 연구에 따르면, 휴대폰 사용자들은 광대가 외바퀴 자전거를 타고 바로 옆을 지나가는데도 네 명 중 한 명 꼴로만 알아봤다. 다른 사람과 이야기 중이던 사람들은 세 명 중 두 명 이상이 그 광대를 알아봤다.

우리는 다른 사람들과 있을 때조차 온전히 현재에 머물지 않을 때가 많다. 휴대폰 사용자의 거의 90퍼센트는 최근에 가진 대부분의 모임에서 도중에 휴대폰을 사용했다고 고백했다. 성인 10명 중 한 명은 심지어 섹스 중에도 휴대폰을 확인한다.

주의력 분산은 주변에서 일어나는 상황을 알아보기 힘들게 하고 다른 사람들의 감정을 읽어내는 능력을 손상시켜 궁극적으로 사회적 단절을 유발한다. 가까운 사람들과 시간을 보내려 할 때조차 휴대폰 때문에 유대 능력을 제대로 발휘하지 못할 수 있다. 한 연구진이 밴쿠버의 한 박물관에 들어가면서 부모들에게 휴대폰을 가능한 한 많이 사용하는 그룹과 휴대폰 사용을 삼가는 그룹으로 무작위로 배정해 실험 중이라며 참여를 부탁했다. 박물관 방문 후의 응답을 통해 밝혀진 바에 따르면, 휴대폰을 사용하도록 요청받은 부모들이 휴대폰을 다른 곳에 치워두었던 부모들에 비해 사회적 유대감을 느낀 정도가 23퍼센트 더 낮았던 것으로 나타났다.

단지 휴대폰을 옆에 놔두는 것만으로도 관계에 해로운 영향을 미칠 수 있다. 한 연구에서 무작위 배정 방식에 따라 친구 사이와 가족 사이인 사람들 300명에게 함께 식사를 하며 휴대폰을 탁자에 올려놓거나 치워놓게 해본 결과, 단지 탁자에 휴대폰을 올려놓은 것만으로도 식사의 즐거움이 더 낮아졌다. 그 영향의 정도가 아주 큰 편은 아니었지만 무시할 수 없을 만큼의 의미 있는 수준이었다. 그런데 여기에 대화의 주제를 계산에 넣어서 살펴보면 휴대폰의 영향력은 훨씬 더 커진다. 예를 들어, 한 연구에서 실험 참가자 절반에게는 플라스틱 크리스마스트리를 화제로 삼아 가벼운 대화를 나누게 하고, 나머지 절반의 참가자에겐 지난해의 삶에서 가장 중요한 사건을 놓고 얘기를 나눠보게 했다. 그 결과 가벼운 대화를 나눈 사람들의 경우엔 휴대폰이 옆에 있어도 별 영향을 받지 않았다. 반면에 의미 있는 대화 중에 휴대폰이 옆에 있었을 때는 대화의 질이 전반적으로 크게 떨어진다고 인식했다. 신뢰와 공감력을 더 낮게 인식했다. 그러니 휴대폰이 옆에 있을 때는 휴대폰을 사용하지 않더라도 의미 있는 대화를 나누려 하기보다 차라리 플라스틱 크리스마스트리 얘기를 하는 편이 더 나을 것이다.

휴대폰을 사소한 문제로 생각할지도 모르겠지만, 주변을 무시할 정도로 휴대폰에 정신이 팔려 있다가 그 영향이 누적되면 성인기에 가장 오래 지속되는 관계인 결혼생활에까지 해를 입힐 수 있다. 〈휴대폰으로 인해 내 삶은 심각할 만큼 주의가 산만해졌다〉My Life Has Become a Major Distraction from My Cell Phone 는 제목의 연구에서 밝혀졌듯, 한쪽 파트너가 식사 중에 툭하면 휴대폰을 확인하거나 둘이 같이 있을 때 휴대폰을 계속 손에 쥐고 있는 부부들 사이에서는 관계의 질이 전반적으로 낮은 편에 들었다. 이렇게 결혼 만족도가 저하된 주된 원인은 휴대폰 사용을 놓고 벌어진 갈등 때문이었다. 휴대폰 사용 문제로 싸우다가 결혼 만족도가 떨어지게 되었던 것이었고, 또한 이런 결혼 만족도 저하는 더 낮은 삶의 만족도와 더 높은 우울증 발병률과도 연관성이 있었다. 휴대폰을 집어 드는 것이 이렇게 엄청난 영향을 미칠 수 있다니, 잘 믿기지 않을 테지만 중국인 성인 243명을 대상으로 진행된 한 추적 연구에서 밝혀진 바에 따르면, 실제로 휴대폰 사용이 결혼 만족도에 영향을 미치면서 결국엔 우울감을 일으키기도 했다.

물론 불행한 결혼생활을 하는 사람들이나 불행한 사람들이 주의를 딴 데로 돌려 무뎌지려고 휴대폰을 더 많이 사용하는 것일 수도 있다. 실제로 휴대폰이 감각을 마비시키는 데 효과가 있는 것으로 입증되기도 했다. 휴대폰이 없는 상태에서 시술을 받은 환자들이 모르는 사람에게 문자를 보내게 해주었던 환자들에 비해 고통을 줄이기 위한 진통제를 추가로 더 요구하는 비율이 여섯 배나 더 높았다.

하지만 사회적 유대를 빈약하게 만드는 요인은 단순히 휴대폰의 감각 마비 효과나 휴대폰으로 인한 잠재적 갈등이 아니다. 문제는 주의산만이다. 두 연구의 연구진이 과학박물관에서 휴대폰을 사용한 부모들과 식사 중의 부부들이 자신들의 사회적 교류를 덜 즐겁게 느꼈던 이유를 살펴보다가 발견해냈듯 사람들이 사회적으로 단절되어 있다고 느꼈던 것은 수련 사제들이 그랬듯 정신이 다른 데 팔려 있었기 때문이었다.

상대의 눈을 바라보라

바람이 상쾌한 어느 가을날 당신이 커피숍을 나와 보도를 걸어가고 있다고 상상해보자. 인적이 한산한 그 보도에는 어떤 낯선 사람이 당신과 열두 발짝 정도 떨어진 거리에서 혼자 걷고 있다. 그 사람은 휴대폰을 사용하고 있지도, 담배를 피우거나 뭔가를 먹고 있지도 않다. 그냥 걷고 있다. 당신은 당신의 구두를 응시한 채로 그 남자에게 시선을 주지 않는다. 남자는 당신을 쳐다볼까? 마리나 아브라모비치라면 아닐 거라고 대답할 것이다.

그런 상황에서 모르는 사람들이 당신을 쳐다볼 가능성은 절반도 안 된다. 당신이 모르는 사람들을 응시한다면 어떨까? 이럴 경우엔 당신을 쳐다볼 가능성이 55퍼센트로 높아진다. 당신이 쳐다보며 미소를 지어 보이면 당신과 눈을 맞출 가능성은 당신이 당신의 구두만 내려다보는 경우보다 거의 2.75배 높아진다.

당신이 이를테면 세인트루이스 시가 아닌 일본에 있다면 당신의 응시가 미소로 화답 받을 가능성은 크게 떨어진다. 일본에서는 그럴 가능성이 2퍼센트로, 대체로 눈맞춤을 기분 좋게 받아주는 정도는 문화에 따라 다르다. 하지만 전 세계 306곳 문화의 민족지(여러 민족의 생활양식 전반에 관한 내용을 해당 자료를 수집하여 체계적으로 기술한 것—옮긴이)를 분석하여 이문화 간 연구의 '최적 기준'으로 평가받고 있는 한 연구에서 밝혀진 바에 따르면, 눈맞춤은 끌림의 신호로 가장 많이 거론되는 요소였다. 로마 제국 시대의 로마인부터 이란인, 자바인, 히바로족, 터키인, 트로브리안드 제도 사람들에 이르는 여러 문화권에서 눈맞춤은 호감과 긍정적 연관성을 띠었다. 딱 한 경우, 줄루족에서만 눈맞춤에 부정적 암시가 담겨 있었다.

눈맞춤의 지속 시간은 어느 정도가 이상적일까? 쇼핑몰이나 호텔 로비나 보도에서 모르는 사람과 마주치며 시선을 교환할 때는 그 지속 시간이 보통 짧게 끝난다. 사람들은 대략 3초간 눈을 마주보는 것에 가장 편안해한다. 그보다 짧은 시간에 시선을 거두면 뭔가 구린 구석이 있는 사람으로 보이고, 그보다 길게 보면 지나치게 친화적이거나 고압적인 사람으로 비쳐진다.

사람들은 대화를 나눌 때 자신이 말을 할 때보다 상대의 말을 들을 때 더 많이 눈을 맞추려 한다. 친밀한 문제로 얘기를 할 때는 눈을 덜 맞추는 경향이 있다. 또 협력 중일 때는 경쟁 중일 때보다 서로를 더 많이 마주본다.

누군가가 똑바로 쳐다보면 그 시선을 무시하기가 힘들다. 영아들은 태어날 때부터 시선을 피하기보나 서로 똑바로 응시하는 것을 더 좋아한다. 똑바로 응시하는 시선은 더 빨리 감지되어 더 많은 신체 각성을 일으키고 심장을 뛰게 한다. 서로를 똑바로 쳐다볼 때 공통의 관심사가 더 많아지고, 같은 공감대가 더 생기고, 공통의 기억도 더 많이 떠오른다. 적정 시간 내에서 눈을 똑바로 마주보는 사람들은 시선을 피하는 사람들보다 더 호감 있고, 똑똑하고, 신뢰성 있고, 매력적이고 힘 있어 보이는 인상을 준다.

하버드대 심리학자 직 루빈Zick Rubin의 권위 있는 연구에 따르면, 사랑에 푹 빠진 부부는 서로에게 콩깍지가 덜 씌워진 부부보다 대화 중에 서로 응시하는 시간이 26퍼센트 더 많다.

루빈의 연구 이후에 진행된 '바라봄과 사랑'Looking and Loving이라는 제목의 연구에서는 낯선 사람들에게 서로의 눈을 응시하게 하는 식으로도 사랑의 감정을 유발시킬 수 있을지 알아보기 위한 실험이 진행되었다. 무작위 배정 방식에 따라 96명의 낯선 사람들에게 이성의 짝을 정해주며 2분 동안 상대의 손을 쳐다보거나 눈을 쳐다보거나 상대가 눈을 몇 번 깜빡이는지 세어보게 했다. 사실 이렇게 서로를 여러 방식으로 응시해보게 한 이 실험은 이후에 진행할 본실험의 준비 과정이었다. 본실험 결과 존중감과 애착감은 한쪽 파트너가 상대 파트너의 손을 보거나 눈 깜빡이는 횟수를 세어보게 했던 짝들이 아닌 두 파트너 모두 서로의 눈을 바라보게 했던 짝들 사이에서 훨씬 높았다. 우리 인간은 사랑해서 바라보고 싶어하는 것만이 아니라 그저 바라보다가 사랑에 빠질 수도 있다.

우리의 눈은 애정, 즐거움, 오만함, 괴로움 등등의 온갖 감정을 전한다. 다른 사람의 눈을 읽어내는 능력은 한 사람의 사회지능을 가늠할 최고의 척도에 들어간다. 1990년대 말에 사이먼 배런 코언Simon Baron-Cohen이 원래 자폐증 진단 목적으로 개발했던 '눈으로 마음 읽기'라는 테스트가 있다(다음 사이트에 들어가면 이 테스트를 받아볼 수 있다. http://socialintelligence.labinthewild.org). 이 테스트에서는 다양한 감정 상태를 담고 있는 남녀 배우들의 눈이 찍힌 36개의 흑백 사진이 제시된다. 그리고 각 사진마다 다음과 같은 식으로 네 가지의 가능성 있는 감정 상태를 묻는다. "이마를 찡그리고 있는 이 남자는 화가 난 걸까, 괴로워하고 있는 걸까?", "짙은 눈썹을 치켜세운 이 남자는 거북해하는 걸까, 친밀감을 보이는 걸까?" 눈을 보고 누군가의 심리 상태를 더 잘 추론할수록 친사회적이고, 그룹 안에서 잘 어울리고, 공감력 있게 반응하는 경향이 더 높다.

그러나 누군가의 눈을 들여다보되 너무 오래는 쳐다보지 마라. 심리학자 조반니 카푸토Giovanni Caputo는 은은한 조명 속에서 10분 동안 서로 응시하는 것이 현실과의 끈을 놓게 유도할 수 있다는 점을 밝혀냈다. 응시는 이상한 감각을 일으키기도 한다. 오랫동안 응시하고 있기 실험을 위해 모집된 참가자들 사이에서 얼굴이 흉해지면서 '환각처럼 이상한 얼굴의 유령이 보이는 현상'을 겪었다는 사람들이 많이 나왔다. 시간이 느려지는 느낌을 받았다는 응답도 아주 흔했다. 그렇다면 한 번쯤 시도해볼 만하지 않을까?

마음을 얻는 질문

당신이 지금 칵테일 파티장에 와 있다고 가정해보자. 당신은 손에 칵테일을 들고 한 하이탑 테이블로 다가가 이제 막 프레첼 하나를 다 먹은 어떤 낯선 사람에게 소개 인사를 건넨다. 휴대폰은 가방 안에 찔러 넣고 완벽한 눈맞춤을 해본다. 너무 길지도, 너무 짧지도 않게. 이제 뭐라고 말을 건네면 좋을까?

데일 카네기는 그의 명저《데일 카네기 인간관계론》에서 "다른 사람들이 기분 좋게 대답할 만한 질문을 던져라."라고 조언해주었다. 그로부터 80년도 더 지나서 하버드대의 한 연구팀이 이 조언의 타당성을 확증해주었다. 정말로 질문하기는 관계를 이끌어준다.

캐런 황Karen Huang, 마이클 요먼스Michael Yeomans, 앨리슨 브룩스Alison

Brooks, 줄리아 민슨Julia Minson, 프란체스카 지노는 카네기의 주장을 실험하며 누군가가 질문을 던지는 개수와 그 사람이 대화 상대에게 얻는 호감도 사이의 관계를 살펴봤다. 그중 한 연구에서는 400명의 실험 참가자를 모집해 연구팀의 행동실험실에서 15분 동안 온라인 채팅을 하게 했다. 참가자들을 두 사람씩 짝지어준 후에 무작위 배정 방식으로 둘 중 한 사람에게 질문이 네 개가 넘지 못하게 하거나 최소한 아홉 개의 질문을 하게 해보았다(질문의 한계 수는 이전 연구를 바탕으로 정해진 것이었다). 그랬더니 무작위로 많은 질문을 받게 된 사람들이 몇 개 안 되는 질문밖에 못 받은 사람들에 비해 대화 상대에 대한 호감도가 대략 9퍼센트 더 높았다.

황과 그녀의 동료 연구자들은 행동실험실 밖에서도 연구를 벌여 110명의 스피드 데이트 참여자들을 대상으로 질문하기의 영향을 살펴봤다. 스피드 데이트 참여자들은 각각 15번 정도의 데이트를 이어갔고, 매 데이트의 시간은 4분이었다. 이때 스피드 데이트 중의 대화 내용은 장착된 마이크를 통해 수집되었다. 이번에도 더 많은 질문을 던진 사람들이 모르는 사람과 관계를 맺을 가능성이 더 높은 것으로 밝혀졌다. 더 많은 질문을 물어보는 것과 더 높은 두 번째 데이트 약속 성사 가능성 사이에 서로 연관성이 있었다.

하지만 모든 질문이 똑같은 영향을 미치는 건 아니다. 이들 심리학자들은 질문을 여섯 가지 유형으로 나누어 살펴봤다. 소개 인사형 질문, 전면적 전환, 부분적 전환, 후속 질문, 미러링, 수사적 질문이었다. 소개 인사형 질문의 예는 "안녕하세요?" 같이 형식적으로 묻는 질문이다. 전면적 전환과 부분적 전환은 화제를 바꾸려는 질문이다. 예를 들어, 프레첼을 먹은 그 낯선 여성이 회계사인 자신의 직업에 대한 얘기를 하는 중인데 당신이 말을 자르고 끼어들어 그녀의 취미에 대해 묻는 식이다. 이것은 전면적 전환에 해당한다. 후속 질문은 대화 상대가 방금 전에 얘기한 것과 관련된 질문을 하는 것이다. 미러링 질문은 방금 전에 당신이 받은 것과 비슷한 내용의 질문을 질문했던 그 상대에게 물어보는 것이다. 누군가 당신에게 아이가 몇 명이냐고 물어왔을 때 당신이 "세 명이요. 당신은요?"라고 대꾸하는 경우가 바로 미러링 질문이다. 미러링 질문은 평서문이 아닌 의문문에 대한 대꾸라는 점에서 후속 질문과는 다르다.

후속 질문은 묘약과도 같았다. 후속 질문은 질문하기의 거의 모든 이점들을 확실히 드러내주었다.

후속 질문이 의심의 여지없이 막강한 힘을 발휘하는데도 사람들은 대체로 그 힘을 잘 알아보지 못한다. 사람들에게 대화 중에 질문을 얼마나 많이 받았는지 생각해보라고 하면 내단히 잘 기억해낸다. 하지만 질문하기를 호감도와 연결지어 생각하진 않는다.

대화를 나눌 때 사람들은 질문하기보다 이야기를 하며 자신을 선전하려 애쓰는 경향이 있다. 특히 면접 인터뷰, 첫 데이트, 새로운 사회적 상황에서의 대화에서 그런 경향이 강하다. 하지만 그렇게 하면 스스로를 깎아내리는 셈이 된다. 차라리 질문, 그중에서도 특히 후속 질문을 던지면 상대방에게 초점을 맞추며 자기개방을 끌어내게 되어 관계를 구축하기가 한결 수월해진다. 상대방에게 초점을 맞추는 대화 행위(상대방 이름의 언급, 상대방의 언어 구사 스타일에 맞춰주기, 상대방의 말 지지해주기)는 하나같이 호감을 높여주는 것으로 증명되었다.

사람들은 자신에 대한 얘기를 할 수 있는 것에서 본질적 기쁨을 느끼기도 한다. 여러 실험에서 살펴본 바로도 사람들은 자신에 대한 질문에 대답하기 위해 기꺼이 돈도 포기하고, 그렇게 대답한 말이 또 다른 사람 귀에 들어가게 하기 위해 기꺼이 더 많은 돈도 포기한다. 앞에서 소집자형에 대해 얘기할 때 자기개방의 힘에 대해 짚어보며 살펴봤듯, 아서 아론은 36개의 질문에 이어 4분 동안 서로 응시하게 함으로써 질문의 힘이 발휘될 토대를 깔아주었다. 하지만 안타깝게도 아론은 후속 질문의 마력까지는 미처 알아보지 못했다.

첫 번째 의무는 경청이다

후속 질문이 마력을 발휘하는 데는 당신이 상대의 말을 경청해주고 있음을 상대로 하여금 깨닫게 해주는 것이 한몫한다. 우리는 우리의 시간 중 44퍼센트 가까이를 들어주기에 할애한다. 하지만 진정으로 들어주는 경우는 드물다.

들어주기는 일종의 선물이다. 베트남 출신의 불교 수도승 틱낫한은 이렇게 썼다. "우리가 사랑하는 사람에게 줄 수 있는 최고의 선물은 진정으로 곁에 있어주고 진정으로 들어주는 것이다." 신학자이자 철학자인 폴 틸리히 Paul Tillich도 비슷한 말을 했다. "사랑의 첫 번째 의무는 귀 기울여 들어주는 것이다."

카멜렌 시아니 Carmelene Siani는 한 친구와의 대화를 계기로 더 진심으로 들어주려 힘쓰게 되었다며 그때의 그 변화 촉발적 대화를 떠올렸다. 어릴 시절에 사고를 당해 심각한 흉터가 남아 있었던 친구는 그때 자신이 더 이상 치료를 받지 않기로 마음먹은 이유를 털어놓았다. 그동안 15번이나 피부 이식 수술을 받았는데 그때마다 어린 시절의 트라우마가 떠올랐다고 했다. 몸에 칼을 댈 때마다 외로움이 더 심해져 '깊은 우물 바닥에' 가라앉아 있는 기분이었다며 말을 이렇게 이었다. "위를 올려다보면 어머니와 가족들이 우물가에서 나를 내려다보며 계속 이렇게 말했어. '우리가 널 위해 여기에 있어줄게. (중략) 우리는 널 사랑해.' 하지만 언제나 우물가에만 있었어. 아무도 우물 '안으로' 내려와 나랑 같이 있어주지 않았어." 친구는 차분한 어조로 말을 이어갔다. "그때 어머니와 가족들이 내 말을 들어주었다면 좋았을 것 같아. (중략) 나는 어머니와 가족들이 나를 그냥 그대로 봐주길 바랐어. 두렵고 고통에 몸부림치는 있는 그대로의 나를 봐주길. 고통이 사라질 거라거나, 언젠가는 더 좋아질 거라는 둥의 말을 해주지 않았으면 좋았을 텐데 아쉬워. 내가 어떤 기분인지에 대해 말하게 해주고, 내가 아무리 어려도 내가 겪는 두려움과 고통을 부정하지 않게 해주었다면 얼마나 좋았을까."

때때로 사람들이 원하는 말은 조언이나 안심시켜주는 말이 아닐 때도 있다.

들어주기는 말뜻 그대로 고통을 사라지게 해준다. 다수의 임상 시험에서 밝혀졌듯 들어주기는 환자들의 신체적 고통을 줄여준다. 귀 기울여 잘 들어주면 리더십 능력, 판매 실적, 학업 성과, 결혼생활, 청소년과 우는 아이 다루기, 인질 협상 등등에서 더 좋은 성과를 내게 된다. 회사의 직원들은 상사가 자신들의 말을 들어주고 있다고 느끼면 정서적으로 지치거나 회사를 그만둘 가능성이 줄어든다. 사람들은 자기 얘기가 경청되고 있다고 느끼면 당신에 대한 신뢰성과 호감도가 높아지고 더 의욕적이 된다.

하지만 들어주기는 얼핏 생각하기보다 더 힘들 수 있다. 임상심리학자 리처드 슈스터Richard Schuster가 글로 지적했듯 "이런 일은 해내기 아주 쉬울 것 같지만 실제로 해보면 자꾸만 잘 안 된다. 우리 모두는 들어주는 요령을 안다고 생각하지만 우리 중 상당수는, 심지어 숙련된 심리학자들조차 제대로 들어주지 못한다." 사람들은 그저 머리 양쪽에 소리가 들어오는 구멍이 두 개 뚫려 있다는 이유만으로 자신이 들을 줄 안다고 생각한다.

그리고 거의 모든 사람이 자신이 들어주기를 잘한다고 생각한다. 컨설팅 업체인 액센츄어Accenture에서 30개국의 전문직 종사자 3,600명 이상을 대상으로 설문조사를 진행해봤더니 응답자의 96퍼센트가 자신이 잘 들어주는 사람이라고 생각했다. 사무실에서 하루를 보내는 사람은 누구나 알겠지만 그것은 착각이다. 응답자 본인들조차 주의가 아주 분산되어 있고 동시에 이것저것 여러 가지를 한다는 점을 인정했다.

심리학에서는 이런 현상을 '긍정적 환상'이라고 일컫는다. 말하자면 자신에 대해 현실과 동떨어진 긍정적인 평가를 한다는 것이다.

저녁 뉴스를 그냥 시청하기만 하는 시청자들은 기억하는 뉴스 내용이 4분의 1도 채 안 된다. 알고 보면 듣기는 굉장히 어려운 일이다. 대화는 통상적으로 분당 150개의 단어의 속도로 전개되지만 보통 사람은 훨씬 빠른 속도로 하는 말도 알아들을 수 있다. 그 바람에 대화에서는 생각이 옆길로 샐 시간적 여유가 많다. 매트 킬링스워스Matt Killingsworth와 댄 길버트Dan Gilbert가 휴대폰 기술을 활용해 실험 참가자들에게 확인 문자를 보내는 방법으로 딴 생각을 하는 빈도를 조사해봤다. 이 연구 결과에 따르면, 우리는 깨어 있는 시간의 47퍼센트를 현재 하는 일이 아닌 다른 뭔가를 생각하며 보낸다.

어떤 사람들이 듣기를 잘할까? 미네소타대의 랄프 니콜스Ralph Nichols 교수는 자신의 학생들이 강의를 듣지 않는다는 느낌이 들었을 때 이런 궁금증이 생겼다. 그래서 그 답을 찾아보기 위해 초등학교 1학년생부터 고등학생에 이르는 여러 연령대의 아이들을 가르치는 학교 교사들을 실험 참가자로 모집해 각 교사에게 가끔씩 수업을 중단하고 학생들에게 이렇게 물어봐달라고 했다. "선생님이 방금 뭐라고 말했지?"

니콜스가 레너드 스티븐스Leonard Stevens와 공저한《듣고 있어요?》Are You Listening?에서 쓴 것처럼 '잘 듣는 사람을 말하는 상대에게 온 주의를 쏟아주는 사람이라고 정의'하고 이 실험의 결과를 본다면 "초등학교 1학년생 아이들이 가장 잘 듣는다." 어린아이를 키우고 있는 사람이라면 이 말을 믿기 힘들 테지만 초등학교 1, 2학년생은 경청하는 비율이 90퍼센트인 것으로 밝혀졌다. 중학생 아이들은 경청하는 비율이 절반도 안 되었고, 고등학생으로 올라가자 그 비율이 10명 중 세 명에도 못 미쳤다.

어떻게 아이들이 어른보다 더 잘 들을 수 있을까? 주의 지속 시간은 학생 시기 동안 꾸준히 높아지다가 대체로 인생의 아주 후반부에 이르러서야 점차 떨어진다. 따라서 초등학교 아이들이 주의력이 더 뛰어나서 더 잘 듣는 건 아니다.

'경청 분야를 개척한 경청의 아버지' 니콜스가 미니애폴리스의 여러 교실에서의 경청 상황을 살펴보기 시작한 지 수년이 지난 시점에서, 인생 전반에 걸친 경청 능력의 자기인식을 조사하는 또 다른 연구가 진행되었다. 연구 결과 초등학생부터 노년층에 이르는 전 연령대 그룹의 대다수가 자신이 '잘 듣는 사람'이라고 생각했다. 하지만 아이들은 잘 듣기에서 단 하나의 가장 중요한 기준으로 여겨졌던 자질을 갖추고 있었다. 바로 '열린 마음'이었다. 캘리포니아대 버클리 캠퍼스의 앨리슨 고프닉Alison Gopnik이 주도한 연구에 따르면, 아이들은 마음이 더 열려 있고 본질적으로 유연하고 탐구적이다. '자신의 기존 지식에 따른 편견이 덜한' 편이기도 하다. 초등학생 아이들이 더 잘 듣는 것으로 밝혀졌던 이유가 여기에 있지 않을까?

열린 마음은 경청의 유용한 자산이다. 사람들은 자기가 듣고 싶을 때만 듣기 일쑤이기 때문이다. 니콜스와 스티븐스에 따르면, 바로 이런 면이 경청의 최대 장애물 중 하나다. "경청 능력은 우리의 감정에 따라 영향을 받는다. 비유적으로 말해 우리는 자신이 듣고 싶지 않은 얘기에는 기지개를 켜면서 신경을 끈다. 그 반면에 누군가 자신이 특히 듣고 싶어하는 얘기를 하면 눈을 크게 뜨고 그것이 진실이든 반쪽짜리 진실이든 허구이든 간에 말 한마디 한마디를 다 받아들이기도 한다. 말하자면 감정이 청각의 필터 역할을 하는 셈이다. 그래서 어떤 때는 사실상 귀가 먹은 사람이 되었다가 또 어떤 때는 너무도 쉽게 철두철미한 경청자가 된다."

이 모두를 감안하면 어떻게 해야 잘 들어주는 사람이 될 수 있을까, 하는 의문이 들게 된다. 경청 연구 분야에는 경청 능력을 측정하는 방법이 적어도 65가지나 된다. 하지만 이 방법들은 몇 개의 본질적인 측면으로 압축해볼 수 있다. 그중 하나는 인지 측면이다. '말소리를 실제로 들으며 들은 얘기를 기억하고 있는가?("무슨 말인지 이해했어요.")' 또 하나는 행동 측면이다. '눈을 맞추거나 미소를 짓거나 고개를 끄덕이는 등 좋은 경청자라고 하면 으레 연상되는 행동을 취하며 자신이 듣고 있다는 걸 알게 해주는가?("듣고 있어요.")' 정서 측면도 있다. '그 대화에 담긴 의미와 정서를 이해하고 있는가?("이 대화를 중요하게 여기고 있어요.")' 그리고 이른바 '도덕' 측면이라는 것도 있는데, 말하는 사람의 말을 어떠한 판단도 없이 순수하게 경청해주는가의 여부를 말한다.

체계적으로 경청 훈련을 하는 사람은 인구의 2퍼센트에도 못 미치는 것으로 추산된다. 그 2퍼센트 가운데 대다수는 적극적으로 들어주기 같은 방식으로 훈련을 하며, 인지 측면과 행동 측면에 주력한다. 많은 사람들이 잘 들어주는 것이라고 하면 고개를 끄덕이고 미소를 짓고 열린 질문과 추가 질문을 하고 상대방의 말을 자신의 표현으로 바꿔 따라 말하는 등의 태도를 떠올린다.

하지만 잘 들어주기는 말뜻을 이해하는 것 이상의 문제로서, 판단을 보류하는 것이다. 미네소타대의 한 연구팀은 이런 식의 경청을 '깊이 있는 경청'deep listening이라고 이름 붙였는데, 말하자면 '배우려는 경청법'이다.

'좋은 경청자'로서의 행동에 초점을 두면, 즉 미소를 지어야 할 때 미소를 지어 보이고 후속 질문을 생각해보려 신경쓰게 되면 실제로 듣고 있는 얘기에 제대로 몰입하지 못할 수 있다. 침묵으로도 고개를 끄덕이고 미소를 짓고 알아들었다는 감탄사를 내뱉는 행동 못지않게 많은 의미를 전해줄 수 있다. 한 연구에서 167명의 학생들을 두 그룹으로 나누어 12시간 동안 침묵의 의무를 부과하는 것의 영향과 경청 유형과 경청의 보편적 장애물에 대한 내용이 포함된 경청 관련 짧은 강의의 영향을 서로 비교해보았다. 그 결과 두 그룹은 경청력 평가에서는 비슷한 수행도를 보였다. 하지만 침묵을 지켰던 학생들은 자신들의 행동에 대한 통찰을 얻은 점에서 차이가 났다. 한 참가 학생은 "경청이 힘든 이유는 내가 나 자신의 생각에 빠지기 때문이다."라는 점을 자각했는가 하면, 또 한 학생은 "내가 말이 없을수록 주변 사람들이 더 마음을 열고 싶어한다."는 깨우침을 얻었다. "사람들은 말을 듣기보다는 말을 하고 싶어한다."는 사실에 눈을 뜬 학생도 있었다.

12시간까지 채우지 않아도 똑같은 효과를 얻을 수 있다. 이와 같은 통찰의 상당수는 12분 미만 만에도 얻어낼 수 있다. 친구나 동료 한 명을 찾아 2분만 시간을 내서 "오늘 하루 어떻게 보내고 있어?" 같은 간단한 질문에 답하는 친구의 말을 귀 기울여 들어주며 어떤 식으로든 중간에 끼어들지 마라. 뭘 물어보지도, 조언이나 수긍의 말도 하지 말고 그냥 듣기만 하라.

처음엔 이렇게 하는 게 매우 거북한 것이 보통이다. 중간에 끼어들어서 말하고 싶어지는 당신 자신의 성향이 어떤 편인지에 주목해보라. 어떤 대목에서 왜 끼어들고 싶어지는가? 말하고 있는 상대가 자기 할 말을 다 마치기도 전에 당신이 하고 싶은 말을 생각하고 있지는 않은가? 중간에 끼어들어 당신 자신의 경험을 얘기하고 싶지는 않은가?

더 좋은 경청자가 되기 위해 당신의 대화 습관을 이해하는 것이 필수다. 원하고 구하면 길들여지리라는 말도 있지 않은가.

말하는 사람은 이런 식으로 자신의 말이 경청되는 기회를 얻게 되면 가슴속이 시원해지는 느낌을 받을 수도 있다. 실제로 단순히 들어주는 것만으로도 눈물을 흘리는 임원들의 모습을 본 게 한두 번이 아니다. 자신의 얘기를 말하고 그것을 경청 받을 기회가 그만큼 흔치 않은 것이다. 낯선 사람들과의 자리에서도 다른 식으로 2주 동안 알게 되었을 법한 것보다 경청해주는 그 짧은 240초 동안 서로에 대해 더 많이 알게 되었다는 말을 자주 듣는다.

이런 경청은 일종의 깊이 있는 경청이다. 틱낫한에 따르면, "깊이 있는 경청은 다른 사람의 고통을 덜어줄 수 있는 들어주기다. 말하자면 연민적 경청이라고 할 수 있다. 오로지 그 사람이 가슴속을 비워내게 도와주자는 목적 하나만을 마음에 품고 들어주는 것이다. (중략) 그 사람이 온통 그릇된 인식으로 가득 차 있거나 분개심으로 똘똘 뭉쳐 있어도 연민을 갖고 계속 들어줄 수 있다. 그렇게 연민의 마음으로 들어주면 그 사람이 고통을 덜어낼 기회를 얻게 된다는 것을 알기 때문이다. 인식을 바르게 고치도록 도와주고 싶어도 다음 기회로 미루고 지금 당장은 그냥 연민을 갖고 들어줌으로써 고통을 덜게 도와준다. (중략) 그런 식으로 한 시간쯤 들어주면 변화와 치유가 일어날 수 있다."

깊이 있게 경청해주면 우리의 뇌는 경청 받고 있는 사람과 동기화된다. 프린스턴대의 연구진이 선구적 연구를 통해 밝혀낸 바에 따르면, 대화의 흐름에 맞추기 위해 신경계의 무도회가 펼쳐진다. 우리 하슨Uri Hasson과 그의 동료 연구진은 한 여성이 엉망으로 꼬여 버렸던 어느 무도회 데이트에 대해 즉흥적으로 얘기를 풀어놓는 동안 fMRI 기계를 활용해 그 얘기를 하는 여성의 뇌에서 어떤 영역이 활성화되는지 살펴보았다. 그런 후 실험 참여자로 지원한 11명에게 fMRI 기계에 들어가 그 이야기의 녹음본을 듣게 했다. 이야기를 말하는 사람과 듣는 사람들은 이야기의 비슷한 대목에서 뇌의 똑같은 영역이 활성화되었다. 그러나 실험 참여자들이 쓰는 언어가 아닌 러시아어로 이야기가 나왔을 때는 동기화가 일어나지 않았다. 화자가 실험 참여자들이 들었던 것과 다른 이야기를 했을 때도 동기화는 없었다. 따라서 신경계의 조화를 일으킨 것은 상호 이해였다. 게다가 깊이 있는 경청을 한 경청자들의 연결성이 가장 강했다. 심지어 이런 경청자들의 뇌 활성화는 때때로 화자보다 먼저 일어나기도 했다. 화자가 어떤 얘기를 할지 미리 짐작했던 것이다.

깊이 있는 경청은 사람들이 단어와 어조를 통해 마음을 드러낼 수 있게 해준다. 니콜스가 글로 썼듯 "모든 인간의 가장 기본적인 욕구는 이해하고 이해받고픈 욕구다. 사람들을 이해할 최상의 방법은 귀 기울여 들어주는 것이다."

놀라운 터치의 힘

나는 최근에 직장에서 어떤 사람이 의도적으로 내 몸을 터치하는 횟수가 몇 번이나 되는지 세어봤다. 3일 동안 두 번이었다. 한 사람만을 대상으로 센 것인데 그것밖에 안 되었다. 사실 촉감은 우리의 감각에서 가장 등한시되는 감각에 속한다. 그것은 삶에서뿐만 아니라 과학계에서도 마찬가지다. 존스 홉킨스대 신경과학 교수이자 《터치》의 저자 데이비드 린든David Linden의 말마따나 "지난 50년 동안 과학 문헌 중 촉감에 대해 다룬 논문 한 편당 시각을 다룬 논문은 100편 정도 되었다." 촉감은 과학계 외에 예술계에서도 찬밥이다. 다른 감각들은 헌사된 예술들이 있다. 가령 시각은 그림, 드로잉, 조각을 통해 표현되고 청각은 음악으로, 미각은 미식을 통해 표현되며 감각적 즐거움을 누릴 수 있다. 등한시되는 편에 속하는 후각조차 향수로 향기를 즐긴다. 그에 반해 촉감에는 그에 상응할 만한 것이 없다. 오디오와 비디오 녹음을 통해 전달될 수 있는 음성이나 시각과는 달리 촉감은 인위적으로 전달할 방법도 없다.

하지만 촉감은 우리가 가장 먼저 발달시키는 감각이다. 대략 임신 3개월 때부터 벌써 발달하기 시작한다. 보통의 성인은 피부의 넓이가 2.04제곱미터 정도 된다. 피부는 인체의 맨 끝부분이다. 그리고 캘리포니아대 버클리 캠퍼스의 대커 켈트너Dacher Keltner 교수가 "터치는 '최초의 도덕적 경험'이다."라고 설명한 것처럼 "부모와 자식 간의 피부 접촉은 사회생활에서의 사회적 언어로서 느낌의 구현을 위한 기반을 깔아준다."

매튜 헤르텐슈타인Matthew Hertenstein은 터치만으로 감정을 전할 수 있는지 알아보고 싶어서 켈트너 및 다른 동료들과 합세해 연구에 나섰다. 연구팀은 조금 이상한 실험 장치로 서로 모르는 두 사람을 차단시키기 위한 장벽을 세워둔 다음 실험을 개시했다. 한 사람은 그 장벽의 뚫린 틈으로 팔을 끼워 넣었고, 다른 한 사람은 터치만으로 반대편의 낯선 사람에게 전달할 감정이 쭉 적힌 리스트를 받아서 전달하는 식의 진행 방식이었다. 연구팀은 터치를 받은 사람이 그냥 우연히 감정을 제대로 알아맞힐 가능성이 25퍼센트쯤 나오겠거니 어림짐작했다. 그런데 놀랍게도 실험 참가자들이 터치만으로 감사함, 분노, 사랑, 연민을 구분해 낸 비율이 50퍼센트가 넘었다. 이때 연민은 토닥토닥 어루만지는 식으로, 두려움은 덜덜 떠는 식으로, 분노는 쥐어짜듯 꽉 잡는 식으로 전해졌다.

게다가 사랑과 감사함까지 터치를 통해 분간할 수 있었다. 대체로 사랑과 감사함이란 두 감정은 사람들이 얼굴 표정과 음성으로도 잘 분간을 못하는 감정이라는 점에서 정말 놀라운 결과였다. 짧은 음성 녹음을 듣고 사랑과 감사의 감정을 알아맞히라고 해보면 제대로 맞히는 비율이 20퍼센트 미만이다. 그런데 터치를 통해 그보다 훨씬 더 잘 분간해 냈던 것이다. 실험에서는 터치를 통해 잘 전달하지 '못한' 감정들도 밝혀졌다. 쑥스러움, 놀라움, 시기심, 자부심 등의 자기초점적 감정들은 터치를 통해 쉽사리 분간되지 않았다. 아무래도 터치는 자기표현이 아닌 사회적 표현의 매개체인 것으로 보인다.

누군가가 뭔가를 하길 바랄 때 적절한 순간에 터치를 하면 그 사람이 당신의 요구에 응하게 될 가능성이 높아지기도 한다. 상대에게 하려는 부탁이 시시콜콜한 사적 얘기 털어놓기든, 나이트클럽에서 춤추기이든, 돈 빌려주기든, 설문조사에 서명하기든, 꿀팁의 전수든, 피자 시식이든 간에 터치를 하면 긍정적인 대답을 들을 가능성이 높아진다.

사람들이 터치를 할 경우 순순히 응해줄 가능성이 높아지는 이유는 자신을 터치한 사람에 대해 더 긍정적인 인상을 갖게 되기 때문이다. 터치에 친화적인 문화와 터치를 꺼리는 문화 양면에서 두루두루 행해진 다수의 연구에서도 터치를 한 사람이 교사든, 사서이든, 서빙하는 직원이든 간에 그 사람에 대한 긍정적 인식이 터치를 받은 상대가 응해줄 가능성을 높여주는 원인으로 밝혀졌다. 터치를 하는 사람들은 더 친근하고, 진실되고, 호의적이고, 친절한 사람으로 보인다. 이는 중고차 세일즈맨을 참여시킨 실험 결과에서도 예외가 아니었다. 중고차 영업은 대체로 의혹을 받는 직업이다 보니 중고차 세일즈맨의 터치는 그다지 반갑게 받아들여질 것 같지 않다는 생각이 들 만했다. 그런데 이 중고차 세일즈맨은 영업 중 터치를 하지 않은 사람들보다 1초 정도 팔뚝을 터치한 사람들에게 28퍼센트 더 '친근'하고, 38퍼센트 더 '진실'되고, 34퍼센트 더 '정직'하다는 인상을 얻었다.

터치의 이점을 살펴보다 보면 현대 시대의 만병통치약이 아닌가 싶다. 한 예로 터치는 스트레스를 줄여주고, 혈압을 낮춰주며, 심장을 진정시켜준다. 수술과 대중 연설 등의 스트레스 심한 일을 앞두고 있을 때 다른 사람의 손을 잡거나 포옹을 받으면 불안감이 줄어들고, 혈압이 낮아지며, 스트레스의 생물지표인 코르티솔cortisol 수치가 낮아진다.

포옹이나 악수는 면역체계를 활성화시켜 감기와 더 잘 싸우게 해주기도 한다. 카네기 멜론대, 버지니아대 보건과학센터, 피츠버그대의 연구진은 400명이 넘는 성인들에게 다툼과 포옹 등의 모든 사회적 교류를 낱낱이 기록해달라고 부탁했다. 그런 다음 호텔의 한 층에 격리시켜놓고 감기 바이러스에 노출시켰다(이미 면역이 되어 있는지 확인하기 위해 바이러스 노출 전에 채혈도 했다). 이후 어떤 사람들이 감기에 걸리는지 보기 위해 기다려본 결과, 30퍼센트가 조금 넘는 실험 참가자가 몸이 안 좋아졌다. 임상 기준상 병이 난 것으로 진단받을 만큼의 상태가 되었다. 하지만 사회적 지지를 더 많이 받았던 참가자들은 감기에 덜 걸렸다. 그리고 그런 사회적 지지의 효과를 내준 요소 중 거의 3분의 1이 포옹이었다. 우리는 흔히 포옹을 감기에 걸리기 좋은 한 방법으로 생각하지만 포옹은 놀라울 만큼 감기 예방 효과가 좋다.

그리고 어루만지기든 포옹이든 손 꼭 잡기든 간에 적절한 터치는 기분을 좋게 해주고 주변 사람들과의 동기화를 불러일으킬 뿐만 아니라 고통도 덜어준다.

파벨 골드스타인Pavel Goldstein은 딸의 출산 중에 아내의 손을 잡아준 것이 아내의 고통을 좀 덜어준 것 같다는 점에 주목한 후 조사에 착수하여 인간에게 터치가 큰 영향을 미친다는 사실을 증명하며 터치가 그토록 큰 사회적 힘을 갖는 이유를 비로소 규명해냈다.

골드스타인과 그의 동료 연구진은 같이 산 기간이 최소한 1년인 22쌍의 부부를 모집해 뇌파, 심박동수, 호흡을 관찰해보았다. 이 부부들은 각자 다른 방에 앉아 있거나, 같이 앉아 있되 터치를 하지 않거나, 손을 잡고 같이 앉아 있는 세 가지 상황 중 하나에 놓여 있었다. 관찰 결과 터치 여부와 상관없이 단지 서로 곁에 있는 것만으로도 호흡과 심박동수뿐만 아니라 알파무밴드alpha mu band(고통의 인식 및 공감과 연관이 있는 뇌파)까지 동기화 현상이 높아졌다.

고통을 유발하기 위해 여성의 팔뚝에 열을 가했더니 서로를 터치하지 못했던 부부들의 뇌파, 호흡, 심박동수는 비동기화되었다. 반면에 손을 잡고 있었던 부부들 사이에서는 동기화 현상이 높아졌고 여성의 고통도 줄었다. 부부들의 뇌파 동기화가 강할수록 여성은 더 안도감을 느꼈다.

그리고 남자가 공감해줄수록 부부의 뇌파가 더 많이 동기화되었다. "나는 내가 꽤 인정 많은 사람이라고 생각한다."와 같은 문장에 그렇다고 답했던 남자들이 배우자와 더 많이 동기화되었다. 터치, 공감력, 고통을 다루는 과학 영역은 여전히 유아기에 머물고 있어서 현재로선 공감력 있는 파트너와의 뇌 동기화가 어떻게 고통을 줄여주는지는 알기 힘들다. 하지만 골드스타인과 동료 연구진은 여기에 대한 그럴듯한 설명을 내놓았다. "관찰자의 터치가 동기화를 높이고, 그로 인해 관찰 대상자가 이해받고 있다는 느낌이 더 많이 들게 되어 그럴 가능성이 있다." 실제로 연구진의 이전 연구에서는 공감과 이해받는 느낌이 고통의 인식은 줄여주고, 기분 좋은 느낌은 늘려준다는 사실이 밝혀지기도 했다. "파트너의 고통에 대해 공감을 표현한다 해도 터치가 없으면 그 마음이 온전히 전달되지 못할 수 있다."

공감을 전달하는 경우조차 터치의 적정성을 맞추는 일은 생물학적·신경학적 관점상 굉장히 복잡한 문제다. 살살 쓰다듬어주는 것이 정말로 살살 쓰다듬어주는 것처럼 느껴지려면 적절한 속도와 딱 맞는 강도로 쓰다듬어줘야 한다. 너무 느리면 벌레가 기어가는 느낌을 주고, 너무 빠르면 건성으로 해주는 것처럼 느껴진다.

신경과학에 따른 완벽한 터치의 조건은 뭘까? "따뜻한 피부, (중략) 적당한 압박, 그리고 초당 1인치의 속도다."

터치는 단독으로 작동하는 감각이 아니다. 데이비드 린든에 따르면, 여러 감각 기관이 동시에 작동하면서 일어나는 감각이다. 그중 신경섬유는 추위, 고통, 가려움, 진동, 압박을 느끼는 감각 기관이다. 신체의 여러 부위는 저마다 신경의 밀도가 달라 부위에 따라 특정 유형의 터치에 대해 민감성이 더하거나 덜하다. 손가락의 경우엔 특히 압박에 민감하다. 손 마사지가 기분 좋은 이유도 어느 정도는 이런 민감성 때문이다. 같은 마사지라도 허벅지나 안구 마사지는 손 마사지처럼 기분이 좋아지지 않는다.

스웨덴 예테보리대 호칸 올라우손Håkan Olausson과 그의 동료 연구진에 의해 발견된 신경종말은 사람과 사람 사이의 터치 감지에 특화되어 있다. C-촉각 신경섬유로 불리는 이 '쓰다듬기 감지 신경섬유'는 유난할 정도로 느리다. 쓰다듬기 감지 신경섬유에 등록된 신호는 시속 3.2킬로미터의 느긋한 속도로 전송된다. 진동과 압박을 기록하는 감각 기관 같은 다른 감각 기관들은 정보 전송 속도가 이보다 60배나 빨라 시속 193킬로미터 정도 된다. 쓰다듬기 감지 신경섬유가 어머니가 유모차를 미는 속도라면, 다른 촉각 감각 기관들은 레이싱 카의 속도에 가깝다.

이 별개의 두 가지 촉각 체계는 서로 다른 뇌 부위로 신호를 보낸다. 쓰다듬기 감지 신경섬유는 긍정적 감정과 부정적 감정의 구별을 돕는 뇌 부위를 활성화시킨다. 정서적이고 감정 실린 터치와 중립적 터치를 구분해내는 이런 인체의 능력은 다소 신기한 면이 있다. 이런 능력이 없었다면 재채기와 오르가슴을 아주 비슷하게 느끼게 되었을 것이다. 이런 구별 능력은 터치의 맥락적 특성을 부각시켜주기도 한다. 사실 같은 터치라도 터치를 해온 사람이 친구냐 모르는 사람이냐에 따라 기분 좋을 수도 있고 거부감이 들 수도 있다. 게다가 이것은 맥락에서만의 차이로만 그치지 않고 터치 자체의 느낌도 달라진다.

환경 역시 중요한 요소다. 이탈리아에서는 인사로 포옹과 입맞춤을 한 번씩(어쩌면 두 번씩도)하는 사람들을 보기 쉽다. 일본에서는 인사할 때 머리를 숙여 보일 뿐 신체적 접촉은 없다. 한 연구에서 영국의 여러 커피숍을 돌며 관찰을 해봤더니 한 시간 동안 지켜보는 동안 짝을 지어 들어온 사람들이 한 번도 터치를 하지 않았다고 한다. 미국에서는 사람들이 터치를 많이 하는 편이었다. 보통 수준보다 두 배였다. 파리에서는 한 시간 동안 지켜보는 동안 터치한 신체 접촉 부위가

110군데나 되었다.

이처럼 해당 문화에서의 접촉 수준이 높으냐 낮으냐에 따라 터치의 횟수에서는 상당한 차이가 있지만 누가 누구를 어디에서 터치해야 그 터치를 편안하게 느낄 수 있는가의 문제에서는 보편적 기준이 존재하는 듯하다. 한 연구에서는 사람들이 낯선 사람이나 지인이나 친구나 사촌이나 부모나 파트너가 만질 때 편안하게 느껴질 것 같은 곳이 어디인지를 알아보기 위해 5개국에 걸친 1,400여 명의 사람들을 대상으로 인체 지도를 활용해서 조사를 벌여보았다. 당연한 결과일 테지만 상대가 가까운 사람일수록 터치해도 괜찮은 신체 부위가 많았다. 이런 결과는 응답자가 핀란드인이건 프랑스인이건 러시아인이건 이탈리아인이건 영국인이건 다르지 않았다. 배우자는 사실상 어느 곳이든 만져도 괜찮았지만 친구나 친척의 경우엔 머리와 상체까지만 허용 가능했다. 낯선 사람들은 손으로만 한정되었다.

터치의 적설성이 모호하다면 대개는 그 관계가 모호한 상태임을 방증한다. 미국에서는 이런 관계를 가리켜 어색한 포옹과 악수 사이의 딜레마라고들 말한다. 이쯤에서 인터넷상에서 뜨거운 논쟁을 불러일으킨 셰인 스노Shane Snow의 글을 살펴보자. "나는 업무 중에 남자인 지인과 우연히 마주칠 때는 어떻게 인사하면 좋을지 한치의 고민도 없이 자신 있게 인사한다. 악수를 나누면 된다." 하지만 여자인 경우엔 "쓰레기 압축기의 두 벽 사이에 끼어 있는 기분이 들 때가 많다. (중략) 첫 만남의 자리에서는 악수를 나눈다. 정말 쉽다. 하지만 그 다음번에 우연히 만난다면? 이번에도 악수를 나누는 건 너무 딱딱한 인사일까(특히 첫 만남에서 서로 아주 잘 맞았다면 더 그렇지 않을까)? 그렇다고 포옹을 하는 것도 어색하지 않을까?"

우리가 터치와 관련해서 이렇게 복잡하게 얽혀 있다는 사실은 터치가 그만큼 힘이 있다는 증거다. 마이애미대 정신의학과 교수 티파니 필드Tiffany Field가 그녀의 저서《터치》에서 밝혔듯 "터치는 말이나 감정을 통한 접촉보다 10배나 더 강력해서 빌어먹게도 우리가 하는 거의 모든 것에 영향을 미친다. 촉감만큼 자극을 일으키는 감각은 없다. (중략) 우리가 잊고 지내지만, 터치는 인간이란 종에게 기본적인 것일 뿐만 아니라 꼭 필요한 것이기도 하다."

더 의미 있는 관계를 맺는 법

마리나 아브라모비치는 3개월간의 MoMa 공연 중 아무 행동도 하지 않는다는 규칙을 딱 한 번 깬 적이 있다. 그녀의 전 연인이자 예술 파트너 울라이Ulay가 그녀의 맞은편에 앉았을 때였다. 아브라모비치와 울라이는 1988년에 만리장성의 양쪽 끝에서부터 중심을 향해 걸어오는 공연을 마지막으로 12년간의 관계를 끝냈다. 두 사람은 원래 그곳에서 결혼을 할 생각이었지만 울라이가 자신의 통역사를 임신시키면서 그렇게 헤어지게 되었다.

울라이가 맞은편에 앉자 아브라모비치는 미소를 지었다. 울라이는 숨을 들이쉬었다가 왼쪽으로 고개를 내저으며, 아브라모비치만이 이해할 만한 어떤 무언의 말을 전했다. 사과의 의미가 아니었을까? 아브라모비치는 호흡을 가다듬고 나서 탁자 너머로 손을 뻗어 울라이의 손을 잡았다. 말은 한마디도 하지 않던 그 대화는 2분이 채 못 되게 이어졌다. 아브라모비치는 그때 "우리는 진정한 평화의 순간을 맞았다."고 말했다.

단 2분이 그전까지의 22년보다 관계에 변화를 일으키는 힘이 더 클 수도 있다. 우리의 인맥은 지속적으로 이어지는 패턴의 상호교류를 통해 형성되는 별자리와 같지만 관계의 질은 순간에 결정된다.

우리는 매 순간 우리 앞에 있는 사람과 교류할지 말지와 어느 정도로 교류할지에 대한 선택을 내린다. 때로는 다른 누군가에게 다가가 그 곁에 있어 주려면 큰 용기가 필요할 수도 있다. 어떤 친구가 부모를 잃거나 이혼의 고통을 겪고 있는 등의 힘겨운 순간에는 언제나 무슨 말을 해줘야 할지 막막하다. 그렇지 않은 순간엔 자신을 잊을 정도의 헌신이 필요하다. 할 일이 산더미 같은데 복도에서 누가 당신을 붙잡으며 2분만 시간을 내달라고 부탁하는 그런 일들이 생긴다.

상대가 가장 사랑하는 사람이든 생판 모르는 남이든 강렬한 사회적 교류는 순간에만 일어난다. 보고 듣고 느끼는 인간의 가장 기본적 감각을 통해 일어난다. 지금까지 카리스마를 키우고 관계와 사랑을 발전시키는 방법을 알려주는 책들이 많이 쓰였지만 내 생각엔 더 의미 있는 관계를 맺을 가장 좋은 방법은 아무것도 하지 않는 것일지도 모른다. 아브라모비치의 말처럼 "가장 힘든 일은 무無에 가까운 뭔가를 하는 것이다. 당신의 전부를 요구하기 때문이다."

제8장

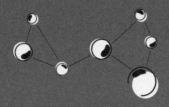

직장에서의 건강한
관계를 위한 조언

'생산적'이라는 것이야말로
올바른 인간관계에 대한 단 하나의 타당한 정의다.

_ 피터 드러커

"밖이 캄캄했다. 아래쪽으로 도로의 빛줄기들이 보이는가 싶더니 기체가 갑자기 기울어지며 엄청난 굉음이 들렸다. 잠시 후 또 한 차례 굉음이 울렸다. 그 순간 기체가 공중에서 이리저리 흔들리기 시작했다. 너무 무서워 피부에 스멀스멀 소름이 돋았다. 그럴 수밖에 없었다. (중략) 지상에 무사히 내려가지 못할 것 같아서였다." 한 아이의 아버지인 크리스 톰슨의 회고담이다. 런던의 보트 전시회에 갔다가 돌아오는 비행기 안이었고, 그의 좌석 번호는 1E였다.

비행기가 심하게 요동치기 시작하더니 연기가 객실 안으로 확 밀려들었다. 43세의 베테랑 조종사인 기장 케빈 헌트는 침착한 어조로 오른쪽 엔진에 문제가 생겼다는 안내방송을 내보냈다. 그는 오른쪽 엔진을 정지시키고 이스트 미들랜즈 공항에 비상 착륙을 시도하기로 했다. 이제 연기가 차츰 걷혀갔다. 승무원들은 비상 착륙에 대비해 쟁반들을 치우고 객실 안을 정리하기 시작했다.

그때 승객들, 그중에서도 특히 기내 뒤쪽 좌석의 승객들은 당혹스러움에 어쩔 줄 몰라 했다. 조종사가 지금 실수를 하고 있는 것 같다는 걱정이 들었기 때문이다. 그런 이들 중에는 머빈 핀레이도 있었다. 빵 배달원으로 일하는 핀레이는 아내와 아들의 곁으로 돌아오는 길이었고, 21A 좌석에 앉아 있었다. 핀레이가 당혹스러웠던 이유는 조종사가 엔진을 정지시킨 이유를 몰라 어리둥절했기 때문이 아니라 정지시킨 엔진의 위치를 보고 당황했기 때문이다. 연기와 불이 나고 있는 쪽은 오른쪽이 아닌 왼쪽이었기 때문이다.

"우리가 보기엔 왼쪽 엔진에서 불길이 치솟고 있었기 때문에 우리는 속으로 생각했다. '조종사가 왜 그랬을까?' 하지만 나는 그저 빵 배달원일 뿐이었다. 그런 내가 뭘 알겠는가 싶었다." 핀레이가 그 순간을 떠올리며 말했다.

승객들은 아무 말도 하지 않았다. 그리고 객실 승무원들도 불길이 왼쪽 엔진에서 치솟는 모습을 볼 수 있었을 텐데 승객들과 마찬가지로 나서지 않고 가만히 있었다. 몇 분 후 보잉 737 기종의 이 비행기는 잉글랜드의 케그워스라는 작은 마을 외곽의 고속도로를 들이받으며 추락했다. 활주로에서 1,000미터도 채 떨어지지 않은 위치였다. 비행기가 들판을 가르고 쓸려나가며 나무들을 들이받다 제방에 처박히는 사이에 기체 앞부분은 뜯겨져 나갔다. 머리 위쪽 짐칸에서 쏟아져 내린 짐들로 118명의 승객 대부분이 머리에 부상을 입었다. 승객들은 의자가 앞으로 세게 밀쳐지면서 다리가 짓뭉개지기도 했다. 머빈 핀레이와 크리스 톰슨은 47명의 사망자가 나온 1989년 1월 8일의 이 케그워스 참사에서 그래도 살아남은 생존자에 들었다. 하지만 머빈 핀레이는 척추 부상으로 목숨이 경각에 달려 있었고, 크리스 톰슨은 두 다리 모두 산산이

286

으스러진 상태였다.

객실 승무원이나 승객 들 중 누구 한 명이라도 이상하다는 말을 하고 나섰다면 거의 50명이나 되는 목숨을 구할 수도 있었다. 하지만 아무도 나서지 않았다. 조종사들은 작동을 정지시켰던 정상 엔진을 비행 마지막 순간에 다시 켜려고 했지만 이미 너무 늦은 뒤였다. 추락 사고의 조사 보고서에서는 "왼쪽 엔진의 위험 상태를 봤던 객실 승무원 중 누구라도 적극적으로 나섰더라면 이번 사고는 막을 수 있었다."라고 결론지었다.

인간의 실수는 비행기 추락의 가장 흔한 원인이다. 미국연방교통안전위원회에서 1978~1990년 사이의 추락 사고들을 분석한 바에 따르면, 조종사 실수로 일어난 사고 중 84퍼센트는 부기장이 기장에게 우려나 반박의 말을 꺼내기 두려워하며 꺼렸던 것이 사고 발생의 원인이었다. 케그워스에서의 추락 사고 같은 비극을 예방하기 위해 낮은 직급의 승무원들에게 의견을 말하는 것을 격려하는 승무원 훈련 프로그램이 일상화되었지만 이런 훈련 프로그램도 그다지 효과가 없는 듯하다. 객실 승무원, 사무장, 조종사 들이 안전상의 이유로 의견을 밝힐 필요성을 느꼈던 경우에 거의 절반은 아무 말도 하지 않았다니 말이다.

그렇다면 왜 사람들은 침묵이 치명적일 수도 있는 순간에조차 침묵을 지키는 걸까? 가장 시급히 해야 할 소통을 왜 하지 못하는 것일까?

두려움 때문이다. 취리히 연방공대의 경영학 교수들인 나딘 비엔펠드Nadine Bienefeld와 구델라 그로테Gudela Grote에 따르면, 비행팀 멤버들이 적극적으로 자신들의 의견을 밝히지 않는 이유는 관계에 금이 가거나 징계를 받을까 봐 두려워서이다. 한 객실 승무원의 말을 직접 들어보자. "문제를 일으켜서 괜히 인사기록에 안 좋은 기록이 남게 될 만한 위험을 감수하고 싶지 않았다. 그때 그녀(사무장)에게 그 일이 안전 절차 위반이라고 말했더라면 그녀는 분명히 화를 냈을 것이다. 그래서 그 사람(사무장)이랑 다시 비행해야 할 일이 없기를 바랐을 뿐 아무것도 하지 못했다."

의견을 말하는 것을 두려워하는 것은 항공업계만의 사정은 아니다. 금융 서비스에서부터 제약업에 이르는 여러 업계의 전문직 종사자들을 대상으로 조사한 결과, 응답자의 85퍼센트가 직장에서 중요한 문제를 제기하기 껄끄러웠던 경우가 적어도 한 번은 있었다고 대답했다. 그 이유도 비행기 승무원들이 밝힌 이유와 비슷해서 밉상으로 찍혀 관계에 금이 가고 보복을 당할까 봐 두려워서라고 했다.

공중에 떠 있든 사무실에 앉아 있든 간에 사람들은 부정적인 인상을 얻을까 봐 두려워서 자신의 의견을 밝히지 못하고 있다. 대다수의 사람들은 우호적이고 유능하고 똑똑한 사람으로 비쳐지길 원한다. 인간으로서 지극히 정상적인 이런 경향은 공항 라운지의 누군가에게는 큰 도움이 될지 몰라도 비행 업무 중에는 해롭거나 치명적인 결과를 낳을 수 있다. 뿐만 아니라 이런 소극적인 교류는 팀의 생산성, 창의성, 행복에 부적절한 영향을 미치기도 한다.

어떻게 하면 조직체, 리더, 팀원 들을 두려움을 이겨내는 솔직한 팀으로 만들 수 있을까? 어떻게 해야 적극적 교류가 소극적 교류를 이길 수 있을까? 어떻게 해야 사실을 말해도 관계에 금이 가지 않을까? 어떻게 해야 할 일을 하면서도 서로 잘 지낼 수 있을까? 가족을 빼면 우리가 관계상 가장 큰 도전에 직면하는 세계는 바로 일터다. 그러니 우선 일터부터 살펴보자.

완벽한 팀을 위한 한 가지 조건

두려움과 침묵이 팀과 조직체에 비참한 결과를 가져올 소지가 있다면 그런 결과를 예방할 수단으로는 뭐가 있을까? 완벽한 팀 내의 교류를 인맥 지도로 만들 수 있다면 어떤 모습이 될까?

구글은 암호명 아리스토텔레스 프로젝트Project Aristotle를 통해 완벽한 팀을 만들기 위한 시도에 착수했다. 2년 동안 180개의 팀을 연구한 이 프로젝트는 "전체는 부분의 합보다 크다."는 명언을 남긴 철학자 아리스토텔레스의 이름에서 따온 것이다. 수많은 회사가 직원들의 생산성을 그리고 때때로 행복도까지 높일 방법을 알아내기 위해 빅데이터를 활용하는 시대에서 구글은 이 방면의 선두주자다.

아리스토텔레스 프로젝트에서는 완벽한 팀을 만들기 위해 사람들이 얼마나 같이 밥을 먹는지에서부터 팀들이 내향형이나 외향형이나 혼합형 중 어떤 유형들로 이루어져 있는지에 이르기까지 온갖 요소를 분석했다. 총 200회 이상의 인터뷰를 갖고 250개 이상의 팀 특성을 분석하기도 했다.

아리스토텔레스 프로젝트의 연구원 줄리아 로조프스키Julia Rozovsky의 말을 들어보자. "우리는 일류 팀을 구성하기 위해 필요한 개개인의 특성과 기량들의 완벽한 조합을 발견했다고 자신했다. 로즈 장학금(미국, 영연방, 독일 출신 학생 대상의 옥스포드대학 장학금 —옮긴이) 수여자 출신,

두 명의 외향형, 앵귤러제이에스ᴬⁿᵍᵘˡᵃʳᴶˢ(구글이 만든 오픈소스 웹 애플리케이션 프레임워크—옮긴이)에 뛰어난 엔지니어, 박사로 이루어진 조합이었다. 어떤가, 드림팀 같지 않은가? 하지만 그것은 완전히 잘못 짚은 것이었다. 알고 보니 '누가' 팀원인가의 문제보다는 팀원들이 어떻게 교류하며 어떻게 업무를 조직하고 자신의 기여를 어떻게 보느냐의 문제가 더 중요했다. 마법의 알고리즘을 찾는다는 게 참 그렇다."

프로젝트의 연구팀이 차츰차츰 더 깊이 파고들어갈수록 확실히 드러나는 점이 있었다. 높은 성과를 올리는 팀들은 서로 다양한 문화를 갖고 있어 저마다 느껴지는 분위기가 달랐다. 하지만 이 '문화'라는 것은 다소 비정형적이다. 정의를 내리기도 힘들고 측정하기는 더더욱 힘들다. 연구팀이 유능한 팀들을 살펴본 결과 어떤 팀은 업무 외적으로도 함께 보내는 시간이 많았던 반면 또 어떤 팀은 서로 사무실에서만 보았다. 또 최고의 성과를 올리는 팀들 가운데는 관리자가 막강한 힘을 쥐고 있는 팀들도 있고, 위계가 약한 팀들도 있었다.

아리스토텔레스 프로젝트는 최종적으로 훌륭한 팀의 5대 핵심 요소를 찾아냈다. 심리학계에서 말하는 '심리적 안전'ᵖˢʸᶜʰᵒˡᵒᵍⁱᶜᵃˡ ˢᵃᶠᵉᵗʸ, 의존성, 목표와 역할에 대한 체계와 명확성, 업무에서의 개인적 의미 발견, 팀이 중요한 일을 하고 있다는 믿음이었다. "심리적 안전은 우리가 찾아낸 다섯 가지 원동력 가운데 단연코 가장 중요한 요소였다. 나머지 네 요소를 떠받쳐주는 토대다."

'심리적 안전'이란 사람들이 안심하고 의견을 밝히며 대인관계의 위험을 감수할 수 있는 풍토다. 우정의 문제나 서로를 좋아하는 문제가 아니라 대인관계상의 두려움으로부터 자유로워지는 문제다. 그리고 이런 자유로움은 개인적으로 갖는 느낌이 아니라 그룹 내에 퍼져 있는 공통적인 느낌이다. 팀원들이 팀 내에서 위험을 감수할 수 있고, 문제점과 힘든 사안을 제기할 수 있고, 팀 내에서 팀원들의 노력이 폄하되지 않고, 실수를 해도 비난당하지 않을 수 있고, 도움을 청할 수 있고, 팀원들의 기량과 재능이 중요하게 여겨지면 그 팀은 심리적 안전이 갖추어진 것이다.

아리스토텔레스 프로젝트가 시작되기 15년 전에, 현재 하버드대 교수인 에이미 에드먼슨Amy Edmondson이 일터에서의 심리적 안전이 갖는 중요성을 우연히 발견하게 되었다. 에드먼슨은 대학원에 재학하던 당시에 병원에서 높은 성과를 올리는 팀들을 연구하게 되었다. 그래서 그 팀들이 얼마나 업무 협력을 잘하는지 파악해보기 위해 설문조사를 실시하는 한편 팀들의 업무 활동을 관찰하기도 했다. 이때 성과도가 높은 팀들의 의료 과실이 당연히 훨씬 더 적을 것으로 예상했다. 그런데 자료를 분석해보자, 그 예상과는 정반대의 결과가 나왔다. 오히려 업무 협력을 잘하는 팀의 과실률이 가장 높았다. 그것도 큰 차이로 높았다. 에드먼슨은 어째서 더 뛰어난 팀들이 더 높은 과실률을 나타내는지 당혹스러웠다. 그리고 그 답을 찾던 중 마침내 중요한 사실을 하나 깨달았다. 훌륭한 팀들이 실수를 더 많이 저지른다기보다는 실수를 더 많이 인정하면서 그 실수에 대해 논의하는 과정을 통해서 실수로부터 배우고 있었던 것이다.

에드먼슨이 사용한 '심리적 안전'이라는 용어는 어쩌면 가장 적절한 표현이 아니었을 수도 있다. 어감이 너무 따뜻하고 아늑하다. 너무 기분 좋게 느껴진다. 심리적 안전은 기분 좋고 말고의 문제가 아니다. 에

드먼슨에 따르면, "여기에서의 관건은 솔직함이다. 솔직한 자세를 갖고 위험을 감수하면서 "제가 실수를 저질렀어요."라는 말을 기꺼이 하는 것이다. 이해할 수 없을 때는 기꺼이 도움을 청하는 것이다."

그 뒤로 20년이 넘는 기간에 걸쳐 에드먼슨과 동료들은 그녀의 이 연구를 기반으로 삼아 여러 병원, 학교, 정부 기관, 공장에서의 심리적 안전을 연구했다. 그 수십 건의 연구를 통해 밝혀진 바에 따르면, 모호성이나 급격한 변동성이나 복잡성이나 불확실성이 있는 회사에서는 심리적 안전이 생명을 구해주는 한편 직원들의 참여와 수익성도 높여주었다.

하지만 미국의 직장인 중 자신의 의견이 중요하게 여겨진다고 느끼는 사람은 30퍼센트에 불과하다. 이 비율을 두 배로 높인다면 안전사고와 이직률을 각각 40퍼센트와 27퍼센트 줄일 수 있다. 그리고 생산성을 12퍼센트나 높일 수도 있다.

심리적 안전이 기업체와 팀들을 더 잘되게 해주는 이유는 심리적 안전이 혁신과 배움을 촉진하기 때문이다. 독일의 산업 및 서비스업 기업들에서부터 대만의 IT 기업들에 이르기까지 다양한 환경에서 근무하는 여러 팀들을 살펴본 연구 결과에서도 나타났듯, 심리적 안전이 없을 경우 직원들은 퇴짜 맞거나 무안을 당할까 봐 두려워서 선뜻 새로운 아이디어를 내놓지 않는다.

두려움은 배움을 방해한다. 물론 단기적 동기부여책으로 두려움이 효과적일 수는 있다. 특정 행동이 시급히 필요할 경우엔 두려움이 유용할 수도 있다. 하지만 두려움에 빠질 때 일어나는 신체적·인지적 압박 (즉, 심장이 빠르게 뛰고 손바닥에 땀이 차고 호흡이 빨라지게 되는 등의 현상)은 독창성과 혁신을 끌어내기 어렵게 만든다. 패닉이나 두려움에 빠지면 신체가 더 시급한 문제로 여기는 것을 처리하기 위해 기억과 정보처리 활동을 주관하는 뇌 부위가 등한시되면서 다른 쪽으로 생리적 자산이 쏠리게 된다.

비난전을 끝내라

신생아집중치료실NICU에서는 아주 자그마한 환자들의 생명을 살리기 위해 팀이 24시간 내내 운영된다. 이 안의 아기들은 아직 눈도 제대로 뜨지 못하고 피부도 반투명한 상태인 경우가 흔하고, 아버지의 손안에 쏙 들어올 만큼 작디작다. 이곳에서 이루어지는 치료 업무는 그만큼 까다롭다. 티스푼 두 개 분량의 수혈이 생명을 살릴 수도 있지만 이와 똑같이 작은 양을 잘못 투여하는 실수로도 생명을 끊어버릴 수 있다.

2010년 9월 14일, 시애틀 아동병원에서 중환자 관리 전담 간호사 킴벌리 하이아트는 자신이 8개월 된 아기 카이아 조트너에게 10배나 더 많은 약물을 투약했다는 사실을 깨닫고 공포에 질리게 된다. 그녀가 간호사로 근무한 24년 동안 그런 큰 실수는 처음이었다. 하지만 이혼 후 아이를 공동 양육하던 파트너에 따르면, 하이아트는 그 일로 '엄청난 충격을 받아' 헤어나오지 못했다. 결국 자신의 실수를 견디지 못하고 스스로 생을 마감했다. 실수에 대한 심한 고통이 하이아트를 의료 과실의 '두 번째 희생자'로 내몬 셈이었다.

위험부담이 상당한 환경에서 실수를 인정하는 것은 정말 어려운 일이다. 에이미 에드먼슨과 와튼 스쿨의 잉그리드 넴바드 교수는 킴벌리

하이아트와 카이아 조트너의 죽음 같은 비극이 더 이상 일어나지 않도록 힘을 보태기 위해 심리적 안전을 형성시킬 방법을 알고 싶었다. 두 사람은 1,440명에 이르는 의사, 신생아학자, 간호사, 호흡요법사, 사회사업가 등을 비롯해 신생아집중치료실의 의료 전문가들을 연구했다. 신생아집중치료실같이 극도로 힘들고 까다로운 환경에서 심리적 안전을 형성시킬 수 있다면 훨씬 더 평범한 편에 드는 환경에서도 가능할 것 같았다.

에드먼슨과 넴바드는 리더들이 참여를 유도해야 할 필요성을 느꼈다. 리더들이 일부러 나서서 함께 일하는 이들의 생각을 물어봐줘야 한다고 말이다. 리더들은 도움이 필요할 때 쉽게 다가갈 수 있는 사람이 되어주면서 실수 가능성을 인정해줘야 한다. 부당한 영향력을 행사하는 일이 없도록 자신이 발언을 하기 전에 머리를 맞대고 모여 다른 사람들의 의견을 물어봐야 한다.

줄리 모라스는 새로운 최고운영책임자로 임명되어 미니애폴리스의 여러 아동병원과 진료소를 합병하면서 환자 안전 100퍼센트라는 그녀의 최종 목표를 이루기 위한 조건을 충족시키려는 차원에서 실수에 대한 열린 토론이 더 많이 이루어질 수 있는 기반을 닦으려고 애썼다. 모라스는 의사, 간호사, 의료 보조사 들이 일하는 의료 시스템이 복잡하고 실수를 범하기 쉬운 곳이라는 사실을 인정했다. 사람들에게 문제점이나 실수가 생겼는지 알았냐고 묻기보다는 참여를 유도했다. "모든 상황이 바랐던 만큼 안전했었나요?" 비난하는 대신 호기심을 내보였던 것이다.

비난도 필요하지 않을까? 비난이 없다면 업무를 방임하게 되지 않을까? 비난이 없다면 과연 책임감을 가질 수 있을까? 이것은 에드먼슨이 그동안 숱하게 들은 질문이다. 확실히 비난을 받을 만한 실수도 '있다'. 일부러 규칙에서 벗어난 행동을 하거나 누가 봐도 불성실한 행동을 저질렀다면 비난을 받아도 싸다. 어떤 직원이 자꾸만 부주의하게 군다면 그것도 비난할 만하다. 그런데 비난받을 만한 실수와 칭찬할 만한 실수의 스펙트럼 중간쯤에는 그 직원의 실력이 아니라 그 업무과정 자체로 인해 실수가 빚어지는 경우도 있다. 문제의 복잡성이나 업무의 난관이 실수를 이끈 것이라면 그것은 사실상 개인의 잘못이 아니다. 마지막으로 실험적 시도가 그 경험을 통해 팀이나 회사가 배울 만한 실수들을 낳는다면 그 실수는 칭찬받을 만하다.

다음은 에드먼슨의 말이다. "내가 임원들에게 이런 스펙트럼을 생각해본 후 자신들의 조직체에서 발생하는 실수 중 정말로 비난받을 만한 실수가 어느 정도 될 것 같은지 물어보면 돌아오는 대답은 대체로 한자리 숫자이다. 2~5퍼센트 정도쯤 될 것이라고들 말한다. 하지만 비난받을 만한 실수로 '취급되는' 경우는 얼마나 되느냐고 물으면 잠시 말이 없거나 웃다가 70~90퍼센트라고 말한다. 이런 식이면 결국엔 수많은 실수가 쉬쉬거리며 묻혀버려 교훈을 얻을 기회를 놓치게 된다."

리더가 나서서 비난받을 만한 실수는 어떤 것들이고 칭찬받을 만한 실수는 어떤 것들인지 확실히 정해놓는 식으로 경계를 그어주면 심리적 안전이 높아진다. 하지만 꼭 조직의 리더만이 심리적 안전의 형성을 북돋워줄 수 있는 것은 아니다. 팀 자체가 심리적 안전의 설계자가 될 수도 있다.

팀이 심리적 안전 상태에 있으면 팀 내의 관계는 소집자형 인맥과 비슷해진다. 정부단체의 프로젝트를 진행하고 있는 69개의 팀을 10개월 동안 추적조사한 연구에서도 심리적 안전의 수준이 높은 팀들은 다른 유형과 달리 촘촘한 인맥을 이루면서 동료들 사이의 협력 빈도가 더 높은 편으로 나타났다.

소집자형 인맥이 안전성이 있고 신뢰로 뭉쳐져 있다는 점을 감안하면 이것은 그리 놀랄 일이 아니다. 하지만 신뢰와 심리적 안전은 서로 다르다. 서로 연관성은 있지만, 일단 '신뢰'는 두 사람이나 두 집단 사이의 문제다. 어떤 사람이 신뢰할 만한가, 아닌가의 문제다. '심리적 안전'은 그룹 차원의 문제다. 보통은 해당 그룹 내에서 심리적 안전의 풍토가 형성되어 있는지 없는지에 대한 의견이 일치한다. 여러 멤버들에 대한 신뢰도에서의 의견 불일치는 있을 수 있더라도 마찬가지다. 신뢰는 미래에 대한 문제이기도 하다. 어떤 사람이 자신의 의무를 이행하거나 약속을 지킬 것인지가 관건이 된다. 반면에 심리적 안전은 당면 문제이다. 이 순간 내가 뭔가를 말할 마음이 드느냐가 관건이다.

하지만 이 둘의 공통점을 감안하면 신뢰가 높은 인맥과 심리적 안전이 높은 인맥이 서로 비슷해보일 만도 하다.

직급과 상관없이 모두들 자신의 의견이 중요하게 여겨진다고 느끼는 그런 팀의 일원이 된다고 상상해보라. "제가 실수를 했습니다."라고 실토하기까지 몇 시간 동안 초조해할 일이 없는 풍토가 잡힌 팀의 일원이라면 어떨까? 전화기를 집어 들고 도움을 청할 때도 전화기가 천근만근처럼 무겁게 느껴지지 않을 것이다. 이런 세계에서는 동료들이 서로에게 더 선뜻 조언을 구하기도 할 것이다.

이 점은 HEC 파리 경영대학원의 마티스 슐트Mathis Schulte 교수가 와튼 스쿨의 동료 연구진과 함께 팀 내 인맥과 심리적 안전 인식이 시간이 지남에 따라 어떻게 전개되는지 연구하면서 사실로 밝혀졌다. 연구 결과 팀 내의 심리적 안전은 그 팀이 소집자형 팀이 될지의 여부를 가늠할 만한 척도였다. 게다가 팀 내의 관계가 탄탄해질수록 팀원들이 서로서로 심리적 안전 인식을 받아들이기 시작했다.

심리적 안전은 전염성이 있다. 누군가 자신의 팀이 심리적으로 안전하다고 생각하면 그 사람들의 동료들도 팀이 심리적으로 안전하다고 생각하기 시작한다. 심리적 안전이 생각한 대로 이루어지는 자기실현적 예언이 되는 셈이다.

심리적 안전의 전염은 팀에 소집자형 사람을 배정해주는 식으로 가속화시킬 수도 있다. 소집자형은 심리적 안전을 뿌리 내리는 데 필요한 연계를 세우는 데 도움이 될 수 있다. 연계가 많아지면 솔직함도 더 늘게 된다.

팀이 처음 결성되는 시기에는 심리적 안전을 세우기에 좋은 기회의 순간이 있다. 이때 열린 기회의 창을 놓치면 팀이 심리적 안전을 다시 세울 기회는 말 그대로 수년이 걸릴 수도 있다. 실제로 115개에 이르는 연구팀 및 개발팀을 연구한 결과에 따르면, 심리적 안전은 새로 결성된 팀과 오래된 팀에서 가장 높고, 결성된 기간이 중간 정도인 팀들이 가장 낮은 편이다. 평균적으로 팀은 6개월째에 경험했던 수준의 심리적 안전을 함께 일한 지 6년에 가까워질 무렵이 되어서야 다시 경험하게 된다. 이런 기회의 창을 활용하고, 소집자형의 사람을 팀에 끼게 조치하고, 참여의 기준을 세워주면 팀이 최대한 잘 운영되도록 확실한 기반을 잡는 데 유용할 수 있다.

무례한 말과 행동 다루기

심리적 안전을 무너뜨리는 데는 빈정거리는 말 한마디면 충분하다. 당신이 두 달 동안 다섯 명의 사람과 긴밀히 일해왔다고 가정해보자. 당신의 팀에서는 팀원 모두가 자신의 목소리가 경청되고 존중받을 것이라고 느낄 만한 확실한 관행과 원칙이 세워져 있다. 팀 동료들이 서로의 말을 귀 기울여 들어주고 진심 어린 호기심으로 질문을 던지기도 한다. 비난받을 만한 일과 비난받지 않을 만한 일에 대해 확실히 경계가 정해져 있다. 지금은 월요일이고 업무 처리 방식의 개선을 주제로 회의가 열려 자유롭게 각자의 생각을 내놓고 있는 중이다. 당신은 새로운 아이디어를 제안한다. 그러자 "농담이 아니라, 그 방법은 효과가 없을 것 같은데요."라고 누군가 대꾸한다. 아니면 "그건 이미 시도했던 방법인데요."라는 말을 듣는다거나 심지어 그냥 곁눈질만 보내며 무시하는 반응이 나온다고 쳐보자. 당신이 대다수 사람들과 같다면 당신은 회의가 끝나고도 한참이 지나도록 그 일을 머릿속에 담고 있을 것이다. 자신이 아까 했던 말을 후회하며 머릿속으로 다르게 말했다면 더 좋았을 거라는 생각을 하거나 팀원 중 한 명을 정말 재수 없다고 곱씹을지도 모른다. 앞으로는 다른 제안을 내놓기 전에 망설이게 될 수도 있다. 그것은 다른 팀원들도 마찬가지일 것이다. 이제 막 이 팀의 심리적 안전에 균열이 생기게 된 것이다.

겉으로는 상냥한 말처럼 꾸민 말도 무례한 막말만큼이나 치명적인 결과를 초래할 수 있다. 에드먼슨이 심리적 안전을 연구했던 곳에서 수천 킬로미터 떨어진 위치에서 한 연구팀이 네 곳 병원의 24개 신생아

집중치료실 전담팀을 대상으로 독이 되는 협력의 잠재적 영향을 관찰했다. 이 연구에서는 여러 팀에 의사와 간호사들을 무작위로 배정한 후 팀들에게 미국의 한 전문가가 관찰을 할 것이라고 알려주었다. 그 '전문가'는 다소 장황한 말을 늘어놓으며 자신이 전에 관찰한 다른 팀들은 자신의 부서에서 "일주일도 버티지 못했다."는 식의 무례한 말도 자주 섞어서 말했다. 단, 통제조건(실험에서 독립변수가 부여되지 않아서 실험조건과 비교하는 기준이 되는 조건—옮긴이)에서는 험악한 말을 한마디도 하지 않았다. 팀들은 '전문가'의 얘기를 듣고 난 뒤에 몇 개월 먼저 태어난 한 조산아로 장이 급격히 나빠지고 있는 아기의 사례에 대해서도 듣게 되었다.

무례한 말을 들은 팀들은 정보를 공유하고 도움을 청하는 비율이 더 낮았다. 그 결과 이 아기의 상태를 정확히 진단하는 비율도 더 떨어졌다. 뿐만 아니라 정확한 진단검사를 요구하고, 소생술을 잘해내고, 투약을 제대로 잘하는 비율 역시 낮은 편이었다. 모든 것을 종합해본 결과, 무례함은 진단에서의 차이 유발 요인 가운데 절반 이상을 차지했고 효율적 치료에서의 차이 유발 요인에서도 43퍼센트를 차지했다. 이에 비하면 만성 수면 부족은 임상실무 수행도에 차이를 유발하는 비중이 4분의 1정도밖에 안 된다. 30시간째 잠을 못 잔 치료팀이 방금 전에 어떤 질이 나쁜 사람과 마주치고 온 사람보다 나을지 모른다는 얘기다.

하지만 이것은 간호사들에게만 해당되는 게 아니다. 무례한 말과 행동은 대다수 조직체에 만연되어 있다. 《무례의 대가》The Cost of Bad Behavior 의 저자인 조지타운대의 크리스틴 포래스Christine Porath 교수가 진행한 연구에선 응답한 직장인의 98퍼센트가 직장에서 무례함을 당한 경험이 있다고 답했다. 매주 그런 무례를 당한다고 답한 이들도 절반 가까이 되었다. 때로는 동료들이 우리에게 가장 힘든 관계가 되기도 한다.

무례를 당한 사람들은 거의 모두가 이런저런 식으로 부정적 대처를 한다. 많은 이들이 복수를 한다. 무례한 대우를 받은 직장인들 중에 그런 무례를 가한 사람에게 되갚음을 한다는 응답과 괜히 아랫사람에게 보복한다는 응답이 각각 95퍼센트가량과 88퍼센트였다. 때로는 통제 불능의 상태로 치달아 사소한 무례 행위로 시작되었던 일이 급기야 전면적 적대심으로 노골화되기도 한다.

또 하나의 흔한 대처법은 퇴사다. 다음은 한 관리자의 회고담이다. "나는 상처받고 화나고 좀 무섭기까지 했다. 처음엔 되갚아주고 싶은 마음이 들었지만 그러기엔 위험부담이 너무 컸다. 그래서 차분하게 논리적으로 대응하려고 노력했는데 그게 그의 성질을 더 돋우고 말았다. 그는 다시 분통을 터뜨렸다. 그쯤 되자 그 사람이 선을 넘었다는 생각이 들면서 앞으론 예전처럼 못할 것 같았다. 나는 2년을 더 그 회사에 다녔지만 예전만큼 열심히 일하지 않았다. 그냥 전만큼 일에 신경을 쓰지 않았다."

포래스와 《무례의 대가》의 공동저자인 크리스틴 피어슨 Christine Pearson에 따르면, 사무실에서 무례를 당한 사람들은 행동에 큰 변화를 겪게 된다. 48퍼센트는 전만큼 열심히 일하지 않고, 47퍼센트는 일하는 시간이 줄고, 38퍼센트는 일부러 더 형편없게 일하고, 80퍼센트는 무례 당한 그 일을 붙잡고 마음 쓰느라 귀한 시간을 허비하고, 78퍼센트는 자신의 조직에 대한 헌신도가 줄고, 66퍼센트는 업무 수행력이 떨어지고, 12퍼센트는 끝내 회사를 그만둔다.

무례함이 직원들로 하여금 일부러 일을 더 못하도록 유도하지는 않더라도 무례함을 당해 감정이 복받치면 업무 수행력이 손상될 수 있다. 예를 들어, 분노는 인지기능을 떨어뜨리고 심리적 자산을 소모시킨다. 포래스는 그녀의 동료인 아미르 에레즈Amir Erez와 함께 실험을 벌이며 실험 참가자를 한자리에 모이게 하면서 한 배우를 그 실험 현장에 늦게 오게 조치했다. 실험 진행자는 그 배우에게 늦게 왔으니 나가달라고 했다. 그 배우가 나가자 실험 진행자는 남은 피험자들에게 이렇게 말했다. "대학 재학생인 여러분이 이 자리에 왜 오게 되었을까요? 항상 지각을 해서 학생답지 못하기 때문입니다. 제가 다른 여러 대학에서도 이런 연구를 해봐서 하는 말인데 이 자리에 있는 학생들도 실험 참가자로서 아쉬운 점이 많을 것 같네요." 포래스와 에레즈는 이후에 피험자들에게 벽돌의 활용 방법에 대한 아이디어를 내달라고 했다. 약간 별나면서도 흔한 방법의 이 창의성 평가 결과에서 무례한 대우를 받은 피험자들은 제시한 아이디어가 25퍼센트나 더 적었고 아이디어의 창의성도 떨어졌다.

심리적 안전과 마찬가지로 부정성에도 전염성이 있다. 분노, 불안, 외로움, 두려움 모두 전염이 된다. 인맥을 통해 퍼진다.

이와 관련해서 포래스는 다음과 같이 썼다. "무례함은 바이러스처럼 퍼져나가 거기에 노출되는 모든 이들의 삶을 더 힘들게 한다. 한 사무실에서 시작되었던 무례함이 당신도 모르는 사이에 어느새 복도로 퍼졌다가 3층 위쪽과 휴게실까지 번지고 의뢰인이나 고객들에게 연락을 하고 있는 중일지 모를 누군가에게까지 영향을 미치게 된다. 억제하지 않고 놔두면 무례함은 조직체 전체를 바닥으로 끌어내릴 수 있다. 사람들이 덜 친절해지고 인내심이 줄고 활기와 유쾌함도 떨어진다. 무례함에 노출된 사람들은 공헌도가 떨어지기도 한다."

윌 펠프스Will Felps는 그 전염성이 어떻게 전개되는지 알아보기 위해 동료 학생 세 명과 닉이라는 배우로 구성된 4인 팀을 연이어 구성해보며, 닉에게 '무례하거나 게으르거나 우울한 비관주의에 빠진' 사람을 연기하게 했다. 그리고 그룹이 짜일 때마다 아주 기본적인 사업 결정을 내려보게 하면서 가장 잘한 그룹에게는 100달러를 받게 될 거라고 알려주었다. 닉은 일부 그룹에서는 "지금 장난해요?"나 "경영학 수업을 실제로 들어보기나 했어요?" 같은 이런저런 막말을 하고, 또 다른 일부 그룹에서는 태만한 태도를 취해 탁자에 다리를 척 올려놓고 간식을 먹으며 친구에게 문자를 보냈다. 우울한 사람 행세를 할 때는 툭하면 고개를 푹 숙이며 죽어가는 고양이와의 기억들을 떠올리는 모습을 내보였다.

아무리 그룹의 힘이 어쩌니 해도, 닉이 그룹에 끼어서 안 좋게 행동한 경우엔 예외 없이 더 안 좋은 성과를 냈다. 다른 그룹 멤버들이 아주 똑똑하거나 재능 있거나 카리스마 있어도 상관없었다. 실험을 거듭하며 살펴본 결과, 무례하거나 태만하거나 비관주의적인 사람이 끼었던 그룹들은 수행력이 20~40퍼센트 떨어졌다.

실험자들에게 더 놀라웠던 대목은 따로 있었다. 팀원들이 서로를 대하는 행동 방식이었다. 닉이 무례한 사람처럼 행동하면 사람들이 정보 공유를 보류하려 했다. 서로 싸우는 경우도 있었다. 팀들이 협력하는 모습을 녹화했던 펠프스에 따르면, "하지만 오싹할 정도로 놀라웠던 점은 팀원들이 그 배우의 모습과 닮아가기 시작한 것이었다." 닉이 무례한 사람처럼 굴면 다른 팀원들도 좀 더 불쾌하거나 모욕적으로 나오기 시작했다. 닉이 태만한 모습을 연기하면 그런 행동도 다른 팀원들에게 번지곤 했다. 한 녹화 영상에서는 "모든 멤버가 흥미롭고 도전 의욕을 자극할 만한 임무에 도전하는 것에 아주 신나서 활기차게 허리를 똑바로 펴고 앉아 있다가 막판에 이르면 다들 그 배우처럼 탁자에 머리를 붙이고 있었다." 배우의 우울한 비관주의가 팀 전체에 옮아 있었다.

대체로 썩은 사과 하나가 상자 속 사과 전부를 썩게 만드는 결과를 낳았다. 하지만 눈에 확 띌 만큼 다른 경우도 한 번 있었다. 닉의 행동에 방해받지 않았던 팀이 하나 있었다. 외교관의 아들이 끼어 있었던 팀인데 그 팀원이 여러 가지 질문을 던지면서 모두가 의견을 내놓도록 부추기면서 모두가 서로의 얘기를 잘 듣게 되었다. 라디오 방송 〈디스 아메리칸 라이프〉This American Life의 진행자 아이라 글라스Ira Glass는 윌 펠프스와의 인터뷰에서 이 사례를 언급하며 다음과 같이 말했다. "그게 사실이라면, 그러니까 안 좋은 행동을 극복하려면 잘 들어주기만 하면 된다면, 잘 들어주는 것이 심술이나 태만이나 우울함보다 더 강력하다면, 그 얘기가 무슨 동화에 나오는 요술같이 들리네요. 이런 황금률 같은 교훈이 너무 방과 후 특별수업 같아서 믿기지가 않아요. 서로서로 잘 들어주며 서로 이해하려고 하면 아무도 다른 사람들 전부를 망쳐놓을 수 없게 된다니 말이에요."

무례함이 그렇게 해로운 것이라면 그런 무례함은 왜 그렇게 자주 일어나는 것일까? 크리스틴 포래스가 17개 이상의 업계에서 일하는 직장인 수백 명을 대상으로 벌인 설문조사에서 그렇게 되는 흔한 이유 두 가지를 발견했다. 직장인 50퍼센트 이상은 무례해지는 이유를 버거움 때문이라고 답했고, 40퍼센트는 친절하게 대할 겨를이 없어서라고 대답했다.

또 다른 이유는 힘이다. 네 명에 한 명꼴의 많은 직장인이 친절한 모습을 보이면 리더로서의 인상이 실추될 것이라고 생각한다. 그리고 경우에 따라선 그 생각이 맞을 수도 있다. 4,428명의 직장인을 대상으로 조사한 연구에서 친절함, 협력성, 공감력이 승진과는 다소 연관성이 약한 동시에, 부정적 연관성을 띠는 것으로 나타났다. 또 다른 연구에서도 무례함을 보이면 그룹에서 그 사람의 아이디어를 채택할 가능성이 높아지는 것으로 밝혀졌다. 하지만 그 반대로 정중함이 리더다운 인상을 더 높여준다는 연구 결과도 나와 있다. 연구 결과의 이런 불일치성이 어느 정도는 무례한 사람은 위험하다는 사실에서 비롯되는 것이 아닐까 추정된다. 무례함은 극단적인 결과를 낳는다. 예를 들어, 자기중심적인 CEO가 이끄는 기업들은 정말 잘되거나 정말 부진하거나 둘 중하나다.

안타깝게도 친절하게 굴면 승진 때마다 더 힘들어질 수도 있다. 오히려 무례함을 저지르는 사람들이 득세할 확률이 더 높다. 실제로 직장에서 누군가 당신에게 무례하게 구는 사람이 있다면 십중팔구 그 사람은 당신의 상사이거나 윗사람일 것이다. 동료들 중에도 더 힘 있는 사람이 다른 직원들보다 참견하고 모욕을 퍼붓고 소리를 지를 확률이 세 배는 더 높다.

힘은 사람들을 무례하게 만들며, 욕하고 도박을 걸고 과도한 아첨을 벌일 가능성도 높인다. 심지어 허상의 힘을 조금만 부여해줘도 사람들은 더 이기적이고 충동적으로 변한다. 힘이 생기면 남들의 관점을 덜

배려하게 되기도 한다.

실제로 컬럼비아대의 애덤 갈린스키Adam Galinsky 교수와 그의 동료 연구진은 힘 있는 느낌이 어떻게 자기중심성을 일으킬 수 있는지를 창의적인 방법으로 증명해낸 바 있다. 연구진은 먼저 실험 참가자들에게 강한 힘이나 약한 힘의 느낌을 갖도록 유도한 후 모든 피험자에게 이마에 문자 'E'를 그려달라고 했다. 그랬더니 더 힘 있게 느껴지도록 사전 유도되었던 사람들은 'E' 자를 자신의 관점에서 쓰는 경향이 힘없게 느껴지도록 유도된 이들에 비해 거의 세 배 더 높았다. 자신은 제대로 읽을 수 있지만 다른 사람이 볼 때는 거꾸로 적힌 글씨로 보이도록 쓴 이들이 더 많았다는 얘기다. 반면에 힘없게 느껴지도록 유도된 사람들은 이마에 'E' 자를 쓸 때 다른 사람은 읽을 수 있지만 자신의 관점에서는 거꾸로 뒤집어진 모양으로 쓴 경우가 더 많았다. 《선한 권력의 탄생》의 저자 대커 켈트너가 간략히 짚어주었듯 "힘이 있다고 느끼면 다른 사람들과 접촉이 끊기는 것과 같아진다. 더 이상 남들의 생각을 세심히 신경 쓰지 않게 된다."

물론 힘은 있으면 좋을 수 있다. 행동 지향성을 띠게 해주어 위험이나 불확실성이 있는 상황에서 주도하고 나서게 북돋워주고, 힘을 가진 이들의 행복을 높여준다. 켈트너가 글로 밝혔듯 "내 연구를 통해 증명된 바에 따르면, 힘은 우리를 조증躁症과 비슷한 상태에 빠지게 한다. 대범해지고 의욕에 차서 뭐든 다 할 수 있을 것 같고, 보상에 목말라서 위험 앞에서도 끄떡없을 것처럼 느낀다. 그로 인해 경솔하고 무례하고 비윤리적인 행동을 하게 될 여지가 생긴다."

나쁜 것이 좋은 것을 이기는 이유

동료의 10퍼센트 미만은 말 그대로 적이다. 여러 연구를 통해 통상적으로 밝혀지고 있듯 업무 관계의 1~8퍼센트 정도는 부정적 관계다. 무례한 행동이 그렇듯 부정적 관계 역시 질기고 자꾸만 얽히게 된다. 대체로 갈등, 질투, 험담, 굴욕, 거절로 특징지어지는 관계다. 숫자상으로는 적은 편이지만 그 적은 비중에 비해 우리의 기분, 행복, 생산성에 과한 영향을 미친다.

"나쁜 감정, 나쁜 부모, 나쁜 피드백은 좋은 감정이나 좋은 부모나 좋은 피드백보다 더 큰 영향을 미치고 나쁜 소식은 좋은 소식보다 더 철두철미하게 파헤쳐진다. (중략) 나쁜 인상과 나쁜 고정관념이 좋은 인상이나 고정관념보다 생기는 건 더 빠르며, 부당성을 증명하기는 더 힘들다." 심리학자 로이 바우마이스터Roy Baumeister와 동료들이 힘을 주제로 쓴 매우 독창적인 논문의 첫 구절이다.

핵심 감정이 몇 가지나 되는지에 대해서는 논쟁이 분분하지만 여기에서는 예를 들기 위한 차원에서 가장 흔하고 본질적인 감정 여섯 가지를 기준으로 살펴보자. 분노, 두려움, 슬픔, 기쁨, 혐오감, 놀라움이다. 혹시 이 여섯 가지 감정에서 공통점이 보이지 않는가? 사실 우리의 감정을 표현하는 단어의 대다수는 부정적이다. 매사추세츠대 심리학과 교수 제임스 애버릴James Averill은 상대적으로 광범위한 규모의 한 연구에서 감정을 표현하는 영어 단어 558개를 찾아냈는데 부정적 감정을 전하는 단어가 긍정적 감정을 표현하는 단어보다 1.5배나 더 많았다. 즉, 감정 표현 단어의 62퍼센트가 부정적 정서를 나타내는 표현이 차지

했던 반면 38퍼센트만이 긍정적 표현이었다.

우리의 인생 경험도 이와 흡사하다. 뭔가 나쁜 일이 일어나면 뜻밖의 행복한 일을 겪을 때보다 기분에 더 큰 영향을 준다. 좋은 기분보다도 나쁜 기분이 오래가서 다음 날까지 감정의 숙취가 남는 경향이 월등히 더 많다. 그것은 사람들과의 관계에서도 마찬가지다. 이처럼 나쁜 것들의 힘이 더 세다는 것은 부정적 상호교류의 영향을 극복하기 위해 친구나 동료와 훨씬 더 긍정적 교류를 가져야 한다는 얘기다. 관계 전문가 존 가트맨John Gottman은 결혼생활을 논하면서 이 비율을 5 대 1로 제시했다. 결혼생활이 오래가려면 긍정적 교류가 부정적 교류보다 5배 많아야 한다는 요지다. 이보다 낮을 경우엔 관계가 위태로워질 가능성이 높아진다.

나쁜 것들의 힘은 위험성에서 나온다. 바우마이스터와 그의 동료 연구진은 여기에 대해 다음과 같이 밝혔다.

우리의 관점에서는 나쁜 것이 좋은 것보다 더 강한 이유는 진화에 따른 적응 때문이라고 판단된다. 우리 인류가 진화 역사를 거치는 동안 나쁜 것들에 더 잘 적응한 유기체들이 위협을 더 잘 견뎌냈을 테고, 그 결과로써 자신들의 유전자를 전달할 가능성도 높아졌을 것이다. (중략) 긍정적 결과의 가능성을 무시하는 사람은 나중에 즐거움이나 진전의 기회를 놓친 것을 두고 크게 후회할진 몰라도 직접적으로 끔찍한 일을 당할 일은 없다. 반면에 한 번이라도 위험성(나쁜 결과가 일어날 가능성)을 무시하는 사람은 자칫 불구가 되거나 사망에 이를 수 있다.

_ 로이 바우마이스터 외, 〈나쁜 것이 좋은 것보다 강하다〉, 《일반 심리학 리뷰》(2001)

사무실의 적이 불구나 사망에 이를 만한 직접적 영향을 미치는 경우는 없을 테지만 여러 여성들을 10년에 걸쳐 추적조사한 한 연구에서 스트레스 많은 직업이 심혈관 질환의 위험을 38퍼센트 높이는 것으로 밝혀졌다. 한 설문조사에서는 직장인의 7퍼센트가 직장 스트레스로 병원에 간 적이 있다고 답했다. 물론 모든 직장 스트레스가 동료들과의 부정적 상호교류 탓인 것은 아니다. 하지만 응답자의 절반은 사무실에서의 스트레스를 독이 되는 동료의 주된 영향으로 꼽았다. 적이든, 착취적 관계든, 대립자이든 간에 이런 부정적 관계는 단순히 긍정적 관계의 반대가 아니다.

사회적 인맥을 지배하는 모든 기본 규칙(호혜성, 동종선호, 폐쇄 경향)은 대체적으로 적대적 관계에는 적용되지 않는다. 이런 점에서 보면 적대적 관계 중 가장 놀라운 점은 상대적으로 호혜성이 없다는 것이 아닐까? 당신이 누군가를 싫어한다고 해서 그 사람도 당신을 싫어하는 것은 아니다. 예전의 여러 연구를 통해 밝혀진 바에 따르면, 긍정적 관계(예를 들어, 우정)에서의 호혜성이 부정적 관계에서의 호혜성보다 약 3~6배 높다. 달리 말해, 이런 식의 호혜성 작용으로 따지면 개인적 적들이 공적인 적보다 더 많다는 얘기다.

태도의 변화만으론 부족하다

기업들이 무례함을 부추기기보다 정중함을 북돋워주고 싶어한다면 어떻게 하는 것이 좋을까? "많은 기업이 로비에 정직, 소통, 존경, 우수성 같은 듣기 좋은 기업 가치 문구를 내건다. 경영진이 감옥에 들어가고 회계부정으로 파산한 엔론Enron도 로비에 이런 가치를 내걸었다. (중략) 실질적인 기업의 가치는 그런 듣기 좋은 가치와는 달리 보상을 받거나 승진하거나 해고된 사람들을 통해서 증명된다." 입소문을 타며 주목받고 메타의 최고운영책임자COO 셰릴 샌드버그Sheryl Sandberg로부터 '실리콘밸리에서 만들어진 가장 의미 있는 서류' 중 하나로 호평받은 넷플릭스의 슬라이드 문서 '컬처 데크'culture deck(CEO 리드 헤이스팅스가 공유한 '자유와 책임의 조직 문화'에 대한 가이드다. 2009년 《하버드 비즈니스 리뷰》를 통해 대중에게 공개된 후 '조직 관리의 바이블'로 떠올랐다.—옮긴이)의 시작 문구다.

넷플릭스의 채용 및 승진 정책의 중심에는 두 가지 핵심 가치가 있다. 회사에서는 뛰어난 실력 발휘에 미치지 못하는 것은 뭐든 용인하지 않으며 '재능 뛰어난 왕재수'도 눈감아주지 않는다는 것이다. CEO 리드 헤이스팅스Reed Hastings의 말을 그대로 옮기자면 "일부 회사는 그런 사람들을 참아준다. 우리에겐 그 대가로 치를 효율적 팀워크의 비용이 너무 높다."

넷플릭스는 스탠퍼드대 로버트 서튼Robert Sutton 교수가 말하는 이른바 '또라이 제로 법칙'no asshole rule을 가지고 있다. 이 법칙의 이름을 딴 자신의 명저에서 서튼은 다음과 같은 아주 중요한 조언을 해준다.

1 한두 명의 또라이만 끼어도 원래 마음이 잘 통하며 잘 돌아갈 만한 일터가 엉망이 되어버린다.

2 이 법칙은 따르도록 강요되어야만 효과를 발휘한다. "이 규칙을 말로 하고, 글로 적고, 행동으로 옮겨라. 하지만 이 규칙

을 따를 수 없거나 따를 마음이 없다면 그냥 잠자코 있는 편이
낫다."
3 또라이를 가려내는 좋은 테스트 한 가지는 자신보다 힘이 약
한 사람들을 어떻게 대하는지 지켜보는 것이다.

_ 로버트 서튼, 《또라이 제로 조직》(2007)

  직원 채용은 관리자들이 가장 큰 영향력을 갖는 역할에 꼽힌다. 하지
만 어떤 사람이 면접 시에 보이는 모습이 진짜 본모습인지를 가려내기
가 힘들 수 있다. 위블리weebly(간단한 마우스 조작으로 웹사이트를 완성해주
는 웹사이트 제작 플랫폼—옮긴이)의 CEO 데이비드 루센코David Rusenko도
이렇게 말했다. "또라이들은 면접 때 본모습을 숨길 수 있지만 어떤 이
유에서건 일주일이 다 가도록 계속 숨기고 있을 순 없다. 그 이유는 나
도 모르지만 일주일 내에 본모습을 드러내게 되어 있다." 그래서 위블
리에서는 혹시 모를 또라이를 알아보기 위해 입사 지원자들을 일주일
동안 나와서 일해보게 하면서 어떻게 하는지 지켜본다.
  심층 적격심사가 불가능하다면 최대한 많은 정보를 모아라. 참고 자
료를 확인할 때는 그 자료에 대해 윗사람들뿐만 아니라 아랫사람들에
게도 피드백을 요청하라. 또라이 기질이 엿보이는 동료를 사무실 사람
두어 명과 같이 데리고 나가 점심을 먹어보라. 그 사람이 식당 직원들
을 어떻게 대하는가? 자신의 얘기를 하며 대화를 지배하려 드는가, 아
니면 같이 앉아 식사하는 다른 사람들에게 진심으로 관심을 보이는가?
여성이나 소수자를 멸시하지는 않는가? 마지막으로, 관리자나 그 사람
의 아랫사람이 될 누군가로부터 적신호의 낌새가 느껴지면 더 볼 것도

없다. 그 사람이 서류상으로 아무리 훌륭해 보여도 그 자리에 부적격일지 모른다.

이쯤에서 지적하고 넘어갈 부분이 있다. 알고 보면 넷플릭스는 일하기에 그다지 '상냥한' 환경의 직장이 아닐 수도 있다. 이곳에서는 사람들이 둘러앉아 초코칩 쿠키를 먹고 따뜻한 우유를 마시며 느긋하게 일하지 않는다. 심리적 안전의 풍토는 상냥함의 문제도 아니지만, 예의 바름의 문제도 아니다. 확실히 세계에서 가장 경쟁이 치열한 회사로 꼽힐 만한 회사인 넷플릭스에는 '키퍼 테스트'keeper test라는 게 있다. 상사가 그 사람을 '지키기keep 위해 싸울 마음이 없는' 사람을 해고하는 제도다. 넷플릭스의 컬처 데크를 작성하는 데 일조한 패티 맥코드Patty McCord마저 CEO에게 해고되었다.

넷플릭스는 너무 도가 지나친 것일 수도 있다. 넷플릭스의 기업 문화에 대한 논의에서도 자주 두려움이 언급된다. 하지만 여기에서 말하려는 핵심은 또라이를 제거하는 문제가 모든 사람이 상냥해져야 한다는 의미는 아니라는 점이다.

직원 채용의 순간 외에 팀이 처음 결성될 때도 팀의 문화를 바로잡을 만한 결정적 기회의 순간이다. 앞으로 수년 동안 그때만큼 심리적 안전이 최고치에 이를 순간은 없을 것이다. 나는 해마다 MBA과정 오리엔테이션 직후 수십 개의 팀이 결성되는 것을 보게 된다. 보통은 그 팀들을 30분 정도만 지켜보면 이후 수개월 동안 팀이 어떻게 되어갈지 감 잡을 수 있다. 바로 이런 팀 결성 시기에 팀이 서로를 대하는 방식을 스스로 살펴볼 기회를 마련해주면 유용하다. 그 기회를 통해 팀 내에서 서로를 대하는 방식을 기록하고 개개인의 행동에 대해 솔직히 생각해보게 하는 한편 초반에 그룹의 규범을 세우게 해주면, 팀이 올바른 궤도를 타는 데 도움이 될 수 있다.

또라이들을 다룰 효과적인 방법은 그 사람 자신이 어떻게 행동하는지 알려주며 스스로 판단을 내려보게 해주는 것이다. 이럴 땐 직접 대면해서 알려주는 것이 언제나 가장 효과적인 방법이다. 누군가와 대면할 계획이라면 그 사람이 하는 행동 중 호감을 얻지 못하는 특정 행동을 짚어 의견을 밝히는 편이 개괄적으로 말하거나 전반적인 성격을 묘사하는 것보다 낫다. 이때는 당신의 주장을 지지해줄 사례와 사람이 많을수록 좋다.

비난을 가하기 전에 잠시 판단을 보류해보라. 사실 상당수의 경우 사람들은 자신이 부정성을 퍼뜨리고 있다는 점을 깨닫지 못한다. 그 사람의 삶에 평상시보다 신경질적으로 굴 만한 또 다른 일이 있어서 자신도 모르게 그러는 것일지도 모른다. 가령 이혼 절차의 진행 중에 있다면 평상시보다 좀 더 마음이 뒤숭숭하거나 더 울컥해서 문제를 키우는 것일 수 있다. 상처 입은 사람들은 사람들에게 상처를 입힌다. 그럴 땐 그냥 그 사람에게 그의 상처 주는 행동을 환기시켜주면 놀라운 효과가 일어날 수 있다.

사실 우리는 누구나 어느 시점엔가 또라이 같은 행동을 했을지 모른다. 직장 내 괴롭힘이라는 극단적 사례를 한번 살펴보자. 2017년에 1만 1,000명의 미국인을 대상으로 실시한 설문조사에 따르면, 응답자의 20퍼센트 가까이는 다른 사람들에게 학대 행위를 당했다고 답했는데, 자신도 다른 사람을 괴롭혔다는 응답자도 0.5퍼센트 미만 정도 있었다. 또한 자신의 잘못을 살펴보기보다는 다른 누군가를 비난하는 비율이 거의 60배 높았다. 격언에도 있듯이 다른 누군가에게 손가락질을 하기 전에 나머지 세 손가락이 당신 자신을 가리킨다는 점을 알아야 한다.

이쯤에서 자신이 또라이 같은 경향을 보이는지 알아보는 데 도움이 될 만한 서튼의 진단법을 알려주겠다. 다음에 답해보면 된다. 당신은 동료들을 경쟁자로 생각하는가? 당신이 바보들 사이에 있는 것 같고, 때때로 그들에게 그 점을 알려줘야 할 것 같은 책임감을 느끼는가? 놀리고 빈정거리기를 좋아하는가? 어느새 이메일로 인신공격성 내용의 글을 보내며 상호 비방전을 벌이고 있지는 않은가? 당신이 들어가면 안에 있던 사람들이 나가지는 않는가?

힘, 스트레스, 극도의 피로는 다른 때는 유쾌하고 친절한 사람도 폭군처럼 굴며 남들을 괴롭혀대도록 내몰기 십상이다. 이따금씩 나중에 후회할 행동을 하는 것 같아 찔리더라도 스스로를 자책하진 말길 바란다. 우리는 모두 인간이다. 자책할 게 아니라 그런 행동을 유발하는 환경을 짚어보자. 혹시 위압감을 느끼는가? 두려움에 빠져 있는가? 힘에 도취되어 있지는 않은가? 행동의 촉발 요인을 짚어보는 것은 개인의 변화를 위한 유용한 출발점이 될 수 있다. 자신이 유달리 용감한 사람이라고 생각한다면 사과할 생각을 해보는 것도 좋다. 사무실의 모든 사람들을 고치려 애쓰기보다는 자신의 행동과 관점을 바꾸는 편이 훨씬 더 쉽다.

사무실에서 갖추면 좋은 태도는 존중과 솔직함만이 아니다. 일부 팀과 직장의 경우엔 예의를 갖추면 사실상 성과를 향상시키고 승진 전망을 높일 수도 있다. 어느 바이오테크 기업의 연구개발부서에서는 예의 바르게 보이는 직원들이 사람들에게 존중받고 있다는 느낌을 주어 예의 바른 사람이란 인상을 얻는 덕분에 무례한 직원들에 비해서 더 많은 조언을 부탁받았고, "리더감으로 여겨지는 확률도 두 배나 높았다."

두 가지 이유에서 볼 때 예의 바름은 궁극적으로는 좋은 결과를 낳을 수 있다. 첫 번째 이유는 보복 때문이다. 모욕을 당한 사람들 중 거의 3분의 1은 나쁜 소문을 퍼뜨리거나 모욕 가해자에게 정보를 알려주지 않는 식의 복수를 한다. 두 번째 이유는 예의 바름이 프린스턴대 심리학과 교수 수잔 피스크Susan Fiske와 그녀의 동료 연구진이 밝혀낸 이론인 '따뜻함과 유능함 사이의 균형 잡기'를 가능케 해주기 때문이다. 따뜻함과 유능함이 어떤 조합을 이루느냐는 어떻게 인식되고 수용될지에 대한 차이를 90퍼센트에 가깝게 좌우한다. 다만, 따뜻한 사람으로 보이면 무능하게 비쳐지고, 반대로 유능해 보이면 따뜻하지 않은 사람으로 여겨지기 쉽다는 문제가 있다. 하지만 포래스가 밝혀낸 바에 따르면, 미소나 감사의 표현 같은 사소한 예의가 따뜻한 인상과 유능한 인상을 각각 27퍼센트와 13퍼센트 높여주었다고 한다. 사소한 예의를 무시하면 그 반대가 된다. '독이 되고 끔찍하고 우울감을 부추기는 회사'를 곧 그만두려는 한 직원은 다음과 같이 울분을 표출했다. "내 상사는 한 번도 아침 인사를 건넨 적이 없어요. 내가 인사를 해도 대꾸조차 안 했다니까요."

아침 인사, 감사 표현 같은 사소한 행동은 예의를 습관으로 자리 잡게 해준다. 애덤 그랜트에 따르면, "우리는 감사함이 가진 강력한 힘을 극도로 과소평가하고 있다. 예를 들어, 어떤 사람에게 입사지원서의 자기소개서와 관련해서 조언을 해준 후에 고맙다는 말을 듣게 된다고 쳐보자. 그저 '고맙다'는 그 말만으로도 그 사람을 다음에도 기꺼이 도와 주고픈 마음이 50퍼센트 더 늘 뿐만 아니라 도움을 청하는 다른 사람을 도와줄 가능성 역시 높아질 것 같지 않은가?" 사람을 존중하는 일은 성격을 철저히 바꾸지 않아도 얼마든지 가능하다.

서튼의 책에서는 사회적 관계가 부여해줄 수 있는 여러 가지 이점에 많은 초점을 두고 있다. 하지만 우리가 맺는 관계의 건강성은 궁극적으로 긍정성과 부정성의 균형에 따라 좌우된다. 우리는 가족 관계를 제외하면, 일 관계에서 애를 먹을 가능성이 가장 높다. 일 관계는 대체로 취약한 편이다. 상당수의 경우 친구 관계만큼의 깊이와 회복력을 가지고 있지 않다. 가족이나 친구들과의 관계는 대개 긍정성과 부정성 모두를 수용할 만큼 충분히 강하고 복합적이다. 그러나 직장에서는 그렇지 못하다. 일 관계에서는 부정성으로부터 지켜줄 보호장치가 필요하다.

행복하고 건강하고 잘 돌아가는 팀을 만드는 편이 독이 되는 팀을 고치기보다 훨씬 더 쉽다. 모든 팀은 결성 초반에 기회의 순간이 있다. 팀이 잘 돌아가기 위해 필요한 솔직함을 키우고, 존중과 예의의 문화를 조성할 그런 순간이 있다.

하지만 때때로 문화는 그냥 떠나는 편이 나올 정도로 유독성을 띠기도 한다. 서튼도 "나는 사직도 좋은 선택이라고 생각한다."는 견해를 밝혔다. 개중에는 직원들이 극단적 탈출을 감행하도록 자극하는 사람들이 있다. 객실 승무원 경력 20년째이던 스티븐 슬레이터도 그런 일을 겪었다. 그는 한 여승객에게 비행기가 아직 기착장에 멈춰 서지 않았으니 자리에 앉아 있어 달라고 부탁했지만 그 승객은 말을 듣지 않았다. 자리에 앉지 않고 머리 위 짐칸의 짐을 뒤적거렸고 그러다 떨어진 짐에 슬레이터가 맞기까지 했다. 그 여성은 잠시 뒤에는 그에게 욕을 하기 시작했다. 그쯤 되자 슬레이터는 그런 적개심을 더 이상 참을 수가 없었다. 기내 방송을 통해 그 승객에게 따끔한 말을 한 후 "그동안 즐거웠습니다."라는 인사를 남기고 서빙 카트에서 맥주 두 개를 집어 들고는 비상탈출 슈트를 작동시켜서 신나게 도망쳤다.

"슬레이터는 우리에게 우상과 같은 사람이에요. 저로선 생각만 하고 있었던 일을 해냈으니까요." 한 승무원이 솔직히 털어놓은 말이다. 일부 조직체에서는 비록 비행기표 매표 같은 기계적·사무적인 업무에 바탕을 두면서도 진심으로 존중해주는 공동체를 조성해내고 있지만 그렇지 못한 곳들도 있다. 하지만 우리는 개인적 차원에서 즐거움이나 긍정성의 여지를 찾아 나름의 공헌을 하려는 방향을 택할 수 있다. 다른 사람들 모두가 그런 선택을 못한다면 그때는 비상 탈출구로 향해야 할 때일 수도 있겠지만.

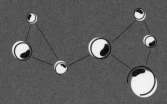

제9장

관계의 힘으로 일과 삶의 균형을 잡는 법

죽음을 앞두고 '더 일했어야 했는데'라고 말하는 사람은 없다.
그들은 모두 '다른 사람들을 더 많이 사랑했어야 하는데'라고 후회한다.

_ 해럴드 쿠시너 Harold Kushner (미국의 유대교 성직자)

나의 40세 생일을 이틀 앞둔 날의 새벽 4시 30분, 나와 남편, 세 아이들은 다 함께 밴에 우르르 올라탔다. 우리는 3개월이 넘도록 집으로 돌아오지 않고 3만 1,000마일(약 4만 9,889킬로미터) 이상을 돌아다녔다. 그렇게 돌아다니던 중에 큰딸 시드니는 자신의 이름과 같은 도시에서 서핑을 했다. 아직 아기이던 줄리안은 코스타리카에서 처음으로 기기 시작했다. 세 살배기이던 딸 그레이스는 인도네시아의 어떤 친구에게 받은 원숭이 솜인형에 푹 빠졌다. 나로선 나름의 '먹고 기도하고 사랑하는' 시간을 가지며, 그에 수반되는 온갖 혜택을 누렸다. 하지만 그 시간은 나에겐 정신적 깨우침을 찾기보다는 워라밸(일과 삶의 균형)을 찾아가는 여정이었다.

집을 떠나 있던 105일 동안 나는 진업맘이었다. 어버니날에 시드니가 나를 위한 영상을 만들며 그레이스와의 인터뷰도 담았다. "엄마는 무슨 일을 하는 사람일까요?" 그레이스는 인터뷰 중 이런 질문을 받자 당황스러운 표정을 지으며 뜸을 들이다 이렇게 대답했다. "음… 저를 안전하게 지키는 일이요?" 그 순간 딸이 내 정체성의 단 하나의 면만을 알고 있다는 생각에 뜻밖의 즐거움이 차올랐다.

그 여행이 가능했던 이유는 내가 통상적인 출산 휴가를 갖지 못했던 덕분이었다. 그래서 줄리안이 태어나고 6개월 후에 휴가를 내게 된 것이었다. 출산이 순조로웠고 아들이 분유를 먹었다는 점에서 줄리안도 나도 굉장히 운이 좋아서 빨리 업무에 복귀할 수 있었다. 아들을 낳은 후에 그렇게나 빨리 업무에 복귀하도록 강요한 사람이 아무도 없었는데도 그때는 정말로 빨리 복귀해야겠다는 생각밖에 없었다. 나는 내 동료들이 한 팀이라는 자세로 교편을 잡고 있다. 나에게 그들은 친구다. 그래서 그들에게 의무감을 느꼈다.

우리가 '대모험'이라고 불렀던 그 여행은 거듭된 극도의 피로에 시달린 몸을 만회하기 위한 반동이기도 했다. 이 출산 휴가를 다녀와서 깨달았지만, 우리가 그때 어디로든 사무실에서 멀리 몸을 떼어놓지 않았다면 나는 아기와 함께 보낼 틈도 없이 바쁘게 지냈을 것이다. 당시의 나는 내 생각보다도 더 녹초가 되어 있기도 했다. 내 경우엔 그렇게 된 데 내 책임이 컸지만.

수많은 부모들에게는 갓 태어난 아기와 함께 보낼 시간을 낸다는 게 경제적으로 무리다. 일을 쉴 시간을 낼 수 있었던 나는 그나마 운이 좋은 편이었다. 미국에서 네 명당 한 명은 출산 후 2주 후에 업무에 복귀한다. 나타샤 롱은 아들 제이든을 낳은 지 3주 후에 자신이 일하는 ACCO 오피스 서플라이즈ACCO Office Supplies 공장 밖에 세워둔 트럭 안에서 모유 착유를 하다 눈물을 주르륵 흘렸다고 한다. "세상에 혼자인 기분이었어요. 이 지구에서 사라져버리고 싶었어요."

남녀를 불문하고 많은 사람들에게 일과 얽힌 관계는 오로지 경제적 필요성 때문에 맺어지는 것은 아니다. 펩시코 전 CEO 인드라 누이는 그녀의 '펩시코 가족'과의 고별사에서 가장 후회되는 일 한 가지가 있다고 털어놓았다. "시간을 신중하게 쓰세요. 우리에게 주어진 이 세상에서의 시간은 그렇게 많지 않아요. 여러분에게 주어진 날들을 최대한 활용하면서 가장 소중하고 가장 사랑하는 이들을 위한 시간을 내세요. 정말 그래야 해요. 저는 멋진 커리어를 쌓는 복을 누려왔지만 솔직히 털어놓자면 우리 아이들, 가족과 함께 더 많은 시간을 보내지 못해 아쉬운 순간들이 여러 번 있었어요. 그래서 여러분에게 당부하는데 부디 앞으로는 선택에 신중하세요." 누이는 신중하지 못한 선택의 위험부담을 뼈저리게 상기시키기 위해 딸이 어렸을 때 쓴 편지를 지금도 간직하고 있단다. "엄마, 제발, 제발, 제발, 제발, 제발 집에 좀 들어와 주세요. 엄마를 사랑하지만, 엄마가 집에 들어오면 더 사랑할 거예요."

언젠가 균형이란 그 옆을 스쳐 지나갈 때야 비로소 알게 되는 것이라는 말을 들은 적이 있다. 나는 균형이라는 것은 단념한 채 살아왔고, 균형이라고 하면 옆면으로 쓰러질듯 말듯 위태롭게 서 있는 동전이 떠오른다. 여행에서 돌아와 다시 출근한 지 일주일도 지나지 않아 나는 또다시 저녁 먹을 준비를 하다가 이메일을 확인하고 있었다. 이튿날 아침, 출근할 시간이 되었을 때는 그레이스가 "알았으니까 그냥 가!"라며 투덜거렸다. 또 한 번 조절이 필요할 것 같았다. 하지만 여행보다는 조정이 필요했다.

일은 우리가 하는 일만이 아니라 관계와도 결부되어 있다. 우리가 맺는 관계, 그리고 일 때문에 저버리는 관계와 두루두루 결부된다. 누이는 회사 동료들을 가족으로 생각한다. 가족 같은 직장이라는 이런 개념에 거부감을 갖는 사람들도 있다. 내 경우엔 출산 후 바로 업무에 복귀했던 이유는 누가 그러라고 시켜서도, 직장을 잃을까 봐 두려워서도 아니었다. 그냥 동료들에 대한 의무감 때문이었다.

지금까지 살펴봤다시피 확실히 일터보다 관계를 다루기 힘든 곳도 없을 것이다. 하지만 특정 인맥 유형은 다차원적 관계에서 유발되는 복잡성을 상대적으로 잘 다룬다. 중개자형은 일과 삶이 더 균형 잡혀 있다. 내가 연구한 바로도 중개자형과 소집자형의 성향 수준에서 상위 10퍼센트에 드는 '극단적 중개자형'은 일과 삶의 균형이 잡혀 있다고 응답하는 비율이 소집자형보다 약 30퍼센트나 더 높다. 그 이유가 뭘까?

일과 삶, 분리파 vs. 통합파

다음은 한 심장학자가 직장 관계에 대해 한 말이다. "나는 저녁에 집에 갈 때는 이곳의 일은 이곳에 남겨두고 가려고 한다. 차를 몰고 집까지 한참 가야 하는 덕분에 긴장을 푸는 데 도움이 된다. 5분 만에 집에 갈 수 있다면 집에서 이런저런 일을 생각하며 보내는 시간이 더 많았을 것이다. 직장 일에서 벗어난 삶도 갖도록 해야 한다." 내가 딱 보기에 이 심장학자는 중개자형일 것이다.

개인적 삶과 일터에서의 삶의 중복에 편안함을 느끼는 내성의 정도는 사람마다 다 다르다. 위의 심장학자 같은 분리파는 일과 가정생활이 분리되는 것을 더 좋아한다. '정신적 담'을 세운다. 대개 공간적 거리와 시간을 활용해 영역에 경계선을 긋는다. 분리파는 도보 거리 내보다는 차를 이용해야 할 만큼 떨어진 곳에서 사는 것을 선호한다. 가정생활과 업무 생활의 일정표를 따로 관리하고, 심지어 휴대폰까지 따로 두는 경우도 있다.

통합파는 우정, 가족, 일 사이의 경계가 모호한 것에 더 편안해한다. 일의 세계와 가정의 세계 사이를 더 수월히 오간다. 그래서 예를 들면 아침에는 아이의 기저귀를 갈아주고 오후에는 회사의 회의를 주재하는 식의 전환에 정신적·신체적 중심축의 이동이 그다지 많이 필요하지 않다. 그리고 가족사진을 사무실 벽에 걸어놓기도 하고, 토요일에는 침대에서 이메일에 답장을 하기도 한다.

분리파는 대체로 "업무 생활은 직장에서만 하고 싶다."거나 "집에 있을 때는 업무에 관련된 생각을 할 필요가 없으면 좋겠다." 같은 말에 진심으로 공감한다. 통합파와 분리파는 하나의 연속선상에 놓여 있다. 애리조나 주립대 블레이크 애시포스Blake Ashforth와 그의 동료 연구진이 제시한 두 극단적 사례대로 자신이 하는 일을 친구들과 가족에게 숨기는 스트립 댄서 같은 극단적 분리파와 수녀원에서 사는 수녀 같은 극단적 통합파도 있지만, 우리 대다수는 이 두 극단 사이의 어디쯤에 속한다.

분리-통합의 연속선에는 수많은 차원이 존재한다. 시간, 방해, 공간적 경계를 비롯해 무엇보다 관계의 경계를 다루는 방식이 다양하다. 그리고 이 모두가 우리의 인맥에 그대로 반영된다.

동료이자 남편이기도 한 니콜라스 캐플런Nicholas Caplan과 내가 500명 이상의 사람을 대상으로 설문조사를 벌여본 결과, 대다수 사람은 이 분리-통합 척도에서 분리 쪽에 더 가까웠다. 우리의 기준 척도에서는 어떤 사람이 완전한 통합파라면 1점을 매겼고, 완전한 분리파라면 5점을 매겼다. 어느 쪽으로도 치우치지 않는 경우엔 3점이었다. 이 기준에 따라 살펴보니 설문조사 참여자들의 평균값은 약 3.8점으로, 분리를 선호하는 경향이 나타났다. 하지만 4분의 1에 가까운 사람들은 4.5점 이상으로 척도의 맨 끝에 드는 확실한 분리파였다.

다른 여러 연구에서도 비슷한 비율이 나왔다. 한 예로 구글에서 직원 4,000명 이상을 오랜 기간에 걸쳐 추적조사하는 야심찬 연구를 실시해본 결과에서도 31퍼센트가 분리파였다. 하지만 이 연구에서 특히 인상적이었던 부분은 따로 있었다. 통합파로 확인된 이들의 절반 이상이 영역의 분리를 더 잘하고 싶어했다는 사실이다.

하지만 꼭 어느 한쪽이 다른 한쪽보다 좋은 것은 아니다. 통합파는 영역 간의 이동에 시간과 에너지를 덜 소모한다. 메타의 최고운영책임자 셰릴 샌드버그는 하버드대 경영대학원의 졸업식 축사에서 이렇게 말했다. "나는 월요일부터 금요일까지의 직업적 자아가 따로 있고 나머지 시간의 진정한 자아가 따로 있다고 생각하지 않습니다." 일을 이런 관점으로 바라보면 월요일이 좀 더 쉬워질지 모른다.

통합파는 자신의 여러 정체성(예를 들어, 엄마와 엔지니어와 화가로서의 정체성)을 직장에까지 함께 데려올 수 있고, 이런 능력은 여러 역할을 따로 구별하려고 애쓰려 할 경우의 긴장을 덜어준다. 가정에서나 직장에서나 두루두루 더 나은 생활을 할 수도 있다. 예를 들어, 자신의 직업을 정말 사랑하고 그 일을 통해 활력을 얻는다면 가정에서도 긍정적 감정이 넘칠 수 있다. 한편 펜실베이니아대 와튼 스쿨의 교수이자 워라밸 분야의 전문가인 낸시 로스바드Nancy Rothbard가 간략히 짚어준 것처럼

"분리파의 이점 하나는 실제적으로 통합파보다 행복도가 더 높은 것으로 나타난다는 점이다."

분리파가 얻게 되는 행복의 이점은 어느 정도 관계를 다루는 방식에서 비롯되는 것일 수도 있다. 분리파는 단순히 일만 직장에 남겨놓고 싶어하는 것이 아니다. '전형적 분리주의자'classic segmentist라는 말을 만든 크리스테나 니퍼트 엥Christena Nippert-Eng에 따르면, 전형적 분리주의자는 '직장 우정'work friendship을 회피하기도 한다. 분리파에게는 가정에서 직장으로, 혹은 직장에서 가정으로 경계선을 넘는 관계가 "여러 자아별로 연계된 각 영역의 온전성과 목표에 위협요소가 된다."

30세의 연구소 기계 기술자이자 세 아이의 아버지인 지미는 니퍼트 엥에게 직장생활에 '사적인' 문제가 끼어드는 것이 몹시 거북하다면서 다음과 같이 털어놓았다. "사람들이 저에게 뭔가를 요구하면 저는 해줍니다. 그것이 무슨 일이든요. 단, 개인적인 일은 아닙니다. (중략) 결혼생활 같은 일과 얽힌 문제를 꺼내는 사람들의 요구는 불편해요. 제가 그냥 불편한 기분이 드는 이유는 그런 문제를 사적인 사이의 일로 여기기 때문이에요. 무엇보다 제가 별 도움이 되어줄 수 없을 것 같기도 하고요. 그러면 사람들은 제게 그냥 들어만 달라고 말하는데 저는 그냥 불편해요. 특히 그렇게 친하지 않은 사람이면 '일 외적으로는' 잘 어울리지 않아요."

대학의 연구 코디네이터인 롭의 경우엔 일과 '일 외적인' 문제 사이에 비교적 차이가 없다. 통합파이자 소집자형인 그는 화요일이면 시간이 되는대로 12년 지기 친구 케일라와 배구 약속을 잡는다. 그녀는 그의 집에서 네 집 건너편으로 이사오기까지 했다. 최근엔 애슐리와 다른 동료 여섯 명과 함께 생일축하주를 마셨다. 롭은 사무실에서 누구나 다 좋아하는 사람이다. 다들 요식적 절차 문제의 해결법을 찾다 도움이 필요하면 롭을 찾는다. 파티를 가질 만한 장소를 고민할 때도 롭을 찾는다. 사무실의 다른 사람들에겐 입 다물고 있는 일들을 롭에겐 털어놓는다. 롭은 다른 사람들을 편하게 해주고 경계를 낮추게 해주는 면이 있다.

롭이 40번째 생일 파티를 크게 열 계획을 세우며 누구누구를 초대할지 생각하던 중의 일이었다. 한 친구가 누굴 초대해야 할 것 같으냐가 아니라 누굴 초대하고 싶냐고 물어서 이렇게 대답했다. "글쎄, 할 수 있다면 내 단골 심리상담사, 미용사, 마사지 치료사도 초대하고 싶은데." 그 말을 들은 친구는 황당해하며 이렇게 대꾸했다고 한다. "내가 아는 사람 중에 마사지 치료사와 어울려 술 마시고, 미용사랑도 어울려 술을 마시면서 자기 절친들과 같이 생일 파티에도 초대하려는 사람은 너밖에 없어."

왜 어떤 사람들은 직장 친구들과 '진짜' 친구들 사이나 업무적 관계와 감정으로 얽힌 관계 사이의 경계가 모호한 것에 더 편안해하는 걸까? 이쯤에서 롭의 말을 들어보자. "글쎄요, 얼마만큼이 선천적이고 얼마만큼이 후천적인지는 저도 잘 모르겠어요. 제가 터키에서 자라서 고등학교에 다닐 때 주변에 미국인이 별로 없었고 (중략) 나이를 불문하고 주변의 거의 모든 외국인은 이모와 삼촌 들이었고 (중략) 비혈연 친척들이 존재하는 것에 아주 익숙해져버렸어요." 롭은 부모님이 순회를 다니며 여기저기 떠도는 직업을 가졌던 탓에 5년 사이에 학교를 아홉 군데나 옮겨다녔다. "가정은 단순히 물리적 공간이 아니에요. 친척들은 혈연관계가 아니고요." 이것이 바로 롭의 관점이다.

분리나 통합에 대한 선호 성향은 성장 환경, 성격, 양육 책임, 성별에 따라 틀이 잡힌다. 하지만 실제로 그 성향대로 할 수 있을지는 일의 요구사항들과 특징에 따라, 가령 상사가 한 시간 내에 이메일 답장을 받길 바라는지, 맡은 직무가 일정 조절이 유연한 편인지, 회사의 사교적 행사가 강제적인지 등에 따라 결정된다.

현재 우리 모두는 보다 더 통합성을 띠도록 슬쩍슬쩍 부추김을 받고 있다. 이메일, 휴대폰, 온라인 만남으로 인해 지금은 그 어느 시대보다 교제의 기회가 많아졌다. 소셜 미디어의 등장으로 과거에만 해도 동료들이 볼 수 없었던 우리 삶의 일부분이 접근 가능해졌다. 업무가 글로벌화되면서 아침 9시부터 저녁 5시까지의 근무시간에 딱딱 맞춰 출퇴근을 할 수 없는 노동자들도 많다.

기업들은 사내 헬스장과 어린이집을 갖추어놓고 있고, 반려동물을 직장에까지 데려올 수 있게도 해준다. 기꺼이 지역사회 봉사의 날을 열어 무료 식사를 제공하고 주방에 맥주 케그keg(작은 나무통에 든 생맥주)까지 비치해놓는다. 사람들은 갈수록 대중지와 CEO들로부터 '직장에 모든 자아를 데려오도록' 부추김을 받고 있다. 진정성을 부각시키는 미사여구들도 만연하고 있다. 한 예로, 《포브스》에 최근에 실린 한 기사의 도입문을 살펴보자. "동료들을 얼마나 잘 알고 있는가? 동료들을 제대로 잘 알아줘라. 동료들이 가진 가장 높은 꿈이 뭔지 알고 있는가? 어린 시절에 어떤 사람이 되고 싶어했는지는? 밤에 잠을 못 이룰 만한 고민은 뭐가 있는지 아는가? 우리는 직장에서의 사적 대화조차 피상적으로 나누고 있을 가능성이 있다."

직장에서 친구를 사귀기 어려운 이유

우리 대다수는 직장에서는 가까운 친구가 많지 않다. 함께 일하는 대다수 사람을 동료나 잘 모르는 사람으로 여긴다. 사람들의 평균적인 직장 친구 수는 다섯 명이지만 보통은 이 친구들이 가장 가깝고 가장 소중한 사람으로 꼽히진 않는다. 15퍼센트만이 '진짜 친구'의 기준을 충족시킨다. 달리 말하자면 대다수 사람은 직장에서의 진짜 친구가 한 명뿐이라는 얘기다.

직장에서 친구를 사귀기 힘든 이유는 뭘까? 그리고 그것이 그렇게 힘든 일이라면 노력해볼 가치가 있긴 한 걸까?

대개 회사의 직원들은 사무실에서 교류를 나눌 상대에 대한 선택권이 별로 없다. 팀원, 사무실 이웃, 상사 들이 자주 이동 배치되기도 한다. 직장 관계에서의 이런 어중간한 반⍒자발적 특성은 직장에서 친구를 사귀기가 '야생에서' 친구를 사귀기보다 더 힘든 이유 중 하나다.

일터에서 우정이 자라기 힘든 또 다른 이유로는 업무적 특성 때문이다. 사람들은 일터에서는 급여를 받기 위해 순순히 특정 시간을 일하거나 특정 분량의 상품을 생산해낸다. 하지만 우정은 보답으로 뭔가를 받을 기대 때문이 아니라 친구가 필요로 하기 때문에 도움을 주는 관계이다. 직장생활에서는 주로 수단적 목표를 추구하고, 그 목표는 대개 돈벌이다. 반면에 우정에서 지향하는 바는 슬픔의 공유, 사랑, 즐거움 등 정서적 영향을 주고받는 것이다.

빅토리아대의 심리학자 프레드 그루제트Fred Grouzet와 그의 동료 연구진이 진행한 한 연구 결과에 따르면, 돈과 사회적 관계는 상충하는 가치다. 연구진은 특히 호주, 이집트, 중국, 미국, 한국에 거주하는 대학 재학생 1,854명을 대상으로 57가지 목표들의 중요도 순위를 매겨달라고 했다. 제시된 57가지 목표는 쾌락, 안전, 영성, 인기, 순응, 자기수용, 지역사회 등 여러 가지 가치 영역에 걸쳐져 있었다. 연구진은 이 응답 결과에 근거해 지도를 만들어봤다. 예를 들어, 신체건강과 안전처럼 사람들 사이에서 유사하게 등급 매겨진 목표들은 서로 가까이 배치하고 서로 차이 나게 등급 매겨진 가치들은 더 멀찍이 배치하는 식이었다. 그러자 경제적 성공이 커뮤니티나 소속과는 극과 극의 반대편에 놓였다.

수십 건의 심리학 실험에서 밝혀졌듯이 사람들은 돈에 대해 생각하거나 돈을 만지게 되면 덜 관대해지고 덜 친절해질 뿐만 아니라 사람들과 덜 어울리게 될 가능성이 높아진다. 사람들이 가장 행복해하는 순간은 사람들과 어울리거나 성관계를 가질 때다. 하지만 UCLA의 케이시 홈스 교수에 따르면, 단지 돈에 대한 언급만으로도 우선순위가 바뀌기도 한다.

홈스는 318명의 성인에게 네 개의 단어로 3분 만에 세 단어 문장을 최대한 많이 만들어보는 과제를 주었다. 이때 실험 참가자들의 한 그룹에게는 돈과 관련된 단어(예를 들어, the, change, price)를 제시했다. 또 다른 그룹에게는 시간과 관련된 단어(예를 들어, the, change, clock)를 제시했다. 대조군인 세 번째 그룹에게는 중립적 단어를 제시했다. 돈에 대해 생각한 그룹은 앞으로 24시간 동안 일할 계획을 세웠다고 응답하는 비율이 상대적으로 높았다. 한편 앞으로 24시간 동안 사람들과 어울리거나 성관계를 가질 계획을 세웠다고 응답하는 비율에서는 시간과 관련된 생각을 한 그룹이나 양말 같은 무작위적 주제를 생각한 그룹에 비해 낮게 나오기도 했다. 이와 별개의 연구에서는 돈에 대해 생각해달라고 요구받은 사람들이 앞으로 할 일의 계획을 세우는 측면에서만이 아니라 실제로도 더 많이 일하고, 사람들과 덜 어울릴 가능성도 다른 주제에 대해 생각해달라고 요구받은 사람들에 비해 높은 것으로 나타났다.

애덤 그랜트에 따르면, 시대가 지날수록 더 업무적으로 되어가는 직장의 특성이 직장 내 우정의 쇠퇴를 설명해주는 부분적 이유일 수도 있다. 예전에는 직장생활과 개인생활이 중복되는 경우가 훨씬 더 많았다. 1985년에만 해도 미국인의 절반 가까이는 사무실에 '절친한 친구'가 있었다. 2004년에 이르자 불과 30퍼센트만이 칸막이를 사이에 두고 일하는 동료들 사이에 절친한 친구가 있는 것으로 보고되었다. 이번에는 여러 세대별로 살펴보면, 1976년에 고등학교를 졸업한 베이비붐 세대 가운데 54퍼센트가 친구들을 사귈 수 있는 직장을 구하는 것을 중시했다. 그러다 아버지 부시가 대통령이던 시기에 졸업한 X세대 사이에서는 그 비율이 48퍼센트였고, 밀레니얼 세대에 이르면서 41퍼센트까지 확 떨어졌다.

한편 여가생활을 중시하는 경향은 꾸준히 증가 추세여서 1976년부터 2006년 사이에 거의 두 배로 늘었다. 그랜트가 글에서 밝혔듯 "우리가 직업을 주로 '여가생활의 수단'으로 여기면 직장 밖에서 우정을 쌓을 시간을 벌기 위해 직장에서는 효율성을 가장 앞세우는 사고방식을 갖게 된다." 우리는 갈수록 일에서 벗어나기 위해 일하고 있다.

수단과 정서 측면 사이에서 갈등하게 되면 직장 친구를 아예 사귀려

들지 않게 되거나, 복도에서 친절하게 인사를 건네는 것도 무슨 숨은 동기가 있는 것으로 비쳐질까 봐 걱정하게 되거나, 직장 내 우정을 관리하고 유지하기가 어려워질 수 있다.

수백 곳의 사무실에서 여러 변형적 형태로 일어날 법한 다음의 상황을 살펴보자. 존과 마리오는 둘 다 알고 지내는 친구가 서로를 소개시켜준 직후부터 서로 잘 통하는 사이로 지내고 있다. 두 사람 모두 영업일을 하고 있고, 7학년생인 아이가 있고, 맨유의 열혈 팬이다. 만나면 프리미어 리그 점수를 놓고 잡담을 나누지만 영업 실적이 저조할 때는 감정을 분출하기도 한다. 마리오는 자신의 회사에 빈자리가 나자 존이 그 자리를 얻게 도와주었다. 한동안은 상황이 순조롭게 흘러갔다. 가끔 한 달에 두어 번씩 두 가족이 함께 모여 저녁을 먹고 커피를 마시며 영업 비법을 서로 나누기도 한다.

그러다 마리오가 독일에서 6주간의 연수를 다녀와야 하는 상황이 생긴다. 이때 마리오는 두 번 생각할 것도 없이 바로 존에게 자신의 고객들을 대신 관리해달라고 부탁한다. 그런데 마리오가 연수를 마치고 돌아온 후에도 존은 마리오의 예전 고객들 중 몇 명을 계속 방문하고 다닌다. 판매수당을 잃었음에도 마리오는 친구인 존에게 아무 말도 하지 않는다. 존이 오해를 해서 자신이 고객들을 임시가 아니라 아주 넘겨준 것으로 생각한 것일지 모른다고 여기고는 잊어버리려 애쓴다. 그래도 원망은 쌓인다. 주말에 집에 초대하는 횟수가 줄어든다. 마리오는 영업 전략이나 사무실 내 정치적 문제를 논의할 때 좀 더 경계하게 된다. 급기야 예전의 우정은 온데간데없이 사라지고 만나면 어색하게 잠깐 포옹을 하며 조만간 함께 뭉치자는 빈말만 하는 사이가 되고 만다.

관계에서 배제되는 느낌이 든다면

여성과 소수자는 수단과 정서 중 어느 쪽을 선호하든 간에 동료들과 친밀한 관계를 쌓는 데 더 애를 먹는다. 대개 가정에서 여러 가지 요구에 직면하고 직장에서 여러 가지 역할기대를 받지만 배제당하기 일쑤다.

런던 경영대학원의 허미니아 아이바라 교수는 직장 내 인맥에서의 성별 차이를 처음으로 살펴본 사례로 꼽히는 연구를 진행한 바 있다. 1990년대에 뉴잉글랜드 소재의 한 광고사에서 나타나는 남성과 여성 간의 커뮤니케이션, 조언, 사회적 지지, 영향력, 우정 인맥을 비교해본 연구였다. 아이바라는 남성들과 여성들 모두에게 친구 사이인 사람들과 조언을 구하는 사람들의 이름을 쭉 적어달라고 했다. 남성들은 업무상의 조언이 필요하면 친구들에게 갔다. 여성들은 그렇지 않았다. 여성들의 인맥은 더 분리되어 있었다. 가정과 일의 영역이 분리되어 있는 비율이 더 높았다. 이런 차이는 업무 외의 삶이 대체로 가족, 학교, 아이들의 활동 위주인 워킹맘들에게서 가장 두드러졌다.

아이바라의 설명에 따르면, "영역의 분리는 두 가지 이유에서 여성에게 불리할 수 있다. 우선, 분리된 두 개의 인맥을 관리하는 것이 더 시간관리상 소모적이라는 점에서 불리하다. 오히려 술을 마시며 직장 얘기를 하면 일석이조가 될 수 있고 돌아가는 상황에 대해 더 잘 알게 된다. 또한 공식 회의 외의 자리에서 업무의 중요한 문제에 대한 대화를 나누다 보면 동지애가 싹트고 신뢰가 높아진다는 점에서도 불리하다. 여성은 골프 게임과 사적인 저녁 식사 자리 같은 비공식적 모임에서 배제되기 일쑤라 영향력을 얻는 데 더 오랜 시간이 걸린다."

절반 이상의 여성과 45퍼센트의 남성은 배우자가 아닌 이성과 저녁을 먹는 것이 부적절한 일이라고 생각한다. 〈뉴욕타임스〉에서 5,282명의 유권자들 사이에서 투표를 해본 결과에 따르면, 40퍼센트의 사람들은 남자와 여자가 같이 점심을 먹는 것을 부적절하다고 생각했다. 3분의 1은 한 차에 타는 것도 적절치 않다고 여겼다. 대략 네 명 중 한 명은 이성인 상대와 단둘이 업무 회의를 갖는 것을 부적절하다고 보기도 했다.

이런 불안의 밑바탕에는 여자와 남자가 그냥 친구 사이가 되는 것이 과연 가능한가, 하는 의문이 깔려 있다. 한 연구팀이 '플라토닉'platonic이 남성과 여성 사이에 다른 의미를 갖는지를 알아보기 위해 혼성 친구 88쌍을 실험 참가자로 모집했다. 혼성 친구들의 한 명이나 두 명 모두가 남몰래 '로맨스'romance가 싹트길 희망하고 있지는 않은지 알아보려는 실험이었다. 오클레어 소재 위스콘신대의 이 연구팀은 실험 후에 관계에 안 좋은 영향이 미치지 않도록 확실성을 기하기 위해 참가자들의 답변이 익명으로 비밀스럽게 처리되도록 조치했다. 친구 사이인 양쪽 당사자들에게 실험이 끝난 후에 그 실험에 대해 얘기하지 않겠다는 구두 동의를 받아놓기도 했다. 실험에 참가한 친구들은 비밀 유지 서약을 한 후에 서로에 대한 연애 감정에 대해 따로따로 질문을 받았다.

경계가 덜 엄격한 편인 젊은 성인들 사이에서조차 이성 친구에게 끌리는 경향을 보여주는 결정적 증거는 나오지 않았다. 친구에게 '절대 끌리고 있지 않은' 경우는 1점으로, '아주 끌리는' 경우는 9점으로 매겨서 1~9점 사이로 점수를 매겨본 결과, 실험 참가 대학생들의 평균 점수는 약 4.5점으로 꽤 회의적인 편이었다. 남성과 여성 모두 친구에게 끌린다는 것에 대해 확실히 부정적인 입장을 보여 친구에게 끌리는 것을 이로움보다 손실 쪽으로 생각하는 경향이 다섯 배나 더 높았다. 이런 관계에서 문제가 되는 것은 실제 상황이 아닌 위협성이다.

이와 관련해서 롭의 말을 들어보자. "제 직장 친구들 대다수는 현재 29~35세 사이의 여자들이에요. 그중 대부분은 사귀는 사람이 있지만 그렇지 않은 사람들도 있어요. 그런데 가만히 생각해보면, 제가 그 사람들과 친구로 지낼 수 있는 이유 중 하나가 서로 연애 감정이 들거나 성적으로 얽일 일이 없다는 확실성 때문이 아닌가 싶기도 해요."

여자들과 남자들은 골프 코스에서만이 아니라 일상적 교류에서도 함께 어울리지 않는다. 이런 배제는 커리어에 크나큰 영향을 미칠 가능성이 있다. 미시간에 사는 자산관리사 새넌 힐리의 짤막한 다음 말 속에도 이런 문제가 잘 포착되어 있다. "상사와 일대일로 대면하지 못하면 다음 직위로 승진하기 위해 직접 실력을 증명해 보일 기회가 없어요."

이것은 여성만의 문제가 아니다. 인구통계학적 소수자들 모두가 비슷한 장애물을 마주하고 있다. 이런 문제가 뿌리 뽑히지 않는 이유는 지금까지 거듭해서 살펴본 우정의 핵심 요소 두 가지, 즉 유유상종과 자기개방에서 답을 찾아볼 수 있다.

회식과 회사 야유회는 이런 문제의 해결에 별 도움이 안 된다. 이 문제의 관건은 단순히 개개인들이 서로 친해질 기회를 갖는 것이 아니다. 문화나 인종이나 성별이나 성적 취향의 경계를 넘어서서 친밀한 관계를 맺는 일은 아무리 직장 밖에서 교류할 기회가 있어도 어려운 일이 될 수 있다. 오하이오 주립대 트레이시 듀마스Tracy Dumas, 컬럼비아대 경영학 교수 캐서린 필립스Katherine Phillips, 낸시 로스바드의 연구에 따르면, 이 문제에는 또 다른 측면도 있다. 사생활에 속하는 얘기는 자신과 같은 부류의 사람들 사이에서 더 마음 편히 터놓게 된다는 점이다. 이 연구팀은 40퍼센트가 정규직으로 일하고 있던 MBA 수강생 228명을 대상으로 설문조사를 벌여 일과 관련된 사교적 참여활동의 유형에 대한 질문을 했다.

설문조사 참가자 중 회사에서 지원해주는 주말 파티, 야유회, 스포츠 행사 등의 모임에 나간다고 응답한 비율은 절반이 조금 넘었다. 저녁 회식과 점심 식사같이 직원들끼리 마련하는 사교 자리에 참여하는 비율은 41퍼센트였다. 유형별 활동 가운데는 퇴근 후 술자리의 참여 빈도가 가장 많았고(35퍼센트), 그다음으로 많은 활동은 주말 파티(25퍼센트)와 극장이나 스포츠 경기 관람 같은 외출(13퍼센트)이었다. 연구팀은 직원들이 동료들과의 사내 모임과 사교 자리에 친구나 가족을 데려오는 경향뿐만 아니라 업무 외의 삶에 대한 얘기를 얼마나 많이 하는지도 살펴보며, 이런 활동에 '통합 활동'integration behavior이라는 이름을 붙였다.

조사 결과 사내 파티를 비롯한 여러 통합 활동에 참여하는 것이 동료들과 더 친밀감을 쌓는 것과 연관성이 있었다. 단, 이는 인구통계학상으로 다수자인 직원들의 경우에만 해당되었다.

그렇다고 소수자들이 참여하지 않는 건 아니었다. 참여 비율은 더 높았다. 하지만 연구팀에게 밝힌 참여 이유에서, 의무감으로 나가거나 얼굴을 비치지 않을 경우 커리어에 미칠 영향이 걱정되어서 나간다고 답한 비율도 더 높았다. 누구든 의무감으로 참여할 경우엔 새로운 관계를 맺을 가능성이 아예 나가지 않았을 경우와 거의 다를 바가 없다.

경계선을 찾아라

직장에서 친구를 사귀는 일에 여러 장애물들, 즉 교류를 나눌 상대를 고를 선택권 없음, 직장의 수단적 특성, 유유상종의 경향, 점점 통합되어가는 시대에서의 분리 선호 성향 등이 있음에도 불구하고 직장에서 친구들을 잘 사귀는 사람들도 있다. 심지어 아주 친한 사이가 되기도 한다.

여러 기업이 절친들의 합세로 설립되었다. 마이크로소프트Microsoft를 세운 빌 게이츠와 폴 앨런은 고등학교 친구 사이였고, 벤앤제리스 아이스크림의 창업주 벤과 제리는 중학교 체육 수업 중 학교 육상 트랙을 돌다 만난 사이였다. 소꿉친구였던 윌리엄 할리와 아서 데이비슨은 오토바이에 동력을 공급해줄 수 있는 작은 엔진의 개발 방법에 흥미를 갖게 되었다가 할리데이비슨Harley-Davidson을 창업했다.

직장 친구 중에는 '사내 배우자'work spouse도 있다. '사내 배우자'란 진짜 남편이나 아내가 해주는 식으로 힘을 북돋워주는 친한 동료로 아스피린이나 휴대폰 충전기가 필요하거나 어떤 동료에 대해 쌓인 분을 풀고 싶을 때 찾는 사람을 말한다. 사내 배우자는 당신의 커피 취향과 좋아하는 점심 메뉴를 잘 안다. 사내 배우자를 두는 비율은 그 추산치가 천차만별이긴 하지만, Vault.com의 추산치에 따르면, 약 30퍼센트의 사람들이 사내 배우자를 두고 있다고 한다. 시트콤 〈30 록〉30 Rock의 잭 도나기와 리즈 레몬이 그 전형적 사례다. 드라마 속 대사처럼 잭은 리즈의 '사내 남편 겸 삼촌'이고, 리즈는 잭의 '동료 겸 남동생'이다. 두 사람은 서로 업무적인 관계만으로 엄격히 제한하려 애쓰며 쩔쩔맨다. 리

즈는 당황해서 무슨 말을 할지 몰라 하다 묻는다. "이봐요, 잭. 어디까지
가 … 업무적인 거죠?"

그리고 논쟁의 여지없이 명백한 증거가 나와 있듯, 직장 친구가 있
으면 도움이 된다. 조사 대상이 총 1,000개 이상의 팀을 아우르는
26건의 연구 결과를 취합한 메타분석에서 친구 사이로 이루어진 팀이
지인으로 짜여진 팀보다 더 뛰어난 수행력을 발휘하는 것으로 나타났
다. 동료들로부터 얻는 사회적 지지는 업무 스트레스를 덜어주고 일과
시간의 압박을 더 잘 다루게 해주고 일과 가족의 갈등을 줄여주고 번아
웃을 막는 데도 도움이 된다.

톰 래스Tom Rath는 자신의 저서 《프렌드십》을 통해 직장에서의 우정
과 업무 수행력 사이의 관계를 살펴본 바 있다. 래스는 응답자들로부터
얻은 방대한 자료를 활용해 '직장에 베스트프렌드'가 있는 경우 업무
몰입도가 7배 늘어난다는 결과를 밝혀냈다. 직장에 아주 친한 친구가
있는 직원은 상대적으로 더 효율적이고, 업무 만족도가 높으며, 사고를
낼 가능성이 낮기까지 하다. 직장에 아주 가까운 친구가 세 명 이상인
선택된 소수들은 삶의 만족도가 아주 클 가능성이 96퍼센트 더 높다.

하지만 그 내재적 모순으로 인해 직장 친구는 은총이자 저주가 되
기도 한다. 직장에서의 우정은 유지하기가 힘들고 의무감을 유발시킬
수 있으며 정서적으로 지치게 한다. 러트거스대의 제시카 메토트Jessica
Methot와 동료 연구진이 식당, 보험, 소매업에 종사하는 직원들을 대상
으로 진행한 연구에 따르면, 이런 단점들은 생산성뿐만 아니라 직원들
의 정서적 행복까지 손상시킬 소지가 있다.

동료들과의 관계는 활력소가 되어줄 수 있지만 어느 시점에 이르면

부담이 커진다. 특히 마당발형은 과부하 상태에 이르러 자칫 번아웃에 빠지기 쉽다. 동료들이 조언이나 도움을 구할 때 유독 마당발형을 찾기 때문이다. 롭 크로스가 논문 공동저자 렙 리벨과 애덤 그랜트와 함께 벌인 연구에서 밝혀낸 바에 따르면, 협력적 업무에서는 직원의 5퍼센트가 부가 가치의 무려 3분의 1을 이끌어낸다. 크로스와 동료 연구진이 글로 짚어주었듯 "처음엔 선순환을 이루던 것이 이내 악순환으로 바뀐다. 얼마 안 가 유용한 직원들이 제도적으로 일의 진행을 방해하게 된다. 그 직원들이 개입하기 전까지는 일이 진전되지 않게 되는 것이다. 더군다나 그 직원들에게 너무 과중한 부담이 지워지면서 그 직원들 자체의 효율성도 더이상 제대로 발휘되지 못한다."

어떻게 하면 직장에서 친구를 사귀는 일의 단점을 최소화하면서 그 이점을 이끌어낼 수 있을까? 이런 일에서는 중개자형이 특히 뛰어나다.

닉과 나는 직장 내 관계에서 표출되는 이런 장단점의 충돌 사이에 균형을 잡을 요령을 더 잘 이해해보기 위해 워라밸과 번아웃을 주제로 약 500명의 직장인과 학생에게 설문조사를 해보며 설문조사 참가자들이 분리파인지 통합파인지 확인해보는 한편 인맥도 살펴봤다. 참가자들은 연령대가 17세부터 64세까지 다양했다. 여성의 비율이 절반이 조금 넘었고, 65퍼센트는 백인이었고, 대부분이 직장이 있었고, 약 30퍼센트가 기혼자였다.

설문조사 결과 워라밸이 있다고 응답한 비율에서 중개자형이 소집자형과 마당발형보다 더 높게 나왔다. 워라밸이 있다고 생각하는가에 대해 강한 부정은 1점, 강한 긍정은 5점으로 매겨봤더니 소집자형과 마당발형이 가장 낮았다. 두 그룹 모두 평균 점수가 3점에 가까웠다. 반면에 중개자형 중에서도 상위권 그룹은 평균 3.7점이었다. 워라밸이 있느냐의 여부에 이도 저도 아닌 어중간한 상태라는 응답에서부터 워라밸이 있는 편이라는 응답에서도 그룹 간에 이와 같은 양상의 차이를 보였다.

중개자형의 이점은 응답자들의 근무 시간, 근무 기간, 나이, 성별, 인종, 결혼 여부, 일과 삶의 분리 수준 등 워라밸에 대한 인식에 영향을 미칠 것으로 추정되는 다른 여러 요소들을 통제해봤을 때도 여전히 통계상으로 소집자형이나 마당발형과 차이를 보였다(더 젊고 근무 기간이 적은 사람들이 워라밸이 더 있다고 느끼기도 했다. 우리 연구상에선 분리파와 통합파 간에는 별 차이가 없었다).

일과 삶의 충돌에 대해 살펴봤을 때도 결과가 같았다. '일로 인한 스트레스 때문에 업무 외 의무를 수행하기 힘들고' 업무상의 부담으로 가정생활이나 사생활에 지장이 된다고 느끼는 정도를 물어봤을 때도 중개자형은 일과 삶의 충돌이 크게 낮은 편이었다.

다른 여러 연구와 마찬가지로 우리의 연구 결과에서도 가깝거나 아주 가깝게 느끼는 동료가 많은 사람일수록 덜 외롭고 유대감이 높고 개인적으로 번아웃에 빠질 가능성이 낮은 것으로 밝혀졌다.

중개자형은 직장에서 가까운 관계를 다지는 것을 아주 꺼리진 않지만 그런 관계를 다루는 방식이 다르다. 중개자형의 세계에서는 중복이 없다. 동료들, 가족, 클럽 친구들과 가까이 지내더라도 직장 친구들 을 초대해 가족들과 함께 어울리진 않는다. 중개자형은 인맥 구조상 워라밸의 이점을 누리면서도 그 단점은 최소화할 수 있다.

바꿀 수 있는 것을 바꿀 용기

갈수록 세상이 우리에게 통합을 지향하도록 밀어붙여도 중개자형은 여기에 응하지 않고 저항한다. 중개자형의 인맥은 대개 분리되어 있다. 지그문트 프로이트가 "사랑과 일은 우리의 인간성을 떠받치는 토대이다."라고 말했다지만, 중개자형은 이 둘 사이에 다리를 놓으려 하지 않는다.

일과 가족의 분리는 일과 가족 간 충돌을 줄이는 것과 맞닿아 있는 문제다. 삶이 분리되길 바라든 바라지 않든 간에, 보통은 둘 사이에 경계선을 그을 방법에서 바라는 만큼 선택의 자유를 누리지 못한다. 일하는 장소와 일하는 시간은 대체로 고용주의 손에서 결정된다. 잠옷 차림으로 편하게 집에서 일하길 더 좋아하는 사람도 있을 테지만 대다수 사람에겐 그러고 싶어도 그럴 선택권이 없다. 쉬는 날에 상사에게 온 긴급 이메일에 답장하는 것 역시 선택권이 없기는 마찬가지다.

조직심리학자들인 낸시 로스바드, 캐서린 필립스, 트레이시 듀마스에 따르면, 한 가지 해결책이 있다. 자신의 성향과 잘 맞는 업무 환경을 찾으면 된다. 분리파는 직원들에게 '직장에 모든 자아를 통째로 데려오길' 바라는 곳에서는 만족감을 얻지 못할 것이다. 하지만 저녁마다 자신이 사용하던 기기를 직장에 놔두고 퇴근하는 이른바 '더블린이 어두워진다'Dublin Goes Dark라는 구글 더블린 지사의 프로그램에는 전율을 느낄 것이다.

독일의 자동차 제조사 다임러의 '메일 온 홀리데이'Mail on Holiday 정책은 휴일을 더욱 마음 편히 지내게 해줄 것이다. 전송자에게 메일 수신자가 휴가 중이므로 해당 메일이 삭제될 것이라고 알려주는 자동 삭제 옵션을 켜놓게 해주는 정책이기 때문이다. 하지만 이런 정책들이 통합파에게는 그저 불안감만 일으킬 것이 뻔하다. 통합파는 분리파와는 달리 사내 놀이방과 헬스장에 더 만족스러워할 가능성이 높다. 일과 가정의 경계선을 모호하게 해주는 환경에서 일해야 직업 만족도가 더 높아지고 직장 일에 더 전념할 수 있다. 분리파와는 반대다.

하지만 잘 맞는 업무 환경을 찾기가 불가능하다면? 이와 관련해서 지금까지 일부 기업과 관리자가 직원들에게 일과 삶에 경계선을 그을 방법에서 통제권을 더 많이 갖게 해주는 여러 정책을 마련해온 여러 정책들을 생각해볼 만하다. 직원들에게 '예측 가능한 휴식'predictable time off(오후나 저녁 시간을 미리 정해 업무와 이메일, 휴대폰을 완전히 끊고 휴식을 취하거나 개인 관심사에 몰두하는 제도—옮긴이) 스케줄을 짜게 해주는 정책이 그 한 가지 예다. 낸시 로스바드와 아리안 올리에르 말라테르Ariane Ollier-Malaterre가 이런 정책 한 가지에 대해 짧게 짚어놓은 글에 따르면, "관련 업무가 가족과 일 사이의 갈등과 우울감을 크게 낮춰줄 경우에 개인이 체험하는 것은" 그 정책 자체가 아니라 "통제권 정도였다."

업무 관계와 직장에서의 그 외의 측면들 사이에 존재하는 결정적 차이 한 가지는 관계에 관한 한 우리에게 더 큰 통제권이 쥐어져 있다는 점이다. 함께 일할 상대에 대해서는 통제권이 없지만 그 사람들과 맺을 관계의 특징을 정할 통제권은 있다. 그 통제권을 분리에 활용할지 통합에 활용할지는 본인의 자유다. 분리를 선호하는 사람들은 대체로 중개자형이다. 사실 우리의 연구 결과에서도 분리파가 중개자형일 가능성이 통합파에 비해 두 배 이상 높게 나왔다. 그리고 분리라는 요소만으로 중개자형이 일과 삶의 균형을 더 잘 잡는 이유가 완벽히 설명되진 않는다 해도, 어쨌든 관계는 우리가 사실상 일과 삶 간의 충돌 정도를 선택할 수 있는 영역에 해당된다. 대다수 사람들에겐 사무실의 사교 자리는 참석이 당연시되지만 동료들을 생일 파티에 초대해야 할 의무까지 느낄 일은 없을 것이다. 직장 내 지위에서 누리는 특권이 어느 정도이든 간에, 또 다니는 직장이 커피숍이든 골드만삭스든 간에 당신에게는 당신이 맺는 관계의 특징을 통제할 권리가 있다.

회사에서 안전하게 친밀감을 형성하는 법

가정과 일이 따로 분리되길 선호하는 사람들에겐 회사의 사교 자리가 어려울 수 있다. 회사 파티에 가족 초청하기처럼 통합파에겐 훈훈하고 포용적으로 느껴질 만한 일이 분리파에겐 거북하기 짝이 없는 일이다. 초청이 의무처럼 다가올 수 있기 때문이다. 사내 행사와 파티를 주관할 때 이런 차이가 존재한다는 사실에 신경 쓰면 모든 사람에게 소속감을 느끼게 해주는 데 큰 도움이 될 수 있다.

앞에서도 살펴봤다시피 여성과 소수 인종 출신자에겐 이런 일과 삶의 통합이 겁이 날 만큼 어려울 수도 있다. 실비아 휴렛Sylvia Hewlett, 캐롤린 루스Carolyn Luce, 코넬 웨스트Cornel West에 따르면, 소수자가 직장에서 마음을 터놓기 꺼리는 주된 이유는 이해받지 못할까 봐 두렵기 때문이다. 다음은 아프리카계 미국인인 소비자 상품업계 임원 래티샤의 말이다. "제가 힘들게 마음을 열고 사적인 얘기를 털어놓아도 사람들이 잘 이해하지 못하더라고요. (중략) 그러다 보니 더는 노력하지 않게 됐어요."

아시아계 미국인으로 에너지 회사 임원으로 있는 마이클은 종교 단체를 후원하고 소수자들에게 관심을 가지는 유명 자선단체의 이사회에서 일했던 경험을 동료들에게 잘 얘기하지 않는다. 그 얘기를 하다 보면 '그 회사에서 아주 금기시되는 주제인 종교와 인종 문제를' 거론해야 하기 때문이다. 마이클은 괜히 그런 얘기를 꺼냈다가 동료들이 "역시 당신은 우리와 다르군. 전부터 쭉 그럴 거라고 생각했었는데 이제는 확신이 드네."라는 결론을 내릴까 봐 걱정스러워 한다. 누구든 다르게 보일까 봐 두려워하면 쉽게 소외감을 느끼게 된다.

남들과 다르다는 것에 대한 두려움은 유사성을 찾으려 할 때 주된 문제가 된다. 캐서린 필립스와 그녀의 동료 연구진은 여기에 대한 한 가지 해결책으로서 배우려는 사고방식을 채택하라고 조언해준다. 직장에서 더 가까운 관계를 맺을 방법을 궁리 중인 사람들이 두루두루 써먹을 만한 유용한 조언이다. "어젯밤에 패트리어츠(NFL 미식축구 팀 중 하나인 뉴잉글랜드 패트리어츠로 슈퍼볼 최다 우승 팀이자 슈퍼볼 최다 진출 팀―옮긴이) 시합 봤어요?"라는 식으로 묻지 말고 "요즘에 뭐 재미있게 본 거 있어요?"라고 물어보면 된다.

세 명의 연구진의 글처럼 "이렇게 물어보면 어떤 답을 택하든 누구나 정당화되고, 괜한 대답을 했다가 비판 받을 것 같은 불안감이나 특정 문화를 보편적으로 받아들여야 할 것 같은 압박감을 덜게 된다." 패트리어츠를 싫어하는 사람의 기분을 건드릴 일이 없을 뿐만 아니라 상대가 미식축구를 좋아하지 않아서 대화가 막혀버리거나 혹시라도 관계가 더 서먹해질 일도 없다. 더 깊이 있고 덜 뻔한 공통점뿐만 아니라 즐겁게 얘기 나눌 새로운 화젯거리를 알게 될 수도 있다.

비슷한 점은 드물게 비슷한 경우일 때 더 큰 친근감을 불러일으킨다. 실제로 한 실험에서 실험 참가자들은 비슷한 유형에 속하는 지문을 가지고 있다는 말을 듣고 난 후에 서로에 대한 친근감이 조금 더 높아졌다. 자신들이 전체 인구 중 2퍼센트밖에 안 되는 아주 드문 'E 타입' 지문을 갖고 있다는 말을 들은 후에 정말로 유대감이 더 강해졌다. 애덤 그랜트의 조언처럼 신뢰와 유대를 키우고 싶다면 "그냥 공통점을 찾지 말고 드문 공통점을 찾아라."

사진작가인 벤 프리버그는 인터뷰 촬영을 위해 동료와 함께 대기 중이었다. 대기 중에 두 사람은 영화 〈트로이〉Troy를 화제로 삼게 되었다 (부디, 그가 그녀에게 〈트로이〉를 봤느냐고 묻지 않고 최근에 본 영화는 뭐가 있는지 물었길). 당시에 TV 방송국에 들어간 지 얼마 안 되었던 프리버그는 '아직 서로를 알아가는 중인 사이이던' 그 동료가 원작인 《일리아드》(고대 그리스의 작가 호메로스가 지었다는 그리스 최고·최대의 영웅 서사시)와 〈트로이〉의 차이점을 짚어주기 시작했을 때 둘 다 그리스 신화를 아주 좋아한다는 사실을 알게 되었다고 한다. "이렇게 생각했던 기억이 나네요. '이 사람과는 다른 사람들과는 다른 관계가 될 것 같아.'"

필립스, 듀마스, 로스바드가 밝혔듯 "일을 중심으로 맺어진 유대는 강하다. 특히 인종의 경계를 넘어 협력하는 사람들 사이에서 더 강하다. 하지만 시간이 지남에 따라 더 깊은 관계로 진전되려면 개인적 삶에 대해서도 마음을 터놓아야 한다. 그러려면 동료들이 자신의 안전지대 밖으로 나와 자신과 다른 사람과도 유대하려는 의도를 가져야 한다. 이것은 위험하게 느껴질 수도 있지만 해볼 만한 가치가 있는 일이다."

그리고 기업으로선 직원들에게 서로 친구가 되도록 강요할 순 없지만 일터의 다양성을 활용해 신뢰가 생기게 해줄 만한 행사를 마련해볼 수는 있다. 선택권이 없고 유사성의 선호라는 장애물을 넘어서야 한다는 불리함은 사무실에서 가까운 관계를 맺기 어렵게 만드는 요소이지만, 회사와 사회에 아주 긍정적인 이점으로 작용할 잠재성도 있다. 단, 그러자면 우선은 기업이 그 이점을 제대로 이해해야 한다.

인종을 막론하고 우리는 누구나 사무실에 나가면 우리와는 달라 보이는 사람들과 마주하게 된다. 인종과 상관없이 누구나 그렇다. 미국에서는 직장에서의 인종적 분리가 여전히 심각하지만 그나마 사무실은 학교, 자발적 조직, 교회에 비하면 인종적·민족적 다양성이 훨씬 높은 편이다.

"경악스러운 사실이지만 미국의 기독교도들이 가장 심하게 분리되는 시간은 일요일 아침 11시다." 예전에 마틴 루터 킹(비폭력주의에 입각하여 흑인 차별 철폐를 위해 힘썼던 미국의 목사이자 흑인 해방 운동가)이 했던 말이다. 그 뒤로 60년도 더 흐른 현재, 교회를 비롯한 여러 자발적 조직은 두 번째로 가장 분리된 삶의 영역에 들어간다. 학교가 인종적으로나 민족적으로나 교회보다 훨씬 더 분리되어 있다.

뉴멕시코대의 루벤 토머스Reuben Thomas 교수가 1,000명 이상의 성인을 대상으로 대표 표본 조사한 바에 따르면, 학교에서 다른 인종 간에 우정이 맺어질 가능성은 13퍼센트에 불과하다. 사무실에서는 다른 인종 간의 우정이 맺어질 가능성이 이보다 두 배에 가깝다. 직장 친구들

거의 네 명 중 한 명은 인종이 서로 다르다. 따라서 자신과 다른 사람들을 이해하는 사회를 만들고 싶다면 그 뿌리를 내리기에 가장 가능성 높은 곳이 바로 직장이다.

완벽한 멘토

잠시 당신의 커리어에 가장 지대한 영향을 미치는 사람을 생각해보라. 그 사람에게 감사하는 순간을 가져보자. 그 사람이 당신에게 멘토이든, 후원자이든, 그와는 완전히 다른 존재이든 간에 그 사람이 당신의 삶에서 더 중요한 존재감을 가질수록 당신의 성공 가능성도 그만큼 높아진다. 직장에서 성공하기 위해서는 당신을 지지해주고, 스트레치 어사인먼트stretch assignment(도전적인 기회를 제공하여 직원 개개인을 조금 더 성장시킬 수 있는 업무를 할 수 있게 하는 것—옮긴이)에 적임자로 추천해줄 누군가가 필요하다. 때로는 그 사람이 친구가 되기도 하지만 때로는 친구가 아닌 경우도 있다.

남성(76퍼센트)과 여성(83퍼센트)의 대다수는 직장생활에서 최소한 한 명의 멘토가 있다고 한다. 멘토와 멘티 사이의 관계는 친구 사이, 관리자와 평직원, 상담사와 환자 같은 다른 유형의 관계와는 다르지만 이 모든 관계의 요소들을 두루 갖추고 있다. 멘토는 멘티보다 경험이 더 많은 롤모델이다. 길잡이가 되어주고 정서적 지지를 해주며 자아성찰과 발전의 기회를 갖게 해준다. 시몬스 칼리지의 스테이시 비어드Stacy Beard 교수의 말처럼 멘토링은 "서로에게 이롭게 작용하면서 역량과 능력을 끌어올려주는 역동적이고 상호적인 관계다."

대다수 사회적 관계가 그렇듯 멘토와 멘티의 관계도 대체로 표면적으로 비슷한 계열 사이에서 맺어진다. 서로서로 비슷해 보이는 사람들끼리 멘토와 멘티가 된다. MBA과정을 졸업한 사람이 백인 남성에게 멘토링을 받을 경우 대략 2만 8,000달러를 더 번다고 하니, 이는 여성과 유색인종에게 불리하게 작용한다. 그런가 하면 실비아 휴렛과 그녀의 동료 연구진이 《하버드 비즈니스 리뷰》에 실은 논문에서 밝혔듯 이성 간의 관계는 "성적 관심으로 오해받기 쉬워서 아주 유능한 여성과 높은 자리에 있는 남성은 그런 관계를 맺기 꺼리게 된다." 실제로 최근에 성희롱 관련 고발로 사회적 파장이 일어난 뒤로 여성을 멘토링해주거나 후원해주는 것에 거북함을 느끼는 남성의 수가 세 배로 늘어났다고 한다.

하지만 연구를 통해 일관되게 밝혀지고 있다시피, 최고의 관계 대다수와 마찬가지로 최고의 멘토링 역시 어느 정도의 유사점과 어느 정도의 차이점이 공존할 때 생겨난다. 220쌍 이상의 박사과정 학생과 지도교사를 연구해본 결과에서 멘티들의 약 3분의 2는 동성의 멘토를 두고 있었다. 박사과정 학생이 동성의 지도교사를 두었을 경우 단기적으로는 정서적 지지, 지원, 인지도, 후원에서 더 많은 수혜를 입었다. 하지만 시간이 지나면서 관계가 정체되었다. 더 좋아지지도 더 나빠지지도 않으면서 똑같은 상태가 이어졌다. 하지만 이성 멘토링의 경우엔 시간이 지나면서 관계가 더 좋아졌다. 일단 멘토와 멘티가 서로 다른 사람과 협력하는 일의 난관을 통과하고 나면 서로의 그런 차이가 사실상 더 좋은 관계를 맺는 데 도움이 되었다.

멘토링 관계가 신념, 가치, 경험이 비슷한 더 깊은 차원의 유사점을 바탕으로 이루어질 경우엔 더 좋은 결과를 낳는다. 예를 들어, 멘토에게 얻는 심리적 지지와 만족감의 정도를 살펴본 한 연구에서 밝혀진 바에 따르면, 더 깊은 차원의 유사성에 기반한 관계는 서로가 단순히 동성이나 같은 인종인 관계에 비해 훨씬 더 많은 정서적·수단적 지지가 되어주었다.

우리는 자신과 유사한 사람들에게 끌리는 경향이 있지만 차이를 통해 이로움을 얻을 가능성도 높다.

멘토링은 힘과 영향력을 가진 사람들과 접촉할 기회를 마련해주고, 사교술을 키워주고, 새로운 유대를 쌓을 기회를 열어주고, 추천을 통해 높이 평가하는 의중을 내비쳐줌으로써 직장에서 더 생산적이고 유리한 관계를 맺는 데 도움이 되어줄 수 있다. 또한 기업들이 자유롭게 활용할 수 있는 관계 개입 방법 가운데 가장 효율적인 방법에 든다. 그것이 가능한 일이더라도 직장 내 우정을 강요하려는 시도는 바람직하지 않지만, 멘토의 배성은 바람직한 일이다. 하지만 아직도 수많은 기업이 인구통계적 계열을 따라 멘토를 배정하는 방식에 집착하고 있다. 인사담당자가 여성과 그 외의 소수자를 위해 극구 추천하는 멘토링 프로그램은 대개 같은 성, 같은 인종, 같은 성적 취향을 가진 멘토와 짝을 지어주는 식이다.

공식 프로그램을 마련해놓으면 자기유사성에 따른 인맥 특유의 문제점을 어느 정도 방지하는 데 유용할 수 있다. 하지만 공식적으로 인맥에 개입하는 이런 방법에 아무리 잠재적 이점이 있다고 해도 조사 결과 실제로는 여성의 82퍼센트와 남성의 84퍼센트가 직장 멘토를 자신의 개인 인맥을 통해 비공식적으로 찾은 것으로 나타났다.

캘리포니아대 버클리 캠퍼스의 새미어 스리바스타바Sameer Srivastava 교수는 소프트웨어 개발 연구소에 근무하는 잠재성 높은 직원들 중 무작위로 멘토를 배정받은 이들과 그 직원들에 필적하는 잠재성을 지닌 대조군 직원들의 커리어를 비교하는 연구를 진행해봤다. 그 결과 무작위로 멘토를 배정받은 직원들이 힘 있는 사람들과 접촉할 기회를 훨씬 많이 얻었고, 멘토링 프로그램 참여에 힘입어 더 넓은 인맥을 쌓은 것으로 밝혀졌다. 펜실베이니아 주립대의 포레스트 브리스코Forrest Briscoe 와 MIT의 캐서린 켈로그Katherine Kellogg도 비슷한 연구 결과를 얻어, 로펌 입사 시 유력 관리자에게 무작위로 배정받은 변호사들이 조직에 들어오면서 유력 관리자와 전혀 대면이 없었던 변호사에 비해 보너스를 평균 3만 달러 더 많이 받고 퇴사할 가능성은 18퍼센트 낮았던 사실을 밝혀냈다.

허미니아 아이바라와 그녀의 동료 연구진은 전 세계의 MBA 졸업생을 대상으로 진행된 별개의 연구에서 공식 멘토와 비공식 멘토가 커리어의 성공에 미치는 영향을 비교해봤다. 공식 프로그램을 통해 멘토와 이어진 여성이 비공식적으로 멘토를 찾은 여성에 비해 승진 비율이 50퍼센트 더 높았다. 남성의 경우는 그렇지 않았다. 남성은 비공식적 유대를 통해 커리어를 진전시켜줄 수 있는 유력 멘토를 찾을 가능성이 여성에 비해 높으며, 바로 이런 이유로 공식적 멘토 배정을 통해 이득을 누릴 가능성이 더 낮은 듯하다.

미국 해군 사관학교 교수이자 멘토링을 주제로 여러 권의 책을 집필한 브래드 존슨Brad Johnson에 따르면, 공식적이든 비공식적이든 "양쪽 모두 의도성이 중요하다. 멘토링 관계가 성공할지 말지를 보여주는 변수가 있다면, 그것은 멘토링 관계 초반 몇 달 동안의 교류 빈도다."

많은 이들이 길잡이와 정서적 지지가 되어주었던 멘토를 애정을 담아 떠올릴 테지만 커리어 진전을 위해서는 이보다 훨씬 더 드물지만 훨씬 더 중요한 관계가 있다. 즉, 후원 관계다. 이런 후원자가 있는 비율은 남성이 다섯 명 중 한 명이라면 여성은 여덟 명 중 한 명이다.

후원자는 피후원자를 옹호해주고, 사회적 유대를 맺어주며, 피후원자를 위해 자신의 사회적 자본을 활용한다는 점에서 멘토와는 다르다. GE의 전 최고다양성책임자 데보라 엘람Deborah Elam은 후원자와 멘토의 차이에 대해 후원자는 "자신의 이름을 피후원자의 성과 옆에 나란히 올려놓는다."는 점에서 다르다고 말한 바 있다. 멘토와 후원자 모두 대체로 정서적·수단적 지지를 해주지만, 멘토가 친구에 더 가깝다면 후원자는 옹호자이자 투자자이다. 후원자는 공개적 지지를 보내주고 자신의 명성을 이용해 피후원자를 지지해주기도 한다.

직장인 수만 명의 커리어와 직업적 성공의 예측 요인 수십 가지를 함께 살펴본 연구에 따르면, 후원은 일하는 시간에 대략 상응하는 승진과 급여 정도를 가늠하기에 가장 확실한 예측 요인에 든다. 승진 전망에서는 후원이 그 사람의 성별, 성격, 학력, 경력보다 더 중요하다. 직업 만족의 경우에도 마찬가지다. 직업적 성공은 성과 게임이자 그에 못지않게 후원자 얻기 게임이기도 하다.

후원자는 멘토와는 달리 배정해주기가 불가능하진 않더라도 어렵다. 후원 관계의 특성을 감안하면 후원은 자신이 노력해서 얻어내야 한다. 다국적 투자은행인 바클레이스Barclays의 포용 및 고객경험 부문 전무

이사 시안 매킨타이어Sian McIntyre는 후원을 얻는 일에 대해 한마디로 확와닿는 말을 했다. "애 낳는 것처럼 힘들었죠."

당신의 실력을 보여줄 기회를 갖게 되는 스트레치 어사인먼트는 후원자를 찾으려 할 때 유용할 수 있다. 다른 식으로는 만나기 힘든 사람들의 눈에 띌 만한 역할과 과제를 자진해서 맡는 것도 좋은 방법이니 공개 토론회 준비, 특별 보고서 작성, 신입사원 교육 프로그램 참여 등에 적극 나서볼 만도 하다. 하지만 휴렛에 따르면, 성과와 충실성만으로는 후원을 얻어내기 부족할 수도 있다. 동료들과의 차별화도 필요하다. 우리는 일에서는 후원자가 필요하고 삶에서는 대체로 멘토가 필요하다. 일은 삶의 전부가 아니며, 일에서도 그렇듯 삶에서는 잘 살아나가며 인간으로서의 잠재력을 최대한 발휘하기 위해 도움이 필요할 때가 많다.

어떤 관계를 선택하든 당신이 옳다

직장 친구는 여러 면에서 이롭지만 그런 우정에는 많은 부담이 수반되는 것이 보통이다. 직장의 친구가 '진짜' 친구가 되면서 직장에서의 관계가 가족, 이웃, 절친 들과 중복되면 특히 더 그렇다. 그런데 중개자형은 직장에 친구를 두면서도 그 잠재적 단점을 어느 정도 덜어낼 방법을 찾는다.

중개자형 방법 취하기는 사무실에서 발생하는 일과 삶의 충돌을 어느 정도 극복할 수 있는 개인적 전략이다. 중개자형 특유의 성향은 고용주가 점점 더 통합을 밀어붙이는 상황에서도 중개자형이 일과 삶의 균형을 이룰 수 있게 해주는 한 요소다. 하지만 일과 삶의 균형이라는 중개자형 특유의 이 장점은 다른 방법의 장점들과 비교 검토해볼 필요가 있다. 우선 마당발형은 다른 사람들을 만남으로써 개인적으로나 직업적으로나 활개를 펴기도 한다. 마당발형에게 단절감은 말 그대로 위협이 될 수도 있다. 또 소집자형 방법은 심리적 지지를 얻게 해준다. 소집자형에게는 지지받고 싶은 바람이 균형보다 더 중요할 수 있다.

우리는 사무실 안으로 걸어들어갈 때 저마다 다른 욕구를 가진다. 저마다 부모, 아들, 딸, 아내, 남편, 아티스트, 옹호자 등의 다른 역할을 동반하고 들어간다. 우리가 어떤 방법을 택하든 간에, 서로 상충하는 여러 요구를 충족시키기 위해 여러 가지 역할과 협상하는 일은 늘 매우 힘들다. 이런 문제에 대해 인드라 누이는 이렇게 말했다. "우리 모두는 다음을 이해해야 한다고 생각한다. 이런 여러 가지 선택을 놓고 쩔쩔매더라도 당신은 미친 것이 아니다. 인간으로서 정상적인 것이다."

우리 가족이 여행에서 돌아온 지 33일이 지났을 때 어머니가 돌아가셨다. 그 직후에 나는 가까운 가족이라는 보호막 안으로 깊이 파고 들어갔다. 나의 멘토 리사만이 가족 외에 그 안으로 들어올 수 있었던 유일한 사람이었다. 리사는 엄마를 비롯해 내 결혼식에 왔던 여러 사람들에게 '사랑만이 유일한 길'임을 상기시켜주고 분만실에 초콜릿을 가져다주기도 했던, 나에게 각별한 의미가 있는 사람이었다. 일단 마음을 조금 더 열 수 있게 되자 나는 내 후원자에게 이메일을 보냈다. 그는 내가 우는 모습을 한번도 본 적이 없었고 우리는 직장 밖에서는 만나지 않는다. 그는 공식적 지위는 없지만 그동안 쭉 내 커리어에서 아주 중요한 역할을 해주었다. 그래서 내가 슬픔의 시간을 가지려면 처리해야 할 직장 문제의 수습에 도움을 주리라는 확신이 있었다. 역시나 그는 내게 애도를 표한 후에 내가 필요로 했던 도움의 말을 건넸다. "걱정 말게. 내가 확실히 처리해줄 테니."

우리의 관계는 모두
특별한 힘을 가지고 있다

안나 윈투어는 옛 포시즌스 레스토랑의 그릴 룸Grill Room에 자주 갔던 뉴욕 시 상류층 인사 중 한 명이다. 윈투어는 그만큼 육고기를 아주 좋아한다. 포시즌스에서 그녀는 같은 단골 고객인 버넌 조던과 오다가다 마주쳤을 가능성이 높다. 버넌 조던은 〈워싱턴 포스트〉의 발행인 캐서린 그레이엄의 장례식에서 관을 운구했는데, 이 장례식에서는 요요마가 바흐 첼로 모음곡 제6번 제2곡 알르망드를 연주했다. 요요마는 버락 오바마의 2009년 취임식에서도 공연을 했는데, 이 취임식에는 릭 워렌 목사가 축복기도를 했다. 그 몇 년 전에 이 목사는 다큐멘터리 영화 〈불편한 진실〉An Inconvenient Truth이 첫 개봉하는 자리에서 샤론 스톤과 가까운 곳에 앉아 있었다. 배우 샤론 스톤은 달라이 라마의 친구로 자처해왔다. 샤론 스톤은 칸 영화제 파티에서 만난 옛 연인 셰프 고든에게 달라이 라마를 소개시켜주었다. 이 연예인 매니저는 달라이 라마에게 야크차를 대접해주기도 하는 사이가 되었다.

이 지구별의 77억 인구 모두가 긴밀히 연결되어 있다는 개념은 존 궤어John Guare의 연극 〈여섯 다리 건너〉Six Degrees of Separation를 통해 대중에게 널리 알려졌다. 다음은 이 개념과 관련된 대사다.

어디에서 읽었는데 여섯 다리만 건너면 지구에 사는 사람 모두가 아는 사이래. 여섯 사람만 건너면 다 안다는 거야. 우리와 이 지구의 다른 모든 사람이 말이야. 미국의 대통령이든 베니스의 곤돌라 사공이든 누구든지 다. 나는 우리가 그렇게 가깝다는 것이 무지 안심이 돼. 또 한편으론 우리가 그렇게 가깝다는 게 중국의 물고문 같기도 해. 그렇게 연결해 줄 적당한 사람 여섯 명을 찾아야 하니까. 꼭 유명인만이 아니라 누구나 다 그 여섯 명에 들 수 있어.

_ 존 궤어, 《여섯 다리 건너》(1990)

이 개념은 저명한 심리학자 스탠리 밀그램Stanley Milgram이 1967년에 진행한 기발한 실험에서 기인된 것으로 보는 것이 보통이다. 밀그램은 마다가스카르, 미국령 사모아처럼 멀리 떨어진 곳들을 돌아다니던 중 현지인과 자신 같은 여행자들을 상대로 어떤 게임을 시도해보았다. 아마도 바에서 해변을 내려다보는 사람이 좋은 상대가 되었을 테지만, 어쨌든 어떤 한 사람에게 다가가서 자신의 얘기에 장단을 좀 맞춰주지 않겠냐고 물어본 후 그 상대를 자신과 연결시켜줄 만한 친구나 지인을 찾을 수 있는지 알아보는 식의 게임이었다. 서로가 다 아는 지인을 발견하고 "세상 참 좁네요!"라고 말하게 되는 식의 흔한 칵테일파티효과의 사례를 에두르지 않고 단박에 일으켜본 셈이었다. 급기야 밀그램은 이런 문제를 공식적으로 실험해보기로 했다. 이 실험과 실험 결과는 '좁은 세상 문제'The Small-World Problem라는 적절한 제목이 붙여진 논문으로 세상에 알려지게 되었다.

밀그램과 제프리 트래버스Jeffrey Travers는 네브래스카 주와 매사추세츠 주 보스턴에 거주하는 주민들 300여 명에게 실험에 대한 설명과 함께 우편물을 발송했다. 목표는 그 우편물을 한 목표 대상에게 가능한 한 가장 짧은 경로를 거쳐 전달해주는 것이었다. 이 목표 대상은 보스턴에서 증권 중개인으로 일하면서 매사추세츠 주 샤론에 거주하는 사람이었다.

이런 연결 다리를 처음 놓게 된 사람들의 3분의 1은 보스턴 인근 거주민이지만 이 증권 중개인과 다른 어떤 친분도 없었다. 다른 3분의 1은 '블루칩 주주들'인 네브래스카 주민이었고, 나머지 3분의 1은 무작위로 선정된 네브래스카 주민이었다. 이 실험의 취지는 그 목표 대상과 지리적으로 더 가깝거나 직업상 느슨하게 이어져 있을 경우 연결 다리가 더 짧아질지 알아보는 것이었다.

실험에는 중요한 규칙이 하나 정해져 있었다. 발송자가 메시지를 자신과 친밀한 사람에게만 전달하는 식이 되어야 했다. 처음 시작할 때부터는 그럴 일이 생길 가능성이 낮고 중간부터 가능했을 테지만, 발송자가 마침 그 목표 대상과 개인적으로 아는 사이라야 목표 대상에게 직접 보낼 수 있었다. 그렇지 않다면 목표 대상과 더 가까울 것으로 생각되는 자신의 지인에게 보내야 했다.

첫 발송자에서부터 목표 수신인에게 이르는 데 필요한 연결 다리의 평균 길이, 즉 평균 중개자의 수는 5.2명이었다. 처음 296통의 편지 가운데 217통이 최소한 한 번은 전달되었다. 그리고 이중 29퍼센트가 결국 매사추세츠 주의 그 증권 중개인에게 잘 전해졌다. 보스턴에서부터 시작된 연결 다리가 네브래스카에서 시작된 연결 다리보다 조금 더 짧았다. 첫 발송자가 보스턴 주민들인 편지는 거쳐야 했던 중개인 수가 4.4명이었던 데 비해 무작위로 선정된 네브래스카 주민들의 발송 편지들은 5.7명을 거쳐야 했다. 주주들이라고 해서 실질적으로 유리했던 것은 아니었다. 주주들이 이은 연결 다리의 길이는 다른 사람들과 별 차이가 없었다. 딱 떨어지는 인원수를 구하기 위해 평균값을 반올림한 결과는 여섯 다리였다.

그 증권 중개인에게 도착한 편지 중 절반 가까이는 똑같은 세 사람을 통해 전해졌다. 그중 한 명은 샤론에 사는 의류상 'Mr. G.'로 그가 이 연결 다리들 중 25퍼센트를 최종 완수시켰다. 결국 우편물은 무작위로 전달된 게 아니었다. 좁은 핵심 전달 경로를 거쳐 전달된 것이었다.

세상이 좁아지고 있었던 걸까? 왜 그렇게 세상이 좁았던 걸까? 밀그램의 실험은 다시 해봐도 같은 결과가 나올까? 이 의문들은 좁은 세계의 실험 이후 수십 년 동안 풀리지 않는 채로 남아 있었다. 그러다 밀그램의 원조 실험이 행해진 지 30년도 더 지나서 사회학자이자 선구적인 인맥 과학자인 던컨 와츠가 이 의문을 풀기 위해 나섰다.

와츠는 당시에 컬럼비아대에 다 같이 재임 중이던 동료들 피터 도즈Peter Dodds, 로비 무하마드Roby Muhamad와 함께 세계가 얼마나 좁은지를 다시 한번 알아보는 일에 착수했다. 세 사람의 변형판 실험에서는 166개국에서 참가한 6만 명 이상의 실험 참가자들이 노르웨이의 군 수의사, 호주의 경찰관, 에스토니아의 기록보관소 검사관, 인도의 기술 컨설턴트를 비롯해 13개국에 거주하는 18명의 최종 수신인 중 한 명에게 메시지를 전달해보는 방식으로 이루어졌다. 광대한 지리적·사회적 거리가 무색하게도 연구진이 도달한 결론은 익히 알던 그대로였다. 연결 다리가 중간에 끊어진 경우를 감안한 후에 살펴보니, 최종 수신인에게 전달된 메시지는 약 여섯 단계를 거쳤다.

하지만 이번엔 Mr. G.나 케빈 베이컨(많은 작품에 출연한 영화배우 케빈 베이컨이 한 잡지와의 인터뷰에서 할리우드의 모든 인사와 직간접적으로 함께 일했다고 말했는데, 이에 힌트를 얻은 한 대학의 학생들이 케빈 베이컨과 할리우드 배우들의 관계를 설정하는 '케빈 베이컨 게임'을 만들었다. 이후 이들은 TV 토크쇼에 케빈 베이컨과 함께 출연해 청중들이 배우의 이름을 댈 때마다 그 배우가 케빈 베이컨과 어떻게 연결되는지를 보여주었다.—편집자) 같은 사람은 나오지 않았다. 좁은 통로를 통해 연결된 게 아니었다. 와츠가 글에서 밝혔듯 이제는 "보통의 사람들도 (중략) 비범한 사람들 못지않게 사교계와 직업계 간 경계와, 국가별이나 이웃별 경계를 넘나들 수 있다."

한편 끝까지 연결 다리를 찾아내는 데 성공한 경우는 직업적 관계에 편중되어 있었다. 직장은 다양성이 뿌리를 내릴 가능성이 가장 높은 곳이자, 겉모습이나 생각이 자신과 비슷하지 않은 사람들과의 교류가 가장 많이 일어날 만한 곳이자, 중개자형이 활약을 펼치는 경향이 높은 곳이니 그럴 만하다. 약한 유대나 직업적 관계가 없다면 세상이 이렇게까지 좁아지진 않았을 것이다. 여러 문화를 가로지르는 유대가 이렇게 놀랍고 경이로운 수준에까지 미치지 못했을 것이다.

절묘하게 연결된 세상

신경망, 먹이사슬, 전력망, 기업 이사회 연동망, 영화배우들, 인터넷, 당신의 이웃들은 망의 특징 한 가지를 공유하고 있다. 즉, 좁은 세상을 이룬다는 점에서 모두 같다. 하지만 와츠의 글처럼 "세상이 어쩌면 이토록 좁을까?'보다는 '우리의 세상만이 아니라 그 어떤 세상이든 간에 좁은 세상이 되기 위해선 무엇이 필요할까?'라는 의문을 가져볼 만하다."

와츠는 세상으로 나와 다른 인맥들을 평가하고 그 인맥들의 특성을 비교하기보다는 다른 접근법을 취했다. 박사학위 논문 지도교사 스티븐 스트로가츠Steven Strogatz와 함께 수학 모델에 기대는 방식으로 이 의문에 접근해보기로 했다. 그런데 이 의문은 사회적 인맥의 연구를 위한 대표적 수학 영역인 그래프 이론으로는 답할 수 없을 것 같았고, 결국 와츠와 스트로가츠는 두 극단적 유형의 인맥을 착상해보는 것에서부터 시작했다.

그중 하나는 두 사람이 패턴의 일관성을 의미하는 차원에서 '규칙적 인맥'regular network으로 이름 붙인 유형이었다. 하나의 인맥을 20개의 점이 원의 둘레를 이루는 형태로 그려보면서 이 원의 각 점이 다른 네 명과 관계를 맺고 있는 한 사람을 나타낸다고 쳐보자. 규칙적 인맥에서는 모든 사람이 바로 오른쪽 사람, 그리고 그 이웃의 오른쪽 사람과 직접적 관계를 맺고 있다. 왼쪽 편도 마찬가지의 관계로 이어져 있다. 이웃 사람들끼리 이런 식으로 관계가 맺어진다면 당신은 양쪽 편의 바로 옆 이웃들, 그리고 한 집 건너편 이웃들과 친한 사이가 된다. 규칙적 인맥은 이처럼 완전한 질서를 이루면서 무작위성이라곤 찾아볼 수가 없는 유형이다.

또 하나의 극단적 유형은 완전히 무작위적인 유형의 인맥이다. 이 인맥에서는 누가 친구가 될 가능성이 높은지에 대한 패턴이 없다. 구슬 네 개를 떨어뜨려서 원 상에서 그 구슬과 가장 가까운 아무 점이나 친구가 된다. 이런 '무작위적 인맥'random network은 크기는 규칙적 인맥과 똑같지만 무리지어 몰려 있지는 않다. 이웃들은 없지만 그 원의 모든 사람 사이에는 아주 짧은 연결 다리가 이어져 있다.

인간의 인맥이 유일한 사례인, 좁은 세상 인맥은 이 두 인맥이 양극단에 위치한 연속선상의 중간에 자리 잡고 있다. 찾기 쉬울 정도로 질서 잡혀 있는 동시에 좁은 세상을 만들기 위해 필요한 지름길을 이어줄 만큼의 적당한 무작위성도 있다. 무질서와 질서가 완벽한 균형을 이룬다.

세상이 얼마나 좁은지를 예시로 살펴보기 위해 원 이미지를 다시 그려보자. 당신이 20명으로 이루어진 원에 앉아 있으면서 그 원의 반대편 사람에게 메시지를 전달하려 한다고 해보자. 단, 원을 이룬 각 사람은 바로 오른쪽과 왼쪽의 사람들하고만 말을 할 수 있다. 이 규칙에 따라 원 반대편 사람에게 메시지를 전하려면 다른 아홉 명의 사람을 거쳐야 한다. 이번엔 심지어 한 사람 혼자서 원에서 이웃하지 않은 아무 사람에게나 메시지를 보낼 수도 있는 경우를 상상해보자. 그러면 메시지를 전하기 위해 필요한 중개자의 수가 줄어든다. 그것도 대폭 줄어들 것이다. 소수의 몇 사람이 이런 메시지 전달력을 가지고 있다면 거의 확실하게 급감한다. 소수의 지름길만 있으면 세상은 금세 좁아진다.

와츠와 스트로가츠는 이 혁신적 연구를 통해서 좁은 세상 인맥의 두 가지 특성을 밝혀냈다. 좁은 세상 인맥에는 촘촘히 연결된 무리나 파벌이 있다는 점과, 소수의 무작위적 유대가 그 무리를 이어주어 인맥 내의 모든 사람들 사이에 짧은 연결 다리가 놓여진다는 점이다. 대체로 좁은 세상은 아주 많은 수의 연결 관계를 맺고 있는 소수의 교점이 있기도 하다. 우리가 살펴봤던 인간의 인맥도 이와 똑같은 특성을 띠어서 대다수 사람이 수백 개의 관계를 맺고 있지만 마당발형이 맺고 있는 관계는 그보다 몇 배 더 많다.

달리 말해, 좁은 세상을 만들기 위해서는 소집자형의 촘촘한 무리들이 있어야 한다. 소집자형의 이런 촘촘한 인맥에서는 인맥 내의 모든 사람에게 쉽게 닿을 수 있다. 소집자형으로 치중되어 있는 지역, 학교, 커뮤니티 내에서는 정보를 신속히 퍼뜨릴 수 있다. 단순히 편지를 전하는 경우라면 이런 신속성이 별 의미가 없겠지만 생활을 영위하고, 아이를 낳고, 삶을 설계하고, 과감히 미래를 위한 계획을 세울 경우엔 이렇게 촘촘히 중복된 인맥이 신뢰와 지지를 구하기에 유용하다.

좁은 세상 인맥에는 이런 무리들 간의 간극에 다리를 놓아줄 중개자형과 마당발형도 필요하다. 단순히 메모를 전달하는 실험에서는 이런 다리 놓아주기 역할이 서로 비슷해 보일 수 있다. 하지만 사회에서는 그 유형별로 다른 역할을 해준다. 중개자형은 여러 사교 세계에 걸쳐 있는 사람들과 차별화된 관계를 맺는 출중한 능력으로 창의성에서부터 조직 영향력 등의 이점들을 제공해준다. 반면 더 폭넓지만 비교적 얕은 관계를 맺고 있는 마당발형은 대규모 집단을 빠르게 동원하고 사람들을 분발시키는 능력이 뛰어나다.

중개자형, 마당발형, 소집자형이 서로 한데 어우러지면 세상이 더 좁아진다. 이 세 유형은 질서와 무작위성 사이에서 절묘한 균형을 잡아준다. 뇌와 생태계, 개미 군락이 바로 이런 식으로 돌아간다. 중개자형, 마당발형, 소집자형은 서로 성격과 성향이 다름에도 불구하고 저마다 찬란하게 생동하는 인간 질서를 만드는 데 기여한다.

참고문헌

- A. James O'Malley et al., "Egocentric Social Network Structure, Health, and Pro-Social Behaviors in a National Panel Americans"; Sam G. B. Roberts et al., "Exploring Variation in Network Size: Constraints and Ego Characteristics." Social no. 2 (May 2009): 138–46. https://doi.org/10.1016/j.socnet.2008.12.002.
- A. W. Kruglanski, D. M. Webster, and A. Klem, "Motivated Resistance and Openness to Persuasion in the Presence or Absence of Prior Information." Journal of Personality and Social Psychology 65, no. 5 (1993): 861–76. http://dx.doi.org/10.1037/0022-3514.65.5.861.
- Accenture, "Accenture Research Finds Listening Difficult in Today's Digital Workplace." Accenture Newsroom, February26, 2015. https://newsroom.accenture.com/industries/-industry-analyst-relations/accenture-research-finds-listening-more-difficult-in-todays-digital-workplace.htm.
- Adam D. Galinsky, "Power and Perspectives Not Taken." Psychological Science 17, 2006): 1068–74. https://doi.org/10.1111/j. 1467-9280.2006.01824.x.
- Adam D. Galinsky, Gillian Ku, and Cynthia S. Wang, "Perspective-Taking and Self-Other Overlap: Fostering Social Bonds Facilitating Social Coordination." Group Processes & Intergroup Relations April 2005): 109–24. https://doi.org/10.1177/1368430205051060.
- Adam Gopnik, "Feel Me: What the Science of Touch Says About Us." The New Yorker, May 16, 2016. https://www.newyorker.com/magazine/2016/05/16/what-the-science-of-touch-says-about-us.
- Adam Grant, "Adam Grant: Don't Underestimate the Power of Appreciation." Interview by Jocelyn K. Glei. Hurry Slowly, October 9, 2018. Audio, 48:20. https://hurryslowly.co/adam-grant/. Quote lightly edited for grammar and carity.
- Adam Grant, "Friends at Work? Much." New York Times, September 4, 2015. https://www./2015/09/06/opinion/sunday/adam-grant-friends-at-work-much .html.
- Adam Grant, "Trust People You Don't Like." A Ted Original Podcast, 34:19. https://www.ted.com/talks/worklife_with_adam_how_astronauts_build_trust? language=en#t-5691.
- Adam Grant, with Adam Grant: "When Work Takes Over Your Life." Podcast, April 26, 2018. Audio, 37:40. https://www.ted.com/worklife_with_adam_grant_when_work_takes_over_your_language=en https://www.ted.com/talks/worklife_with_adam_work_takes_over_your_life? language= en. Nippert-Eng, Home and Work.
- Adam M. Grant, "Give and Take: A Revolutionary Approach to Success." New York: Penguin 2013, 59. 25 MRI scans show: William T. Harbaugh, Mayr, and Daniel R. Burghart, "Neural Responses to Voluntary Giving Reveal Motives for Charitable Donations." Science 316, no. 5831 (June 2007): 1622–25. https://doi.org/10.1126/science.1140738.
- Adam M. "Organizational Misfits and the Origins of Brokerage in Intrafirm Networks." Administrative Science Quarterly 57, no. 3 (2012): 407–doi.org/10.1177/0001839212461141.
- Air Accidents Investigation Branch, "Aircraft Accident Report 4/90. Report on the Accident to Boeing 737-400, G-OBME, near Kegworth, Leicestershire on 8 January 1989." Accessed August 9, 2019. https://assets.publishing.service.gov.uk/media/5422fefeed915d13710009ed/4-1990_G-OBME. pdf.
- Akers and Dupre, Marina Abramović The Present.
- Alan Fleischmann, "What David Rockefeller Taught About Life and Leadership." Fortune, March 21, 2017. https://fortune.com/2017/03/21/david-rockefeller-died-heart/.
- Albert-László Barabási, Linked: The New Science of Networks. Cambridge, MA: Perseus Publishing, 2002.
- Alcoholics Anonymous, Twelve Steps and Twelve Traditions. New York: Alcoholics Anonymous World Services, 1981.
- Alex (Sandy) Pentland, Honest Signals: How They Shape Our World. Cambridge, MA: MIT Press,

2008.

- Alex Williams, "Why Is It Hard to Make Over 30?" New York Times, July 13, 2012. https://www.nytimes.com//07/15/fashion/the-challenge-of-making-friends-as-an-adult.63 feelings of closeness: Sam G. B. Roberts and Robin I. M. Dunbar, "Communication in Social Networks: Effects of Kinship, Size, and Emotional Closeness." Personal Relationships 18, September 2011): 439–52. https://doi.org/10.1111/j. 1475-6811.2010.01310.63 investments required to maintain friendships: Miritello et al., "Limited Communication Capacity Unveils Human Interaction." Scientific Reports 3, no. 1950 2013). https://doi.org/10.1038/srep01950.
- Alexandra Cheney, "Changing Facets of the Diamond District." Wall Street July 23, 2011. https://www.wsj.com/articles/SB10001424053111903554904576462291635801406.
- Alison Beard and Sara Silver, "Life's Work: Ferran Adrià." Harvard Business Review, June 2011. https://hbr.org/2011/06/lifes-work-ferran-adria.
- Alison Gopnik, Thomas L. Griffiths, and Christopher G. Lucas, "When Younger Learners Can Be Better (Or at Least More Open-Minded) Than Older Ones." Current Directions in Psychological Science 24, no. 2 (April 2015): 87–92. https://doi.org/10.1177/0963721414556653.
- Allan R. Cohen and David L. Bradford, Influence Authority, 2nd ed. Hoboken, NJ: John Wiley & Sons, 2005.
- Allison Ijams Sargent, "The Social Register: Just a Circle of Friends." New York Times, December 21, 1997. https://www.nytimes.com/1997/12/21/style/the-social-register-just-a-circle-of-friends.html.
- Amandine Ody-Brasier Fernandez-Mateo, "When Being in the Minority Pays Off: Among Sellers and Price Setting in the Champagne Industry." American Sociological Review 82, no. 1 (2017): 147–78. https://doi./0003122416683394.
- Amy C. Edmondson, "Strategies for Learning Failure." Harvard Business Review, April 2011. https://hbr.org/2011/strategies-for-learning-from-failure.
- Amy C. Edmondson, The Fearless Organization: Creating Psychological Safety in the Workplace for Learning, Innovation, and Growth. Hoboken, NJ: John Wiley & Sons, 2018.
- Amy C. Edmonson, "The Three Pillars of a Teaming Culture." Harvard Business Review, December 17, 2013. https://hbr.org/2013/12/three-pillars-of-a-teaming-culture.
- Amy Edmondson, "Creating Psychological Safety in the Workplace." Interview by Curt Nickisch. HBR Ideacast, January 22, 2019. Audio, 26:48. https://hbr.org/ideacast/2019/01/creating-psychological-safety-in-the-workplace.
- Amy Edmondson, "Psychological Safety and Learning Behavior in Work Teams." Administrative Science Quarterly 44, no. 2 (June 1999): 350–83. https://doi.org/10.2307/2666999; Amy Edmondson, "Learning from Mistakes Is Easier Said Than Done: Group and Organizational Influences on the Detection and Correction of Human Error." Journal of Applied Behavioral Science 32, no. 1(1996): 5–20.
- Amy Larocca, "In Conversation with Anna Wintour." Cut, New York, May 4, 2015. https://www.thecut.com/2015/05/wintour-amy-larocca-in-conversation.html.
- Amy Sohn, "The Bitch Playground." New York, April 28, 2005. http://nymag.com/nymetro/nightlife/sex/columns/mating/11881/.
- Anderson et al., "A Status-Enhancement Account of Overconfidence."
- Andrew D. Wolvin Steven D. Cohen, "An Inventory of Listening Competency Dimension." International Journal of Listening 26, no. 2 (2012): 64–66. org/10.1080/10904018.2012.677665.
- Andrew Hargadon and Robert I. Sutton, "Technology Brokering and Innovation in a Product Development Firm." Administrative Science Quarterly 42, no. 4 (December 1997): 716–49. https://doi.org/10.2307/2393655.
- Andrew Hargadon, How Breakthroughs Happen: The Surprising Truth About How Companies Innovate. Cambridge, MA, Harvard University Press, 2003.
- Andrew K. Przybylski and Netta Weinstein, "Can You Me Now? How the Presence of Mobile Communication Technology Influences Face-to-Face Conversation Quality." Journal of and Personal Relationships 30, no. 3 (2013): 237–46. https://doi.org0265407512453827.
- Andrew Ross Sorkin "JP Morgan Pays $2 a Share for Bear Stearns." New York Times, 2008. https://

www.nytimes.com/2008/03/07/business/17bear.

- Andy Newman Rivera, "Fed-Up Flight Attendant Makes Sliding Exit." New Times, August 9, 2010.
- Anette Eva Fasang, William Hannah Brückner, "Social Closure and Educational Attainment." Sociological Forum 29, no. 1 (March 2014): 137–64. org/10.1111/socf.12073.
- Annabel Acton, "How to Stop Wasting 2.5 Hours on Email Every Day." Forbes, July 13, 2017. https://www.forbes.com/sites/annabelacton/2017/07/13/innovators-challenge-how-to-stop-wasting-time-on-emails/#77a3831b9788.
- Annelisa Stephan, "The Silk Road Ensemble Interprets Dunhuang Through Spontaneous Live Music." The 13, 2016. http://blogs.getty.edu/iris/the-silk-road-ensemble interprets-dunhuang-through-spontaneous-live-music/.
- Anthony Bourdain, "Decoding Ferran Adrià: Hosted Anthony Bourdain." No Reservations, season 2, episode 13, March 28, 2006.
- Anton Chekhov, Uncle Vanya. Anton Tchekoff, translated from the Russian by Marian Fell. Charles Scribner's Sons, 1916. Translation revised and notes 1998 by James Rusk and A. S. Man. https://www.ibiblio.org//vanya.htm.
- April Bleske-Rechek et al., "Benefit or Burden? Attraction in Cross-Sex Friendship." Journal of Social and Personal Relationships 29, no. 5 (2012): 569–96. https://doi.org/10.1177/0265407512443611.
- Argyle and Dean, "Eye-Contact, Distance and Affiliation."
- Arieh Riskin et al., "The Impact of Rudeness on Medical Team Performance: A Randomized Trial." Pediatrics 136, no. 3 (2015): 487–95.
- Arijit Chatterjee and Donald C. Hambrick, "It's All About Me: Narcissistic Chief Executive Officers and Their Effects on Company Strategy and Performance." Administrative Science Quarterly 52, no. 3 (December 2007): 351–86. https://doi.org/10.2189/asqu.52.3.351.
- Arthur Aron et al., "Experimental Generation of Interpersonal Closeness: A Procedure Some Preliminary Findings." Personality and Social Bulletin 23, no. 4(April 1, 1997): 363–77. https://doi.org/10.1177/0146167297234003.
- Arthur Lubow, "A Laboratory of Taste." New York Times, August 10, 2003. https://nytimes.com/2003/08/10/magazine/a-laboratory-of-taste.100 made surprise a hallmark taste: Creates Gastronomic Storm." CNN.com, June 27, 2005. cnn.com/2005/TECH/06/27/spark.elbulli/index.html.
- Arthur Wingfield, "Cognitive Factors in Auditory Performance: Context, Processing, and Constraints of Memory." Journal of the American Academy of Audiology 7, no. 3 (June 1996): 175–82; Ronald P. Raymond L. Johnson, and Herbert L. Friedman, "Factor Analysis Ability to Comprehend Time Compressed Speech." Journal Reading Behavior 4, no. 1 (March 1971): 40–49. https://doi.10.1080/10862967109546974.
- Audrey Gillan, "Body of Woman, 40, Lay Unmissed in Flat for More Than Two Years." The Guardian, April 13, 2006. https://www.theguardian.com/uk/2006/apr/14/audreygillan.uknews2.
- B. R. J. O'Donnell, "Mentorship Goes Off Track." The Atlantic, July 28, 2017. www.theatlantic.com/business/archive/2017/07/mentorship-psychology/535125/.
- B. von Dawans et al., "The Social Dimension of Stress Reactivity: Acute Stress Increases Prosocial Behavior in Humans." Psychological Science 23, no. 6 (2012): 651–60. https://doi.org/10.1177/0956797611431576.
- Barbara Bradley-Hagerty, "Rick Warren: The Purpose-Driven Pastor." NPR, January 18, 2009. Audio, 5:52. https://www.npr.org/templates/story/story.php? storyId= 99529977.
- Barbara L. Fredrickson, Love 2.0: Finding Happiness and Health in Moments of Connection. New York: Plume, 2013.
- Barry Arons, "A Review of the Cocktail Party Effect." Cambridge, MA: MIT Media Lab, 1992. know someone: Christopher McCarty et al., "Comparing Two Methods Estimating Network Size." Human Organization 60, no. 1 (2001): 28–39. https://doi.org/10.17730/humo.60.1.efx5t9gjtgmga73y.
- Barry Wellman and Scot Wortley, "Different Strokes from Different Folks: Community Ties and Social Support." American Journal of Sociology 96, no. 3 (November 1990): 558–88. https://doi.org/10.1086/229572.
- Baruch Fischhoff and Ruth Beyth, "I Knew It Would Happen: Remembered Probabilities of Once-

Future Things." Organizational Behavior and Human Performance13, no.1 (February 1975): 1–16. https://doi.org/10.1016/0030-5073(75)90002-1.

- Baumeister et al., "Bad Is Stronger Than Good."
- Belle Rose Ragins, "Relational Mentoring: A Positive Approach to Mentoring at Work." In The Oxford Handbook of Positive Organizational Scholarship, eds. Kim S. Cameron and Gretchen M. Spreitzer, 519–536. New York: Oxford University Press, 2012.
- Ben Guarino, "Sheep Learned to Recognize Photos Obama and Other Celebrities, Neuroscientists Say." Washington November 7, 2017. https://www.washingtonpost.com/news/speaking science/wp/2017/11/07/sheep-learn-to-recognize-photos-of-obama other-celebrities-neuroscientists-say/.
- Ben Smith Jadrian Wooten, "Pundits: The Confidence Trick: Better Confident Than Right?" Significance 10, no. 4 (August 2013): https://doi.org/10.1111/j. 1740-9713.2013.00675.x.
- Ben Truslove, "Kegworth Air Disaster: Plane Crash Survivors' Stories." BBC News, January 8, 2014. https://www.bbc.com/news/uk-england-leicestershire-25548016.
- Ben Waber, People Analytics: How Social Sensing Technology Will Transform Business and What It About the New World of Work. Upper Saddle River, NJ: FT Press, 52 Merely being exposed: Robert Zajonc, "Attitudinal Effects Exposure." Journal of Personality and Social Psychology (1968): 1–27. http://dx.doi.org/10.1037/h0025848.
- Bernie DeGroat, "Do Co-Workers Estrange After Hours?" Michigan News, February 11, 2008. news. umich.edu/do-co-workers-engage-or-estrange-after-hours/.
- Bethany Saltman, "Can Attachment Theory Explain All Our Relationships?" The Cut, New York, July 5, 2016. https://www.thecut.com/2016/06/attachment-theory-motherhood-c-v-r.html.
- Birgitte Freiesleben de Blasio, Svensson, and Fredrik Liljeros, "Preferential Attachment Networks." Proceedings of the National Academy of Sciences USA 104, no. 26 (June 26, 2007): 10762–67. https://doi.pnas.0611337104.
- Blackhurst, "Mass Appeal: Rick Warren's Success."
- Blaine Landis et al., "The Paradox of Agency: Feeling Powerful Brokerage Opportunity Recognition Yet Increases Willingness Broker." Journal of Applied Psychology 103, no. 8 (2018): 929–doi.org/10.1037/apl0000299.
- Blake E. Ashforth et al., "All in a Day's Work: Boundaries and Micro Role Transitions." Academy of Management Review 25, no. 3 (2000): 472–91.
- Bock, "Google's Scientific Approach to Work-Life Balance (and Much More)."
- Bourdain, "Decoding Ferran Adrià: by Anthony Bourdain."
- Brent A. Scott and Timothy A. Judge, "The Popularity Contest at Work: Who Wins, Why, and What Do They Receive?" Journal of Applied Psychology 94, no. 1 (2009): 20–33. http://dx.doi.org/10.1037/a0012951.
- Brent Simpson, Barry Markovsky, and Mike Steketee, "Power and the Perception of Social Networks." Social Networks 33, no. 2 (May 2011): 166–71. https://doi.org/10.1016/j.socnet.2010.10.007.
- Brian Uzzi and Shannon Dunlap, "How to Build Your Network." Harvard Business Review, December 2005. https://hbr.org/2005/12/how-to-build-your-network.
- Brian Uzzi, "Keys to Understanding Your Social Capital." Journal of Microfinance/ESR Review 10, no. 2 (2008): 3. Jeffrey Travers and Stanley Milgram, "An Experimental Study of the Small World Problem." Sociometry 32, no. 4(December 1969): 425–43.
- Brittany Wright, "What It's Like to Have No Real Friends." Cosmopolitan, February 23, 2016. https://www.cosmopolitan.com/lifestyle/have-no-real-friends.
- Bruce J. Avolio and Ketan H. Mhatre, "Advances in Theory and Research on Authentic Leadership." In The Oxford Handbook of Positive Organizational Scholarship, eds. Kim S. Cameron and Gretchen M. Spreitzer, 773–83. New York: Oxford University Press, 2012.
- Bruno Gonçalves, Nicola Perra, and Alessandro Vespignani, "Modeling Users' Activity on Twitter Networks: Validation of Dunbar's Number." PLoS One 6, no. 8 (August 2011): e22656. https://doi.org/10.1371/journal.pone.0022656.
- Bureau of Labor Statistics, "Employee Tenure Survey." BLS Economic News Release, September 20, 2018. https://www.bls.gov/news.release/tenure.nr0.htm.

- Bureau of Labor Statistics, "American Time Use Survey," 2017. Accessed July 24, 2019. https://gov/tus/database.htm.
- Burt, Brokerage and Closure: Introduction to Social Capital.
- Cameron Anderson et al., "A Status-Enhancement Account of Overconfidence." Journal of Personality Social Psychology 103, no. 4 (2012): 718–35. http://dx.doi.org//a0029395.
- Cameron Sepah, "Your Company Culture Is Who You Hire, Fire, and Medium, March 3, 2017. https://medium.com/s/company-culture/your-companys-culture-is-who-you-hire-fire-and-promote-c69f84902983.
- CareerBuilder, "Forty-Three Percent Workers Say Their Office Has Cliques, Finds CareerBuilder Survey." release, July 24, 2013. http://www.careerbuilder.com/share/aboutus/pressreleasesdetail.aspx? sd= 7% 2F24% 2F2013& id= pr773& ed= 12% 2F2013.
- Carlos David Navarrete et al., "Fear Is Readily Associated with an Out-Group Face in a Minimal Group Context." Evolution and Human Behavior 33, no. 5 (September 2012): 590–93.
- Carmelene Siani, "Deep Listening: A Simple Way to Difference." Sivana East, n.d. Accessed October 5, 2018. https://sivanaspirit.com/mf-gn-deep-listening/.
- Carol K. Sigelman and Elizabeth A. Life-Span Human Development, 9th ed. Boston: Cengage Learning, 2018.
- Carol S. Dweck, The New Psychology of Success. New York: Ballantine Books, 21 behaviors of shy people: Beer, "Implicit Theories of Shyness."
- Carolyn Coakley, Kelby Halone, and Andrew Wolvin, "Perceptions of Listening Ability Across the Life-Span: Implications for Understanding Listening Competence." International Journal of Listening 10, no. 1 (1996): 21–48. https://doi.org/10.1207/s1932586xijl1001_2.
- Carolyn E. Cutrona, Support in Couples: Marriage as a Resource in Times of 13. Thousand Oaks, CA: SAGE Publications, 1996.
- Cassie Mogilner, "The Pursuit of Happiness: Time, Money, and Social Connection." Psychological Science 21, no. 9 (2010): 1348–54. https://doi.org/10.1177/0956797610380696.
- Cassie Mogilner, Zoë Chance, and Michael I. Norton, "Giving Time Time." Psychological Science 23, no. 10(2012): 1233–38. https://doi.10.1177/0956797612442551.
- Catherine L. Bagwell and Michelle E. Schmidt, Friendships in Childhood and Adolescence. New York: Guilford Press, 2011. 41 evolution of the relationship: Ronit Kark, "Workplace Intimacy in Leader-Follower Relationships." In The Oxford Handbook of Positive Organizational Scholarship, eds. Kim S. Cameron and Gretchen M. Spreitzer, 423–38. New York: Oxford University Press, 2012.
- Catherine T. Shea et al., "The Affective Antecedents of Cognitive Social Network Activation." Social Networks 43 October 2015): 91–99. https://doi.org/10.1016/j.socnet.2015.01.003.
- Cathy Pryor, "Language Brokering: When You're the Only One in the House Who Speaks English." Life Matters, August 9, 2017. https://www.abc.net.au/news/2017-08-10/when-kids-translate-for-their-migrant-parents/8767820. Lightly edited grammar.
- Center on Poverty and Inequality, "Social Networks Job: Mark Granovetter." Video, 5:51. https://www.youtube.v= g3bBajcR5fE.
- Chaoming Song et al., "Limits of Predictability in Human Mobility." Science 327, no. 5968 (February 19, 2010): 1018–21. https://doi.org/10.1126/science.1177170.
- Charles Duhigg, "What Google Learned from Its Quest to Build the Perfect Team." New York Times Magazine, February 25, 2016.
- Charles Galunic, Gokhan Ertug, and Martin Gargiulo, "The Positive Externalities of Social Capital: Benefiting from Senior Brokers." Academy of Management Journal 55, no. 5 (2012): 1213–31. https://doi.org/10.5465/amj.2010.0827.
- Chicago, Urban Education Institute, "Fostering Student-Teacher Trust: New Knowledge," 2017. Accessed July 30, 2019. https://uei.uchicago.edu/sites/default/files/documents/UEI% 202017% 20New% 20Knowledge% 20-% 20Fostering % 20Student-20Trust.pdf.
- Chris L. Kleinke, "Compliance to Requests Made by Gazing and Touching Experimenters in Field Settings." Journal Experimental Social Psychology 13, no 3 (May 1977): 218–23. https://.org/10.1016/0022-1031(77)90044-0.

- Chris Winters, "GHS Headmaster: Consider Common Sense Compromise for School Start and End Time." Greenwich Free Press, Letter to the Editor, May 14, 2018. https://greenwichfreepress.com/letter-to-the-editor/ghs-headmaster-consider-common-sense-compromise-for-school-start-and-end-time-106384/.
- Christena E. Nippert-Eng, Home and Work: Negotiating Boundaries Through Everyday Life. Chicago: University of Chicago Press, 1996.
- Christian R. Malhotra, and Robert Parks Van Houweling, "Explaining How Legislators Explain Their Policy Positions and How React." American Journal of Political Science 59, no. 3 (July 2015): https://doi.org/10.1111/ajps.12164.
- Christina Falci and Clea McNeely, "Too Many Friends: Social Integration, Network Cohesion and Adolescent Depressive Symptoms." Social Forces 87, no. 4 (June 2009): 2031–61. https://doi.org/10.1353/sof.0.0189.
- Christine Amir Erez, "Does Rudeness Really Matter? The Effects Rudeness on Task Performance and Helpfulness." Academy Management Journal 50, no. 5 (2007): 1181–97. https://doi.org/10.5465/2007.20159919. Quote lightly edited for readability.
- Christine L. Porath and Amir Erez, "How Rudeness Takes Its Toll." Psychologist 24, no. 7 (2011): 508–11; Christine Pearson Christine Porath, The Cost of Bad Behavior: How Incivility Is Damaging Your Business and What to Do About It. New York: Portfolio, 2009.
- Christine L. Porath and Christine Pearson, "Emotional and Behavioral Responses to Workplace Incivility and the Impact of Hierarchical Status." Journal of Applied Psychology 42, suppl. 1 (December 2012): e326–e357. doi.org/10.1111/j. 1559-1816.2012.01020.x.
- Christine L. Porath Christine M. Pearson, "The Price of Incivility." Harvard Business February 2013: 114. https://hbr.org/2013/01/the-price-of-incivility.
- Christine L. Porath, "Make Civility the Norm on Your Team." Harvard Business Review, January 2, 2018. https://hbr.org/2018/01/make-civility-the-norm-on-your-team.
- Christine L. Porath, "No Time to Be Nice at Work." New York Times, June 19, 2015. https://www.nytimes.com/2015/06/21/opinion/sunday/is-your-boss-mean.html.
- Christine L. Porath, "The Incivility Bug." Psychology September 27, 2017. https://www.psychologytoday.com/blog/thriving-work/201709/the-incivility-bug.
- Christine L. Porath, Alexandra Gerbasi, and Sebastian L. Schorch, "The Effects of Civility on Advice, Leadership, and Performance." Journal of Applied Psychology 100, no. 5 (2015): 1527–41. http://dx.doi.org/10.1037/apl0000016.
- Christine Pearson and Christine Porath, "On the Nature, Consequences, and Remedies of Workplace Incivility: No Time for 'Nice'? Think Again." Academy of Management Perspectives 19, no. 1 (2005): 7–18.
- Christopher Beam, "Code Slate", January 11, 2010. http://www.slate.com/articles/news_/politics/2010/01/code_black.html.
- Claire Cain Miller, "It's Not Just Mike Pence. Americans Are Wary of Being Alone with the Opposite Sex." New York Times, July 1, 2017. https://www.nytimes.com/2017/07/01/upshot/members-of-the-opposite-sex-at-work-gender-study.html.
- Co.Create Staff, "Chef/Innovator Ferran Adrià on elBullifoundation and Feeding Creativity," March 19, 2014. https://www.fastcompany.com/3027889/chef-innovator-ferran-adria-on-the-elbulli-foundation-and-feeding-creativity; "Ferran Adrià Teams Up with Barack Obama Advisor." September 12, 2011. https://www.phaidon.com/agenda/food/articles/2011/september/12/ferran-adria-teams-up-with-barack-obama-advisor/.
- Collins and Miller, "Self-Disclosure and Liking: A Meta-Analytic Review."
- Cristina Pato, "The Edge Effect." Hosted by Shankar Vedantam. Hidden Brain, NPR, July 2, 2018. 38:21. https://www.npr.org/2018/07/02/625426015/the-edge-effect.
- Current Employee, "Viking Cruises: Employee Review." Glassdoor, May 16, 2016. https://www.glassdoor.com/Reviews/Employee-Review-Viking-Cruises-RVW10617717.htm.
- Dacher Keltner, "Makes People Selfish." University of California, January 13, Video, 2:03. https://www.youtube.com/watch? v= 0vvl46PmCfE#t.
- Dacher Keltner, Deborah Gruenfeld, and Cameron Anderson, "Power, Approach, and Inhibition."

Psychological Review 110, 265–84. http://dx.doi.org/10.1037/0033-295X.110.2.265.
- Dacher Keltner, "Power Corrupt You." Harvard Business Review, October hbr.org/2016/10/dont-let-power-corrupt-you.
- Dacher Keltner, The Power Paradox: Gain and Lose Influence. New York: Penguin Books, 2017.
- Dahl, "Can You Blend in Anywhere? Are You Always the Same You?"
- Dale Carnegie, How to Win Friends & Influence People. New York: Simon & Schuster, 1936.
- Damien and Nicolas Guéguen, "Tactile Contact and Evaluation the Toucher." Journal of Social Psychology 147, no. 4 2007): 44. https://doi.org/10.3200/SOCP.147.4. 441-444.
- Dan McFarland, Dan Jurafsky, and Craig Rawlings, the Connection: Social Bonding in Courtship Situations."Journal of Sociology 118, no. 6 (May 2013): 1596–649. https://doi 10.1086/670240.
- Dana Carney, C. Randall Colvin, and Judith Hall, "A Thin Slice Perspective on the Accuracy of First Impressions." Journal of Research in Personality 41, no. 5 (October 2007): 1054–72.
- Daniel A. McFarland et al., "Network Ecology and Adolescent Social Structure." American Sociological Review 79, no. 6 (December 25, 2014): 1088–121. https://doi.org/10.1177/0003122414554001.
- Daniel B. Turban, Thomas W. Dougherty, and Felissa K. Lee, "Gender, Race, and Perceived Similarity Effects in Developmental Relationships: The Moderating Role of Relationship Duration." Journal of Vocational Behavior 61, no. 2 (October 2002): 240–62. https://doi.org/10.1006/jvbe.2001.1855.
- Daniel C. Feiler and Adam M. Kleinbaum, "Popularity, Similarity, and the Network Extraversion Bias." Psychological Science 26, no. 5 (2015): 593–603. https://doi.org/10.1177/0956797615569580.
- Daniel Cox, Juhem Navarro-Rivera, and Robert "Race, Religion, and Political Affiliation of Americans' Social Networks." Public Religion Research Institute, August 3, 2016. www.prri.org/research/poll-race-religion-politics-americans social-networks/.
- Daniel Coyle, "How Showing Vulnerability Helps Build a Stronger Team." Ideas. Ted. Com, February 2018. https://ideas.ted.com/how-showing-vulnerability-helps-build--stronger-team/.
- Daniel Goleman, Social Intelligence: The New Science Relationships. New York: Bantam Books, 2006, 84. 21 less likely to socially engage: Kuwabara, Claudius A. Hildebrand, and Xi Zou, "Lay Theories of Networking: How Laypeople's Beliefs About Networks Affect Attitudes and Engagement Toward Instrumental Networking." Management Review 43, no. 1 (April 2016): 50–64. https://10.5465/amr.2015.0076.
- Daniel Kahneman et al., "A Survey Method for Characterizing Daily Life Experience: The Day Reconstruction Method." Science 306, no. 5702 (December 2004) : 1776–1780.
- Daniel M. Romero, Brian Uzzi, and Jon Kleinberg, "Social Networks Under Stress." Proceedings of the 25th International Conference on World Wide Web: 9–20. arXiv:1602.00572.
- Daniel Z. Levin, Jorge Walter, and J. Keith Murnighan, "The Power of Reconnection— How Dormant Ties Can Surprise MIT Sloan Management Review 52, no. 3 (Spring 2011): 45–50.
- David Burkus, Friend of a Friend: the Hidden Networks That Can Transform Your Life and Career. New York: Houghton Mifflin Harcourt, 2018.
- David DeSteno, The Truth About Trust: How It Determines Success in Life, Love, Learning, and More. New York: Plume, 2015.
- David E. Smith, Joseph Frank N. Willis, "Interpersonal Touch and Compliance Marketing Request." Basic and Applied Social Psychology 3, 35–38. https://doi.org/10.1207/s15324834basp0301_3.
- David J. Linden, "A Loving Touch: Neurobiology Recommends Warm Skin and Moderate Pressure, Inch per Second." Slate, February 12, 2015. http://www.slate.articles/health_and_science/science/2015/02/touch_research_perform_the_ideal_caress_for_valentine_s_day.html.
- David J. Linden, Touch. The Science of Hand, Heart, and Mind. Penguin Books, 2016; India Morrison, Line S. Löken, and Håkan "The Skin as a Social Organ." Experimental Brain Research 204, no. 3 (July 2010): 305–14. https://doi.org/10.1007/s00221-2007-y.
- David Krackhardt, "The Torture: Simmelian Tie Analysis in Organizations." the Sociology of Organizations 16, no. 1 (1999): 183–210.
- David Obstfeld, "Social Networks, the Tertius Iungens Orientation, and Involvement in Innovation." Administrative Science Quarterly 50, no. 1 (March 2005): 100–30. https://doi.

org/10.2189/asqu.2005.50.1.100.

- David R. Shaffer, Jonathan E. Smith, and Michele Tomarelli, "Self-Monitoring as a Determinant of Self-Disclosure Reciprocity During the Acquaintance Process." Journal of Personality and Social Psychology 43, no. 1 (1982): 163–75. http://dx.doi.org/10.1037/0022-3514.43.1.163.
- David Rockefeller, Memoirs. New York: Random House, 2003.
- David V. Day and Schleicher, "Self-Monitoring at Work: A Motive-Perspective." Journal of Personality 74, no. 3 (June 2006): 685–doi.org/10.1111/j. 1467-6494.2006.00389.x.
- Deborah and Christina Yanez, "Student Reports of Bullying: Results the 2015 School Crime Supplement to the National Crime Victimization Survey. Web Tables. NCES 2017-015." Washington, National Center for Education Statistics, 2016.
- Debra L. Worthington and Graham D. Bodie, The Sourcebook of Listening Research: Methodology Measures. Hoboken, NJ: John Wiley & Sons, 2017.
- Denise M. Rousseau et al., "Not So Different After All: A Cross-Discipline View of Trust." Academy of Management Review 23, no. 3 (1998): 393–404. https://doi.org/10.5465/amr.1998.926617.
- Derek de Solla Price, "A General Theory of Bibliometric and Other Cumulative Advantage Processes." Journal of the for Information Technology and Science 27, no. 5(1976): 292–doi. org/10.1002/asi.4630270505.
- Deri, Davidai, and Gilovich, "Home Alone: Why People Believe Others' Social Lives Are Richer Than Their Own."
- Diana I. Tamir and Jason "Disclosing Information About the Self Is Intrinsically Rewarding." Proceedings of the National Academy of Sciences of the 21(May 22, 2012): 8038–43. https://doi. org/10.1073/pnas.1202129109.
- Diane Clehane, "15 Celebrities Who Were Nerds in High School." Best Life, July 27, 2018. Accessed August 3, 2019. https://bestlifeonline.com/celebrity-nerds/.
- Dishman, "I've Planned the Met Gala for the Last 8 Years. Here's Learned." Fast Company, May 1, 2017. https://www.fastcompany.com/40415014/ive-planned-the-met-gala-for-the-last-8-years-heres-what-ive-learned.
- Dora C. Lau and Robert C. Liden, "Antecedents of Coworker Leaders' Blessings." Journal of Applied Psychology 93, no. 5 2008): 38. http://dx.doi.org/10.1037/0021-9010.93.5.1130.
- Dunbar, "Gossip in Evolutionary Perspective"; Robin I. M. Dunbar, Anna Marriott, and N. D. C. Duncan, "Human Conversational Behavior." Human Nature 8, no. 3 (September 1997): 231–46. https://doi.org/10.1007/BF02912493.
- Duncan J. Watts, Everything Obvious: Once You Know the Answer. New York: Crown Business, 278 relying on mathematical models: Duncan J. Watts and Steven Strogatz, "Collective Dynamics of ' Small-World' Networks." (June 1998): 440–42.
- Duncan J. Watts, Six Degrees: The Science of a Connected Age. New York: W. W. Norton, 2003.
- Earl E. Bakken for Spirituality and Healing at the University of Minnesota, Listening," n.d. Accessed October 14, 2018. https://www.csh.education/focus-areas/whole-systems-healing/leadership/deep-Iris W. Johnson et al., "Self-Imposed Silence and Listening Effectiveness." Business and Professional Communication Quarterly 66, no. 2 (June 2003): 23–38. https://doi. org/10.1177/108056990306600203.
- Edmondson, The Fearless Organization.
- Edward Bishop Smith, Tanya Menon, and Leigh Thompson, "Status Differences in the Cognitive Activation of Networks." Organization Science 23, no. 1 (January–February 2012): https://doi. org/10.1287/orsc.1100.0643.
- Edward L. Glaeser and Bruce Sacerdote, "The Social Consequences of Housing." Journal of Housing Economics 9, no. 1/2(2000): 1–23.
- Eileen Brown, "Phone Sex: Using Smartphones from the Shower to the Sack." ZDNet, July 11, Accessed August 7, 2019. https://www.zdnet.com/article/phone-sex—smartphones-from-the-shower-to-the-sack/.
- Elaine Scharfe, "Sex Differences in Attachment." Encyclopedia of Evolutionary Psychological Science, eds. Todd K. Shackelford Viviana A. Weekes-Shackelford. New York: Springer, 2017.
- "El Bulli, 'World's Best Restaurant,' Closes." BBC.com, July 30, https://www.bbc.com/news/world-

europe-14352973.

- Elizabeth al., "Misunderstanding the Affective Consequences of Everyday Interactions: The Hidden Benefits of Putting One's Best Face Journal of Personality and Social Psychology 92, no. 6 (June 990–1005. http://dx.doi.org/10.1037/0022-3514.92.6.990.
- Elizabeth Gilbert, Eat, Pray, Love: One Woman's Search for Everything Across Italy, Indonesia. New York: Viking, 2006.
- Elizabeth Greenwood, "Wait, Why Did That Woman Sit in the MoMA for 750 Hours?" The Atlantic, July 2, 2012. https://www.theatlantic.com/entertainment/archive/2012/07/wait-why-did-that-woman-sit-moma-for-750-hours/259069/.
- Ellen Ernst Kossek, Raymond A. Noe, Beverly J. DeMarr, "Work-Family Role Synthesis: Individual and Organizational Determinants." International Journal of Conflict 10, no. 2 (1999): 102–29. https://doi.org/10.1108/eb022820.
- Emily D. Heaphy and Jane E. Dutton, "Positive Social Interactions and the Human Body at Work: Linking Organizations and Physiology." Academy of Management Review 33, no. 1 (2008): https://doi.org/10.5465/amr.2008.27749365.
- Erard, "THINK TANK; Where to Get a Good Idea: Steal It Outside Your Group."
- Eric D. Wesselmann "To Be Looked at as Though Air: Civil Attention Matters." Psychological Science 23, no. 2(2012): 166–68. https://doi.org/10.1177/0956797611427921.
- Erica Boothby et al., "The Liking Gap in Conversations: Do People Like Us More Than We Think?" Psychological Science 29, no. 11 (2018): 1742–56. https://doi.org/10.1177/0956797618783714.
- Evan Asano, "How Much Time Do People Spend On Social Media Today, January 4, 2017. http://www.socialmediatoday.com/marketing/how-much-time-do-people-spend-social-infographic.
- "Facebook Market Cap 2009–2019," Macrotrends, 2019. https://www.macrotrends.net/stocks/charts/FB facebook/market-cap.
- Federico Cingano and Alfonso Rosolia, "People I Know: Job Search and Social Networks." Journal of Labor Economics 30, no. 2 (2012): 291–332.
- Ferran Adrià, "The New Culinary Think Tank: elBulli 2.0." Science & Culture Lecture Series, Harvard University, 2011. Video, 1:50:55. https://www.youtube.com/watch? v= dr1O3xQY8VA.
- Forrest Briscoe and Katherine Kellogg, "The Initial Assignment Effect: Local Employer Practices Positive Career Outcomes for Work-Family Program Users." American Sociological Review 76, no. 2 (2011): 291–319. https://10.1177/0003122411401250.
- Frances Milliken, Elizabeth W. Morrison, and Patricia F. Hewlin, "An Exploratory Study of Employee Silence: Issues that Employees Don't Communicate Upward and Why." Journal of Management no. 6 (September 2003): 1453–76. https://doi.org/10.1111/1467-6486.00387.
- Francesca Gino, Michael I. Norton, and Dan Ariely, "The Counterfeit Self: The Deceptive Costs of Faking It." Psychological Science 21, no. 5 (May 2010): 712–20. https://doi.org/10.1177/0956797610366545.
- Francis J. Flynn, Ray E. Reagans, and Lucia Guillory, "Do You Two Know Each Other? Transitivity, Homophily, and the Need for (Network) Closure." Journal of Personality and Social Psychology 99, no. 5 (2010): 855–69. http://dx.doi.org/10.1037/a0020961. Quote lightly edited for grammar and formal consistency.
- Frederick M. E. Grouzet et al., "The Structure of Goal Contents Across 15 Cultures." Journal of Personality and Social Psychology 89, no. 5 (2005): 800–16. http://dx.doi.org/10.1037/0022-3514.89.5.800.
- G. C. Homans, Social Behavior: Its Elementary Forms. Oxford, England: Harcourt, Brace, 1961.
- Gabriella Conti et al., "Popularity." Journal of Human Resources 40, no. 4 (Fall 2013): 1072–94. https://doi.org/10.3368/jhr.48.4.1072.
- "Gentlemen's Intermission." 30 Rock, season episode 6, November 4, 2010.
- Georg Simmel, Soziologie: Untersuchungen über die Formen der Vergesellschaftung. Berlin: Duncker & Humblot, 1908.
- George F. Dreher and Taylor H. Cox Jr., Gender, and Opportunity: A Study of Compensation Attainment and the Establishment of Mentoring Relationships." Journal of Applied Psychology 81, no. 3 (1996): 297–308. http://dx.doi.org/10.1037/0021-9010.81.3.297. Dollar amount is inflation

adjusted to 2019.

- George Gao, "Americans Divided on How Much They Trust Their Neighbors." April 13, 2016. Washington, DC: Pew Research Center. http://www.pewresearch.org/fact tank/2016/04/13/americans-divided-on-how-much-they-trust-their-neighbors/.
- George Udny "A Mathematical Theory of Evolution Based on the Conclusions J. C. Willis, F.R.S." Philosophical Transactions of the Royal London. Series B, Containing Papers of a Biological issue 402–410 (January 1, 1925): 21–87. https://doi.org/10.1098/1925.0002.
- Gerald Mollenhorst, Beate Volker, and Henk Flap, "Changes Personal Relationships: How Social Contexts Affect the Emergence Discontinuation of Relationships." Social Networks 37(May 80. https://doi.org/10.1016/j.socnet.2013.12.003.
- Gerth, "The First Friend—Special Report."
- Gillath, Karantzas, Selcuk, "A Net of Friends: Investigating Friendship by Integrating Attachment Theory and Social Network Analysis."
- Gillian M. Sandstrom and Elizabeth Dunn, "Is Efficiency Overrated? Minimal Social Interactions Belonging and Positive Affect." Social Psychological Science 5, no. 4 (2014): 437–42. https://doi.org/10.1177/1948550613502990.
- Giordano Contestabile, "Influencer Marketing in 2018: Becoming an Efficient Marketplace." AdWeek, January 15, 2018. Accessed September 27, 2019. https://www.adweek.com/digital/giordano-contestabile-activate-by-bloglovin-guest-post-influencer-marketing-in-2018/.
- Giovanni B. Caputo, "Dissociation and Hallucinations in Dyads Engaged Through Interpersonal Gazing." Psychiatry Research 228, no. 3 (August 2015): 659–63. https://doi.org/10.1016/j.psychres.2015.04.050.
- Giuseppe Labianca and Daniel Brass, "Exploring the Social Ledger: Relationships and Negative Asymmetry in Social Networks Organizations." Academy of Management Review 31, no. July 2006): 596–614.
- Giuseppe Soda, Marco Tortoriello, and Alessandro Iorio, "Harvesting Value from Brokerage: Individual Strategic Orientation, Structural Holes, and Performance." Academy of Management Journal 61, no. 3 (2018): 896–918.
- Gladwell, "The Cellular Church."
- Glen E. Kreiner, "Consequences of Work-Home Segmentation or Integration: A Person-Environment Fit Perspective." Journal of Organizational Behavior 27, no. 4 (June 2006): 485–507. https://doi.org/10.1002/job.386.
- Gopnik, "Feel Me: What the Science of Touch Says About Us."
- Gordon, They Call Me Supermensch: A Backstage the Amazing Worlds of Film, Food, and Rock'n'Roll.
- Grant, Give and Take; A. James O'Malley et al., "Egocentric Social Network Structure, Health, and Pro-Social Behaviors in a National Panel Study of Americans." PLoS One 7, no. 5(2012): e36250. https://doi.org/10.1371/journal.pone.0036250.
- Grant, "Work? Not So Much." Emphasis added.
- Greg J. Stephens, Lauren J. Silbert, and Uri Hasson, "Speaker–Neural Coupling Underlies Successful Communication." Proceedings of the National Academy of Sciences of 107, no. 32 (August 10, 2010): 14425–30. https://doi.org/10.10731008662107.
- Gueorgi Kossinets and Duncan J. Watts, "Empirical Analysis of an Evolving Social Network." Science 311, no. 5757(January 2006): 88–90. https://www.jstor.org/stable/3843310.
- Hacker Noon, "How Much Time Do People Spend on Their Mobile Phones in 2017?" Hacker Noon, May 9, 2017. https://hackernoon.com/how-much-time-do-people-spend-on-their-mobile-phones-in-2017-e5f90a0b10a6.
- Harold Sigall and David Landy, "Radiating Beauty: Effects of Having a Physically Attractive Partner on Person Perception." Journal of Personality and Social Psychology 28, no. 2 (1973): 218–24. http://dx.doi.org/10.1037/h0035740.
- Heidi Roizen, "Interview with Heidi Roizen (Heroes)." Interview Lucy Sanders, Larry Nelson, and Lee Kennedy, 2007. Entrepreneurial Heroes, National Center for Women & Information Audio, 34:33. https://www.ncwit.org/audio/interview-roizen-heroes.

- Heidi Roizen, Flynn, and Brian Lowery, "Best Practices for Building Network." Stanford Graduate School of Business, October Video, 1:04:36. https://www.youtube.com/watch? v= 56C8l4klXUg& t= 1s. Lightly edited for grammar and formal consistency.
- Henna Inam, "Bring Your Whole Self to Work." Forbes, 2018. https://www.forbes.com/sites/ hennainam/2018/05 bring-your-whole-self-to-work/#d2c27ce6291a.
- Henri Tajfel et al., "Social Categorization and Intergroup Behaviour." European Journal of Social Psychology 1, no. 2 June 1971): 149–78. https://doi.org/10.1002/ejsp.2420010202.
- Herbert A. Simon, "On a Class of Skew Distribution Functions." Biometrika 42, no. 3/4 (December 1955): 425–40.
- Herminia Ibarra, "Homophily and Differential Returns: Differences in Network Structure and Access in an Advertising Firm." Administrative Science Quarterly 37, no. 3(September 1992): https://doi.org/10.2307/2393451.
- Herminia Ibarra, "The Sponsor The Authenticity Paradox." In HBR's 10 Must Reads of 2016: The Definitive Ideas of the Year from Harvard Business Review. Cambridge, Harvard Business Review, 2016.
- Herminia Ibarra, "Why Strategic Are Important for Women and How to Build Them." September 2017. Accessed December 12, 2018. https://herminiaibarra.com/why-strategic-networks-are-important-for-women-and-how-to them/.
- Herminia Ibarra, Nancy M. Carter, and Christine Silva, "Why More Promotions Than Women." Harvard Business Review, September 2010.
- Hewlett et al., "The Sponsor Effect: Breaking Through the Last Glass Ceiling."
- Hongseok Oh and Martin Kilduff, "The Ripple Effect of Personality on Social Structure: Self-Monitoring Origins of Network Brokerage." Journal of Applied Psychology 93, no. 5 (2008): 1155–64. http://dx.doi.org/10.1037/0021-9010.93.5.1155.
- Howard Becker, Reciprocity: Introductory Lectures on Culture, Society, and Oxford, England: Frederick A. Praeger, 1956.
- Howard L. Rosenthal, "Acquaintances and Contacts of Franklin Roosevelt: The First 86 Days of 1934." PhD dissertation, Massachusetts Institute of Technology, 1960; Ithiel de Sola Pool, Humane Politics and Methods of Inquiry, ed. Lloyd S. Etheredge. New York: Routledge, 2017.
- Hugh Louch, "Personal Network Integration: Transitivity and Homophily in Strong-Tie Relations." Social Networks 22, no. 1 (May 2000): 45–64.
- Hyo Jung Lee and Maximiliane E. Szinovacz, "Positive, Negative, and Ambivalent Interactions with Family Friends: Associations with Well-Being." Journal of Marriage Family 78, no. 3 (June 2016): 660–79.
- I. M. Jawahar, "Attitudes, Self-Monitors, and Appraisal Behaviors." Journal of Applied Psychology 86, no. 5 (2001): 875–83. http://dx.doi.org/10.1037/0021-9010.86.5.875.
- Ibarra, Carter, and Silva, "Why Men Still Get More Promotions Than Women."
- IDEO, "Work." Accessed July 30, 2019. https://www.ideo.com/work.
- Ina Yalof, Life and Death: The Story of a Hospital. New York: Fawcett Crest, 1988.
- Indap, "Vernon Jordan: 'It's Not a Crime to Be Close to Wall St.'"
- Indra Nooyi, "Parting Words as I Step Down as CEO." 2018. https://www.linkedin.com/pulse/ parting-words-i-step-ceo-indra-nooyi/.
- Indra Nooyi, "Priyanka Chopra and Indra Nooyi on Barriers and Engaging Billions." Forbes Live, July 3, 2018. Video, https://www.youtube.com/watch? v= dQzvkvMl9tE.
- Ingrid Nembhard and Amy C. Edmondson, "Making It Safe: The Leader Inclusiveness and Professional Status on Psychological and Improvement Efforts in Health Care Teams." Journal Organizational Behavior 27, no. 7 (November 2006): 941–66. doi.org/10.1002/job.413.
- Ingrid Philibert, "Sleep Loss and Performance in Residents and Nonphysicians: A Meta-Analytic Examination." Sleep 28, no. 11 (2005): 1392–1402.
- Interview by Rick Bommelje, Listening Post, Summer 2003, vol. 84. Reproduced at International Listening Association, "Listening Legend Interview, Dr. Ralph Nichols. https://listen.org/Legend-Interview).
- Ira E. Hyman Jr. et al., "Did You See the Unicycling Clown? Inattentional Blindness While Walking

and Talking on a Cell Phone." Applied Cognitive Psychology 24, no. 5 (July 2009): 597–607. https://doi.org/10.1002/acp.1638.

- Ira Glass, "Ruining It for the Rest of Us." This American December 19, 2008. https://www. thisamericanlife.org/370/ruining-it the-rest-of-us. Lightly edited for grammar and formal consistency.
- Iris K. Schneider et "A Healthy Dose of Trust: The Relationship Between Interpersonal Health." Personal Relationships 18, no. 4 (December 76. https://doi.org/10.1111/j. 1475-6811.2010.01338.x.
- Isabel Fernandez-Mateo, "Who Pays the Price Brokerage? Transferring Constraint Through Price Setting in the Staffing Sector." American Sociological Review 72, no. 2 (April 2007):291–317. https://doi.org/10.1177/000312240707200208.
- Jaclyn Koopmann et al., "Nonlinear Effects of Team Tenure on Team Psychological Safety Climate and Climate Strength: Implications for Average Team Member Performance." Journal of Applied Psychology 101, no. 7 (2016): 940–57. http://dx.doi.org/10.1037/apl0000097.
- Jake Herway, "How to Create a Culture of Psychological Safety." Gallup Workplace, December 7, 2017. https://www.gallup./workplace/236198/create-culture-psychological-safety.aspx.
- James A. Davis, "Clustering and Hierarchy Interpersonal Relations: Testing Two Graph Theoretical Models Sociomatrices." American Sociological Review 35, no. 5 1970): 843–51. https://doi. org/10.2307/2093295; Hugh Louch, Network Integration: Transitivity and Homophily in Strong-Relations." Social Networks 22, no. 1 (May 2000): 45–64. https://10.1016/S0378-8733(00)00015-0; Brandon Brooks et al., "Structural Correlates to Social Capital in Facebook Ego Networks." Networks 38(July 2004): 1–15; Aneeq Hashmi et al., Social Networks Structurally Similar?" IEEE/ACM Conference on Advances in Social Networks Analysis and 2012. https://doi.org/10.1109/ASONAM.2012.59.
- James A. Roberts and Meredith E. David, "My Life Has Become a Major Distraction from My Cell Phone: Partner Phubbing and Relationship Satisfaction Among Romantic Partners." Computers in Human Behavior 54 (January 2016):134–41. https://doi.org/10.1016/j.chb.2015.07.058.
- James H. Fowler, Christopher T. Dawes, and Nicholas A. Christakis, "Model of Genetic Variation in Human Social Networks." Proceedings of the National Academy of Sciences of USA 106, no. 6 (February 10, 2009): 1720–24. https://doi.org//pnas.0806746106.
- James H. S. Bossard, "Residential Propinquity as a Factor in Marriage Selection." American Journal of Sociology 38, no. 2(September 1932): 219–24.
- James R. Averill, "On the Paucity of Positive Emotions." Assessment and Modification of Emotional Behavior. Advances Study of Communication and Affect, ed. Kirk R. Blankstein, 7–45. New York: Springer, 1980.
- James R. Hagerty, "David Rockefeller Overcame Shyness and Insecurities." Wall Street Journal, March 24, 2017. www.wsj.com/articles/david-rockefeller-overcame-youthful-shyness-and-insecurities-1490347811.
- James S. Coleman, Foundations of Social Theory. Cambridge, MA: Harvard University Press, 1990.
- James Stiller and Dunbar, "Perspective-Taking and Memory Capacity Network Size." Social Networks 29, no. 1 (January 2007): https://doi.org/10.1016/j.socnet.2006.04.001.
- James Stiller and Robin I. M. Dunbar, "Perspective-Taking and Memory Capacity Predict Social Network Size." Social Networks 29, no. 1 (January 2007): 93–104. https://doi.org/. socnet.2006.04.001.
- Jamie E. Guillory et al., "Text Messaging Reduces Analgesic Requirements During Surgery." Pain Medicine 16, no. 4 (April 2015): 667–72. https://doi.org/10.1111/pme.12610.
- Jan Flynn, Tuula-Riitta Valikoski, and Grau, "Listening in the Business Context: Reviewing the State of Research." International Journal of Listening 22, no. 2 (2008): 141–51. https://doi. org/10.1080/10904010802174800; Harry Weger Jr., Gina R. Castle, and Melissa C. Emmett, "Active Listening in Peer Interviews: The Influence of Message Paraphrasing on Perceptions of Listening Skill." International Journal of Listening 24, no. 1 (2010): 34–49. https://doi. org/10.1080/10904010903466311.
- Jan Kornelis Dijkstra et al., "The Secret Ingredient for Social Success of Young Males: A Functional Polymorphism in the 5HT2A Serotonin Receptor Gene." PLoS One 8, no. 2(2013): e54821. https://

doi.org/10.1371/journal.pone.0054821.
- Jari Saramäki et al., "Persistence of Social Signatures in Human Communication." Proceedings of the National Academy of Sciences of the USA 111, no. 3 (January 21, 2014): 942–47. https://doi. org/10.1073/pnas.1308540110. five close friends: David Nield, "Humans Can Really Only Maintain Five Close Friends, According to this Equation," May 5, 2016. https://www.sciencealert.com/the-latest-data-suggests-you-can-only-keep-five-close-friends.
- Jean M. Twenge "Generational Differences in Work Values: Leisure and Extrinsic Increasing, Social and Intrinsic Values Decreasing." Journal Management 36, no. 5 (2010): 1117–42. https://doi. org/10.1177/0149206309352246.
- Jean M. Twenge, "Have Smartphones Destroyed a Generation?" The Atlantic, September 2017. https://www.theatlantic.com/magazine/archive/2017/09/has-the-smartphone-destroyed-a-generation/534198/.
- Jeff Gerth, "The First Friend—A Special Being Intimate with Power, Vernon Jordan Can Wield It." Times, July 14, 1996. https://www.nytimes.com/1996/07/14/friend-special-report-being-intimate-with-power-vernon-jordan-wield-it.html.
- Jeffery Klein and Michael Platt, "Social Information Signaling by Neurons in Primate Striatum." Current Biology, no. 23 (April 22, 2013): 691–96.
- Jeffrey A. Hall, "How Many Hours Does It a Friend?" Journal of Social and Personal Relationships no. 4 (April 2010): 1278–96. https://doi.org/10.1177/0265407518761225.
- Jeffrey A. Sonnenfeld and Andrew J. Ward, "Firing Back: How Great Leaders Rebound After Career Disasters." Harvard Business Review, January 2007. https://hbr.org/2007/01/firing-back-how-great-leaders-rebound-after-career-disasters.
- Jeffrey A. Sonnenfeld, "The Jamie Dimon Witch New York Times, May 8, 2013. https://www. nytimes.com/2013//opinion/the-jamie-dimon-witch-hunt.html.
- Jeffrey Pfeffer, Kimberly D. Elsbach, and Victoria Chang, "Jeffrey Sonnenfeld (B): The Road to Redemption." Stanford Graduate School of Business Cases, OB-34B. Stanford: Stanford Graduate School of Business, 2000.
- Jennifer L. Trew and Lynn E. Alden, "Kindness Reduces Avoidance Goals in Socially Anxious Individuals."Motivation and Emotion 39, no. 6 (December 2015): 892–907.
- Jennifer S. Beer, "Implicit Theories of Shyness." Journal of Personality and Social Psychology no. 4 (October 2002): 1009–24. http://dx.doi.org/10.1037/0022-3514.83.4.1009.
- Jeremy Hogeveen, Michael Inzlicht, and Sukhvinder Obhi, "Power Changes How the Brain Responds to Others." Journal Experimental Psychology: General 143, no. 2 (April 2014): https:// doi.org/10.1037/a0033477.
- Jessica A. Kennedy, Cameron Anderson, A. Moore, "When Overconfidence Is Revealed to Others: the Status-Enhancement Theory of Overconfidence." Organizational Behavior and Human Decision Processes 122, no. 2 November 2013): 266–79. https://doi.org/10.1016/j.obhdp.2013.08.005.
- Jessica R. Methot et al., "Are Workplace Friendships a Blessing? Exploring Tradeoffs of Multiplex Relationships Associations with Job Performance." Personnel Psychology Spring 2016): 311–55. https://doi.org/10.1111/peps.12109.
- Jessica Shambora, "Fortune's Best Networker." Fortune, February 9, 2011. https://fortune. com/2011/02/09/fortunes-best-networker/.
- Jim Schleckser, "Why Netflix Tolerate Brilliant Jerks," Inc., February 2, 2016. https://www.jim-schleckser/why-netflix-doesn-t-tolerate-brilliant-jerks.
- Jing Yang et al., "The Brief Implicit Association Test Is Valid: Experimental Evidence." Social Cognition 32, no. 5 (2014): 449–65. https://doi.org/10.1521/soco.2014.32.5.449.
- Jingnan Chen et al., "Beware Popular Kids Bearing Gifts: A Framed Field Experiment." Journal Economic Behavior & Organization 132, part A (December 20. https://doi.org/10.1016/ j.jebo.2016.10.001.
- Jinseok Kim and Jana Diesner, "Over-Time Measurement of Triadic Closure in Coauthorship Networks." Social Network Analysis and Mining 7, no. 9 (December 2017). https://doi./10.1007/ s13278-017-0428-3.
- Joan Kellerman, James Lewis, and James D. Laird, "Looking and Loving: The Effects of Mutual

Gaze on Feelings of Romantic Love." Journal of Research in Personality 23, no. 2 (1989): 145–61. https://doi.org/10.1016/0092-6566(89)90020-2.

- Joann S. David Rockefeller's Rolodex Was the Stuff of Legend. Here's Wall Street Journal, December 5, 2017. https://www.articles/david-rockefellers-famous-rolodex-is-astonishing-heres-a-first-peek-1512494592.
- Joel M. Podolny and James N. Baron, "Resources and Relationships: Social Networks and Mobility in the Workplace." American Sociological Review 62, no. 5 (October 1997): 673– 93. https:/doi.org 62 /10.2307/2657354.
- Johan et al., "The Anatomy of the Facebook Social Graph." arXiv November 18, 2011. https://arxiv.org/abs/1111.4503.
- Johan S. G. Chu and Gerald F. Davis, "Who Killed the Inner Circle? The Decline of the American Corporate Interlock Network." American Journal of Sociology 122, no. 3(November 2016): 714–54. https://doi.org/10.1086/688650.
- John Bowlby, Attachment and Loss. New York: Basic Books, 1969.
- John F. Padgett and Christopher K. Ansell, "Robust the Rise of the Medici, 1400–1434." American Journal Sociology 98, no. 6 (May 1993): 1259–1319. https://doi.org/230190.
- John Gottman, Why Marriages Succeed or Fail. New York: Simon & Schuster, 1994.
- John Guare, Six Degrees of Separation: A Play. New York: Penguin Random House, 1990, 81.
- John Hendrickson, "Anthony Bourdain's Obama Episode Was a Proud American Moment." Rolling Stone, June 8, https://www.rollingstone.com/culture/culture-news/anthony--meal-with-obama-was-a-proud-american-moment-629690/.
- John M. and C. Daniel Batson, "From Jerusalem to Jericho: A Study Situational and Dispositional Variables in Helping Behavior." Journal Personality and Social Psychology 27, no. 1 (1973):100–108. org/10.1037/h0034449.
- John Paul Stephens, Emily D. Heaphy, and Jane E. Dutton, "High-Quality Connections." In The Oxford Handbook of Positive Organizational Scholarship, eds. Kim S. Cameron and Gretchen M. Spreitzer, 385–99. New York: Oxford University Press, 2012.
- John Stauffer, Richard and William Rybolt, "The Attention Factor in Recalling News." Journal of Communication 33, no. 1 (March 1983): 29-37.
- John T. Jones et al., "How Do I Love Thee? Let Me Count the Js: Implicit Egotism and Interpersonal Attraction." Journal of Personality and Social Psychology 5 (2004): 665–83. http://dx.doi.org/10.1037/0022-3514.87.5.665.
- Jolanda Jetten et al., "Having a Lot of a Good Thing: Multiple Important Group Memberships as a Source of Self-Esteem." PLoS One 10, no. 6 (2015): e0124609. https://doi.org/10.1371/journal.pone.0124609.
- Jonathan Mahler, "G.M., Detroit and the Fall of the Black Middle Class." Times Magazine, June 24, 2009. https://www.nytimes.com/2009/magazine/28detroit-t.html.
- JoNel Aleccia, "Nurse's Suicide Twin Tragedies of Medical Errors." NBC News, June http://www.nbcnews.com/id/43529641/ns/health-health_nurses-suicide-highlights-twin-tragedies-medical-errors/#. hKjb0.
- Jordan Rosenfeld, "Not a 'PTA Mom.'" York Times, October 2, 2014. https://parenting.blogs.nytimes.com 2014/10/03/not-a-pta-mom/.
- Jordan, "Vernon Jordan, Living Self-Portrait."
- Jorge Walter, Daniel Z. Levin, and Keith Murnighan, "Reconnection Choices: Selecting the Most Valuable(vs. Most Preferred) Dormant Ties." Organization Science 26, no. 5 (2015): 1447–65. https://doi.org/10.1287/orsc.2015.0996.
- Joseph B. Bayer et al., "Brain Sensitivity to Exclusion Is Associated with Core Network Closure." Scientific Reports 8 (2018): article ID 16037.
- Joseph P. Stokes, "The Relation of Social Individual Difference Variables to Loneliness." Journal of Social Psychology 48, no. 4 (1985): 981–90. http://dx.doi.0022-3514.48.4.981.
- Josh Barro, "Black Mark for Fiorina Campaign in Criticizing Yale Dean." New September 23, 2015. https://www.nytimes.com/2015/09/24/black-mark-for-fiorina-campaign-in-criticizing-yale-dean.html.

- Joshua Levine, "Brand Anna." Wall Street Journal, March 24, 2011. https://com/articles/SB10001424 052748704893604576200722939264658.
- Judith H. Langlois Maxims or Myths of Beauty? A Meta-Analytic and Theoretical Psychological Bulletin 126, no. 3 (May 2000): 390–dx.doi.org/10.1037/0033-2909.126.3.390.
- Judith Lori A. Roggman, "Attractive Faces Are Only Average." Science 1, no. 2 (March 1990): 115–21. https://doi.org/10.1111/9280.1990.tb00079.x.
- Julia Rozovsky, "The Five Keys to a Successful Google Team."
- Julianna Pillemer and Nancy P. Rothbard, "Friends Without Benefits: Understanding the Dark Sides of Workplace Friendship." Academy of Management Review 43, no. 4 (2018): 635–60. https://doi.org/10.5465/amr.2016.0309.
- Julianne Holt-Lunstad et al., "Loneliness and Social Isolation as Risk Factors for Mortality: A Meta-Review." Perspectives on Psychological Science 10, no. 2 (2015): https://doi.org/10.1177/1745691614568352.
- Julie Battilana and Tiziana Casciaro, "The Network Secrets of Great Change Agents." Harvard Business Review, July–August 2013, 62–68.
- Julie Suratt, "The Terrifyingly Nasty, Backstabbing, and Altogether Miserable World of the Suburban Mom." Boston, March 25, 2014. https://www.bostonmagazine.com/news/2014//25/mean-moms-suburbs/.
- Juulia T. Suvilehto et al., "Topography Touching Depends on Emotional Bonds Between Humans." Proceedings of the National Academy of Sciences of the USA 112,(November 10, 2015): 13811–816. https://doi.org/10.1073 pnas.1519231112.
- K. Bhattacharya al., "Sex Differences in Social Focus Across the Life Cycle Humans." Royal Society Open Science 3, no. 4 (2016). https://doi.org/rsos.160097.
- K. D. Vohs, "Money Priming Can Change People's Thoughts, Feelings, Motivations, and Behaviors: An Update on 10 Years of Experiments." Journal of Experimental Psychology: General 144, no. 4 (2015): e86–e93.
- Kaitlin Woolley Fishbach, "A Recipe for Friendship: Similar Food Consumption Promotes Trust and Cooperation." Journal of Consumer Psychology no. 1 (January 2017): 1–10. https://doi.org/10.1016/j.jcps.2016.06.003.
- Karen Huang et al., "It Doesn't Hurt to Ask: Question-Asking Increases Liking." Journal of Personality and Social Psychology 113, no. 3 (2017): 430–52. http://dx.doi.org/10.1037/pspi0000097.
- Karina J. Lloyd et al., 2015. "Is My Boss Really Listening to Me? The Impact of Perceived Supervisor Listening on Emotional Exhaustion, Turnover Intention, and Organizational Citizenship Behavior." Journal of Business Ethics 130, no. 3 (September 2015): 509–24. https://doi.org/10.1007/s10551-014-2242-4.
- Karyn Twaronite, "A Global Survey on the Ambiguous State of Employee Trust." Harvard Business Review, July 22, 2016. https://hbr.org/2016/07/a-global-survey-on-the-ambiguous-state-of-employee-trust.
- Katherine Stovel, Benjamin Golub, and Eva M. Meyersson Milgrom, "Stabilizing Brokerage." Proceedings of the National Academy of Sciences of the USA 108, suppl. 4 (December 27, 2011): 21326–32. https://doi.org/10.1073/pnas.1100920108.
- Katherine W. Phillips, Tracy L. Dumas, Nancy P. Rothbard, "Diversity and Authenticity: Why Black Hesitate to Open Up About Themselves." Harvard Business Review, March–April 2018. https://hbr.org/2018/03/diversity-and-authenticity.
- Kathleen D. Vohs, Roy F. Baumeister, and Natalie J. Ciarocco, "Self-Regulation and Self-Presentation· Regulatory Resource Depletion Impairs Impression Management and Effortful Self-Presentation Depletes Regulatory Resources." Journal of Personality and Social Psychology 88, no. 4 (2005): 632–57. http://dx.doi.org/10.1037/0022-3514.88.4.632; Roy F. Baumeister, "Motives and Costs of Self-Presentation in Organizations." In Impression Management in the Organization, eds. Robert A. Giacalone and Paul Rosenfeld, 57–72. Hillsdale, NJ: Lawrence Erlbaum Associates, 1989.
- Kathleen L. McGinn and Nicole Tempest "Heidi Roizen." Harvard Business School Case Study, January (revised April 2010). Lightly edited for grammar and formal consistency.

- Kathleen S. Verderber, D. Sellnow, and Rudolph F. Verderber, Communicate!, 15th Cengage Learning, 2013.
- Kathryn Dill, "Survey: 42% of Employees Have Changed Jobs Due to Stress." Forbes, April 18, 2014. https://www.forbes.com/sites/kathryndill/2014/04/18/survey-42-of-employees-have-changed-jobs-due-to-stress/#223792263380.
- Keith Ferrazzi and Tahl Raz, Never Eat Alone: And Other Secrets to Success, One Relationship at a Time. New York: Currency Books, 2005.
- Kevin Sack, "Adviser to Chief Executives Finds Himself Swirl." New York Times, December 22, 1997. https//www.nytimes 1997/12/22/us/adviser-to-chief-executives-finds-himself-in-oddswirl.html.
- Kim Fundraising for Social Change, 7th ed. Hoboken, NJ: John Wiley 2016.
- Kostadin Kushlev Elizabeth W. Dunn, "Smartphones Distract Parents Cultivating Feelings of Connection When Spending Time with Children." Journal of Social and Personal Relationships 36, no. 6 (2018): https://doi.org/10.1177/0265407518769387.
- Kostadin Kushlev, Proulx, and Elizabeth W. Dunn, "'Silence Your Phones': Smartphone Notifications Increase Inattention and Hyperactivity Symptoms." Proceedings of the 2016 CHI Conference on Human Factors Systems, 1011–20. https://doi.org/10.1145/2858036.2858359.
- Krissah Thompson, "Michelle Obama and Anna Wintour's Mutual Admiration Society." Washington Post, May 5, 2014. https://www.washingtonpost.com/news/arts-and-entertainment/wp/2014/05/05/michelle-obama-and-anna-wintours-mutual-admiration-society.
- Kunal Bhattacharya et al., "Sex Differences in Social Focus Across the Life Cycle in Humans." Royal Society Open Science 3, no. 4 (2016): https://doi.org/10.1098/rsos.160097.
- Kushlev and Dunn, "Smartphones Distract Parents from Cultivating Feelings of Connection When Spending Time with Their Children"; Roberts and David, "My Life Has Become a Major Distraction from My Cell Phone: Partner Phubbing and Relationship Satisfaction Among Romantic Partners."
- Kuwabara, Hildebrand, and Xi Zou, "Lay Theories Networking: How Laypeople's Beliefs About Networks Affect Their Attitudes and Engagement Toward Instrumental Networking."
- Landis et al., "The Paradox of Agency: Feeling Powerful Reduces Brokerage Opportunity Recognition Yet Increases Willingness to Broker."
- Laszlo Bock, "Google's Scientific Approach to Work-Life Balance (and Much More)." Harvard Business Review, March 27, 2014. https://hbr.org/2014/03/googles-scientific-approach-to-work-life-balance-and-much-more.
- Laura Janusik, "Listening Facts." International Listening Association, d. Accessed October 12, 2018. https://www.listen.org/Facts.
- Lean In, "Men, Commit to Mentor Women." Accessed July 27, 2019. https://leanin.org/mentor-her.
- Lee Fleming, Santiago Mingo, and David Chen, "Collaborative Brokerage, Generative Creativity, and Creative Success." Administrative Science Quarterly 52, no. 3(September 2007): 443–75. https://doi.org/10.2189/asqu.52.3.443.
- Lee Rainie and Kathryn Zickuhr, "Americans' Views on Mobile Etiquette." August 26, 2015. Washington, DC: Pew Research Center. http://www.pewinternet.org/2015/08/26/americans-views-on-mobile-etiquette/.
- Leon Festinger, Stanley Schachter, and Kurt Back, Social Pressures in Informal Groups: A Study of Human Factors in Housing. New York: Harper, 1950.
- Leslie Perlow, Sleeping with Your Smartphone: How to Break the 24/7 Habit and Change the Way You Work. Boston: Harvard Business Review Press, 2012.
- Levin, Jorge Walter, and J. Keith Murnighan, "Dormant Value of Reconnecting." Organization Science 22, no.4 (July–2011): 923–39. https://doi.org/10.1287/orsc.1100.0576.
- Levine and Rachel S. F. Heller, Attached: The New Science Attachment and How It Can Help You Find— and Keep— Love. York: TarcherPerigee, 2012.
- Levine, "Brand Anna."
- Liddie Widdicombe, "Original." The New Yorker, March 12, 2012. https://www.newyorker.com/magazine/2012/03/26/original.
- Lisa Marshall, "Just the Two of Us: Holding Hands Can Ease Pain, Sync Brainwaves." CU Boulder

Today, February 28, 2018. https://www.colorado.edu/today/2018/02/28/just-two-us-holding-hands-can-ease-pain-sync-brainwaves.

- Lorenz Goette, David Huffman, and Stephan Meier, "The Impact of Social Ties on Group Interactions: Evidence from Minimal Groups and Randomly Assigned Real Groups." American Economic Journal: Microeconomics 4, no. 1 (February 2012): 101–15.

- Louch, "Personal Network Integration: Transitivity and Homophily in Strong-Tie Relations."

- Louise and John T. Cacioppo, "Loneliness Matters: A Theoretical Empirical Review of Consequences and Mechanisms." Annals Behavioral Medicine 40, no. 2 (October 2010): 218–27. https://doi.org/s12160-010-9210-8.

- Luke Morgan Britton, "Selena Gomez Loneliness of Fame and Social Media: 'I Know Everybody but Friends.' " NME, September 11, 2017. http://www.nme.com/news/selena-gomez-loneliness-fame-social-media-2139499.

- Lyle Lovett, "The Truck Song," from My Baby Don't Tolerate, September 30, 2003.

- Madeline Stone and Rachel Askinasi, "Editor-in-Chief Anna Wintour Is Worth an Estimated $Business Insider, May 6, 2019. https://www.businessinsider.the-fabulous-life-of-anna-wintour-2016-9.

- "Mad Money Host Don't Be Silly on Bear Stearns!" YouTube, 2013. Video, www.youtube.com/watch? v= V9EbPxTm5_s.

- Mady W. Segal, "Alphabet and Attraction: An Unobtrusive Measure of the Effect of Propinquity in a Field Setting." Journal of Personality and Social Psychology 30, no. 5 (1974): 654–57.

- Malcolm Gladwell, "The Cellular Church." The New Yorker, September 12, 2005. https://www.newyorker.com/magazine/2005/09/12/the-cellular-church.

- Malia Wollan, "How to Make Soulful Eye Contact." New York Times, April https://www.nytimes.com/2017/04/28/magazine/how-to-soulful-eye-contact.html.

- Mandy Len Catron, "To Fall in Love with Anyone, Do This." New York Times, January 9, 2015. https://www .ytimes. com/. . . /modern-love-to-fall-in-love-with-anyone-do-this.html.

- Mandy Len Catron, "To Fall in Love with Anyone, Do This." New York Times, January 9, www.nytimes. com/. . ./modern-love-to-fall-in-love-with-do-this.html.

- Marche, "Is Facebook Making Us Lonely?" The Atlantic, May 2012. https://www.theatlantic.com/magazine/archive/2012/facebook-making-us-lonely/308930/.

- Marco Tortoriello, Ray Reagans, and Bill McEvily, "Bridging the Knowledge Gap: The Influence of Strong Ties, Network Cohesion, and Network Range on the Transfer of Knowledge Between Organizational Units." Organizational Science 23, no. 4(July–August 2012): 907–1211. https://doi.org/10.1287/orsc.1110.0688.

- Maria Konnikova, "Limits of Friendship." The New Yorker, October 7, 2014. www.newyorker.com/science/maria-konnikova/social-media-math-dunbar-number-friendships.

- Maria, "The Open-Office Trap." The New Yorker, January 7, 2014. www.newyorker.com/business/currency/the-open-office-53 2,800 employees: Todd C. Frankel, "What These Photos of Facebook's New Headquarters About the Future of Work." Washington Post, November 30, www.washingtonpost.com/news/the-switch/wp/2015/11/these-photos-of-facebooks-new-headquarters-say-about-the-of-work/.

- Marian J. Bakermans-Kranenburg, Marinus van IJzendoom, and Pieter M. Kroonenberg, "Differences in Attachment Security Between African-American and White Children: Ethnicity or Socio-Economic Status?" Infant Behavior and Development 27, no. 3 (October 2004): 417–33. https://doi.org/10.1016/jinfbeh.2004.02.002. less likely to dissolve ties: Gillath, Karantzas, and Selcuk, "A Net of Friends: Investigating Friendship by Integrating Attachment Theory and Social Network Analysis."

- Marilyn Haigh, "Indra Nooyi Shared a Work on Her Last Day as PepsiCo CEO." CNBC, October 3, 2018. https://cnbc.com/2018/10/03/indra-nooyi-shares-a-work-regret-on-her-last as-pepsico-ceo.html.

- Marina Abramović, "An Art Made of Trust, Vulnerability, Connection." TED Talks, March 2015. Video, 15:44. https://ted.com/talks/marina_abramovic_an_art_made_of_trust vulnerability_and_connection? language= en#t-128356.

- Marina Abramović, "Artist Is Present," 2010. Accessed August 7, 2019. moma.org/learn/moma_learning/marina-abramovic-marina-abramovic-the-artist-is-present-2010/.
- Mario L. Small and Christopher Sukhu, "Because They Were There: Access, Deliberation, and the Mobilization of for Support." Social Networks 47 (October 2016): 73–84. https:///10.1016/j.socnet.2016.05.002; Alejandro Portes, "Social Capital: Origins and Applications in Modern Sociology." Annual Review 24(August 1998): 1–24. https://doi.org/10.1146/annurev.43 difficulty of saying no: Ester Villalonga-Olives and Kawachi, "The Dark Side of Social Capital: A Systematic Review Negative Health Effects of Social Capital." Social Science and (December 2017): 105–27. https://doi.org/10.1016/j.socscimed.2017.10.020.
- Mario Luis Small, "Weak Ties and the Core Discussion Network: Why Regularly Discuss Important Matters with Unimportant Alters." Networks 35, no. 3 (July 2013):470–83.
- Mario Luis Small, Unanticipated Gains: Origins of Networks Inequality Everyday Life. New York: Oxford University Press, 2009.
- Marissa King and Ingrid Nembhard, "Networks Nonverbal Behavior." Academy of Management, 2015. Slides available at socialchemistry.com.
- Mark H. Davis, "A Multidimensional Approach to Individual Differences in Empathy." JSAS Catalog of Selected Documents in Psychology 10 (1980): 85.
- Mark S. Granovetter, "The Strength of Ties." American Journal of Sociology 78, no. 6 (May 1973): 1360–80. doi.org/10.1086/225469. changes in the professional landscape: Peter V. Marsden and Elizabeth E. Gorman, "Social Networks, Job Changes, and Recruitment." In Sourcebook of Labor Markets, eds. Ivar Berg and Arne L. Kalleberg, 467–502. New York: Springer, 2001; Emilio J. Castilla, George J. Lan, and Ben A. Rissing, "Social Networks and Employment: Outcomes (Part 2)." Sociology Compass 7, no. 12 (December 2013): 1013–26. https://doi.org/10.1111/soc4.12095.
- Mark S. Granovetter, "The Strength of Weak Ties." Journal of Sociology 78, no. 6 (May 1973): 1360–80. https://doi 10.1086/225469. difference between acquaintances and friends": Marcia Ann Gillespie, "Maya Angelou on the Difference Between Acquaintances and Friends." Interview by Marcia Ann Gillespie, 2011. Essence, May 28, 2014. http://people.com/celebrity/maya-angelou-dies-read-her-thoughts-on-friendship/.
- Mark S. Mizruchi, Linda Brewster and Anne Fleischer, "Getting a Bonus: Social Networks, Performance, and Reward Among Commercial Bankers." Organization Science 22, no. 1 (January–February 2011): 42–59. https://doi.org/10.1287 orsc.1090.0516.
- Mark Snyder, "Self-Monitoring of Expressive Behavior." Journal of Personality and Social Psychology 30, no. 4 (1974): http://dx.doi.org/10.1037/h0037039.
- Mark T. Rivera, Sara B. Soderstrom, and Brian Uzzi, "Dynamics in Social Networks: Assortive, Relational, and Proximity Mechanisms." Annual Review of Sociology 36, no. 1 (August 11, 2010): 91–doi.org/10.1146/annurev.soc.34.040507.134743.
- Mark Twain, Mark Twain's Notebooks &Journals, vol. I: 1855–1873. Berkeley: University of California Press, 1975.
- Marsden and Gorman, "Social Networks, Job Changes, and Recruitment."
- Martin Gargiulo, Gokhan Ertug, and Charles Galunic, "The Two Faces of Control: Network Closure and Individual Performance Knowledge Workers." Administrative Science Quarterly 54, no. 2009): 299–333. https://doi.org/10.2189/asqu.2009.54.2.299.
- Martin Kilduff Krackhardt, "Bringing the Individual Back In: A Structural Internal Market for Reputation in Organizations." Management Journal 37, no. 1(1994): 87–108. https://doi.org/256771.
- Martin Kilduff et al., "Organizational Network Perceptions Versus Reality: A Small World After All?" Organizational Behavior and Human Decision Processes 107, no. 1(September 2008): 15–28. https://doi.org/10.1016/j.obhdp.2007.12.003.
- Mathis Schulte, N. Andrew Cohen, Katherine J. Klein, "The Coevolution of Network Ties and Perceptions Psychological Safety." Organization Science 23, no. 2 (2012): 81. http://dx.doi.org/10.1287/orsc.1100.0582.
- Matthew A. Killingsworth and Daniel T. Gilbert, "A Wandering Mind Is an Unhappy Mind." Science 330, no. 6006 12, 2010): 932. https://doi.org/10.1126/science.1192439. 203 "the listeners": Ralph G. Nichols and Leonard A. Stevens, Are You Listening? York: McGraw-Hill, 1957.

- Matthew Akers and Jeff Dupre, directors, Marina Abramović: The Artist Is Present. Music Box Films. Documentary, October 16, 2012. Quote lightly edited for clarity.
- Matthew C. Davis, Desmond J. Leach, and Chris W. Clegg, "The Physical Environment of the Office: Contemporary and Emerging Issues." In International Review of Industrial Organizational Psychology, vol. 26, eds. Gerard P. Hodgkinson and Kevin Ford, 193–237. Hoboken, NJ: John Wiley & Sons, 2011.
- Matthew E. Brashears, "Small Networks and High Isolation? Reexamination of American Discussion Networks." Social Networks 33, no. 4 (October 2011): 331–41.
- Matthew Feinberg et al., "The Virtues of Gossip: Reputational Information Sharing as Prosocial Behavior." Journal of Personality and Social Psychology 102, no. 5 (May 2012): 1015–30; Matthew Feinberg, Joey T. Cheng, and Robb Willer, "Gossip as an Effective and Low-Cost Form of Punishment." Behavioral and Brain Sciences 35, no. 1(February 2012): 25. https://doi.org/10.1017/S0140525X11001233.
- Matthew J. Hertenstein et al., "Touch Communicates Distinct Emotions." Emotion 6, no. 3 (August 2006): 528–33. https://doi.org/10.1037/1528-3542.6.3.528; Matthew J. Hertenstein et al., "The Communication of Emotion via Touch." Emotion 9, no. 4(August 2009): 566–73. https://doi.org/10.1037/a0016108.
- Matthew J. Salganik and Duncan J. Watts, "Leading Herd Astray: An Experimental Study of Self-Fulfilling Prophecies Artificial Cultural Market." Social Psychology Quarterly (December 2008): 338–55. https://doi.org/10.1177/019027250807100404.
- McGinn and Tempest, "Heidi Roizen."
- Megan Gibson, "Here's a Radical Way to End Vacation Email Overload." Time, August 15, 2014. https://time.com/3116424/daimler-vacation-email-out-of-office/.
- Melissa Dahl, "Can You Blend in Anywhere? Or Are You Always Same You?" The Cut, New York, March 15, 2017. https://www.thecut.2017/03/heres-a-test-to-tell-you-if-you-are-a -high-self-monitor.html
- Melissa Dahl, "The Best Way to Get Over Social Anxiety Is by Embarrassing Yourself in Public." The Cut, New York, November 14, 2016. https://www.thecut.com/2016/11/how-to-get-over-social-anxiety.html.
- Menon and Bishop Smith, "Identities in Flux: Cognitive Network Activation in Times of Change."
- Michael and Janet Dean, "Eye-Contact, Distance and Affiliation." Sociometry 28, no. 3 (September 1965): 289–304; Nicola Binetti et al., Dilation as an Index of Preferred Mutual Gaze Duration." Open Science 3, no. 7 (July 2016):160086. https://doi.org/160086.
- Michael Billig and Henri Tajfel, "Social Categorization and Similarity in Intergroup Behavior." European Journal of Social Psychology no. 1 (January–March 1973): 27–52. https://doi.org/10.1002/ejsp.2420030103.
- Michael Erard, "THINK TANK; Where to Get a Good Idea: Steal It Outside Your Group." New York Times, May 22, 2004. https://www.nytimes.com/2004/05/22/arts/think-tank-where-to-get-a-good-idea-steal-it outside-your-group.html.
- Michael Seibel, "Michael Seibel." Twitter, February 13, 2018.https://twitter.com/mwseibel/status/963600732992647168? lang= en. Lightly edited for grammar and consistency.
- Michael Szell and Stefan Thurner, "Measuring Social Dynamics in a Massive Multiplayer Online Game." Social Networks 32, no. 4 (October 2010): 313–29. https://doi.org/10.1016/j.socnet.2010.06.001; Nicholas Harrigan and Janice Yap, "Avoidance in Negative Ties: Inhibiting Closure, Reciprocity, and Homophily." Social Networks 48 (January 2017): 126–41. https://doi.org/10.1016/j.socnet.2016.07.003.
- Michael Winerip, "Résumé Writing for C.E.O.'s." Times, April 10, 2009. https://www.nytimes.com/2009/04/12genb.html.
- Michelle Williams, "Perspective Taking: Building Positive Interpersonal Connections and Trustworthiness One Interaction at a Time." In Oxford Handbook of Positive Organizational Scholarship, eds. Kim S. and Gretchen M. Spreitzer, 462–73. New York: Oxford University Press, 2013.
- Mike Myers and Beth Aala, directors, Supermensch: The Legend of Shep Gordon. A& E IndieFilms.

Documentary, June 6, 2014.

- Miles L. Patterson and Mark E. Tubbs, "Through a Glass Darkly: Effects of Smiling and Visibility on Recognition and Avoidance in Passing Encounters." Western Journal of Communication no. 3 (2005): 219–31. https://doi.org/10.1080/10570310500202389.
- Miles L. Patterson et al., "Passing Encounters East and West: Comparing Japanese and American Pedestrian Interactions." Journal of Nonverbal Behavior 31, no. 2007): 155–66. https://doi.org/10.1007/s10919-007-0028-4.
- Miller McPherson, Lynn Smith-Lovin, and James M. Cook, "Birds of a Feather: Homophily in Social Networks." Annual Review of Sociology 27 (August 2001): 415–44. https://doi.org/10.1146/annurev.soc.27.1.415.
- Miller McPherson, Smith-Lovin, and Matthew E. Brashears, "Social Isolation Changes in Core Discussion Networks over Two Decades." Sociological Review 71, no. 3 (June 2006): 353–75. https://doi.10.1177/000312240607100301.
- Miller, "It's Not Just Mike Pence. Americans Are Wary of Being Alone With the Opposite Sex." Lightly edited for formal consistency.
- Mitch Prinstein, "Popular People Live Longer." New York Times, June 1, 2017. https://www.nytimes.com/2017/06/01/opinion/sunday/popular-people-live-longer.html.
- Mitch Prinstein, Popular: The Power of Likability in a Status-Obsessed York: Viking, 2017.
- Molly E. Ireland et al., "Language Style Matching Predicts Relationship Initiation and Stability." Psychological Science 22, no. 1 (2011): 39–44. https://doi.org/10.1177/0956797610392928.
- Monique Valcour, "What We Can Learn About Resilience from Female Leaders of the UN." Harvard Business Review, September 28, 2017. https://hbr.org/2017/09/what-we-can-learn-about-resilience-from-female-leaders-of-the-un.
- Myers Aala, Supermensch: The Legend of Shep Gordon.
- Nadine Bienefeld and Grote, "Silence That May Kill: When Aircrew Members Don't and Why." Aviation Psychology and Applied Human Factors 2012): 1–10. http://dx.doi.org/10.1027/2192-0923/a000021.
- Nalini Ambady, Frank J. Bernieri, and Jennifer A. Richeson, "Toward a Histology Social Behavior: Judgmental Accuracy from Thin Slices Behavioral Stream." Advances in Experimental Social 2000): 201–71. https://doi.org/10.1016/S0065-2601(00)80006-4.
- Nan Lin, "Social Networks and Status Attainment." Annual Review of Sociology 25, no. 1 (1999): 467–87. https://doi.org/10.1146/annurev.soc.25.1.467.
- Nan Lin, Alfred Dean, and Walter M. Ensel, eds., Social Support, Life Events, and Depression. London: Academic Press, 1986.
- Nancy L. Collins and Lynn Carol Miller, "Self-Disclosure and Liking: A Meta-Analytic Review." Psychological Bulletin 116, no. 3 (1994): 457–75. http://dx.doi.org/10.1037/0033-2909.116.3.457.
- Nancy P. Rothbard and Ariane Ollier-Malaterre, "Boundary Management." In The Oxford Handbook of Work and Family, eds. Tammy D. Allen and Lillian T. Eby, 109–22. New York: Oxford University Press, 2015.
- Nancy P. Rothbard, "Depleting? The Dynamics of Engagement in Work Roles." Administrative Science Quarterly 46, no. 4 (December 655–84. https://doi.org/10.2307/3094827.
- Nancy P. Rothbard, Katherine W. Phillips, and Tracy L. Dumas, "Managing Multiple Roles: Work-Family Policies and Individuals' Desires for Segmentation." Organization Science 16, no. 3 (May–June 2005): 243–58. https://doi.org/10.1287/orsc.1050.0124.
- Naomi I. Eisenberger, "Social Ties and Health: A Social Neuroscience Perspective." Current Neurobiology 23, no. 3 (February 8, 2013): 407–13. https://10.1016/j.conb.2013.01.006.
- Natalie Robehmed, "From Beyonce to Shonda Rhimes, the Most Powerful Women in Entertainment 2018." Forbes, December 4, 2018. https://www.forbes.com/sites/natalierobehmed/2018/12/04/from-beyonce-to-shonda-rhimes-the--powerful-women-in-entertainment-2018/#557bfa0b1110.
- Natalie Slopen et al., 2012. "Job Strain, Job Insecurity, and Incident Cardiovascular Disease in the Women's Health Study: Results from a 10-Year Prospective Study." PLoS One 7, no. 7 (2012): e40512. https://doi.org/10.1371/journal.pone.0040512.
- Nathan O. Hodas, Farshad Kooti, and Kristina Lerman, "Friendship Paradox Redux: Your Friends

Are More Interesting Than You." In Proceedings of the Seventh International AAAI Conference on Weblogs and Social Media. Palo Alto, CA: AAAI Press, 2013, 225-33.

- National Research Council, Improving the Airworthiness of Civil Aircraft: A Strategy for the FAA's Aircraft Certification Service. Washington, DC: National Academies 1998. https://doi.org/10.17226/6265.
- "Netflix Culture." Accessed August 13, 2019. https://jobs.netflix.com/culture.
- News@Northeastern, "Human Behavior Is 93 Percent Predictable, Research Says," February 19, 2010. https://news.northeastern.edu/2010/02/19/network_science-2/.
- Niccolo Machiavelli and Ellis Farneworth, The War. Cambridge, MA, Da Capo Press: 2001[1521].
- Nicholas A. Christakis, "Making Friends in New Places." New York Times, August 1, 2015. https://www.nytimes.com/2015/08/02/education/edlife/making-friends-in-new-places.html.
- Nicholas Epley et al., "Perspective Taking as Egocentric Anchoring and Adjustment." Journal of Personality and Social Psychology 87, no. 3 (September 2004): 327–39; Andrew R. Todd et al., "Anxious and Egocentric: How Specific Emotions Influence Perspective Taking." Journal of Experimental Psychology: General 144, no. 2 (April 2015): 374–91.
- Nicolas Guéguen and Céline Jacob, "Touch on Tipping: An Evaluation in a French Bar." International Journal of Hospitality Management 24, no. 2 (2005): 295–doi.org/10.1016/j.ijhm.2004.06.004.
- Nicolas Guéguen, "Courtship Compliance: The Effect of Touch on Women's Behavior." Social Influence 2, no. 2 (2007): 81–97. https://doi.org/10.1080/15534510701316177.
- Nicolas Guéguen, "Status, Apparel and Touch: Effects on Compliance to a Request." North American Journal Psychology 4, no. 2 (2002): 279–86.
- Niels Van Quaquebeke and Will Felps, "Respectful Inquiry: A Motivational Account of Leading Through Asking Questions and Listening." Academy of Management Review 43, no. 1(2018): 5–27. https://doi.org/10.5465/amr.2014.0537.
- Noam Zerubavel et al., "Neural Mechanisms Tracking Popularity in Real-World Social Networks." Proceedings of the National Academy of Sciences of the USA 112, no. 49(December 8, 2015): 15072–77. https://doi.org/10.1073/pnas.1511477112.
- Norbert Elias and John The Established and the Outsiders. Thousand Oaks, CA: Publications, 1994.
- "Norway GDP," Trading Economics, 2019. https://tradingeconomics.com/norway/gdp.
- O. Gillath et al., "Development and Validation Adult Attachment Measure (SAAM)." Journal of Research 43, no. 3 (2009): 362–73. http://dx.doi.org/10.1016/j.jrp.46 the anxiously attached: Elizabeth Laura Nelson, "Relationship Attachment Style Says About You." SHE'SAID', August https://shesaid.com/relationship-attachment-style/.
- Oh and Kilduff, "The Ripple Effect of Personality on Social Structure: Self-Origins of Network Brokerage."
- Olga Khazan, "The Strange, Surprisingly Effective Cure for Social Anxiety." The Atlantic, October 22, 2015. https://www.theatlantic.com/health/archive/2015/10/what-is-social-anxiety/411556/.
- Oliver Hämmig, "Well-Being at Work: The Key Role of Supervisor Support." SSM— Population Health 3(April 9, 2017): 393–402. https://doi.org/10.1016/2017.04.002; T. T. Selvarajan, Peggy A. Cloninger, and Barjinder Singh, "Social Support and Work–Family Conflict: A Test of an Effects Model." Journal of Vocational Behavior 83, no. 3 (December 486–99. https://doi.org/10.1016/j.jvb.2013.07.004; Terry A. The Enigma of Social Support and Occupational Stress: Congruence and Gender Role Effects." Journal of Occupational Psychology 8, no. 3 (2003): 220–31. http://dx.doi.org/10.1037/8998.8.3.220.
- Olivet Nazarene University, "Research on Friends at Work." 2018. Accessed December 11, 2018. https://graduate.olivet.edu/news-events/news/research-friends-work.
- Omri Gillath, Gery C. Karantzas, and Emre Selcuk, "A Net of Friends: Investigating Friendship by Integrating Attachment Theory and Social Network Analysis." Personality and Social Psychology Bulletin 43, no. 11 (November 2017): 1546–65. https://doi./10.1177/0146167217719731.
- Pamela K. Smith and Yaacov Trope, "You Focus on the Forest When You're in Charge of the Trees: Power Priming and Abstract Information Processing." Journal of Personality and Social Psychology 90, no. 4 (April 2006): 578–96. https://doi.org/10.1037/0022-3514.90.4.578. Quote

lightly edited for formal consistency.

- Patricia Sellers, "A Boss's Advice to Young Grads." Fortune, June 7, 2012. https://fortune. com/2012/06/07/a-bosss-advice-to-young-grads/.
- Patty McCord, "How the Architect of Netflix's Innovative Culture Lost Her Job to the System." Interview by Steve Henn. Things Considered, NPR, September 3, 2015. Audio, 5:15. https://www. npr.org/2015/09/03/437291792/how-the-architect-of-netflixs-innovative-culture-lost-her-job-to-the-system.
- Patty McCord, "Reinvented HR." Harvard Business Review, January–2014. https://hbr.org/2014/01/how-netflix-reinvented-hr.
- Paul A. M. Van Lange, "Generalized Four Lessons from Genetics and Culture." Current Directions Psychological Science 24, no. 1 (February 2015): 71–76. https://doi.org/10.1177/0963721414552473; B. A. De Jong, K. T. Dirks, and N. Gillespie, "Trust and Team Performance: A Meta-Analysis of Main Effects, Moderators, and Covariates." Journal of Applied Psychology 101, no. 8 2016), 1134–50. http://dx.doi.org/10.1037/apl0000110.
- Paul C. Bernhardt, Samantha J. Calhoun, and Emily B. Creegan, "Resolving Divergent Findings on Basking in Reflected Glory with Political Yard Signs." North American Journal of Psychology 16, no. 3 (January 2014): 507–18.
- Paul Ingram and Michael W. Morris, "Do Mix at Mixers? Structure, Homophily, and the 'Life of the Party.'"Administrative Science Quarterly 52, no. 4 (December 2007): 558–85. https://doi. org/10.2189/asqu.52.4.558.
- Paul Ingram and Roberts, "Friendships Among Competitors in the Sydney Hotel Industry." American Journal of Sociology 106, no. 2 (September 2000): https://doi.org/10.1086/316965. Figure of $390,000 in revenue from $268,000 given in the original paper adjusted for inflation 2019.
- Paul J. Zak, "The Neuroscience of Trust: Management Behaviors That Foster Employee Engagement." Harvard Business Review, January–February 2017.
- Paula Span, "Mean Girls in Assisted Living." The New Old Age, May 31, 2011. newoldage.blogs. nytimes.com/2011/05/31/mean-girls-in-the-nursing-86 senior communities experience bullying: Eleanor Feldman Barbera, "Senior Bullying: How to Recognize to Handle It." McKnight's Long-Term Care News, March https://www.mcknights.com/the-world-according-to-bullying-how-to-recognize-it-how-to-handle-it/article/401679/.
- Pavel Goldstein et al., "Brain-to-Brain Coupling During Handholding Is Associated with Pain Reduction."; Goldstein, Weissman-Fogel, and Shamay-Tsoory, "The Role of Touch in Regulating Inter-Partner Physiological Coupling During Empathy for Pain."
- Pavel Goldstein, Irit Weissman-Fogel, and Simone G. Shamay-Tsoory, "The Role of Touch in Regulating Inter-Partner Physiological Coupling During Empathy for Pain." Scientific Reports 7 (June 12, 2017): 3252. https://doi.org/10.1038/s41598-017-03627-7; Pavel Goldstein et al., "Brain-to-Brain Coupling During Handholding Is Associated with Pain Reduction." Proceedings of the National Academy of Sciences of the USA 115, no. 11 (March 13, 2018): e2528— e2537. https://doi.org/10.1073/pnas.1703643115.
- Peter and Karen E. Campbell, "Measuring Tie Strength." 63, no. 2 (December 1984): 482–501. https://doi.org/63.2.482; Peter V. Marsden and Karen E. Campbell, "Reflections Conceptualizing and Measuring Tie Strength." Social 91, no. 1 (September 2012): 17–23. https://doi.org/10.1093/sf/sos112.
- Peter Boyd. Yale School of Management Case Study.
- Peter Dizikes, "The Office Next Door." MIT Technology Review, October 25, 2011. www. technologyreview.com/s/425881/the-office-next-door/.
- Peter La Freniere and William R. Charlesworth, "Dominance, Attention, and Affiliation in a Preschool Group: A Nine-Month Longitudinal Study." Ethology and Sociobiology 4, no. 2 (1983): 55–67. https://doi.org/10.1016/0162-3095(83)90030-4.
- Peter S. Bearman and James Moody, "Suicide and Friendships Among American Adolescents." American Journal of Public Health 94, no. 1 (January 2004): 89–95. https://doi.org/10.2105/AJPH.88 "the 'glue' that held us together": Joseph Bonanno and Sergio Lalli, A Man of Honor: The Autobiography of Joseph Bonanno. New York: Schuster, 1983.

- Peter Sheridan Dodds, Roby Muhamad, and Duncan J. Watts, "An Experimental Study of Search in Global Social Networks." Science 301, no. 5634 (August 8, 2003): 827–29. https://doi.org/10.1126/science.1081058.
- Pew Research Center, "Nearly a Quarter of Americans Always Feel Rushed." November 4, 2010. https://www.pewsocialtrends.org/2006/02/28/feeling-rushed/50-3/.
- Pfeffer, "Jeffrey Sonnenfeld (B): The Road to Redemption."
- Philip Weiss, "Is Emory Prof Jeffrey Sonnenfeld Caught in Dreyfus Affair?" Observer, May 17, 1999. https://observer.com/1999/emory-prof-jeffrey-sonnenfeld-caught-in-a-new-dreyfus-affair/.
- Phillios, Dumas, and Rothbard, "Diversity and Authenticity: Why Employees Hesitate to Open Up About Themselves."
- Porath and Pearson, "The Price of Incivility."
- Porath, "No Time to Be Nice at Work."
- Porath, Gerbasi, and Schorch, "The Effects of Civility on Advice, Leadership, and Performance."
- Pratt Center for Community Development, "The Perfect Setting: Economic Impact of the and Jewelry Industry in New York City," January 21, 2009. prattcenter.net/research/perfect-setting-economic-impact-and-jewelry-industry-new-york-city.
- PricewaterhouseCoopers LLP, The Economic Significance of Meetings to the U.S. Economy. Tampa: PricewaterhouseCoopers, 2014.
- R. Chris Fraley et al., "Patterns of Stability in Adult Attachment: An Empirical Test of Two Models of Continuity and Change." Journal of Personality and Social Psychology 101, no. 5 (November 2011): 974–92. http://dx.doi.org/10.1037/a0024150.
- R. J. Cutler, The September Issue. Documentary, September 25, 2009. Roadside Attractions. Quote edited for grammar.
- R. Matthew Montoya, Christine and Julie L. Prosser, "A Meta-Analytic Investigation of the Between Interpersonal Attraction and Enacted Behavior." Psychological Bulletin 144, no. 7 (July 2018): 673–709. http://10.1037/bul0000148.
- Ralph G. Nichols and Leonard A. Stevens, "Listening to People." Harvard Business Review, September 1957.
- Ray Reagans and Bill McEvily, "Network Structure and Knowledge Transfer: The Effects of Cohesion and Range." Administrative Science Quarterly 48, no. 2 (June 2003): 240–67. https://doi.org/10.2307/3556658.
- Ray Reagans, Ezra Zuckerman, and Bill McEvily, "How to Make the Team: Social Networks vs. Demography as Criteria for Designing Effective Teams." Administrative Science Quarterly 49, no. 1 March 2004): 101–33. https://doi.org/10.2307/4131457.
- Rayasam, "Work Spouse' Makes You Happier."
- Raymond T. Sparrowe and Robert Liden, "Two Routes to Influence: Integrating Leader-Member and Social Network Perspectives." Administrative Science 50, no. 4(December 2005): 505–35. https://doi.org/asqu.50.4.505.
- re:Work, "Introduction." withgoogle.com, 2013. August 12, 2019. https://rework.withgoogle.com/print /guides/5721312655835136/. Emphasis added.
- Rebecca and Judith H. Langlois, "Infants Prefer Attractive Faces." Development of Face Processing in Infancy and Early Childhood: Current Perspectives, eds. Olivier Pascalis and Alan Slater, 27–38. Nova Science Publishers, 2003; Judith H. Langlois et al., "Infant Preferences for Attractive Faces." Developmental 23, no. 3 (May 1987): 363–69; Judith, H. Langlois et al., Differential Social Responses to Attractive and Unattractive Developmental Psychology 26, no. 1 (January 1990) 153–59.
- Recording Academy, "Silk Road Ensemble." Accessed 30, 2019. https://www.grammy.com/grammys/artists/silk-road-ensemble.
- Reed Hastings and Patty McCord, "Netflix Culture: Freedom and Responsibility," 2009. Accessed August https://www.slideshare.net/reed2001/culture-1798664/2-Netflix _CultureFreedom_ Responsibility2. Emphasis removed.
- Réka Albert and Albert-László Barabási, "Statistical Mechanics of Complex Networks." Reviews of Modern Physics 74, no. 1 January 2002): 47–97.

- René Bekkers, Beate Völker, Gerald Mollenhorst, "Social Networks and Prosocial Behavior." Sociologie 2, January 5, 2006.
- Renuka Rayasam, "Having a 'Work Spouse' Makes You Happier." BBC Worklife, November 7, 2016. https://www.bbc.com/worklife/article/20161106-having-a-work-spouse-makes-you-happier.
- Reuben J. Thomas, "Sources of Friendship and Structurally Induced Homophily Across the Life Course." Sociological Perspectives, February 11, https://doi.org/10.1177/0731121419828399.
- Richard Abanes, Rick Warren and the Purpose That Drives Him. Eugene, OR: Harvest House, 2005.
- Richard B. Freeman and Wei Huang, "Collaborating Like Me: Ethnic Coauthorship Within the United States." Journal Labor Economics 33, S1, pt. 2 (July 2015): S289— S318. https://org/10.1086/678973.
- Richard B. Freeman, "The Edge Effect." Hosted Shankar Vedantam. Hidden Brain, NPR, July 2, 2018. Audio, https://www.npr.org/2018/07/02/625426015/the-edge-effect.
- Richard Christie and Florence L. Geis, Studies Machiavellianism. New York: Academic Press, 1970.
- Richard Hamilton and Ferran Adrià, "Ferran Adrià: Notes on Creativity." Center's Drawing Papers, vol. 110. New York: Drawing Center, Accessed July 30, 2019. https://issuu.com/drawingcenter/docs/drawingpapers110_adria.
- Richard Schuster, "Empathy and Mindfulness." Journal of Humanistic Psychology 19, no. 1 (1979): 71–77. https://doi.org/10.1177/002216787901900107.
- Rick Warren, The Purpose Driven Life: What on Earth Am I Here For? Grand Rapids: Zondervan, 2002.
- Rob Blackhurst, "Mass Appeal: The Secret to Rick Warren's Success." Slate, August 14, 2011. https://slate.com/human-interest/2011/08/how-rick-warren-made-it-big.html.
- Rob Cross and Robert J. Thomas, "Managing Yourself: A Smarter Way to Network." Harvard Business Review, August 2011. https://hbr.org/2011/07/managing-yourself-a--to-network.
- Rob Cross, Reb and Adam Grant, "Collaborative Overload." Harvard Business January–February 2016. https://hbr.org/2016/01/collaborative overload.
- Robert and Diane H. Felmlee, "Best Friends for Now: Friendship Network Stability and Adolescents' Life Course Goals." In Social the Life Course: Integrating the Development of Human Lives Social Relational Networks, eds. Duane F. Alwin, Diane and Derek A. Kreager, 185–203. Cham, Switzerland: Springer, 58 understand what predicted career H. G. Wolff and K. Moser, "Effects of Networking on Career A Longitudinal Study." Journal of Applied Psychology 94, 196–206. http://dx.doi.org/10.1037/a0013350.
- Robert B. Cialdini et al., "Basking in Reflected Glory: Three (Football) Field Studies." Journal of Personality and Social Psychology 34, no. 3 (1976): 366–75. http://dx.doi.org/10.1037/0022-3514.34.3.366.
- Robert Cialdini, "Indirect Tactics of Image Management: Beyond Basking." In Impression Management in the Organization, eds. Robert A. Giacalone and Paul Rosenfeld. Hillsdale, NJ: Lawrence Erlbaum Associates, 1989.
- Robert F. Bornstein, "Exposure and Affect: Overview and Meta-Analysis of Research, 1987." Psychological Bulletin 106, no. 2 (1989): 265–doi.org/10.1037/0033-2909.106.2.265.
- Robert G. Turner, "Self-Monitoring and Humor Production." Journal of Personality 48, no. 2 (1980): 163–72. http://dx.doi.org/10.1111/j. 1467-6494.1980.tb00825.x.
- Robert I. Sutton, Asshole Rule: Building a Civilized Workplace and Surviving Isn't. New York: Hachette, 2007.
- Robert I. Sutton, The Asshole Survival to Deal with People Who Treat You Like Dirt. New York: Houghton Mifflin Harcourt, 2017.
- Robert K. Merton, "The Matthew Science." Science 159, no. 3810 (January 5, 1968): 56–63. science.159.3810.56.
- Robert O. Deaner, Amit V. Khera, and Michael Platt, "Monkeys Pay Per View: Adaptive Valuation of Social by Rhesus Macaques." Current Biology 15, no. 6 (March 2005): https://doi.org/10.1016/j.cub.2005.01.044.
- Robin Dunbar, Grooming, Gossip, and the Evolution of Language. Cambridge, MA: Harvard

University Press, 1996. size of our social group: Robin I. M. Dunbar, "Coevolution of Neocortical Size, Group Size and Language in Humans." Behavioral and Brain Sciences 16, no. 4 (December 1993): 681–94.

- Robin I. M. Dunbar et al., "The Structure of Online Social Networks Mirrors Those in the Offline World." Social Networks 43(October 2015): 39–47. https://doi.org/10.1016/j.socnet.2015.04.005.
- Robin I. M. Dunbar, "Gossip in Evolutionary Perspective." Review of General Psychology 8, no. 2 (June 2004): 100–10. https://doi.org/10.1037/1089-2680.8.2.100.
- Robin I. M. Dunbar, "Coevolution of Neocortical Size, Group Size and Language Humans." Behavioral and Brain Sciences 16, no. 4 (December 1993): https://doi.org/10.1017/S0140525X00032325.
- Roger Starr, "The Real Treasure of 47th Street." New York Times, 26, 1984.
- Ronald C. Kessler et al., "Lifetime Prevalence and Age-of-Onset Distributions of DSM-IV Disorders in the National Comorbidity Survey Replication." Archives of General Psychiatry 62, no. 6 (2005): 593–602.
- Ronald Reagan, The Notes: Ronald Reagan's Private Collection and Wisdom. New York: HarperCollins, 2011.
- Ronald S. Burt and Jar-Der Luo, "Angry Entrepreneurs: A Note on Networks Character Assassination." In Social Networks at Work (SIOP Organizational Frontiers Series), eds. Daniel J. Brass and Stephen P. Borgatti. New York: Routledge-Taylor Francis, 2020.
- Ronald S. Burt and Jennifer Merluzzi, "Network Oscillation." Academy of Management Discoveries 2, no. 4 (March 2016): 91. https://doi.org/10.5465/amd.2015.0108.
- Ronald S. Burt, "Decay Functions." Networks 22, no. 1 (2000): 1–28. http://dx.doi.org/10.1016/-8733(99)00015-5.
- Ronald S. Burt, "Life Course and Network Advantage: Peak Periods, Turning Points, and Transition Ages." In Social Networks and the Life Course: Integrating the Development of Human Lives and Social Relational Networks, eds. Duane F. Alwin, Diane Helen Felmlee, and Derek A. Kreager, 67–87. Cham, Switzerland: Springer, 2018.
- Ronald S. Burt, "Secondhand Brokerage: Evidence on the Importance of Local Structure for Managers, Bankers, and Analysts." Academy of Management Journal 50, no. 1 (2007): 119–48. https://doi.org/10.5465/amj.2007.24162082.
- Ronald S. Burt, Brokerage and Closure: An Introduction to Social Capital. New York: Oxford University Press, 2005; James S. Coleman, "Social Capital in the Creation of Human Capital." In Knowledge and Social Capital: Foundations and Applications, ed. Eric Lesser, 17–41. Woburn, MA: Butterworth-Heinemann, 2000; Avner "Reputation and Coalitions in Medieval Trade: Evidence on the Traders." Journal of Economic History 49, no. 4 (December 1989): 857-82.
- Ronald S. Burt, Martin Kilduff, and Stefano Tasselli, "Social Network Analysis: Foundations and Frontiers on Advantage." Annual Review of Psychology 64 (January 2013): 527–https://doi.org/10.1146/annurev-psych-113011-143828.
- Ronald S. Burt, Structural Holes: The Social Structure of Competition. Cambridge, MA: Harvard University Press, 1995.
- Ronald S. Burt, Yanjie Bian, and Sonja Opper, "More or Less Guanxi: Trust Is 60% Network Context, 10% Individual Difference." Social Networks 54 (July 2018): 12–25. https://doi.org/10.1016/j.socnet.2017.12.001.
- Roy F. Baumeister et al., "Bad Is Stronger Than Good." Review of General Psychology 5, no. 4 (2001): 323–70. https://doi.org/10.1037/1089-2680.5.4.323.
- Ruben, "Nothing but Networking." Science, October 23, 2014. www.sciencemag.org/careers/2014/10/nothing-networking.14 strategically about social relationships: Ben M. Bensaou, Charles Galunic, Claudia Jonczyk-Sédès, "Players and Purists: Networking Strategies and Agency of Service Professionals." Organization Science January–February 2014): 29–56. https://doi.org/10.1287/orsc.2013.0826.
- Ruolain Fang et al., "Integrating Personality and Social Networks: A Meta-Analysis of Personality, Network Position, and Work Outcomes in Organizations." Organizational Science 26, no. 4(April 2015): 1243–60. https://doi.org/10.1287/orsc.2015.0972.

- Ruolian Fang Integrating Personality and Social Networks: A Meta-Analysis Personality, Network Position, and Work Outcomes in Organizations." Organizational Science 26, no. 4(July–August 2015): 1243–60. org/10.1287/orsc.2015.0972.
- Russell James Funk, "Essays on Collaboration, Innovation, and Network Change in Organizations." PhD dissertation, University of Michigan, 2014.
- Ryan Dwyer, Kostadin Kushlev, and Elizabeth W. Dunn, "Smartphone Undermines Enjoyment of Face-to-Face Social Interactions." Experimental Social Psychology 78 (September 2018): 233–doi. org/10.1016/j.jesp.2017.10.007.
- Sabrina Richards, "Pleasant to the Touch." The Scientist, September 1, 2012. https://www. scientist. com/features/pleasant-to-the-touch-40534.
- Saddleback Church, "Our Church." Accessed August 6, 2019. https://saddleback.com/visit/about/our-church.
- Saddleback Church, "Small Groups." August 6, 2019. https://saddleback.com/connect/smallgroups.
- "Safety Review of Flightcrew-Involved Major Accidents of U.S. 1978 Through 1990." Washington, DC: National Transportation Board, 1994.
- Saima Salim, "How Much Time Do You Spend on Media? Research Says 142 Minutes Per Day." Digital Information World, January 4, 2019. https://www.digitalinformationworld.com/201901/how-much-time-do-people-spend-social-media-infographic.html.
- Sally C. Curtin, Margaret Warner, and Holly Hedegaard, "Increase in Suicide in the United States, 1999–2014." NCHS Data Brief 241 (April 2016): 1–8; Kevin Eagan et al., The American Freshman: Fifty-Year Trends: 1966–2015. Los Angeles: Higher Education Research Institute, 2016; Ramin Mojtabai, Mark Olfson, and Beth Han, "National Trends in the Prevalence and Treatment of Depression in Adolescents and Young Adults." Pediatrics 138, no. 6 (2016): e20161878.
- Sally D. Farley, "Is Gossip Power? The Inverse Relationships Between Gossip, Power, and Likability." European Journal of Social Psychology 41, no. 5 (August 2011): 574–79. https://doi. org/10.1002821.
- Sameer B. Srivastava, "Network Intervention: Assessing the Effects of Formal Mentoring on Workplace Networks." Social Forces 94, no. 1 (September 2015): 427–52. https://.org/10.1093/sf/sov041.
- Samuel T. Hunter and Lily Cushenbery, "Is Being a Jerk Necessary for Originality? Examining the Role of Disagreeableness in the Sharing and Utilization of Original Ideas." Journal of Business and Psychology 30, no. 4 (December 2015): 621–39. http://dx.doi.org/10.1007/s10869-014-9386-1.
- Schulte, "The Coevolution of Network Ties and Perceptions of Team Psychological Safety."
- Scott L. Feld, "Why Your Friends Have More Friends Than You Do." American Journal of Sociology 96, no. 6 (May 1991): 1464–77.
- Scott Williams, "Listening Effectively." Soin College of Business, Wright State University, n.d. Accessed 2018. http://www.wright.edu/~scott.williams/skills/listening.
- Sellers, "A Boss's Advice to Young Grads." "Emotions Mapped by New Geography." New York Times, April 3, 1933. https://www.nytimes.com/1933//archives/emotions-mapped-by-new-geography-charts-seek--the.html.
- Seunghoo Chung et al., "Friends with Performance Benefits: A Meta-Analysis on the Relationship Between Friendship and Group Performance." Personality and Social Bulletin 44, no. 1 (2018): 63–79. https://doi.org/10.1177/0146167217733069.
- Shane Snow, "Hug vs. Handshake." Medium, May 15, 2013. https://medium.com/@shanesnow/hug-vs-handshake-1c4f35dec45b.
- Sharon Lerner, "The Real War on Families: Why the U.S. Needs Leave Now." In These Times, August 18, 2015. http://inthesetimes.article/18151/the-real-war-on-families.
- Sheldon Cohen et al., "Does Hugging Provide Stress-Buffering Social Support? A Study of Susceptibility to Upper Respiratory Infection and Illness." Psychological Science 26, no. 2 (2015): 135–47. https://doi.org/10.1177095679761455928.
- Shep Gordon, "Invisible 'Supermensch' Avoided the Spotlight While Making Others Famous." Interview by Terry Gross. Fresh Air, NPR, June 9, 2014. Audio, 44:38. https://www.npr. org/2014/06/09/320319268/invisible-supermensch-avoided-the-spotlight-while-making-others-

famous.

- Shep Gordon, They Call Me Supermensch: Backstage Pass to the Amazing Worlds of Film, Food, and Rock'n'Roll. New York: HarperCollins, 2016.
- Sheryl Sandberg, "Sheryl Sandberg Addresses Class of 2012." Harvard Business School, May 24, 2012. Video, https://www.youtube.com/watch? v= 2Db0_RafutM.
- Shira Offer and Claude S. Fischer, "Difficult People: Perceived to Be Demanding in Personal Networks and Why Are There?" American Sociological Review 83, no. 1 (February 2018): 42. https://doi.org/10.1177/0003122417737951.
- Sidney Jourard, "An Exploratory Study of Body-Accessibility." British Journal of Social & Clinical Psychology 5, no. 3 (1966): http://dx.doi.org/10.1111/j. 2044-8260.1966.tb00978.
- Sigal G. Barsade, Constantinos G. V. Coutifaris, and Julianna Pillemer, "Emotional Contagion in Organizational Life." Research in Organizational Behavior 38 (2018): 137–51.
- Silke Paulmann et al., "How Psychological Stress Affects Emotional Prosody." PLoS One 11 (2016): e0165022. https://doi.org/10.1371/journal.pone.0165022; Matt L. Herridge et al., "Hostility and Facial Affect Recognition: Effects of a Cold Pressor Stressor on Accuracy and Cardiovascular Reactivity." Brain and Cognition 55, no. 3 (August 2004): 564–71. https://doi.org/10.1016/j.bandc.2004.04.004.
- Simon Baron-Cohen et al., "The 'Reading the Mind in the Eyes' Test Revised Version: A Study with Normal Adults, and Adults with Asperger Syndrome or High-Functioning Autism." Journal of Child Psychology and Psychiatry 42, no. 2 (2001): 241–251. http://dx.doi.org/10.1111/1469-7610.00715.
- "Skin." National Geographic, January 17, 2017. https://www.nationalgeographic.com/science/health-and-human-body/human-body/skin/.
- Small and Sukhu, "Because They Were There: Access, Deliberation, and the Mobilization of Networks for Support."
- Social Register: Social Register Association, "About Us," 2019. Accessed August 5, 2019. https://www.socialregisteronline.com/home2.
- Sophia Money-Coutts, "Vogue Documentary Tries to Get a Read on the Chilly Wintour." The National, 3, 2009. https://www.thenational.ae/arts-culture/vogue documentary-tries-to-get-a-read-on-the-chilly-wintour-1.549892. tight and densely connected social network": Elizabeth Currid-Halkett, Starstruck: The Business of Celebrity. New York: Farrar, Straus, and Giroux, 2011.
- Stacy Blake-Beard, "Mentoring: Creating Empowering Relationships." VMware Women's Leadership Innovation Lab. Video. https://womensleadership.stanford mentoring-creating-mutually-empowering-relationships.
- Stanley Milgram, "The Small World Problem." Psychology Today 1 (May 1967): 61–67.
- Statista Research Department, "Number of 1st Level Connections of LinkedIn Users as of March 2016." Accessed August 2, 2019. https://www.statista.com/statistics/264097/number-of-1st-level-connections-of-linkedin-users/.
- Stefano Tasselli and Kilduff, "When Brokerage Between Friendship Cliques Endangers Personality–Network Fit Perspective." Academy of Management Journal 61, no. 3 (2018): 802–25. https://doi.org/10.5465/amj.2015.0856.
- Stephen M. Silverman, "Wintour Told Oprah Winfrey to Lose Weight." People, May https://people.com/bodies/the-day-anna-wintour-told-oprah-to-lose-weight/.
- Sue Shellenbarger, "How to Curb Office Oversharing: Co-Workers Who Talk Too Much Often Need Clear Feedback." Wall Street Journal, June 24, 2014. https://www.wsj.com/articles/how-to-stop-office-oversharing-1403650837.
- Sujeet Indap, "Vernon Jordan: 'It's Not a Crime to Be Close Sr.'" Financial Times, August 17, 2018. https://www.ft.com/content 429c9540-9fd0-11e8-85da-eeb7a9ce36e4. of the inner circle: Michael Useem, The Inner Circle: Large Corporations and the Rise of Business Political Activity in the U.S. and U.K. New York: Oxford University Press, 1986.
- Susan Sprecher et al., "Taking Turns: Reciprocal Self-Disclosure Promotes Liking in Initial Interactions." Journal of Experimental Social Psychology 49, no. 5 (September 2013): 860–66. https://doi.org/10.1016/j.jesp.2013.03.017.
- Susan T. Fiske, Amy J. C. Cuddy, and Peter Glick, "Universal Dimensions of Social Cognition:

Warmth and Competence." Trends in Cognitive Sciences 11, no. 7 (February 2007): 77–83.

- Sutton, The No Asshole Rule. Updated from Workplace Bullying Institute, "2017 WBI U.S. Workplace Bullying Survey." June 2017.
- Sylvia Ann Hewlett et al., "The Sponsor Effect: Breaking Through the Last Glass Ceiling." Harvard Business Review Research Report, December 2010. https://30percentclub.org/wp-content/uploads/2014/08/The-Sponsor-Effect.pdf.
- Sylvia Ann Hewlett, "Make Yourself Sponsor-Worthy." Harvard Review, February 6, 2014. https://hbr.org/2014/02/make-yourself-sponsor-worthy.
- Sylvia Ann Hewlett, Carolyn Buck Luce, and Cornel West, "Leadership in Your Midst: Tapping the Hidden Strengths Minority Executives." Harvard Business Review, November 2005.
- Sze-Sze Wong and Wai Fong Boh, "Leveraging the Ties of Build a Reputation for Trustworthiness Among Peers." Management Journal 53, no. 1 (2010): 129–48. https://doi.org/amj.2010.48037265.
- Tahl Raz, "The 10 Secrets of a Master Networker." Inc., January 2003. https://www.inc.com/magazine/20030101/25049.html.
- Tamar Skolnick, "New York's Diamond District and Jewish Tradition." Algemeiner, May 21, 2014. https://www.algemeiner.com/2014/yorks.
- Tanya Menon and Edward Bishop Smith, "Identities in Flux: Cognitive Network Activation in Times of Change." Social Science Research 45 (May 2014): 117–30. https://doi.org/10.1016/j.ssresearch.2014.01.001.
- Tasselli and Kilduff, "When Brokerage Friendship Cliques Endangers Trust: A Personality–Network Perspective."
- Teresa Farroni et al., "Eye Contact Detection in Humans from Birth." Proceedings of the National Academy of Sciences of the USA July 9, 2002): 9602–605. https://doi.org/10.1073/pnas.152159999.
- Terry Haward, "To All the Working Moms Suffering PTA PTSD." Working Mother, January 11, 2017, updated January 2019. https://www.workingmother.com/good-riddance-to-pta power-moms.
- Tessa A. M. Lansu, Antonius H. N. Cillessen, and Johan C. Karremans, "Adolescents' Selective Visual Attention for High-Status Peers: The Role of Perceiver Status and Gender." Child Development 85, no. 2 (March/April 2014): 421–28. https://doi.org/10.1111/cdev.12139.
- "The Scuffed Halls of Ivy: Emory University."
- Thích Nhâ̂t Hanh, "Thích Nhâ̂t Hanh on Compassionate Listening." Oprah Winfrey Network, May 6, 2012. Video, 3:21. https://youtube.com/watch? v= lyUxYflkhzo& feature= youtu.be.
- Thomas R. Hochschild Jr., "Cul-de-sac Kids." Childhood 20, no. 2 (May 2013): 229–43. https://doi.org/10.1177/0907568212458128.
- Thomas R. Hochschild Jr., "The Cul-de-sac Effect: Relationship Between Street Design and Residential Social Cohesion." Journal of Urban Planning and Development 141, no. 2(March 2015): 05014006. https://doi.org/10.1061/(ASCE)UP. 1943-5444.0000192.
- Thomas V. Pollet, Sam G. B. Roberts, and Robin I. M. Dunbar, "Use of Social Network Sites and Instant Messaging Does Not Lead to Increased Offline Social Network Size, or to Emotionally Closer Relationships with Offline Network Members." Cyberpsychology, Behavior, and Social Networking 14, no. 4 (April 2011): 253–58. https://doi.org/10.1089/cyber.2010.0161.
- Thomas W. H. Ng et al., "Predictors of Objective and Subjective Career Success: A Meta-Analysis." Personnel Psychology 58, no. 2 (June 2005): 367–408. https://doi.org/10.1111/j. 1744-6570.2005.00515.x.
- Tian Zheng, Matthew J. Salganik, and Andrew Gelman, "How Many People Do You Know in Prison? Using Overdispersion in Count Data to Estimate Social Structure in Networks." Journal of the American Statistical Association 101, no. 474 (June 2006):409–23. https://doi.org/10.1198/016214505000001168.
- Tiffany Field, "Touch for Socioemotional and Physical Review." Developmental Review 30, no. 4 (December 367–83. https://doi.org/10.1016/j.dr.2011.01.001.
- Tiffany Field, Touch. Cambridge, MA: MIT Press, 2014.
- Tim Ferriss, "The Tim Ferriss Show Transcripts: Shep Gordon" Accessed August 5, 2019. https://tim.blog/the-tim-ferriss-show-transcripts-shep-gordon/.
- Tim O'Shei, "Celebrity-Maker Shep Gordon Mulls the Reality He's Helped Create." Buffalo News,

September 17, 2016. https://buffalonews.com/2016/09/17/celebrity-maker-shep-gordon-mulls-reality-hes-helped-create/.

- Tiziana Casciaro, Francesca and Maryam Kouchaki, "The Contaminating Effects of Building Instrumental Ties: How Networking Can Make Us Feel Dirty." Administrative Science Quarterly 59, no. 4 (October 2014): 705–35. https://doi.org/10.1177/0001839214554990.17 a key change: Francesca Gino, Maryam Kouchaki, and Adam D. Galinsky, "The Moral Virtue of Authenticity: How Inauthenticity Produces Feelings of Immorality and Impurity." Psychological Science 26, no. 7 (May 2015): 983–96. https://doi.org/10.1177/0956797615575277.
- Tiziana Casciaro, Francesca Maryam Kouchaki, "Learn to Love Networking." Harvard Review, May 2016. https://hbr.org/2016/05/learn-to-love-networking.
- Tom Rath, Friends: The People You Can't Afford to Live Without. New York: Press, 2005.
- Tracy L. Dumas, Katherine W. Phillips, and Nancy P. Rothbard, "Getting Closer at the Company Party: Integration Experiences, Racial Dissimilarity, and Workplace Relationships." Organization Science 24, no. 5 (September–October 2013): 1377–1401. https://doi.org/10.1287/orsc.1120.0808.
- Tuan Q. Phan and Edoardo M. Airoldi, "A Natural Experiment of Social Network Formation and Dynamics." Proceedings of the National Academy of Sciences of the USA 112, no. 21(2015): 6595–600. https://doi.org/10.1073/pnas.1404770112.
- Twitter, "Barack Obama." Accessed August 2, 2019. twitter.com/BarackObama.
- Tyler McCormick, Matthew Salganik, and Tian Zheng, "How Many People Do You Know? Efficiently Estimating Personal Network Size." Journal of the American Statistical Association 105 (2010): 59–70.
- "US Steward's 'Exit' Inspires Desi Counterparts." The Times of India, August.
- Valcour, "What We Can Learn About Resilience from Female Leaders of the UN."
- Vanessa Friedman, "It's Called the Met Gala, but It's Definitely Anna Wintour's Party." New York Times, May 2, 2015. https://www.nytimes.com/2015/05/03/style/its-called-the-met-gala-but-its-definitely-anna-wintours-party.html.
- Vernon E. Jordan Jr., "AmericanOdyssey." Newsweek, October 2001. https://www.newsweek.com/american-odyssey-154197.
- Vernon E. Jordan Jr., "Vernon Living Self-Portrait." Interview by Marc Pachter. National Gallery, Smithsonian Institution, April 6, 2012. Video, https://www.youtube.com/watch? v= chxO0gYrW4U.
- Ville-Juhani Ilmarinen et al., "Why Are Extraverts More Popular? Oral Fluency Mediates the Effect of Extraversion on Popularity in Middle Childhood." European Journal of Personality 29, no. 2 (2015): 138–51. https://doi.org/10.1002/per.1982.
- Vinicius C. Oliveira et al., "Effectiveness Training Clinicians' Communication Skills on Patients' Clinical Outcomes: A Systematic Review." Journal of Manipulative and Physiological Therapeutics 38, no. 8 (October 2015): 601–16. https://doi.org10.1016/j.jmpt.2015.08.002.
- Vivek H. Murthy, "Emotional Well-Being Is the Missing Key to Better Health." TEDMED, 2016. Accessed September 19, 2017. http://blog.tedmed.emotional-well-missing-key -better-health/.
- Wei-Xing Zhou et al., "Discrete Hierarchical Organization of Social Group Sizes." Proceedings of the B: Biological Sciences 272, no. 1561 (February 22, 2005): https://doi.org/10.1098/rspb.2004.2970.
- Wikipedia,n.d "Mad Money." Accessed July 25, 2019. https://en.org/wiki/Mad_Money.
- William B. Swann Jr. and Peter J. Rentfrow, "Blirtatiousness: Cognitive, Behavioral, and Physiological Consequences of Rapid Responding." Journal of Personality and Social Psychology 81, no. 2001): 1160–75. http://dx.doi.org/10.1037/0022-3514.81.6.1160.
- William Ickes and Richard D. Barnes, "The Role of Sex and Self-Monitoring in Unstructured Dyadic Interactions." Journal of Personality and Social Psychology 35, no. 5 (1977): 315–30. http://dx.doi.org/10.1037/0022-3514.35.5.315.
- Wollan, "How to Make Soulful Eye Contact."
- Woods Bowman, "Confidence Charitable Institutions and Volunteering." Nonprofit Voluntary Sector Quarterly33, no. 2 (June 2004): 247–70.
- World Values Survey, 2019. http://www.worldvaluessurvey.org/.72 most people can be trusted: General Social Survey, 2019. https://gssdataexplorer.norc.org.

- Wrzus et al., "Social Network Changes and Life Events Life Span: A Meta-Analysis." Psychological Bulletin 139, January 2013): 53–80. https://doi.org/10.1037/a0028601.
- Xi Zou, Paul Ingram, Higgins, "Social Networks and Life Satisfaction: The Interplay Network Density and Regulatory Focus." Motivation and Emotion (October 2015): 693–713. https://doi:10.1007/s11031-015-9490-13 Brokers are more satisfied with: Henk Beate Völker, "Goal Specific Social Capital and Job Satisfaction: Effects of Different Types of Networks on Instrumental and Aspects of Work." Social Networks 23, no. 4 (October 2001): 297–doi.org/10.1016/S0378-8733(01)00044-2.
- Xingchao Wang et al., "Partner Phubbing and Depression Among Married Chinese Adults: The Roles of Relationship Satisfaction and Relationship Length." Personality and Individual Differences 110, no. 1 (May 2017): 12–17. https://doi.org/10.1016/j.paid.2017.01.014.
- Xiumei Zhu et al., "Pathways to Happiness: From Personality Social Networks and Perceived Support." Social Networks 35, 2013): 382–93. https://doi.org/10.1016/j.socnet.2013.04.005.
- Yechiel Klar and Eilath E. Giladi, "Are Most People Happier Than Their Peers, or Are They Just Happy?" Personality and Social Psychology Bulletin 25, no. 5 (1999): 586–95. https://doi.org/10.1177/0146167299025005004; Vera Hoorens and Peter Harris, "Distortions in Reports of Health Behaviors: The Time Span Effect and Illusory Superiority." Psychology and Health 13, no. 3 (1998): 451–66. https://doi.org/10.1080/08870449808407303; Jonathon D. Brown, "Understanding the Better Than Average Effect: Motives (Still) Matter." Personality and Social Psychology Bulletin 38, no. 2 (2012): 209–19. https://doi.org/10.1177/0146167211432763; Sebastian Deri, Shai Davidai, and Thomas Gilovich, "Home Alone: Why People Believe Others' Social Lives M Social_9781524743802_all_4p_r1.indd 285 3/13/20 4:23 PM Are Richer Than Their Own." Journal of Personality and Social Psychology 113, no. 6 (2017): 858–77. http://dx.doi.org/10.1037/pspa0000105; Mark D.Alicke, "Global Self-Evaluation as Determined by the Desirability and Controllability of Trait Adjectives." Journal of Personality and Social Psychology 49, no. 6 (1985): 1621–30. http://dx.doi.org/10.1037/0022-3514.49.6.1621.
- Ylva Almquist and Lars Brännström, "Childhood Peer Status and Clustering of Social, Economic, and Health-Related Circumstances in Adulthood." Social Science and Medicine 105 (March 2014): 67-75.
- Yo-Yo Ma, "A Letter from Yo-Yo Ma," 2016. Accessed September 5, 2018. https://www.silkroad.org/posts/a-letter-from-yo-yo-ma.
- Yo-Yo Ma, "Behind the Cello." HuffPost, January 21, 2014. https://www.huffpost.com/entry/behind-the-cello_b_4603748.
- Young-Ho Eom and Jo, "Generalized Friendship Paradox in Complex Networks: of Scientific Collaboration." Scientific Reports 4, article (2014).
- Zameena Mejia, "4 Steps to Productively Talk to Your Boss About a Toxic Co-Worker." CNBC, August 24, 2017. Available at https://www.cnbc.com/2017/08/24/4-steps-to-speak-with-your-boss-about-a-toxic-co-worker.html.
- Zick Rubin, "Measurement of Romantic Love." Journal Personality and Social Psychology 16, no. 2 (1970): 265–73.
- Zondervan, "The Purpose Driven Life." Accessed August 5, 2019. https://www.zondervan.com/9780310329060/the--driven-life/